Daniela Rohrbach

Wissensgesellschaft und soziale Ungleichheit

Daniela Rohrbach

Wissensgesellschaft und soziale Ungleichheit

Ein Zeit- und Ländervergleich

Bibliografische Information der Deutschen Nationalbibliothek
Die Deutsche Nationalbibliothek verzeichnet diese Publikation in der
Deutschen Nationalbibliografie; detaillierte bibliografische Daten sind im Internet über
<http://dnb.d-nb.de> abrufbar.

Die Arbeit ist die an der Wirtschafts- und Sozialwissenschaftlichen Fakultät der Universität zu
Köln angenommene Dissertationsschrift der Autorin.

Referent: Prof. Dr. H. Meulemann
Koreferent: Prof. Dr. H.-J. Andreß
Tag der Promotion: 8. Februar 2008

1. Auflage 2008

Alle Rechte vorbehalten
© VS Verlag für Sozialwissenschaften | GWV Fachverlage GmbH, Wiesbaden 2008

Lektorat: Frank Engelhardt

VS Verlag für Sozialwissenschaften ist Teil der Fachverlagsgruppe Springer Science+Business Media.
www.vs-verlag.de

Das Werk einschließlich aller seiner Teile ist urheberrechtlich geschützt. Jede
Verwertung außerhalb der engen Grenzen des Urheberrechtsgesetzes ist ohne
Zustimmung des Verlags unzulässig und strafbar. Das gilt insbesondere für
Vervielfältigungen, Übersetzungen, Mikroverfilmungen und die Einspeicherung
und Verarbeitung in elektronischen Systemen.

Die Wiedergabe von Gebrauchsnamen, Handelsnamen, Warenbezeichnungen usw. in diesem Werk
berechtigt auch ohne besondere Kennzeichnung nicht zu der Annahme, dass solche Namen im
Sinne der Warenzeichen- und Markenschutz-Gesetzgebung als frei zu betrachten wären und daher
von jedermann benutzt werden dürften.

Umschlaggestaltung: KünkelLopka Medienentwicklung, Heidelberg
Druck und buchbinderische Verarbeitung: Krips b.v., Meppel
Gedruckt auf säurefreiem und chlorfrei gebleichtem Papier
Printed in the Netherlands

ISBN 978-3-531-16229-4

Danksagung

Die vorliegende Arbeit wurde in der Zeit vom 1. Oktober 2005 bis zum 30. September 2007 durch das Graduiertenstipendium der Universität zu Köln gefördert. Die Autorin ist für die finanzielle Unterstützung dieser Studie sehr dankbar.

Besonderer Dank für die inhaltliche und motivationale Unterstützung der Arbeit gilt Heiner Meulemann, Hans-Jürgen Andreß, Jürgen Friedrichs, Tilo Beckers, Ulrich Rosar, Karl-Wilhelm Grümer, Alexandra Nonnenmacher, Bernd Weiß, Henning Best, Jörg Hagenah, Martina Peters, Petra Altendorf, Helga Rost, Silke L. Schneider, Dina Hummelsheim, den studentischen Hilfskräften vom Lehrstuhl Meulemann und dem Seminar für Soziologie, Nina Six, Nini L. Behrendt, meiner Familie und Christian Schmidt.

Inhalt

I Fragestellung und Aufbau der Arbeit — 15

1 Fragestellung 17

2 Aufbau der Arbeit 23

II Forschungsstand und Hypothesen — 25

3 Wissensgesellschaft: Begriffsbestimmung, Messkonzept . 27
  3.1 Eine Gesellschaft ohne Wissen über sich selbst 27
  3.2 Konzeptualisierungen der Wissensgesellschaft 30
    3.2.1 Zentrale Trends: Informationstechnik, Bildungsexpansion und Wissensökonomie 30
    3.2.2 Deutungen der Trends: Begriffsbestimmung der neuen Vergesellschaftungsform 39
  3.3 Empirische Erfassung der Wissensgesellschaft 41
    3.3.1 Informationstechnik 41
    3.3.2 Bildungsexpansion 43
    3.3.3 Wissensökonomie: Berufs- und Industriestrukturen in der Wissensgesellschaft 44
    3.3.4 Synthese: Die wissensfunktionale Perspektive 52
  3.4 Definition der Wissensgesellschaft und Erwartungen 56

4 Soziale Ungleichheit in der Wissensgesellschaft 61
  4.1 Meritokratisierung und Egalisierung 61
  4.2 Determinanten des Einkommens in der Wissensgesellschaft 66
    4.2.1 Deskriptive Ergebnisse: Wandel über die Zeit und Unterschiede zwischen Ländern in der Bedeutung erworbener und zugeschriebener Eigenschaften für das Einkommen 66
    4.2.2 Mikrosoziologische Erklärungsansätze 73

		4.2.3	Makrosoziologische Erklärungsansätze	76
		4.2.4	Erwartungen über die Interaktion von makrostrukturellem Wandel zur Wissensgesellschaft auf Wirkungszusammenhänge sozialer Ungleichheit auf der Mikroebene	83
		4.2.5	Makrosoziologische Erklärungsansätze	83
	4.3	Wissensgesellschaft und Einkommensungleichheit		87
		4.3.1	Deskriptive Ergebnisse: Wandel über die Zeit und Unterschiede zwischen Ländern im Ausmaß an Einkommensungleichheit	89
		4.3.2	Zur theoretischen Erklärung von Einkommensungleichheit	94
		4.3.3	Erwartungen über die Folgen der Entwicklung zur Wissensgesellschaft für Einkommensungleichheit . .	103
5	Zusammenfassung und Hypothesen			**107**

III Daten, Operationalisierung und Methoden   111

6	Daten		**113**
	6.1	Länderauswahl und Untersuchungszeitraum	113
	6.2	Makrodaten	114
	6.3	Mikrodaten	115
7	Operationalisierung der zentralen Variablen		**119**
	7.1	Variablen auf der Makroebene	119
		7.1.1 Zielvariablen	119
		7.1.2 Erklärende Variablen	124
		7.1.3 Kontrollvariablen	127
	7.2	Variablen auf der Mikroebene	128
		7.2.1 Zielvariable: Individuelles Einkommen	128
		7.2.2 Erklärende Variablen	131
		7.2.3 Kontrollvariablen	136
8	Methoden		**139**
	8.1	Mehrebenenanalyse	139
		8.1.1 Problemstellung	139

       8.1.2 Das Zwei-Ebenen-Modell: Modellspezifikation, Mo-
              dellschätzung, Inferenz und Modellgüte 140
  8.2 Spezialfall Mehrebenenanalyse: Kreuzklassifizierte Modelle . 142
  8.3 Spezialfall Mehrebenenanalyse: Längsschnittmodelle 144

IV Ergebnisse 147

9 Entwicklung der Wissensgesellschaft: 19 OECD Länder, 1970-2002 149
  9.1 Sektorale Entwicklung 150
       9.1.1 Beschäftigung und Bruttowertschöpfung im Wissens-
              sektor 150
       9.1.2 Beschäftigung und Bruttowertschöpfung in den übri-
              gen Sektoren 156
  9.2 Interne Differenzierung des Wissenssektors 162
  9.3 Qualifikationsstruktur des Wissenssektors 168
  9.4 Zusammenfassung 171

10 Wissensgesellschaft und Bildungserträge: 18 OECD Ländern, 1985-2002 175
  10.1 Die Bedeutung von Bildung für das Einkommen 176
  10.2 Erklärung der Länder- und Zeitunterschiede im Mehrebenen-
       modell 181
  10.3 Zusammenfassung 191

11 Wissensgesellschaft und Ungleichheit: 19 OECD Länder, 1970-1999 195
  11.1 Die Entwicklung der Einkommensungleichheit 196
  11.2 Erklärung der Länder- und Zeitunterschiede im Mehrebenen-
       modell 200
  11.3 Zusammenfassung 206

V Zusammenfassung und Diskussion 209

12 Zusammenfassung 211

13 Diskussion 221

Literaturverzeichnis 225

A Zusätzliche Abbildungen und Tabellen 257

B Länderinformationen VGR-Daten 273

Tabellenverzeichnis

4.1	Trends der Einkommensungleichheit in den OECD Ländern nach 1970 (schematische Darstellung)	92
7.1	Wissenssektor nach Funktionsgruppen und Industrien: Namen und ISIC (Rev. 3) Divisionsnummern	122
7.2	Deskriptive Statistiken für die Variablen der Makroebene	128
7.3	Deskriptive Statistiken für die kontinuierlichen Variablen der Mikroebene	137
7.4	Deskriptive Statistiken für die diskreten Variablen der Mikroebene	138
9.1	Beschäftigte im Wissenssektor in den OECD Ländern 1989 und 1999 und durchschnittliches jährliches Wachstum 1970 bis 2002 (vorhergesagte Werte, in Prozent)	152
9.2	Bruttowertschöpfung (konstante Preise) im Wissenssektor in den OECD Ländern 1989 und 1999 und durchschnittliches jährliches Wachstum 1970 bis 2002 (vorhergesagte Werte, in Prozent)	155
9.3	Beschäftigte in den vier Funktionsgruppen des Wissenssektors 1970 und 1999 (vorhergesagte Werte, in Prozent), durchschnittliches jährliches und relatives Wachstum im Länderdurchschnitt	163
9.4	Relatives Wachstum der Beschäftigung in den vier Funktionsgruppen des Wissenssektors (in Prozent)	167
9.5	Bruttowertschöpfung in den vier Funktionsgruppen des Wissenssektors 1970 und 1999 (vorhergesagte Werte, in Prozent), durchschnittliches jährliches und relatives Wachstum im Länderdurchschnitt	167
10.1	Mittlere prozentuale Lohnzuwächse durch Bildung (Mincer Standardmethode) nach Ländern	177
10.2	Bildungsrenditen in der hierarchisch-linearen Regression: Meritokratiehypothese	183

10.3 Bildungsrenditen in der hierarchisch-linearen Regression: Entkopplungshypothese 187
10.4 Bildungsrenditen in der hierarchisch-linearen Regression: Personen mit und ohne einen tertiären Bildungsabschluss . . . 189

11.1 Mittlere Gini-Koeffizienten für 19 OECD Länder und Veränderung im Zeitverlauf, 1970 bis 1999 199
11.2 Einkommensungleichheit in der hierarchisch-linearen Regression: Sektordualismus- und Sektorbiashypothese 202

A.1 Internationales Klassifikationsschema der Industrien: International Standard Industrial Classification of all Economic Activities (ISIC) in der Revision 3 261
A.2 Beschäftigte in den vier Funktionsgruppen des Wissenssektors 1989 und 1999 (vorhergesagte Werte, in Prozent), durchschnittliches jährliches Wachstum, erklärte Varianz und tatsächliche Werte 1999 nach Ländern 262
A.3 Sektoren nach Qualifikationsgruppen in 10 OECD Ländern, 1970 bis 1995 263
A.4 Bildungsrenditen in der hierarchisch-linearen Regression: Meritokratiehypothese auf Basis der Fallauswahl bei Entkopplungshypothese 264
A.5 Bildungsrenditen in der hierarchisch-linearen Regression: Personen mit tertiärer Bildung 265
A.6 Bildungsrenditen in der hierarchisch-linearen Regression: Personen ohne tertiäre Bildung 266
A.7 Bildungsrenditen in der hierarchisch-linearen Regression: Personen mit tertiärer Bildung und Fallauswahl bei Entkopplungshypothese 267
A.8 Bildungsrenditen in der hierarchisch-linearen Regression: Personen ohne tertiäre Bildung und Fallauswahl bei Entkopplungshypothese 268
A.9 Bildungsrenditen in der hierarchisch-linearen Regression: Modelle mit Beruf des Vaters 269
A.10 Gini-Koeffizienten für 19 OECD Länder, 1970 bis 1999 . . . 270
A.11 Einkommensungleichheit in der hierarchisch-linearen Regression: Modelle ohne Sektordualismus 271

Abbildungsverzeichnis

3.1 PC- und Internetnutzer im OECD Länderdurchschnitt (in Prozent), 1981 bis 2002 42
3.2 Bevölkerung nach Bildungsabschlüssen (in Prozent) und mittlere Dauer der Schulbildung im OECD Länderdurchschnitt, 1970 bis 2000 44
3.3 Qualifikationsstruktur ausgewählter Industrien 55

4.1 Mikrosoziologisches Erklärungsmodell des Stratifikationsprozesses 75
4.2 Mehrebenenmodell des Stratifikationsprozesses: postindustrieller Kredentialismus versus Entwertung und Entkopplung . 86

6.1 Synopse der ISSP-Daten 116

7.1 Arithmetische Mittelwerte und Standardabweichungen alternativer Einkommensvariablen (in kaufkraftbereinigten US-Dollar Paritäten) 131
7.2 Arithmetische Mittelwerte und Standardabweichungen der Anzahl der Schuljahre 134

8.1 Spezialfall Mehrebenenanalyse: Kreuzklassifiziertes Modell des Individualeinkommens in Länderzeitpunkten 144
8.2 Spezialfall Mehrebenenanalyse: Längsschnittmodell der Einkommensungleichheit in Ländern 146

9.1 Beschäftigte im Wissenssektor in den OECD Ländern (in Prozent), 1970 bis 2002 151
9.2 Bruttowertschöpfung (konstante Preise) im Wissenssektor in den OECD Ländern (in Prozent), 1970 bis 2002 154
9.3 Beschäftigte (oben) und Bruttowertschöpfung im Agrarsektor in den OECD Ländern (in Prozent), 1970 bis 2002 158
9.4 Beschäftigte (oben) und Bruttowertschöpfung im Industriesektor in den OECD Ländern (in Prozent), 1970 bis 2002 . 159

9.5 Beschäftigte (oben) und Bruttowertschöpfung im Dienstleistungssektor in den OECD Ländern (in Prozent), 1970 bis 2002 160
9.6 Wirtschaftssektoren nach Qualifikationsstruktur 169
9.7 Upgrading und Polarisierung der Qualifikationsnachfrage . . 170

10.1 Bildungsrenditen für Männer und Frauen, 1985 bis 2003 . . 178
10.2 Bildungsrenditen für Männer und Frauen, 1985 bis 2003 (Fortsetzung) 179
10.3 Bildungsrenditen für Männer und Frauen, 1985 bis 2003 (Fortsetzung) 180
10.4 Wachsende Einkommensungleichheit: Vorhergesagte Einkommen für Personen mit und ohne einen tertiären Bildungsabschluss 191

11.1 Gini-Koeffizienten für 19 OECD Länder, 1970 bis 1999 . . . 197
11.2 Sektordualimus: Einkommensdifferentiale zwischen Sektoren, 1970 bis 2002 205

A.1 Bevölkerung älter 23 mit höchstens einem primären Bildungsabschluss (in Prozent), OECD Länder, 1970 und 2000 ... 257
A.2 Bevölkerung älter 23 mit höchstens einem sekundären Bildungsabschluss (in Prozent), OECD Länder, 1970 und 2000   258
A.3 Bevölkerung älter 23 mit einem tertiären Bildungsabschluss (in Prozent), OECD Länder, 1970 und 2000 259
A.4 Mittlere Anzahl der Schuljahre, Bevölkerung älter 23, OECD Länder, 1970 und 2000 260

Teil I

Fragestellung und Aufbau der Arbeit

1 Fragestellung

Die Etikettierung zeitgenössischer Gesellschaften als „Wissens-", „Informations-" oder auch einfach „postindustrielle Gesellschaften" impliziert, dass moderne Gesellschaften nicht mehr angemessen mit den Begriffen „Industrie-" oder „Dienstleistungsgesellschaft" und den damit verbundenen Konzepten analytisch erfassbar sind. Während der Begriff „Wissensgesellschaft" erstmals bereits in wissenschaftlichen Arbeiten in den 1960er Jahren Verwendung findet, steht er heute für eine der populärsten Zeitdiagnosen in Politik, Wirtschaft und Wissenschaft.

Eine Vielzahl nationaler und supranationaler „Aktionsprogramme" widmet sich spätestens seit der zweiten Hälfte der 1990er Jahre der Aufgabe, „den Übergang in die Informations- und Wissensgesellschaft erfolgreich bestehen [zu] können" (BMWA und BMBF 2003, S. 23; s. a. BMWi und BMBF 1999; UNESCO 2003a; OECD 2005a). So hat der Europäische Rat von Lissabon im März 2000 als strategisches Ziel für Europa formuliert,

> „die Union zum wettbewerbsfähigsten und dynamischsten wissensbasierten Wirtschaftsraum der Welt zu machen - einem Wirtschaftsraum, der fähig ist, ein dauerhaftes Wirtschaftswachstum mit mehr und besseren Arbeitsplätzen und einem größeren sozialen Zusammenhalt zu erzielen." (Europäischer Rat 2000).

Mithin wird die positive Bedeutung dieses Strukturwandels betont:

> „Diese neue Gesellschaft eröffnet große Chancen: sie kann neue Beschäftigungsmöglichkeiten, erfüllendere Berufe, neue Instrumente für Bildung und Ausbildung, leichteren Zugang zu öffentlichen Diensten schaffen, sowie bessere Einbeziehung von benachteiligten Personen oder Regionen." (Europäische Kommission 2007a).

Kernstück einer positiven Entwicklung würden dabei vor allem die intellektuellen Ressourcen der Menschen ausmachen, denn in der „Wissensgesellschaft ist der Umgang mit Wissen (...) zum ausschlaggebenden Faktor im weltweiten Wettbewerb geworden" (DIHK und IHK 2006, S. 1). Humankapital gilt als die wichtigste individuelle und gesamtgesellschaftliche Ressource und

Garant für wirtschaftliches Wachstum im 21. Jahrhundert (s. a. Sachverständigenrat zur Begutachtung der gesamtwirtschaftlichen Entwicklung 2004, S. 422). Länder mit einem höheren Bestand an Humankapital würden ein schnelleres Wirtschaftswachstum verzeichnen (World Bank 2002; Bassanini und Scarpetta 2001; Petrakis and Stamatakis 2002; Barro 1991).

In der sozialwissenschaftlichen Debatte wird – um nur einige wenige zu nennen – „*Moral ...*", „*Epistemische Pflichten ...*", „*Jugendarbeit...*" und sogar „*Dummheit* in der Wissensgesellschaft" diskutiert. Ein Blick in einschlägige Lexika der Soziologie verrät, dass man die sich herausbildende Vergesellschaftungsform moderner westlicher Nationalstaaten „Wissensgesellschaft" nennt (Stehr 1997, S. 739).

Bei all ihrer Popularität und vor allem in Anbetracht ihres namensgebenden Moments erscheint es jedoch nahezu paradox, dass kaum Wissen darüber besteht, was eine Wissens- oder Informationsgesellschaft eigentlich ist (Bittlingmayer und Bauer 2006, S. 13; Steinbicker 2001b, S. 120). Die Häufigkeit und Selbstverständlichkeit der Verwendung dieser Gesellschaftsbegriffe im wissenschaftlichen wie außerwissenschaftlichen Diskurs stehen in einem völligen Missverhältnis dazu, dass es an einer klaren Definition und Operationalisierung des hiermit angesprochenen Gesellschaftstyps und damit an empirischen Nachweisen seiner Validität mangelt (Webster 2004; Gorman und McCarthy 2006). Die wissenschaftliche Diskussion ist durch eine Vielzahl sehr heterogener theoretischer Annahmen gekennzeichnet (vgl. Bechmann 2000, S. 37), eine hinreichend analytisch klare Definition der proklamierten Vergesellschaftungsform fehlt (Steinbicker 2001b, S. 9; Stehr 1994, S. 25).

Der Tatbestand einer „Beliebigkeit des rhetorischen Einsatzes der Informationsgesellschaft" (Kleinsteuber 1999, S. 27) steht dem Interesse der Sozialwissenschaften entgegen, die Entstehung einer neuen Vergesellschaftungsform mit einem eindeutigen Begriff zu belegen und den hiermit beschriebenen Sachverhalt intersubjektiv nachvollziehbar zu erklären. Wenn die Schaffung einer Wissensgesellschaft zum strategischen Ziel fortgeschrittener Industrie- und Dienstleistungsgesellschaften erklärt wird, so kommt einem statistischen Monitoring des Prozesses auch für politischer Planung wesentliche Bedeutung zu (Jeskanen-Sundström 2003, S. 2; s. a. Köhler und Kopsch 1997, S. 751; UNECE et al. 2003). Solange das *differentia specifica* der Wissensgesellschaft aber nicht gegeben ist, kann nicht entschieden werden, ob wir tatsächlich Mitglieder einer solchen Gesellschaft sind (Meadows 1996, S. 278)[1].

---

[1] Wie in Kapitel 3 gezeigt wird, ist die Literatur auch dahingehend uneinheitlich, ob

1 Fragestellung

Nimmt man die These einer neuen Vergesellschaftungsform ernst und spezifiziert das Merkmal, durch das sich die Wissens- von der Industrie- und Dienstleistungsgesellschaft unterscheidet, kann man dazu übergehen, ihre Entwicklung zu verfolgen. Mehr noch – es ist dann erst überhaupt möglich, den Zeitpunkt ihrer Durchsetzung gegenüber der Industrie- und Dienstleistungsgesellschaft historisch zu datieren. Mithin kann geprüft werden, ob, und wenn ja, ab wann es gültig ist, von Nationalstaaten als Wissensgesellschaften zu reden. Betrachtet man hierbei nicht nur die Entwicklung eines Nationalstaates, sondern unterzieht die These der Wissensgesellschaft einer Prüfung in möglichst vielen Gesellschaften – in der Tat soll sie ja für alle modernen Gesellschaften gelten (Hradil 2005, S. 465) – können nicht nur bedeutsame Gemeinsamkeiten, sondern auch signifikante Unterschiede in der Entwicklung dieser Länder vergleichend betrachtet werden.

Das erste zentrale Anliegen dieser Untersuchung ist daher, eine theoretisch wohlbegründete Definition und eine empirisch anwendbare Operationalisierung der Wissensgesellschaft[2] zu entwickeln. Wenn die Wissensgesellschaft definitorisch bestimmt ist, dann erst lässt sie sich als Instrument für die Suche von Zusammenhängen zwischen dem Sachverhalt *Wandel hin zur Wissensgesellschaft* und anderen relevanten Sachverhalten fruchtbar machen. Gegenstand dieser Arbeit ist der Zusammenhang zwischen dem Wandel hin zur Wissensgesellschaft und sozialer Ungleichheit und zwar aus folgenden Gründen: Zunächst ist die Thematisierung sozialer Ungleichheit von moralphilosophischen, soziologischen und ökonomischen Standpunkten aus grundsätzlich von Bedeutung[3]. Über diese grundsätzlichen Motive hinaus begründet sich eine wissenschaftliche Auseinandersetzung jedoch insbesondere, weil die These einer Entwicklung zur Wissensgesellschaft eng mit zwei weitreichenden und wenig geprüften Annahmen zu sozialer Ungleichheit verbunden ist: Erstens wird angenommen, dass Bildung in solchen Gesellschaften für den Erfolg der Individuen am Arbeitsmarkt zunehmend

---

die Wissensgesellschaft als nachfolgende Entwicklungsstufe der Industrie- oder der Dienstleistungsgesellschaft zu betrachten ist.

[2] Im Folgenden wird der Begriff „Wissensgesellschaft" als der einer Explikation noch zu unterziehende Begriff verwendet. Mit dieser Bezeichnung sind an dieser Stelle auch die Begriffe „Informationsgesellschaft" und „postindustrielle Gesellschaft" gemeint. In Kapitel 3 wird eine Festlegung auf das Kompositum „Wissen" begründet.

[3] Von einem normativen Standpunkt wird eine hohe Ungleichheit in der Gesellschaft als ungerecht beurteilt. Die Tatsache, dass die Lebenschancen in der Gesellschaft auch von der sozialen Herkunft und anderen zugeschriebenen Eigenschaften abhängen, stellt aus ökonomischer Perspektive schlicht eine „Verschwendung von Talent" dar. Eine solche Chancenungleichheit behindert soziale Mobilität und kann den sozialen Zusammenhalt gefährden

wichtiger wird. Wissensgesellschaften seien also stärker durch meritokratische Prinzipien organisiert als frühere Gesellschaften. Zweitens wird die These aufgestellt, dass die auf diesem Wege erreichte effizientere Nutzung der Humanressourcen zu größerem Wachstum und Wohlstand führt, in deren Folge Wissensgesellschaften durch geringerer Ungleichheit gekennzeichnet sind.

Die Vorstellung, dass mit dem Ausbau der Wissensgesellschaften Wissen absolut oder mindestens relativ an Bedeutung gewinnt, erscheint so selbstverständlich, dass Folgendes meist übersehen wird: Erstens liegen empirische Belege hierfür kaum vor (Breen und Luijkx 2004b; Wolbers et al. 2001; Jonsson 1996; Goldthorpe und Jackson 2006). Zweitens ist zu hinterfragen, inwieweit diese Annahme aus theoretischen Gründen überhaupt plausibel erscheint (vgl. u. a. Birkelund 2006, S. 347 ff.; Goldthorpe 1996). Im Grundmodell sozialer Stratifizierung ist die soziale Zielposition eine Funktion der Schulleistung und der sozialen Herkunft der Individuen. Das Modell liefert eine mikrosoziologische intergenerationelle Erklärung von Unterschieden in der sozialen Zielposition. Mindestens zwei offene Probleme sind für die Formulierung von Trendaussagen zur Bedeutung von individuellen Eigenschaften zu klären. Es gilt genauer zu definieren, wer der zentrale Akteur im Stratifikationsmodell ist und inwieweit Merkmale der gesellschaftlichen Aggregatebene die Beziehung im Grundmodell sozialer Stratifikation zu moderieren in der Lage sind (Birkelund 2006). Hierfür ist es notwendig, die Wissensgesellschaft und ihre Folgen an das Handeln sozialer Akteure rückzubinden. Dies gelingt, wenn die Vergesellschaftungsform als Ordnung, an der sich das Handeln der in ihr lebenden Akteure orientiert, verstanden wird. Dann lässt sich der Wandel zu einer Wissensgesellschaft als eine Veränderung der Gelegenheitsstruktur betrachten, die die Individuen in ihren Entscheidungen beeinflusst. Die Reaktion auf die sich ändernde Situation müsste sich in den zentralen Strukturen der Gesellschaft niederschlagen und in Veränderungen der Verteilungsstruktur zentraler Ressourcen wie dem Einkommen beobachten lassen. Eine diesem Verständnis gerecht werdende Analyse von Statuserreichungsprozessen und distributionalem Wandel unter expliziter Berücksichtigung des Wandels zur Wissensgesellschaft steht jedoch aus (vgl. DiPrete 2007).

Das Thema soziale Ungleichheit wird in dieser Arbeit also aus zwei Richtungen angegangen. *Erstens* geht es um soziale Ungleichheit im Sinne von ungleichen Chancen bei der sozialen Statuserreichung. Wenn sich der überwiegende Anteil soziologischer Forschung hierzu auf den *beruflichen Status* oder *soziale Klassen* als zu erklärende Größen konzentriert hat, so ist die

Prüfung der im Zusammenhang mit der Wissengesellschaft diskutierten Mechanismen anhand der Beschreibung und Erklärung von *Einkommen* gerechtfertigt (vgl. van de Werfhorst 2007, S. 252). Der bisherige soziologische Forschungsstand zur Einkommensungleichheit ist ergänzungsbedürftig (Kenworthy 2007; DiPrete 2007; Atkinson 2007; Berger 2004, S. 361; Müller 1998, S. 95). Abseits dessen ist das Einkommen auch heute einer der grundlegendsten Indikatoren zur Messung der materiellen Dimension sozialer Ungleichheit. Es ist nicht zu bestreiten, dass das Einkommen den Wohlstand von Individuen, ihre Position im sozialen Hierarchiegefüge, die Lebenschancen und Konsummöglichkeiten auch in reichen Gesellschaften entscheidend determiniert.

Zweitens geht es um die Ungleichheit in der insgesamten (univariaten) Verteilung der Einkommen. Denn geht man davon aus, dass sich das Einkommen in Wissensgesellschaften stärker durch Bildung und weniger durch zugeschriebene Eigenschaften der Individuen bestimmt, dann lässt sich auch nach Konsequenzen dieses Wandels für das Ausmaß der Verteilungsungleichheit fragen. Der Fokus der Arbeit ist im Hinblick auf beide Zielgrößen auf die Beschreibung und Erklärung von *Unterschieden im Zeitverlauf innerhalb von Ländern* gerichtet.

Damit ist es *das zweite zentrale Anliegen dieser Arbeit, die sich aus dem Wandel zur Wissensgesellschaft ergebenden Konsequenzen für soziale Ungleichheit in zeit- und ländervergleichender Perspektive zu untersuchen.* Die Forschungsfragen der Dissertation lassen sich wie folgt zusammenfassen:

1. Wie lässt sich der Begriff „Wissensgesellschaft" theoretisch und empirisch sinnvoll definieren und wie entwickelt sich diese im Zeitverlauf und Ländervergleich?

2. Welche Konsequenzen hat die Entwicklung hin zur Wissensgesellschaft für die individuellen Determinanten des Einkommens im Zeitverlauf und Ländervergleich?

3. Welche Konsequenzen hat die Entwicklung hin zur Wissensgesellschaft für das Ausmaß von Einkommensungleichheit im Zeitverlauf und Ländervergleich?

Die Beantwortung dieser Fragen verlangt zunächst eine längsschnittliche Analyse über einen angemessen langen Zeitraum. Zudem bezieht sich die These einer Wissensgesellschaft nicht nur auf die Entwicklung der letzten Jahrzehnte in einer, sondern in mehreren oder sogar in allen modernen Gesellschaften. Die Arbeit trägt dem Rechnung, indem zusätzlich zu der zeitlichen auch die räumliche Dimension in den Analysen berücksichtigt wird. Hierbei wird eine „Variablen orientierte Methode des Vergleichs" (Ragin 1987) angegangen. Nicht das Herausarbeiten (weniger) spezifischer historischer Fälle, sondern die Überprüfung der Hypothesen in möglichst vielen Fällen von Ländern ist das Ziel. Aufgrund der Datenlage und der besseren Kontrollierbarkeit relevanter Faktoren wird zudem die Strategie eines „most-similar system designs" (Pzerworski und Teune 1970) verfolgt. Die Prüfung der Hypothesen erfolgt für insgesamt 20 OECD Länder von 1970 bis 2002. Aus praktischen Gründen ist der empirische Teil der Untersuchung als Sekundäranalyse angelegt.

Die Arbeit soll mit der Beantwortung dieser Forschungsfragen einen Beitrag zum besseren Verständis des proklamierten Wandels moderner Gesellschaften zu Wissensgesellschaften einerseits, und den sich daraus ergebenden Veränderungen im System sozialer Stratifikation andererseits, leisten. Die Arbeit ist interdisiplinär angelegt. Dort, wo es erkenntnisleitend ist, wird auch auf andere als genuin soziologische Vorarbeiten zurückgegriffen. Der spezifische Beitrag zur Soziologie liegt darin, dass der Wandel der Vergesellschaftungsform als Orientierungsproblem handelnder Akteure im soziologischen Erklärungsschema gefasst wird. Sie stellt sich damit der Herausforderung (vgl. Jonsson 2006, S. 13), Mikroebenenmodelle mit einem makrosoziologisch informierten Modell sozialen Wandels in Verbindung zu bringen. Indem außerdem die hierfür geeigneten statistischen Mehrebenenverfahren angewendet werden, trägt die Arbeit gleichermaßen zu einer stärkeren theoretischen wie methodischen Fundierung der Erklärung sozialen Wandels und sozialer Ungleichheit bei.

2 Aufbau der Arbeit

Folgende Arbeitsschritte sind notwendig: Zur Ableitung von Hypothesen zu sozialer Ungleichheit in der Wissensgesellschaft wird erstens der Forschungsstand zur Frage, was unter dem Begriff „Wissensgesellschaft" zu verstehen ist, diskutiert (Kapitel 3). Etwas überspitzt bringt der Titel des ersten Unterkapitels (3.1) zum Ausdruck, dass eher Unwissen als Wissen über die Bedeutung des Terminus Wissensgesellschaft besteht. Zu einer wissenschaftlichen Prädikation führt daher der Weg über die mit dieser Gesellschaftsform konnotierten Trends (3.2). Insofern, als dass Trends immer auch an den Zeitpunkt des jeweiligen Beobachters geknüpft sind, wird der Forschungsstand in historisch-chronologischer Reihenfolge betrachtet. Auf der Grundlage der Herausarbeitung der im Konzept Wissensgesellschaft deutbaren Trends kann man sich in einem nächsten Schritt der Frage zuwenden, wie sich die Wissensgesellschaft empirisch messen lässt (3.3). Die Messkonzepte, die sich den jeweiligen Trends zuordnen lassen, müssen vor allem dahingehend geprüft werden, inwieweit sie für eine längs- und querschnittliche Analyse fruchtbar gemacht werden können. Diese Vorarbeiten führen schließlich zu dem Ziel, den Begriff „Wissensgesellschaft" theoretisch und empirisch sinnvoll zu definieren und Erwartungen über ihre Entwicklung im Zeitverlauf zu formulieren (3.4).

Zweitens kann die nun definierte Wissensgesellschaft als Instrument für die Analyse sozialer Ungleichheit verwendet werden (Kapitel 4). Im Anschluss an die einleitende Diskussion sozialer Ungleichheit aus der Perspektive Wissensgesellschaft (4.1) bietet die Betrachtung des Forschungsstandes zum Wandel in den Determinanten sozialer Ungleichheit im zweiten Unterkapitel (4.2) die Grundlage für die Diskussion zum distributionalen Wandel im dritten Unterkapitel (4.3). In beiden Fällen sind diejenigen Arbeiten zum Ausgangspunkt zu nehmen, die den Wandel über die Zeit oder Unterschiede zwischen Ländern zum Gegenstand haben. Anschließend werden jeweils die Erklärungen für die deskriptiven Ergebnisse in der Literatur besprochen. Darauf aufbauend kann jeweils im letzten Unterkapitel die Wissengesellschaft als erklärende Größe explizit eingeführt werden und Erwartungen über ihre Rolle zur Erklärung der beiden sozialen Tatbestände formuliert werden. Aus Gründen der Übersichtlichkeit werden der Forschungsstand und die sich hieraus ergebenden Implikationen für die zentralen Fragen der Arbeit abschließend nochmals kurz zusammengefasst und in empirisch prüfbare Hypothesen überführt (Kapitel 5).

Damit kann im nächsten Teil der Arbeit zur Beschreibung der Daten (Kapitel 6), der Operationalisierung der Variablen (Kapitel 7) und der Erläuterung der zu verwendenden Methoden (Kapitel 8) übergegangen werden.

Im vierten Teil der Arbeit werden die Ergebnisse der empirischen Analysen präsentiert. Im Kapitel 9 wird die quantitative Entwicklung der Länder hin zu Wissensgesellschaften dargestellt. Dies bietet die Grundlage für die Überprüfung der Hypothesen zum System sozialer Ungleichheit in der Wissensgesellschaft in den Kapiteln 10 und 11. Im Hinblick auf die Frage nach einer mit der Wissensgesellschaft zunehmenden Bedeutung von Bildung werden zunächst die Erträge von Bildung im Zeitverlauf für die einzelnen Länder betrachtet (Abschnitt 10.1), um anschließend mit Hilfe von Mehrebenenverfahren die Einkommensunterschiede simultan durch individuelle und kontextuale Merkmale zu erklären (10.2). Auch für die Prüfung der Hypothesen zum Zusammenhang zwischen der Entwicklung zur Wissensgesellschaft und den Veränderungen in der Heterogenität der Einkommen (Kapitel 11) werden zunächst die Entwicklungen in den Nationalstaaten über die Zeit abgebildet und beschrieben (Abschnitt 11.1). Darauf aufbauend können die Zeit- und Länderunterschiede in Längsschnittmodellen erklärt werden (Abschnitt 11.2). Im letzten Teil der Arbeit werden die empirischen Einzelbefunde nochmals zusammengefasst (Kapitel 12) und diskutiert (Kapitel 13).

Teil II

Forschungsstand und Hypothesen

Der folgende Teil der Arbeit ist der Diskussion des Forschungstands gewidmet. Die Darstellung gliedert sich in zwei Teile: Erstens wird der Forschungsstand zur Frage, was unter dem Begriff „Wissensgesellschaft" zu verstehen ist, diskutiert (Kapitel 3). Zweitens wird die dann definierte Wissensgesellschaft in den Zusammenhang zu sozialer Ungleichheit gestellt (Kapitel 4). Im Anschluss an die einleitende Diskussion sozialer Ungleichheit aus der Perspektive Wissensgesellschaft (4.1) bietet die Betrachtung des Forschungsstandes zum Wandel in den Determinanten sozialer Ungleichheit im zweiten Unterkapitel (4.2) die Grundlage für die Diskussion zum distributionalen Wandel im dritten Unterkapitel (4.3).

3 Wissensgesellschaft: Begriffsbestimmung und Messkonzept

3.1 Eine Gesellschaft ohne Wissen über sich selbst

Hinsichtlich der Analyse von Gesellschaftsbegriffen muss berücksichtigt werden,

> „dass jene dem Alltagsdenken (...) angehörigen Kollektivgebilde Vorstellungen von etwas teils Seiendem, teils Geltensollendem in den Köpfen realer Menschen (...) sind, an denen sich deren Handeln orientiert und dass sie als solche eine ganz gewaltige, oft geradezu beherrschende, kausale Bedeutung für die Art des Ablaufs des Handelns der realen Menschen haben." (Weber 1973[1921], S. 553[514]).

Max Webers Vorstellung über die Bedeutung von idealtypischen Begriffen zur Kennzeichnung von sozialen Gebilden steht den bisherigen Ergebnissen der akademischen Diskussion über einen zeitgenössisch angemessenen Gesellschaftsbegriff insofern entgegen, als sich hierfür ein einheitlicher Gesellschaftsbegriff nicht abzeichnet. Einigkeit besteht aber weitgehend darin, dass sich in den letzten Jahrzehnten des ausgehenden 20. Jahrhunderts in den wirtschaftlich fortgeschrittenen Ländern der Erde ein sozialer Wandel vollzieht, der nicht mehr angemessen mit den Begriffen „Industrie-" oder auch „Dienstleistungsgesellschaft" und den damit verbundenen Konzepten analytisch erfassbar ist. Mit Esping-Andersen können wir fragen: „Do we see new ideal types or leitmotifs emerging?" (Esping-Andersen 2000, S. 68).

Der Soziologie mangelt es durchaus nicht an theoretischen Entwürfen, die für sich in Anspruch nehmen, die zentralen Trends der sich entwickelnden „nach"-industriellen Gesellschaft herausgearbeitet und mit einem Leitmotiv-Begriff treffend benannt zu haben (Beck 1986; Gross 1994; Schulze 1992). Ein besonders populäres Deutungsangebot liefern Arbeiten, die fortgeschrittene Industriegesellschaften als „Informations-" (Bell 1973; Porat 1975; 1977), „Wissens-" (Drucker 1969, 1986, 1994, Stehr 1994), „informationelle-" (Castells 1996, 1997, 1998), „wissensbasierte" oder auch einfach „postindustrielle Gesellschaften" (Bell 1972, 1973, 1980) bezeichnen. Während insbesondere die frühen Arbeiten die Wissensgesellschaft als nachfolgende Entwicklungsstufe der Industriegesellschaft betrachten, dominiert in jüngeren Arbeiten die Sichtweise einer Ablösung der Dienstleistungsgesellschaft durch die Wissensgesellschaft (vgl. Abschnitt 3.2, s. a. Wilke und Breßler 2005, S. 63-64).

Die hier in Rede stehenden sozialwissenschaftlichen Fachtermini haben mit Beginn der 1990er Jahre in erstaunlichem Maße Eingang in die politische Debatte gefunden (vgl. Heidenreich 2003; Wingens 2002; Kleinsteuber 1999). Im Zentrum dieser Debatte stehen die Informations- und Kommunikationstechnologien (IuKT), die zu einem „tiefgreifenden Wandlungsprozess" in „fast allen Lebensbereichen" führen (Deutscher Bundestag 1997, S. 111; s. a. BMWi und BMBF 1999; Bangemann 1994). Auch die in die Alltagssprache Eingang gefundenen Generalklauseln wie „weltweite Datenautobahn", „elektronisches Dorf", „informationelle Selbstbestimmung" und „Telearbeit" spiegeln das Verständnis wider, dass sich die Informations- oder Wissensgesellschaft vor allem durch ihre technologische Basis definieren lässt. Veränderungen (in) der Gesellschaft werden in loser Aufzählung zumeist aus dem Blickwinkel der Vorzüge dieses technologischen Fortschritts diskutiert:

> „Die breite Verfügbarkeit neuer Informationstechniken und -dienste bietet die Chance für mehr Gleichberechtigung und Ausgewogenheit in der Gesellschaft und fördert die Selbstverwirklichung. Die Informationsgesellschaft verfügt über das notwendige Potential, um die Lebensqualität der europäischen Bürger und die Effizienz unserer Gesellschaft und Wirtschaftsorganisation zu verbessern sowie den europäischen Zusammenhalt zu stärken." (Bangemann 1994).

Die Informations- oder Wissensgesellschaft ist nach diesem Verständnis eine informationstechnisierte Gesellschaft mit „Internet für alle" (BMWA und BMBF 2003, S. 19). „Heute leben wir in einer Informationsgesellschaft" (Deutscher Bundestag 1998, S. 2) – vor dem Hintergrund dieser Überzeugung erscheint die explizite Zielsetzung, mit Aktionsprogrammen, Enquete-Kommissionen und politischen Rahmenprogrammen zur Informiertheit von Staat und Bürger als Grundbedingung für eine aktive Teilhabe aller Gesellschaftsmitglieder beizutragen (vgl. ebd., S. 11), nur folgerichtig. Ob diese Zielsetzung nicht schon allein angesichts der kaum noch überschaubaren Menge an hierbei entstandenen politischen Papieren und Berichten Gefahr läuft, untergraben zu werden – Stichwort „information overload" ist eine Sache. Auch die undifferenzierte Verwendung der zentralen Begriffe Wissen und Informationen in diesen Papieren mag eher Verwirrung als

3.1 Eine Gesellschaft ohne Wissen über sich selbst

aktive Teilhabe bei den Bürgern auslösen. Anlass für eine ernsthafte Infragestellung der politischen Bemühungen zum Thema ist jedoch vor allem mit dem Widerspruch gegeben, dass dem Fürwahrhalten der „Informations"- oder „Wissensgesellschaft" entgegen allem Anschein eine Gewissheit darüber fehlt, was mit diesen Begriffen gemeint ist. Die informationstechnisierte Informations- und Wissensgesellschaft ist „eine Gesellschaft ohne Informationen über sich selbst" (Kleinsteuber 1999, S. 21).

Dass ein erster Versuch einer Begriffsbestimmung zu einer derart paradoxen Definition münden muss, ist jedoch der politischen Rhetorik allein nicht zuzuschreiben. Spätestens die These, dass die Bezeichnung Informationsgesellschaft eine Begriffsschöpfung der Bangemann-Gruppe sei (vgl. Kleinsteuber 1999), macht das weitgehende Unvermögen der Sozialwissenschaften deutlich, die eigentlich von ihr entwickelte wissenschaftliche Konzeption einer neuen Vergesellschaftungsform aufzuarbeiten und zu einem Verständnis der Informations- und Wissensgesellschaft beizutragen[1].

Die Idee einer Informations- oder Wissensgesellschaft ist weder eine Begriffsschöpfung der Politik, noch ist sie in den 1990er Jahren entstanden. Mit Ausnahme von wenigen Arbeiten lässt die zeitgenössische politische und wissenschaftliche Debatte mit dem fehlenden Rückbezug auf wirtschafts- und sozialwissenschaftlichen Arbeiten der späten 1960er Jahre eine theoretisch informierte Basis der Wissensgesellschaft außer Acht und verschließt sich so einer Grundlage für eine streitbare Aufarbeitung des Konzepts. Wenn auch eine hinreichend kohärente Theorie über die proklamierte Vergesellschaftungsform noch aussteht (Bechmann 2000, S.37; Steinbicker 2001b, S.

---

[1] Eine bibliometrischen Studie englischsprachiger Veröffentlichungen für den Zeitraum 1984 bis 1997 bringt zutage, dass der Begriff „Information Society" im Titel in der überwiegenden Anzahl der Fälle die Form „x in der Informationsgesellschaft" aufweist (Duff 2000, S. 12). Wenn auch hier keine vergleichbar systematische Studie gemacht wurde, so zeigt eine Recherche in der Fachdatenbank WISO, dass dies wahrscheinlich gleichermaßen für die deutschsprachige Debatte und auch für das Kompositum „Wissensgesellschaft" gilt. Die Sozialwissenschaften diskutieren „Demokratie ...", „Moral ...", „Epistemische Pflichten ...", „Jugendarbeit...", „Recht...", ',Gesundheit und Altern...", „Politik ...", „politische Bildung ...","Populismus ...", „Geschlechterdifferenzen ...", „Wiederverzauberung ..." und sogar „Dummheit in der Wissens- oder Informationsgesellschaft", um nur einige wenige zu nennen. Die Begriffe „Informations-" und „Wissensgesellschaft" fungieren vor allem als konzeptionelle Folie. Meist genügt darin der Verweis auf die zentrale Bedeutung von Informationen und Wissen in diesen Gesellschaften. Der Versuch einer systematischen Bestimmung dessen, was unter einer Wissens- oder Informationsgesellschaft oder gar unter den Begriffen „Wissen" und „Information" als solches verstanden wird, wird nicht unternommen. Neben dem weitgehenden Fehlen einer klaren Begriffsbestimmung tritt zudem die These einer neuen Vergesellschaftungsform in den Hintergrund.

9; Stehr 1994, S. 25), so sind mit der Herausarbeitung zentraler Trends in einigen elaborierten Arbeiten Ansatzpunkte hierfür durchaus gegeben (vgl. die vergleichende Darstellung bei Steinbicker 2001b). Zu einer wissenschaftlichen Prädikation führt daher der Weg über die mit ihr konnotierten Trends. Diese Arbeiten werden im Folgenden soweit diskutiert, wie sie für eine Definition der Wissensgesellschaft fruchtbar gemacht werden können.

3.2 Konzeptualisierungen der Wissensgesellschaft

3.2.1 Zentrale Trends: Informationstechnik, Bildungsexpansion und Wissensökonomie

Den bedeutendsten Grundstein für die Diskussion über eine „nach-industrielle Gesellschaft" in der Soziologie hat Daniel Bell mit seiner Arbeit „The Coming of Post-Industrial Society" (Bell 1973) gelegt. Wichtige Impulse für diese Arbeit[2] gehen von den Schriften „The Production and Distribution of Knowledge in the United States" von Fritz Machlup (1962), „The Information Economy and the Economics of Information" von Marc U. Porat (1975, 1977), den Arbeiten „Landmarks of Tomorrow" und „The Age of Discontinuity: Guidelines to Our Changing Society" (in der deutschen Ausgabe „Die Zukunft bewältigen") von Peter Drucker (1959, 1969) sowie „A Knowledgeable Society" von Robert E. Lane (1966) aus. Letztere beiden erheben den Anspruch, die Entwicklung einer neuen Vergesellschaftungsform in den Industriegesellschaften zu beschreiben.

Der Managementtheoretiker Drucker begreift die historische Entwicklung zwischen etwa 1860 und 1970 in den „fortgeschrittenen Industriegesellschaften", den Vereinigten Staaten von Amerika, West- und Mitteleuropa sowie Japan als distinkte Phasen von technischer und wirtschaftlicher Kontinuität und Diskontinuität. Das treibende Moment für die zwei Phasen der Diskontinuität (1860 bis etwa 1913 und erneut von 1970 an) sind jeweils die durch wissenschaftlich-technischen Fortschritt ermöglichten Produktivitätssteigerungen. In deren Folge komme es zu einer Verschiebung der Sektoren: von der Dominanz der Landwirtschaft hin zur Dominanz der Industrie in der ersten Phase und – so die These – von der Industrie zur Wissenswirtschaft in der dritten Phase. Die Zeit zwischen 1914 und 1960 kennzeichnet er dagegen als

---
[2] Im Hinblick auf das Stratifikationssystem der Wissensgesellschaft steht die Arbeit Bells in der Tradition der als Modernisierungstheorien bekannten Arbeiten von Parsons (1951, 1954), Kerr (1966), Smelser und Lipset (1966), Blau und Duncan (1967), Lipset und Zetterberg (1954), Bendix und Lipset (1954), Husen 1974 (vgl. Kapitel 4 unten).

Phase der Kontinuität, in der die bestehenden technischen, industriellen und wirtschaftlichen Strukturen zwar erweitert und abgewandelt, sich in ihrem Kern jedoch nicht grundlegend geändert haben (Drucker 1969, S. 17-23). Mit dem Wandel von einer vormals auf Erfahrung und teure, zeitaufwändige und unzuverlässige Informationsübertragung aufbauende, hin zu einer auf „systematische, gezielte und organisierte Information" (ebd., S. 59, zitiert nach der deutschen Ausgabe) gestützte wissenschaftlich-technischen Methode „ist Wissen zum entscheidenden Wirtschaftspotential geworden" (ebd., S. 60). Maßgebliche Ursache für die Verbreitung dieser Methode ist nach Drucker der durch steigende Lebenserwartung angestoßene und von dem Verständnis von Bildung als Investitionsgut getragene Anstieg im Angebot an gebildeten Arbeitskräften (ebd., S. 347-357). Das technische Pendant des systematischen Umgangs mit Wissen ist die Informationstechnik[3], deren dringliche Weiterentwicklung zu einem raschen Aufstieg dieses Industriezweigs in der Wissenswirtschaft führen werde (vgl. ebd., S.40). Dabei komme – wie in der ersten Phase diskontinuierlicher Entwicklung den elektrischen Leitungen – vor allem dem Aufbau eines Informationssystems zur „Übermittlung und Anwendung der Information" besondere Bedeutung zu, um den Computer als Werkzeug der „Produktion und Speicherung" (ebd., S.41) einer weitverbreiteten Verwendung zugänglich zu machen. Während nach Druckers Verständnis Elektrizität die Energieform für mechanische Arbeit sei, werde Information damit die zentrale Energieform der Wissensgesellschaft: „Information ist Energie für geistige Arbeit" (ebd., S.44). Wesentlicher noch als die technischen Möglichkeiten tragen jedoch „die Kopfarbeiter" zur Ausschöpfung der produktiven Kapazitäten in der modernen Wirtschaft bei. Statt handwerklicher, in Lehrzeiten erworbener Geschicklichkeit und Kraft, verlange produktive Arbeit in der Wissenswirtschaft eine durch ein Studium erlangte Fähigkeit „Ideen, Begriffe, Informationen ... zum Einsatz zu bringen." (ebd., S. 332). Der Produktivität des Bildungssystems kommt eine zentrale Stellung für die wirtschaftliche Leistungsfähigkeit zu (s. a. Drucker 1994, S. 3). Die Bildungswirtschaft müsse die Individuen dazu befähigen, gespeicherte Informationen zu verwenden, um daraus systematisches Wissen über seine Anwendungsmöglichkeiten zu erlangen. Die Fähigkeit 'zu lernen, wie man lernt' sei zentral, um einerseits die Anpassungsfähigkeit der Wissensarbeiter an die durch ständige Veränderung gekennzeichnete Wirtschaft zu erhöhen und andererseits diese mit Innovationen zu versorgen. In Druckers Verständnis sind Informationen nicht mehr als in Büchern oder

---

[3] Bei Kondratieff (1926) ist die Informationstechnik die fünfte, einen konjunkturellen Zyklus auslösende Basistechnologie seit dem 18. Jahrhundert.

Computern gespeicherte Daten. Wenn Informationen aktiv als Mittel zum Zweck produktiv verwendet werden, entstehe Wissen (vgl. ebd., S. 338 und S. 432). Die Chancen für eine Nutzbarmachung des im Bildungssystem erworbenen Wissens in der Sphäre der Produktion sieht Drucker vor allem in großen Organisationen, die durch ein zentrales Management koordiniert werden[4]. In Abgrenzung zu früheren Gesellschaften würden Innovationen nicht mehr zufällig, sondern durch die systematische Anwendung von Wissen auf Wissen produziert. Als individuelle wie gesamtgesellschaftliche Produktivkraft

> „ist Wissen zur eigentlichen Grundlage der modernen Wirtschaft und Gesellschaft und zum eigentlichen Prinzip gesellschaftlichen Wandels geworden." (ebd., S. 455-456).

In der frühen Konzeptualisierung der Wissensgesellschaft bei Drucker sind also drei Veränderungen in fortgeschrittenen Industriegesellschaften zentral: Erstens, das steigende Angebot an gebildeten Arbeitskräften durch vermehrte Investitionen in Bildung, zweitens, die Verschiebung der Wirtschaftssektoren in Richtung einer Dominanz der Wissenswirtschaft und drittens – quasi als Werkzeug zur Steigerung der Produktivität im Bildungs- und Wirtschaftssystem – die Diffusion und Weiterentwicklung der Informationstechnologie. Gemeinsam bilden diese drei Trends die Grundlage für die produktive Wertschöpfung von Wissen. Wissen wird zur Produktivkraft. Notwendigerweise, und das kommt im Titel der Arbeit zum Ausdruck, bleibt die Wissensgesellschaft bei Drucker eine Zukunftsvision. Problematischerweise wird dabei nicht immer eindeutig zwischen immanenten Eigenschaften dieser Gesellschaftsform und wünschenswerten Entwicklungen unterschieden. Dies reflektiert zum einen die wissenschaftliche Herkunft Druckers als Managementtheoretiker, zum anderen aber auch den Zeitgeist einer prinzipiellen Gestaltbarkeit der Zukunft. Dieses Selbstvertändis einer durch Verwendung rationaler Methoden effizient planbaren Gesellschaft (vgl. Ellul 1964; Schelsky 1965) findet sich auch bei Robert Lane (Lane 1966). Lane, mit dem expliziten Verweis darauf, dass dies nur „annähernd" eine Definition darstellt, begreift die Wissensgesellschaft als eine Gesellschaft in der

---

[4] Die Ausarbeitung der Idee einer „Gesellschaft der Organisationen", deren zentrales Organ das Management ist, wird ausführlich jedoch erst in späteren Publikationen ausgearbeitet (vgl. Drucker 1994, 1999).

„more than in other societies, its members: (a) inquire into the basis of their beliefs about man, nature, and society; (b) are guided (perhaps unconsciously) by objective standards of veridical truth, and, at the upper levels of education, follow scientific rules of evidence and inference in inquiry; (c) devote considerable ressources to this inquiry and thus have a large store of knowledge; (d) collect, organize, and interpret their knowledge in a constant effort to extract further meaning from it for the purpose at hand; (e) employ this knowledge to illuminate (and perhaps modify) their values and goals as well as to advance them." (Lane 1966, S. 650).

In der Tradition einer prinzipiellen Gestaltbarkeit der Gesellschaft steht auch Daniel Bell. Er betont explizit, dass von seinem historischen Standpunkt aus ein wissenschaftlicher Beitrag zum Verständnis der postindustriellen Gesellschaft (PIG) zunächst vor allem darin liege, die bedeutenden Veränderungen in Industriegesellschaften zu identifizieren: „The idea of the post-industrial society (...) is a social forecast about a change in the social framework of Western society." (Bell 1973, S. 9). Bell versteht unter „social framework" die Strukturen der zentralen Institutionen, die das Leben der Individuen in der Gesellschaften gliedern (ebd., S. 9). Die zentralen Institutionen und ihre sie zentral organisierenden „axialen Prinzipien" sind nach Bell: Die Sozialstruktur („economizing"), die Politik („participation") und die Kultur („fulfillment and enhancement of the self"). Das Konzept der PIG in dieser Arbeit fokussiert hauptsächlich Veränderungen in der Sozialstruktur und damit nach Bells Verständnis „the way in which the economy is being transformed and the occupational system reworked, and with the new relations between theory and empiricism, particulary science and technology." (ebd., S. 13)[5]. Bell nimmt Bezug auf Marx und argumentiert, dass analog zur Kennzeichnung von Gesellschaften als Abfolge von feudalen, kapitalistischen und sozialistischen Produktionsverhältnissen, eine davon weitgehend unabhängige, an der Entwicklung der Produktivkräfte orientierte Schematik in präindustrielle, industrielle und postindustrielle Gesellschaften vorstellbar sei. Ausgehend davon spezifiziert Bell fünf Dimensionen, anhand derer die Bedeutung des Begriffs PIG in Abgrenzung zur industriellen und auch vorindustriellen Gesellschaft maßgeblich zu verstehen sei: (1) Wirtschaftssektor: durch enorme Produktivitätsgewinne angestoßener Wandel von einer Güter produzierenden zu einer wissenschaftsbasierten Dienstleistungwirtschaft; (2) Berufsverteilung: eine durch die Expansion des Dienstleistungssektors

---

[5] In einer späteren Arbeit (Bell 1991) befasst er sich mit den Veränderungen der kulturellen Sphäre.

enstehende Vorherrschaft einer professionellen und technischen Klasse; (3) Axiales Prinzip: ein alle Trends gemeinsam durchdringender Wandel in der Bedeutung von Wissen hin zu einer Zentralität theoretischen Wissens und seiner Kodifizierung in abstrakten Symbolsystemen; (4) Zeitperspektive: durch Fortschritte theoretischer und empirischer Modelle die Ausrichtung auf die Zukunft und (5) im Hinblick auf das Treffen von Entscheidungen: das Management komplexer Systeme mit Hilfe der in neuen „intelligenten (intellectual) Technologien" formalisierter Regeln (ebd., S. 14, vgl. auch Tabelle 1-1, S. 117). Bell definiert die PIG als

> „a knowledge society in a double sense: first, the sources of innovation are increasingly derivative from research and development (and more directly, there is a new relation between science and technology because of the centrality of theoretical knowledge); second, the weight of the society - measured by a larger proportion of Gross National Product and a larger share of employment - is increasingly in the knowledge field." (Bell, 1973: 212).

Ausgehend von Lane präzisiert Bell den Begriff Wissen als

> *„a set of organized statements of fact or ideas, presenting a reasoned judgment or an experimental result, which is transmitted to others through some communication medium in some systematic form´.* (...) Knowledge is that which is objectively known, an *intellectual property*, attached to a name or a group of names and certified by copyright or some other form of social recogniton. This knowledge is paid for (...)" (Hervorhebung im Original, ebd., S. 175).

Hiermit knüpft er an das eher engere Verständnis von Wissen als ökonomisches Gut an, das sich auch bei Machlup (1962) und Porat (1975, 1977) findet. Theoretisches Wissen, nicht mehr Kapital und Arbeit, produziere zunehmend die Innovationen, die das Wachstum der Wirtschaft vorantreiben. Wissen werde zur grundlegenden Requisite für gesellschaftliches Handeln der modernen Gesellschaft. Nicht mehr die Muskelkraft, sondern Wissen und Information würden besonders nachgefragt. Während die dominanten Institutionen für das Wirtschaftswachstum in der industriellen Gesellschaft die Unternehmer, Geschäftsleute und damit der industrielle Komplex gewesen sei, übernähmen diese nun die Universitäten und Forschungsinstitute. Die so genannte Wissensökonomie stelle den am schnellsten wachsenden Sektor in nachindustriellen Gesellschaften dar (Bell 1973, S. 212 f.). Als

3.2 Konzeptualisierungen der Wissensgesellschaft

Folgewirkung des wissenschaftlich-technischen und wirtschaftlichen Wandels, der diese Zentralität begründet, steige der Bedarf nach besser ausgebildeten Arbeitskräften dramatisch an, so dass es zu einer Nachfrage induzierten Demokratisierung höherer Bildung in der Wissensgesellschaft komme (ebd., S. 214 und S. 232).

In Bells Konzeption der PIG finden sich also die auch bei Drucker als zentrale herausgestellten Trends in fortgeschrittenen Industriegesellschaft wieder, jedoch mit einer anderen Schwerpunktsetzung und Ordnung: Erstens, die Verschiebung der Wirtschaftssektoren in Richtung einer Dominanz der wissenschaftsbasierten Dienstleistungen, zweitens, die damit einhergehende Expansion wissenschaftlicher und technischer Berufe, drittens, die durch steigende Nachfrage induzierte Demokratisierung höherer Bildung und viertens, die Verbreitung intelligenter Technologien. Als das verbindende Element zwischen der Wissensbasierung der Arbeit und der Verbreitung der IuKT wird theoretisches, kodifiziertes Wissen zur neuen Produktivkraft. Die Arbeiten von Drucker und Bell betonen die Verwissenschaftlichung der ökonomischen und politischen Sphäre und die Durchdringung der Gesellschaft mit dem Prinzip einer auf wissenschaftlich rationalen Kriterien basierenden Entscheidungsfindung und Problemlösung. In beiden Arbeiten werden jedoch institutionelle und kulturelle Trends kaum thematisiert. Ungeklärt bleibt bei Bell, in welcher Verbindung die Entwicklung entlang der Achse der Produktivkräfte zu der Entwicklung entlang der Achse der Produktionsverhältnisse steht (vgl. auch Steinbicker 2001b, S. 75).

Manuel Castells knüpft 25 Jahre später mit der umfangreichen Arbeit „The Information Age" (1996, 1997, 1998) originär[6] an die frühe Diskussion zur postindustriellen Gesellschaft an. Im ersten Band der Triologie widmet Castells sich der Aufgabe, das Wesen der von ihm als „Netzwerkgesellschaft" bezeichneten nachindustriellen Gesellschaft darzustellen[7]. Die Arbeit beginnt

---

[6] In der Zwischenphase sind durchaus Arbeiten entstanden, die sich der Thematik Wissensgesellschaft widmen (Krohn und Weyer 1989; Stehr 1994; Krohn 1997; Wehling 2001). Diese lassen sich jedoch nicht als Fortführung der klassischen Arbeiten über eine neue Vergesellschaftungsform verstehen. Vielmehr steht hier die Vorstellung im Vordergrund, dass mit den zunehmenden Unsicherheiten und Risiken in modernen Gesellschaften die Möglichkeit verschwinde, überhaupt „definitive gesellschaftstheoretische Entwürfe vorzubringen und zu rechtfertigen" (Stehr 1994, S. 12). Der wissenschaftlich-technische Fortschritt führe zu einer „wachsenden Offenheit und Unbestimmtheit moderner gesellschaftlicher Verhältnisse" (Stehr 2001, S. 7). Die Diskussion um die Wissensgesellschaft knüpft hier an Thesen „reflexiver Modernisierung" an.

[7] Der zweite Band „The Power of Identity" (1997) thematisiert die Kultur der virtuellen Realität und mithin die Veränderungen in den Familienbeziehungen und Fragmen-

mit der Zusammentragung der gegen Ende des 20. Jahrhunderts stattgefundenen „Ereignisse von historischer Tragweite" (zitiert nach der deutschen Ausgabe, Castells 2001, S. 1). Hierzu zählt Castells die technologische Revolution der IuKT in Richtung zunehmender Produktion und Verbreitung medialer Inhalte in digitalen Netzwerken, die Globalisierung der Märkte und mithin die Entstehung integrierter dynamischer Wirtschaftsräume, das Ende des Kommunismus und die Neustrukturierung des Kapitalismus (ebd., S. 1-4). Um diese Trends in ihrer Wechselwirkung verstehen zu können, macht Castells den Zusammenhang zwischen technologischen und gesellschaftlichen Veränderungen zum Ausgangspunkt seiner Arbeit (ebd., S. 5-22). Hier wendet er sich gegen einen technologischen Determinismus und stellt am Beispiel Chinas und der Sowjetunion heraus, dass für das Verständnis der Beziehung zwischen Technologie und Gesellschaft der Staat, in dem er die sozialen und kulturellen Kräfte organisiert, eine entscheidende Rolle spielt (ebd., S. 5-13). Wenn auch Castells die Gesellschaft als die Organisation menschlicher Prozesse, die durch die Verhältnisse von Produktion, Erfahrung (Kultur) und Macht (Staat) strukturiert sind (ebd., S. 15), versteht, so ist doch das zentrale Moment der entstehenden Netzwerkgesellschaft in der Sphäre der Produktion angesiedelt. Innerhalb dieser, so ergänzt er die Einschätzung Bells, müsse der Analyse entlang der Achse der *technischen* Produktionsverhältnisse (in der Terminologie Bells noch Produktivkräfte) – den Entwicklungsweisen argrarisch, industrielle, informationell – eine Analyse entlang der Achse der *sozialen* Produktionsverhältnisse – der Produktionsweisen etatistisch, kapitalistisch – an die Seite gestellt werden, um die historische Veränderung von Gesellschaften zu erklären (ebd., S. 13 ff.).

Das Aufkommen einer neuen Gesellschaftsstruktur lässt sich dann als durch kulturellen und institutionellen Gegebenheiten geprägte Manifestation einer neuen Gesellschaftsstruktur im *informationellen Kapitalismus* begreifen (ebd., S. 19). Die neue Gesellschaft sei kapitalistisch, weil sie auf Profitmaximierung ausgerichtet ist (ebd., S. 16) und informationell, weil die Quelle der Produktivität die „Einwirkung von Wissen auf Wissen selbst ist" (ebd., S. 18), sie zunehmend in der Lage sei, „ihre Fortschritte im Bereich Technologie, Wissen und Management auf Technologie, Wissen und Management selbst anzuwenden." (ebd., S. 84). Im informationellen Kapitalismus finde Profitmaximierung durch kumulative Rückkopplungsprozesse von Investitionen in Innovationen und die Akkumulation ihrer

---

tierung sozialer Bewegungen. Mit „The End of Millenium" (1998) liefert Castells Analysen zum Wandel der politischen Systeme im nationalen wie internationalen Kontext.

3.2 Konzeptualisierungen der Wissensgesellschaft

produktiven Anwendung in globalen elektronischen Finanznetzwerken statt. Die Herausbildung des informationellen Kapitalismus geht nach Castells mit einer neuen internen und externen Organsiationsstruktur der Unternehmen einher, in deren Zentrum effizientes Wissensmanagement steht: mit dem Ziel, in der zunehmend variablen Umwelt zu bestehen, entstehen hochvolumige, aber flexible Produktionssysteme, die durch Vernetzung einzelner Geschäftsbereiche innerhalb des Unternehmens und die Vernetzung nach außen (mit Kunden, Zulieferern, Subunternehmen, oder sogar die strategische Verflechtung mit anderen Unternehmen), eine möglichst hohe und schnelle Anpassungsfähigkeit an den Markt gewährleisten sollen (ebd., S. 157-199).

Mithin findet eine Transformation von Arbeit und Beschäftigung statt. Dabei grenzt sich Castells jedoch sowohl von Bells Vorstellung einer Dominanz eines wissenschaftsbasierten Dienstleistungssektors als auch einer Mehrheit von professionellen und technischen Berufen ab. Mit Rückgriff auf die Arbeiten von Cohen und Zysman (1987) weist er nachdrücklich darauf hin, dass eine Vielzahl von Dienstleistungen in unmittelbarer Verknüpfung zu den industriellen Aktivitäten stehen und in den Beschäftigungsstatistiken vor allem eine Residualkategorie bilden. Die künstliche Separierung industrieller von dienstleistenden Aktivitäten verstelle auch den Blick darauf, dass die Industrieproduktion zwar zum Teil ausgelagert, jedoch weiterhin Teil der produktiven Struktur im informationellen Kapitalismus sei (Castells 2001, S. 232-234). In seinen empirischen Analysen der industriellen und sektoralen Struktur der G7-Staaten unterscheidet er daher zwischen dem Güterbereich und dem Informationsbereich (dazu genauer in Abschnitt 3.3.3). Ebenso wendet er sich gegen das Bild einer insgesamten Erhöhung der Berufsstruktur. Vielmehr gäbe es eine gleichzeitige Zunahme hoch- und unqualifizierter Beschäftigung zulasten der Mitte (ebd., S. 234). In der informationellen Arbeitsteilung bestehen neben den hochqualifizierten Beschäftigungen auch jene, die einer Automation nicht unterzogen werden können. Dagegen würden jedoch alle durch technische Prozesse ersetzbaren Routinetätigkeiten zunehmend wegfallen (ebd., S. 270-297). Am deutlichsten wehrt sich Castells jedoch gegen die bei Drucker und Bell implizit enthaltene Vorstellung, von dem Produktionssystem auf die Sozialstruktur einer Gesellschaft schließen zu können (ebd., S. 235). Nur unter Berücksichtigung der kulturellen und institutionellen Gegebenheiten könne durch die Linse des hier als informationeller Kapitalismus bezeichneten Produktionssystems die Sozialstruktur beschrieben und angemessen erklärt werden. Mithin werde klar, dass es nicht ein einziges, sondern mehrere Modelle der informationellen Gesellschaft gäbe (ebd., S. 235).

Castells Konzept der informationellen Gesellschaft ergänzt das von Bell nicht geleistete Modell einer Interaktion zwischen Produktivkräften und Produktionsverhältnissen und stellt zumindest die Bedeutung der Berücksichtigung institutioneller und kultureller Besonderheiten für das Verständnis nachindustrieller Gesellschaften dar. Im Kern seiner Konzeption steht jedoch auch, wie bei Drucker und Bell, die Veränderung im Bereich der Produktion. Die zentralen Trends, die in den reichen Gesellschaften sichtbar werden und zu einer Deutung einer informationellen Gesellschaft führen, sind hier die Diffusion der Informationstechnologien, insbesondere im Hinblick auf ihre globale und organisationelle Vernetzungsdichte, die Expansion des Informationsbereichs und die Zunahme von Manager, Experten und technischen Jobs. Mit der zunehmenden Ausschöpfung der Potentiale von Netzwerktechnologien und Wissensmanagement wird die Anwendung von Wissen auf Wissen zur neuen Produktivkraft. Im Unterschied zu Drucker und Bell ist Castells aber hinsichtlich der Entwicklung einer einzigen und insgesamt verbesserten sektoralen und beruflichen Struktur im Informationalismus skeptisch. Wenn hier auch gemeinsame Tendenzen eines Ausbaus von Industrien im Informationsbereich und einer Zunahme von Manager, Experten und technischen Jobs erkennbar seien, so gäbe es doch vor dem Hintergrund der vielfältigen kulturellen und institutionellen Rahmenbedingungen der Nationalstaaten hinsichtlich dieser Merkmale eine erhebliche Variation; zudem sei im Zuge der kapitalistischen Neustrukturierung eine gleichzeitige Zunahme von einfachen Dienstleistungen und damit eine Zunahme von Beschäftigung am unteren Ende der Berufsverteilung zu vermuten. Im Gegensatz zu Drucker und Bell thematisiert Castells zudem nur die Nachfrage nach Qualifikationen, Veränderungen im Angebot an qualifizierten Beschäftigten, also Veränderungen des Bildungssystems, betrachtet er kaum.

In der Gesamtsicht der hier zusammenfassend dargestellten Arbeiten erscheinen also *drei* Trends in entwickelten Industrie- und Dienstleistungsgesellschaften zentral: Erstens, die Diffusion der Informations- und Kommunikationsmedien, zweitens, die Entstehung einer Wissensökonomie und drittens, die durchschnittliche Erhöhung der Bildungsbeteiligung und -dauer (vgl. auch Heidenreich 2003; Duff 2000 u. a.). Auf der Grundlage dieser herausgearbeiteten Trends soll im nächsten Schritt das Eigentümliche der Wissensgesellschaft gegenüber anderen Gesellschaftstypen spezifiziert werden.

3.2.2 Deutungen der Trends: Begriffsbestimmung der neuen Vergesellschaftungsform

Die Theorien zur Wissensgesellschaft postulieren einen gesellschaftlichen Wandel. Das *genus proximum* der Wissensgesellschaft ist zunächst einmal also Gesellschaft. Jedoch erfährt der Begriff Wissensgesellschaft in den oben diskutierten Arbeiten eine Anwendung nicht in allen Gesellschaften und nicht zu allen Zeitpunkten. Drucker datiert die Entstehung der Wissensgesellschaft auf die 1970er Jahre *in fortgeschrittenen Industriegesellschaften*. Hierzu zählt er die Vereinigte Staaten, West- und Mitteleuropa und Japan. Daniel Bell spricht zu Beginn der Arbeit von einem Wandel in *westlichen* Gesellschaften. Das verwendete empirische Material zu Verteilungskennziffern der Sektor-, Berufs- und Bildungsstruktur beschränkt sich auf Daten der Vereinigten Staaten. Inwieweit andere westliche Gesellschaften als nachindustrielle Gesellschaften bezeichnet werden können, bleibt offen. Auch nimmt Bell im Gegensatz zu Drucker hier keine eindeutige Datierung der nachindustriellen Gesellschaft vor. In einem späteren Aufsatz kommt Bell mit Rückgriff auf die Berechnungen des Informationssektors von Porats zu dem Schluss, dass die USA bereits im Jahr 1967 als Informationsgesellschaft bezeichnet werden kann (Bell 1980, S. 521). Castells verortet die Entfaltung der informationellen Gesellschaft in den 1970er Jahren in *fortgeschrittenen, kapitalistischen Ländern*. Die Betrachtung der Beschäftigungsstrukturen nimmt er für die G7 vor, denn sie „bilden den Kern der globalen Wirtschaft [...] und befinden sich in einem fortgeschrittenen Stadium des Übergangs zur informationellen Gesellschaft." (Castells 2001, S. 230). Die Realisierung einer Wissensgesellschaft scheint aus Castells Perspektive also noch auszustehen. Die Frage, inwieweit andere fortgeschrittene, kapitalistische Gesellschaften sich im Stadium eines Übergangs befinden, bleibt auch hier weitgehend offen. Vor diesem Hintergrund erscheint es sinnvoll, den Begriff Wissensgesellschaft zunächst auf die wirtschaftlich reichsten, westlichen Länder seit den 1970er Jahren anzuwenden.

Wodurch unterscheiden sich nun Wissensgesellschaften von Dienstleistungs- bzw. Industriegesellschaften? Die von den oben diskutierten Arbeiten als zentral herausgestellten Trends beziehen sich vor allem auf sozialstrukturellen Wandel in Verteilungskennziffern in institutionell definierten Merkmalen von Personen und technischen Wandel. In allen Arbeiten werden diese Trends als Indiz für einen Wandel in der Bedeutung von Wissen als Produktivkraft gedeutet. Aus Sicht der diskutierten Arbeiten grenzt sich die Wissens- von der fortgeschrittenen Industriegesellschaft also vor allem durch einen Wandel im Bereich der wirtschaftlichen Produktion ab (s. a. Steinbicker 2001b, S. 115). Zum einen impliziert die Annahme einer neuen Produktivkraft die reine Zunahme in der quantitativen Bedeutung von Wissen im modernen Produktionsprozess[8] im Vergleich zu den klassischen Produktionsfaktoren Boden, Arbeit und Kapital (vgl. Steinmueller 2002, S. 141). Die Autoren sind sich jedoch darüber bewusst, dass Wissen und Information anthropologische Größen sind und jeher auch in enger Verbindung zum wirtschaftlichen Fortschritt stehen (s. a. David und Foray 2002, S. 9). Das Merkmal, durch das sich die Wissensgesellschaft von anderen Gesellschaftstypen unterscheidet, ist dann auch eher die qualitative Veränderung von Wissen als Produktivkraft selbst: bei Drucker und Castells ist die Rede von *produktivem* Wissen, Bell spricht von *theoretischem, kodifizierten Wissen*. Vor dem Hintergrund der expliziten Betonung des Begriffs Wissen in allen drei Arbeiten scheint die Festlegung für das Kompositum Wissensgesellschaft in dieser Arbeit gerechtfertigt. In Wissensgesellschaften ist der Produktionsprozess auf die systematische Wertschöpfung der individuellen, organisationellen und technischen Ressourcen hin ausgerichtet; Innovationen finden nicht mehr durch Zufall statt, sondern werden durch den gezielten Einsatz von Humankapital, Wissensmanagement und Netzwerktechnologien produziert.

Es lässt sich festhalten, dass der eigentümliche Unterschied der Wissensgesellschaft zu fortgeschrittenen Industriegesellschaften *Wissen als zentrale Produktivkraft* ist. Insofern, als dass Wissen eine zentrale Stellung im Produktionsprozess im Hinblick auf die Wertschöpfung der individuellen, organisationellen und technischen Ressourcen einnimmt, schlägt sich dies in einer Diffusion der Informations- und Kommunikationsmedien, der Entstehung einer Wissensökonomie und einer fortdauernden Bildungsexpansion nieder. Diesen drei zentralen Trends der Wissensgesellschaft lassen sich unterschiedliche Messkonzepte der Wissensgesellschaft zuordnen. Diese müssen neben ihrer Validität vor allem auch dahingehend geprüft werden, inwieweit sie für eine längs- und querschnittliche Analyse fruchtbar gemacht werden können.

---

[8] Zur Problematik der Konkretisierung der Konzepte „Information" und „Wissen" im Zusammenhang mit der Wissensökonomie s. a. Steinmueller (2002) und Samuelson (2004).

3.3 Empirische Erfassung der Wissensgesellschaft

3.3.1 Informationstechnik

Am häufigsten werden einfache Verteilungskennziffern und Indikatoren zur technischen Infrastruktur herangezogen, um die Wissensgesellschaft empirisch zu erfassen. Mit der Aufzeigung steigender Leistungsfähigkeit, Investitionen, Verbreitung und Nutzung der modernen IuKT in Haushalten und Firmen stellen zahlreiche Autoren auf die *technischen Trends* in modernen Gesellschaften ab. Einfache Verteilungkennziffern wie die Anzahl der Personalcomputer (PC) und Internetznutzer je 100 Einwohner (van Dijk 2005; S. 58; Bonfadelli 2000, S. 197; s. a. Räsanen 2006; Köhler und Kopsch 1997; UNESCO 2003a; WSIS 2005), Ausgaben für Informationstechnologie pro Beschäftigten, Investitionen in IuKT, die Anzahl sicherer Server pro eine Million Einwohner (OECD 2002, S. 41), oder die Anzahl der Telefone und Internethosts je 1000 Einwohner (Carnoy 2000, S. 34, 36) zeigen einen eindeutigen Aufwärtstrend. Darüber hinaus stehen eine Vielzahl von Indikatoren (zumeist Summenindizes) zur Verfügung, die den Entwicklungs- und Verbreitungsstand der IuKT im Ländervergleich bemessen (UN ICT Taskforce 2005; UNACTAD 2003, 2005; UNESCO 2003a, 2005b; OECD 2005b, Kap. D; Trewin 2002); die Konstruktion weiterer Indikatoren ist geplant (siehe z. B. European Commission 2007).

Die Abbildung 3.1 zeigt eindrücklich die massive Verbreitung bzw. Nutzung von Personalcomputern und Internet in der Bevölkerung im OECD Raum[9]. Während zu Beginn diese technologischen Innovationen nur einen marginalen Nutzungsgrad haben, werden beide zu Beginn des 21. Jahrhunderts bereits von mehr 40 Prozent der Bevölkerung im OECD-Raum genutzt.

Neben den einfachen Verteilungskennziffern und Indizes ist die wachsende Bedeutung einer effizienten Nutzung der IukT für das Produktivitätswachstum gemessen worden (z. B. Triplett 1999; Blinder 2000; DeLong und Summers 2001; de la Fuente und Ciccone 2002; Schreyer 2002). Die Ergebnisse hierzu sind jedoch nicht einheitlich; ein klarer Zusammenhang zwischen der IuKT und der gesamtgesellschaftlichen Produktivität ist bislang nicht nachweisbar (Blinder 2000; Carlaw und Kosempel 2004). Wenn auch im

---

[9] Einbezogen sind hier alle im Hauptteil der Arbeit relevanten 20 OECD Länder (vgl. Abschnitt 6.1). Die Daten für die Personalcomputer sind streng genommen keine Personen gebundenen Reichweitendaten. Im Datensatz liegen vielmehr Informationen zur Anzahl der benutzen PC im Land vor (ITU 2003). Die Berechnung der Anteilswerte beider Kennziffern in Abbildung 3.1 wurde an der Gesamtbevölkerung vorgenommen.

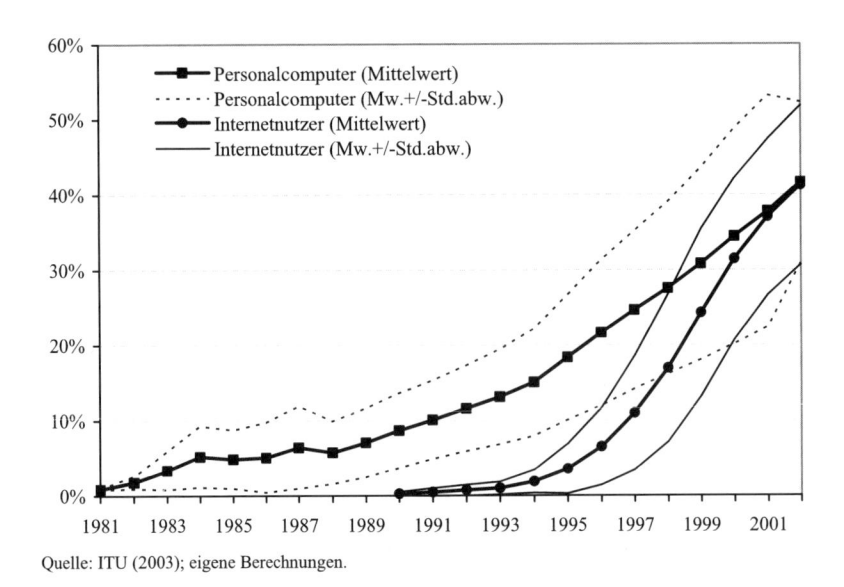

Abbildung 3.1: PC- und Internetnutzer im OECD Länderdurchschnitt (in Prozent), 1981 bis 2002

Grenzbereich zwischen technischer Infrastruktur und Humankapital gelegen, so ist mit Indikatoren wie der Anzahl der Patente oder den Forschungs- und Entwicklungsausgaben (Stehr 2001, S. 14; Bittlingmayer 2001, S. 23) eine Pespektive der Wissensgesellschaft gegeben, die diese wesentlich durch ihr technischen Potenzial oder den wissenschaftlich-technischen Fortschritt bemisst. Auf der Mikroebene handelnder Individuen wird soziale Ungleichheit in der Wissensgesellschaft dann im Konzept des „Digital Divide" gefasst (Persaud 2001; Bonfadelli 2002; Robinson et al. 2003; Parayil 2005; Räsanen 2006). Die Wissensgesellschaft allein aus dem Blickwinkel der technologischen Veränderungen zu betrachten, ist mehrfach kritisiert worden (Steinbicker 2001b; s. a. Warhust und Thompson 2006; Parayil 2005; S. 41). Eine empirische Erfassung der Wissensgesellschaft anhand der Diffusion und Nutzung der IuKT erscheint verkürzt: „The technical description of the information society cannot indicate the social conditions and consequences of this development and to this extent is tautological, since the information society is described as the application of information technology." (Bechmann 2000, S. 38).

3.3.2 Bildungsexpansion

Betrachtet man mit Drucker die Bildungsexpansion als das zentrale Moment für die Entwicklung der Wissensgesellschaft, so liegt es nahe, die Wissensgesellschaft anhand von Daten zur Entwicklung schulischer und beruflicher Bildungsbeteiligung, oder privaten und öffentlichen Ausgaben für Bildung und lebenslanges Lernen in der Bevölkerung abzubilden. Die Abbildung 3.2 (siehe S. 44) zeigt, aggregiert wiederum für die reichsten 19 OECD Länder (ohne Luxemburg, vgl. die Tabellen A.1, A.2, A.3 und A.4 auf den Seiten 257 bis 260 im Anhang), die Verteilung der Bevölkerung über 24 Jahre auf die drei Bildungsniveaus und die durchschnittliche Anzahl der Schuljahre in der Bevölkerung. Eindrücklich spiegelt sie die in den letzten Dekaden stattfindende Erhöhung der Bildungsbeteiligung und -dauer, kurz die Bildungsexpansion, wieder. Im Mittel der Länder beträgt die durchschnittlich im Bildungswesen verweilte Zeit in der Bevölkerung im Jahr 2000 knapp zweieinhalb Jahre mehr als in der Bevölkerung 30 Jahre zuvor. Der Anteil der Personen mit tertiären Bildungsabschlüssen verdreifacht sich im Zeitverlauf von acht Prozent im Jahr 1970 auf rund 24 Prozent im Jahr 2000. Der Anteil der Personen, die über weniger als einen sekundären Bildungsabschluss[10] verfügen, nimmt dagegen über die drei Dekaden deutlich ab. Betrachtet man statt dessen das Bildungsniveau von Geburtskohorten im Zeitverlauf, wird die Erhöhung der Bildungsbeteiligung und -dauer überdies sichtbarer (vgl. Shavit und Gamoran 2004).

Zur Entwicklung der Bildungsexpansion und mithin den Veränderungen im Angebot an qualifizierten Arbeitskräften im OECD Raum liegen eine Reihe von Arbeiten (Hadjar und Hadjar-Becker 2007; Müller et al. 1997; UNESCO 2005a; OECD 2007; vgl. Hannum und Buchmann (2003)) und Datensammlungen (Barro und Lee 2001, OECD 2006c, Europäische Kommission 2007b) vor. Vergleichsweise fehlt es an systematischen Arbeiten, die die Wissensgesellschaft auch aus dem Blickwinkel grundlegender Transformationen der ökonomischen Struktur betrachten. Den Möglichkeiten der empirischen Erfassung der Wissensgesellschaft im Hinblick auf die Ent-

---

[10] Wie weiter unten noch genauer darzustellen gilt, ist die internationale Vergleichbarkeit von Bildungsabschlüssen problematisch. Die hier abgebildete Unterscheidung ist dem Handbuch zum Datensatz übernommen (vgl. Barro und Lee 2001, S. 17).

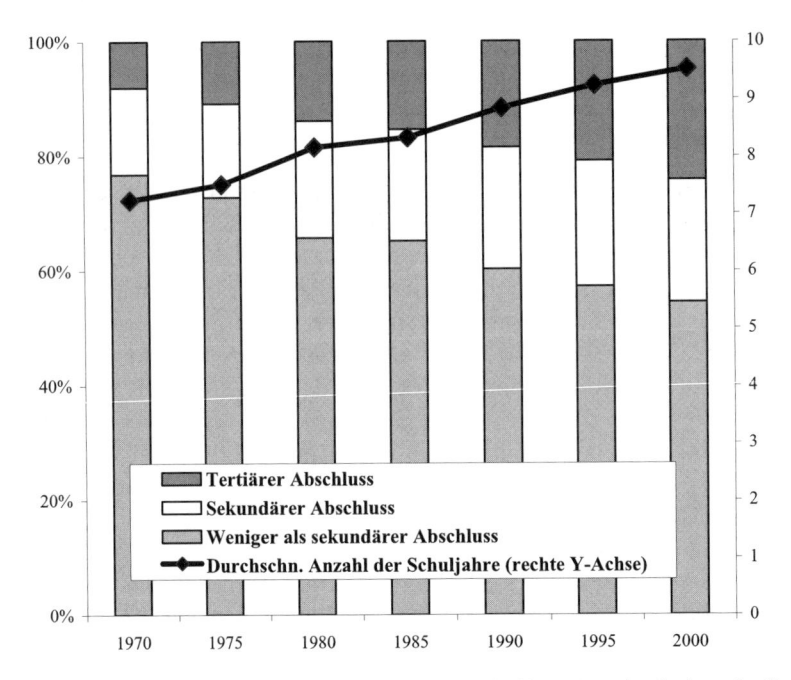

Hinweise: Tertiärer Abschluss = "post-secondary total", sekundärer Abschluss = "secondary level completed", weniger als sekundärer Abschluss = Summe "secondary partial", „primary total", „no schooling". Quelle: Barro und Lee (2001); eigene Berechnungen.

Abbildung 3.2: Bevölkerung nach Bildungsabschlüssen (in Prozent) und mittlere Dauer der Schulbildung im OECD Länderdurchschnitt, 1970 bis 2000

stehung der Wissensökonomie soll im folgenden Abschnitt nachgegangen werden.

3.3.3 Wissensökonomie: Berufs- und Industriestrukturen in der Wissensgesellschaft

Den Strukturwandel hin zu einer Wissensökonomie empirisch zu erfassen ist vergleichsweise problematisch (s. a. Dostal 2002, S. 177; Steinmueller 2002).

3.3 Empirische Erfassung der Wissensgesellschaft

Prinzipiell existieren zwei Möglichkeiten der Klassifikation wirtschaftlicher Aktivitäten: Berufe und Industrien.

Wissensberufe und Nachfrage nach Qualifikationen

In der Aufmerksamkeit der soziologischen Forschung steht der Beruf als zentrales Merkmal für unterschiedliche Lebenschancen und soziale Anerkenung (vgl. Abschnitt 4.2.1). Im Hinblick auf die Berufsstruktur in der Wissensgesellschaft werden vor allem die hoch qualifizierten Berufe als kennzeichnend für die Wissensgesellschaft angesehen[11]. Im sogenannten Canberra-Manual (OECD und Eurostat 1995) werden Wissensberufe dann mit der Gruppe der hoch qualifizierten („White-collar") Manager, professionellen und technischen Berufe gleichgesetzt[12]. Diese Berufsgruppen würden an Bedeutung gewinnen, weil die wachsenden komplexen Wissensbestände zunehmend einer qualifizierten Organisation und (Neu-)Bewertung bedürfen würden. Nina Degele benennt die für diese Tätigkeiten als „Symbolanalytiker" (Degele 2000, S. 83 ff.) relevanten Fähigkeiten als „Wissen zweiter Ordnung". Dieses umfasse Medienkompetenz, also die Fähigkeit im Umgang mit Informations- und Kommunikationstechniken, berufsbezogenes Fachwissen und „Metawissen" für die Beschaffung, Verwendung und Produktion von Informationen. Letzteres „Metawissen" zeichnet sich nach Degele (ebd., S. 85 f.) durch die Fähigkeit zu abstrahieren, in Systemen zu denken, zu experimentieren und mit anderen zusammenzuarbeiten, aus. Explizit werden dabei die Berufe „Information-Broker", „Knowlege Engineers" und „Unternehmensberater" in den Industrien „Public Relations" und „Wissensmanagement" (s. a. Touet 2001) genannt.

Wie oben bereits angedeutet, wendet sich Castells explizit gegen die von Drucker und Bell prognostizierte Vorstellung, dass es allein zu einer Zunahme von hoch qualifizierten Beschäftigten komme und diese Gruppe schließlich den Kern der Berufsstruktur in der Wissengesellschaft ausmachen würde (Castells 2001, S. 234; vgl. auch Kern 1998; Brose 1998; Esping-Andersen 2004, S. 116 ff.). Vielmehr gäbe es gleichzeitig eine Zunahme unqualifizierter Beschäftigung am unteren Ende der Berufsverteilung. Auf Basis der Arbeiten

---

[11] Neben oben diskutierten Arbeiten siehe hierzu Wolff 2003; Willke 1998; Heidenreich 1999, S. 297; Stehr 1994, 2001.

[12] Bereits Porat (1975) und später Steinmueller (2002) machen darauf aufmerksam, dass bei beiden Formen der Wissensarbeit - technische bzw. wissenschaftliche und symbolische Wissensarbeit - sich zunehmend das Problem der Bestimmung der Eigentumsrechte an Wissen und Informationen stellt. Auf diesen Aspekt, insbesondere auch auf die damit verbundenen neuen Formen der Kriminalität, soll hier allerdings nicht weiter eingegangen werden.

u. a. von Bluestone und Harrison (1988) sowie von Sayer und Walker (1992) müssten informationelle Gesellschaften vielmehr „durch eine zunehmend polarisierte Sozialstruktur charakterisiert werden, in der die Anteile von Oben und Unten auf Kosten der Mitte wachsen." (Castells 2001, S. 234-235).

Die oben skizzierte Debatte über wesentliche Veränderungen in der qualifikatorischen und beruflichen Struktur in den letzten Dekaden wird in der ökonomischen Literatur unter dem Stichwort „Skill biased technical chance", kurz SBTC, diskutiert. In der klassischen Version der SBTC-These wird davon ausgegangen, dass der technologische Fortschritt (v. a. Computerisierung) ein Komplement zu hohen Qualifikationen und ein Substitut für niedrige Qualifikationen ist (Krueger 1993; Acemoglu 2002; Entdorf und Kramarz 1998; Hall und Kramarz 1998). Der Sichtweise Castells entsprechend kennzeichnen dagegen einige Autoren (Autor et al. 2006; Autor et al. 2003; Brown und Hesketh 2004; Fleming et al. 2004; Goos und Manning 2004; DiPetre 2005a; Lemieux 2006) die Veränderungen in der Nachfrage nach Qualifikationen als Polarisierung. Sie argumentieren, dass der die Situation treffende Unterschied nicht derjenige zwischen hoch qualifizierter kognitiver und niedrig qualifizierter manueller Arbeit sei, sondern derjenige zwischen sogenannten „Routinetätigkeiten" und „Nicht-Routinetätigkeiten". So könne Technologie allgemein, Computertechnologie im Besonderen, menschliche Arbeitskraft sowohl in manuellen als auch kognitiven Berufen ersetzen, wenn diese sich durch routinisierte Tätigkeitsabläufe auszeichnen. Neben den klassischen Industriearbeitsplätzen am Fließband verschwänden zunehmend auch vergleichsweise hoch qualifizierte Dienstleistungstätigkeiten (beispielhaft werden Büro- und Sekretariatstätigkeiten (Autor et al. 2006, Tab. VII), Tätigkeiten der Buchführung und im Rechnungswesen, Kassentätigkeiten im Bankensektor (ebd., Tab. 1) genannt).

Im Gegensatz dazu würde Beschäftigung dort nicht vollständig durch Technologie ersetzbar, wo niedrig qualifizierte manuelle Berufe ausgeübt werden, deren Tätigkeiten durch nicht-routinisierte Inhalte geprägt seien. Als Beispiele nennen die Autoren Tätigkeiten in manchen Handwerksbereichen (Friseure, Kosmetiker, Hausmeistertätigkeiten), Berufe wie Kraftfahrer oder auch Tätigkeiten im Gaststätten- oder Verkaufsgewerbe (ebd., Tab. V). In der Konsequenz führe dies zu einem relativen Anstieg für gut bezahlte hoch qualifizierte Jobs (typischerweise kognitive Nicht-Routinetätigkeiten) *und* (entgegen den Annahmen der klassischen SBTC-These) zu einer Zunahme von niedrig bezahlten, gering qualifizierten Tätigkeiten (in der Regel manuelle Nicht-Routinetätigkeiten) bei insgesamt zurückgehender Nachfrage nach durchschnittlich qualifizierten manuellen und kognitiven Routinetätigkeiten.

3.3 Empirische Erfassung der Wissensgesellschaft

Die Autoren stützen ihre Überlegungen auf detaillierte Berufsbeschreibungen im „US Dictionary of Occupational Titles" (DOT) und die berufliche und industrielle Zusammensetzung der US-amerikanischen (Autor et al. 2003) bzw. britischen Wirtschaft (Goos und Manning 2004) über die Zeit. Mit mehreren Wellen des IAB/BIBB-Datensatzes kommt Spitz (2004) bzw. Spitz-Öhner (2006) für Deutschland zu vergleichbaren Ergebnissen (für Ergebnisse zur Situation in Australien siehe Fleming et al. 2004[13]).

Die Entwicklung der Nachfrage nach bestimmten Tätigkeiten in den vergangenen Dekaden ist für die Frage der Struktur sozialer Ungleichheit und dem Ausmaß von Einkommensungleichheit durchaus relevant (vgl. Kapitel 4). Gleichzeitig ist eine den Autoren vergleichbare Herangehensweise auf Basis ausführlicher Berufsbeschreibungen für eine ländervergleichende Analyse in dieser Arbeit nicht zu leisten. Der Frage nach den Effekten technologischen Wandels auf die Nachfrage nach Qualifiaktionen wird in der ökonomischen Literatur in der Regel anhand formaler Modelle (Haskel und Slaughter 2002) oder mit Hilfe von Daten auf Firmenebene nachgegangen (Hall und Kramarz 2002; Bresnahan et al. 2002). Ob sich die Berufsstruktur der Wissensgesellschaft eher durch eine ingesamte Erhöhung oder aber durch eine Polarisierung charakterisieren lässt, soll nichtsdestotrotz soweit als möglich betrachtet werden (vgl. Abschnitt 9.3).

Wissensindustrien

Aus Sicht des Industrieansatzes lässt sich die Wissensgesellschaft anhand der in ihr typischerweise produzierten Güter und Dienstleistungen erfassen. Insbesondere nimmt der Versuch einer Klassifikation von Wissensindustrien einen Stellenwert in den Arbeiten von Bell, Drucker und Castells ein. Es wird angenommen, dass ein wachsender Anteil an Beschäftigten im sogenannten Wissenssektor[14], als dem Aggregat der Wissensindustrien, beschäftigt ist und gleichermaßen ein wachsender Anteil des Bruttoinlandsproduktes durch den Wissenssektor erwirtschaftet wird (vgl. die Definition der PIG bei Bell oben). Wissensgesellschaft aus dieser Perspektive kann definiert werden als Gesellschaft, in der der Wissenssektor den größten Anteil an der Gesamtwirtschaft einnimmt (Deutsch 1984, S. 33).

---

[13] Meines Wissens liegen hierzu noch keine weiteren vergleichbaren Arbeiten für andere Länder vor.

[14] Es existieren mehrere Begriffe zur Kennzeichnung eines solchen Aggregats von Industrien. Die Rede ist auch vom „quartären Sektor", „Informationssektor", „ICT sector" und anderen. Analog zur Begrifflichkeit Wissensgesellschaft wird hier der Begriff Wissenssektor verwendet, um diese verschiedenen Begriffe zu repräsentieren. In den später folgenden Abbildungen und Tabellen wird als Abkürzung *WS* verwendet.

Wie die unten stehende Diskussion verdeutlicht, besteht im Hinblick auf die Klassifikation eines solchen Sektors in der Literatur bislang kein Konsens (s. a. Franz 2006, S. 109). Die Durchsicht der umfangreichen Literatur[15] legt nahe, dass wirtschaftswissenschaftliche (Machlup 1962; Porat, 1975, 1977), soziologische (Bell 1973; Castells 1996) und politisch-institutionelle (v. a. OECD 2002, 2005c) Ansätze des Wissenssektors unterschieden werden können.

Die Idee eines Wissenssektors ist ursprünglich ein *wirtschaftswissenschaftliches* Konzept und gründet auf der Studie „The Production and Distribution of Knowledge in the United States" von Fritz Machlup (1962) und ihrer Weiterbearbeitung durch Porat (1975, 1977). Machlups Ausgangspunkt ist die zweifache Bedeutung des Begriffs Wissen: „knowledge what is known and knowledge as the state of knowing" (Machlup 1962, S. 13). Die Produktion von Wissen umfasst dann all jene Aktivitäten, bei denen Wissen (zumindest aus dem Blickpunkt des Transmitters) entsteht und zu einem Empfänger vermittelt wird (ebd., S. 14). Aus einem ökonomischen Blickwinkel müssen Wissensaktivitäten zwei weitere Bedingungen erfüllen. Sie müssen die produktive Kapazität des Empfängers erhöhen und eine an einen Verdienst geknüpfte Tätigkeit sein (ebd., S. 35-37). Insoweit, als dass Wissensaktivitäten durch technische Mittel unterstützt werden, zählen die Industrien der Herstellung der Informations- und Kommunikationstechnologien auch zum Wissenssektor (ebd., S. 295, s. a. Dordick und Wang 1993). Der Wissenssektor enthält dann die Industriebereiche Bildung, Medien und Kommunikaiton, Informationsmaschinen, Informationsdienstleistungen und Forschung und Entwicklung. Die insgesamte Wissensproduktion umfasst nach Machlups Berechnungen ca. 29 Prozent des adjustierten Bruttonationalprodukts der Vereinigten Staaten im Jahr 1958 (Machlup 1962, S. 362). Machlup demonstriert, dass dieser Anteil innerhalb der vorangegangenen Dekade stärker wächst als die übrige Wirtschaft.

Die Arbeiten von Porat (1975, 1977) schließen an diejenige von Machlup an. Porat definiert den sogenannten „Informationssektor" folgendermaßen: „The information activity includes all the resources consumed in producing, processing and distributing information goods and services" (Porat 1977, S. 2, Hervorhebung im Original). Bis auf wenige Ausnahme sind hier die gleichen Industrien wie bei Machlup enthalten. Im Gegensatz zu Machlup unterteilt Porat den Sektor jedoch in zwei Untergruppen: Im primären Bereich sind alle Industrien enthalten, die Güter und Dienstleistungen für den freien Markt

---

[15] Neben anderen siehe Apte und Nath (2004), Beaudin und Breau (2001), Katz (1988), Williams (1988) und van den Besselaar (1997).

produzieren. Der sekundäre Informationssektor enthält solche Industrien, die intermediäre Informationsgüter und -dienstleistungen, d.h. sogenannte Zwischengüter herstellen. Im Jahr 1967 rühren nach Porats Berechnungen 25 Prozent des Bruttonationalprodukts der Vereinigten Staaten aus dem primären und 21 Prozent aus dem sekundären Informationssektor her. Im Vergleich zu Landwirtschaft, Industrie und Dienstleistungsbeschäftigung nimmt die Anzahl der im Informationsbereich Beschäftigten bereits etwa im Jahr 1960 die größte Beschäftigungsgruppe ein (ebd., S. 4).

Innerhalb der relevanten *soziologischen Konzepte* ist die Idee eines Wissenssektors weit weniger klar formuliert als bei Machlup und Porat. Obwohl Daniel Bell oft als Urvater der Begriffe Informations- und Wissensgesellschaft gehandelt wird, spielt der Wissenssektor in seinen Publikationen nur eine untergeordnete Rolle. In erster Linie prognostiziert Bell einen Wandel von einer güterproduzierenden zu einer Dienstleistungswirtschaft und einen Anstieg im Anteil der „White-collar"-Beschäftigung (insbesondere wissenschaftliche und technische Experten). Er stimmt Machlup zu, dass Wissen an Bedeutung für die moderne wirtschaftliche Produktion gewinnt, distanziert sich aber von der sehr umfassenden Sektorabgrenzung Machlups: „any meaningful figure about the 'knowledge society' would be much smaller, namely restricted to research, higher education, and the production of knowledge as an intellectual property" (ebd., S. 212-213, Hervorhebung im Original). In einer späteren Publikation stellt er jedoch fest, dass „... the difficulty is that there is no comprehensive conceptual scheme that can divide the sector logically into neatly distinct units" (Bell 1980, S. 517). In loser Aufzählung nennt er

> „knowledge ...such as education, research and development, libraries and occupations that apply knowledge, such as lawyers, doctors and accountants; entertainment (... motion pictures, television, the music industry); economic transaction and records (banking, insurance, brokerage); and infrastructure services (telecommunications, computer and programs, and so on.)" (ebd., S. 518).

Die Daten Porats zitierend resümiert Bell, dass „ ... we have become an information society" (ebd., S. 521).

Wie in Bells früherer Arbeit ist auch bei Castells der Fokus auf Dienstleistungen gelegt. Im Gegensatz zu seinen Vorgängern weitet er die Thematik auf eine ländervergleichende Analyse aus. Mit Bezug auf die Arbeit von Cohen und Zysman (1987) und der Typologie der Dienstleistungsbeschäftigung von Singelmann (1978) kritisiert er jedoch die klassische Unterteilung in Dienstleistungs- und Industriesektor (Castells 1996, S. 206f.). Castells unterscheidet stattdessen zwischen einem „goods handling" und einem „information handling sector". Ersterer enthält alle sekundären Industrien, das Transportwesen und den Groß- und Einzelhandel. Der Informationsbereich umfasst den Kommunikationsbereich, die Finanz-, Versicherungs- und Immobiliendienstleistungen, alle übrigen sozialen und privaten Dienstleistungen und die staatlichen Dienstleistungen (Castells 1996, S. 320). Anhand deskriptiver Analysen zur Beschäftigung in den G7 glaubt Castells, mindestens zwei distinktive Modelle der informationellen Gesellschaft erkennen zu können: Auf der einen Seite das „Service Economy Model" mit einer rapiden Reduktion in der Beschäftigung in herstellenden Industrien nach 1970 und einer klaren Expansion des Informationsbereichs, darunter insbesondere den Finanz- und sozialen Dienstleistungen. Dieses Modell werde vor allem repräsentiert durch die USA, das Vereinigte Königreich und Kanada. Eine andere Entwicklung nehmen Länder, deren Modell der Wissensgesellschaft Castells als „Industrial Production Model" ettiketiert. Hier komme es zu einer eher moderaten Reduktion industrieller Beschäftigung, während der Informationsbereich und darunter insbesondere die Produktions- und sozialen Dienstleistungen stark zunehmen würden. Repräsentanten dieses Modells seien vor allem Japan und Deutschland (ebd., S. 229). Entgegen der klassischen Annahme der Theorie der postindustriellen Gesellschaft seien damit zukünftige Gesellschaften nicht zwangsläufig Dienstleistungsgesellschaften. Abhängig von der Position eines Landes in der globalen Wirtschaft könnten manche fortgeschrittene Länder durchaus auch ihre Rolle als Industriestandort, insbesondere für Industrien zur Herstellung von Hochtechnologien, aufrechterhalten (ebd., S. 230).

Innerhalb der *politisch-institutionellen Sphäre* sind Messkonzepte des Wissenssektors vor allem von der OECD[16], und einigen nationalen statistischen Ämtern (Nordic Council of Ministers 2002; Statistisches Bundesamt 2002) entwickelt worden. Der von der OECD abgegrenzte „Information and Communication Technology" (ICT) Sektor enthält „a combination of manufacturing and service industries that capture, transmit, and display data and information electronically" (OECD 2002, S. 81). Der Sektor ist damit weitaus enger gefasst und beschränkt sich im Wesentlichen auf die Industrien zur Herstellung der technischen Infrastruktur der Informationsverarbeitung, einigen Zuliefererindustrien und Computerdienstleistungen. Die Strategie zur Abgrenzung des Sektors wird explizit genannt:

---

[16] Für eine kritische Betrachtung der Bemühungen der OECD, einen Wissenssektor zu definieren siehe Godin (2006).

3.3 Empirische Erfassung der Wissensgesellschaft

„For manufacturing industries, the products of a candidate industry must be intended to fulfil the function of information processing and communication including transmission and display [and] must use electronic processing (...). For services industries, the products. of a candidate industry must be intended to enable the function of information processing and communication by electronic means" (OECD 2005c, Abschnitt D.14)

Im Jahr 2001 nimmt der Sektor rund 9,6 Prozent der gesamten Unternehmenswertschöpfung im OECD-Raum (EU 8,6 Prozent) ein. Die Anteile in Finnland und im Vereinigten Königreich liegen über diesem Durchschnitt (ebd., Abbildung D.14.1.). Die Beschäftigungsanteile liegen über denjenigen am Bruttoinlandsprodukt (6,3 Prozent im OECD-Durchschnitt), weisen im Hinblick auf die relative Position der Länder gleiche Tendenzen auf (ebd., Abbildung D.15.1.). Der Anteil des Wissenssektors gemessen nach beiden Indikatoren nimmt im Zeitverlauf zu (Daten liegen etwa für Beginn der 1990er Jahre vor, vgl. auch Deiss 2002 mit NACE Rev. 1.). Außer dem ICT Sektor klassifiziert die OECD sogenannte „Technologie-" und „wissensintensive Industrien". Diese seien gekennzeichnet durch ein hohes Maß an Investitionen in Innovationen, intensive Nutzung von Technologie und einer hoch qualifizierten Arbeiterschaft (ebd., Abschnitt F.5).

In der Bundesrepublik Deutschland arbeitet das Statistische Bundesamt an der Definition eines Wissenssektors, „denn zum Auftrag der amtlichen Statistik gehört es auch, so bedeutsame gesellschaftliche Phänomene wie die Informationsgesellschaft – der ein hoher Stellenwert für Wachstum und Beschäftigung in modernen Volkswirtschaften eingeräumt wird – statistisch abzubilden" (Köhler und Kopsch 1997, S. 751). Ziel soll es dabei sein, einen internationalen Standard zu entwickeln. Hier fließen die oben genannten Arbeiten und deren Weiterentwicklung durch verschiedene Organisationen (vor allem der OECD) mit ein und resultieren in einer Zweiteilung des Informationssektors in einen „klassischen" und einen „modernen Informations- und Kommunikationssektor" (Statistisches Bundesamt 2002). Nach der Klassifikation der Wirtschaftsbereiche von 1993 zählen dann zum „klassischen" Bereich das Verlags- und Druckgewerbe, die Herstellung von isolierten Elektrokabeln, -leitungen und -drähten sowie Postdienste, Werbung, Korrespondenz- und Nachrichtenbüros als auch selbständige Journalisten. Zum „modernen" Informations- und Kommunikationsbereich rechnet das Statistische Bundesamt neben den von der OECD einbezogenen Wirtschaftszweigen außerdem die Vervielfältigung von bespielten Ton-, Bild- und Datenträgern, die Film- und Videoherstellung, deren Verleih und Vertrieb, das Filmtheater und außerdem die Hörfunk- und Fernsehanstalten[17].

Schließlich hat die Enquête-Kommission: „Zukunft der Medien" des Deutschen Bundestags Vorschläge zur Abgrenzung des Wissenssektors gemacht. Die TIME-Branchen (Telekommunikation, Informationstechnologie, Medien und Entertainment) im sogenannten „sekundären Dienstleistungssektor" enthalten alle von Machlup und Porat einbezogenen Wirtschaftsbereiche mit Ausnahme des Bereichs Bibliotheken (Deutscher Bundestag 1997, S. 106 f.). Die wesentlichen Arbeitsinhalte der hierin Beschäftigten sind Forschung und Entwicklung, Organisation, Koordination, Bildung, Beratung und Information (Deutscher Bundestag 1997, S. 113-114).

3.3.4 Synthese: Die wissensfunktionale Perspektive

Die Literaturbesprechung zeigt, dass die empirische Herangehensweise an die Wissensgesellschaft erheblich variiert. Den identifizierten drei zentralen Trends der Wissensgesellschaft – Informationstechnik, Bildungsexpansion und Wissensökonomie – lassen sich jeweils mehrere und zum Teil konkurrierende Messkonzepte unterordnen.

Insofern, als dass alle drei zentralen Trends ihren Niederschlag in der industriellen und beruflichen Struktur einer Gesellschaft finden, erscheint es folgerichtig, das Konzept der Wissensökonomie weiterzuverfolgen. Die industrielle Beschäftigung und Wertschöpfung steht im Zentrum der Sozialstruktur und stellt mithin die Gelegenheitsstruktur für Arbeit der Individuen dar; sie ist zentral für das Stratifikationssystem der Gesellschaft. Im Vergleich zu Indikatoren des wissenschaftlich-technischen Wandels liegen hierzu bislang nur in begrenztem Ausmaß vergleichende Untersuchungen vor.

Damit ist das zentrale Abgrenzungsmerkmal der Wissensgesellschaft von der Industrie- und Dienstleistungsgesellschaft in dieser Arbeit also die ökonomische Relevanz des Wissenssektors. Die Wissensgesellschaft kann mit Deutsch (1984, S. 33) definiert werden als Gesellschaft, in der der Wissenssektor den größten Anteil an der Gesamtwirtschaft einnimmt.

Die Durchsicht der Arbeiten zur empirischen Erfassung der Wissensökonomie macht deutlich, dass abseits einiger Ähnlichkeiten auch innerhalb der Arbeiten zur Wissensökonomie recht unterschiedliche Vorstellungen darüber bestehen, welche Industrien kennzeichnend für die Wissensgesellschaft

---

[17] Vgl. hierzu auch die Abgrenzung von Seufert (2000) vom Deutschen Institut für Wirtschaftsforschung.

sind. Die Messkonzepte reichen von sehr breiten Konzeptualisierungen des Wissenssektors (welche in der Folge keine sehr rigorose Prüfung der These einer Wissensgesellschaft darstellen) bis hin zu sehr engen Abgrenzungen. Wolfgang Seufert (2000, S. 492) beschreibt den Tatbestand und die Konsequenzen für eine empirische Forschung zu diesem Themenkomplex deshalb so: „An initial summary therefore concludes that there is obviously no natural definition of the IC sector as part of a national economy, and the most usable definition depends ultimately on the nature of the issues to be examined.". Klar ist jedoch, dass der Wissenssektor quer zu der klassischen Sektoreneinteilung liegt; er setzt sich sowohl aus Wirtschaftsbranchen aus dem Produktions- und dem Dienstleistungssektor zusammen.

Darüber hinaus gibt es zwei wesentliche Nachteile: Erstens beschränken sich die empirischen Analysen auf kleine Zeitintervalle und nur ein (Machlup, Porat: USA) oder eine kleine Anzahl von Ländern (Castells). Zweitens, und wichtiger, ist die Messtheorie zum Teil sehr wage; in manchen Fällen fehlt sie nahezu vollständig (Bell). Entweder wird der Wissenssektor als das Aggregat von Industrien gekennzeichnet, die Wissen „produzieren" (Machlup) oder „handhaben" (Castells) oder solche, die intensive Nutzung moderner IuKT und Forschung und Entwicklung (FuE) machen (OECD). Sie verfehlen damit eine analytisch klare Abgrenzung von Wissens- gegenüber Nichtwissensaktivitäten (Asheim und Coenen 2006, S. 163f.). Heute macht eine wachsende Anzahl von Industrien intensive Nutzung von IuKT und FuE und es gibt nationale oder sogar regionale Unterschiede im Ausmaß der jeweiligen Intensität. Zudem lässt eine intensive Nutzung von IuKT Rückschlüsse auf die ökonomischer Leistungsfähigkeit der Industrie oder die qualifikatorische Struktur der darin Beschäftigten nicht ohne weiteres zu (man denke z.B. an die Callcenterindustrien, vgl. auch (Warhurst und Thompson 2006, S. 789-791)). Darüber hinaus, wie die Arbeiten zum Post-Fordismus und nationalen Innovationssystemen (NSI) nahelegen, sind moderne Produktionssysteme zunehmend auf strategischen Allianzen zwischen unterschiedlichen Wissenseinheiten und spezialisierten Expertisen aufgebaut (so wie private and öffentliche Forschungs- und Entwicklungsorganisationen, Buchhaltungs-, Rechts-, Werbe-, Promotion- und Finanzdienstleistungsfirmen (Ahrweiler et al. 2006; Gorman und McCarthy 2006); es gibt eine Verlagerung „from an internal knowledge base of firms to an distributed knowledge base of value systems of firms or value chains of products" (Asheim und Coenen 2006, S. 164).

Eine *wissensfunktionale Perspektive* (Spinner 1998; Stock 2000) und die Berücksichtigung der Berufs- und Qualifikationsstruktur der Industrien erlaubt es meines Erachtens, die diskutierten Konzepte zu integrieren, ihre jeweiligen Beschränkungen aufzuheben und den Wissenssektor systematisch zu definieren.

Ausgehend von dem, was bei Machlup und Castells bereits angedeutet wird, muss die Herstellung von ökonomischer Wertschöpfung in der Wissensgesellschaft als aktiver Prozess der Wissensverwertung betrachtet werden. Anstatt jedoch von sozio-kulturellen und institutionellen Kontexten und technischen Mitteln auszugehen, erscheint es lohnenswert, den Wertschöpfungsprozess des Wissens selbst zum Ausgangspunkt einer Abgrenzung des Wissenssektors zu machen: Der Prozess von der Herstellung neuen Wissens bis hin zu seiner letztendlichen Verbreitung (Spinner 1998, S. 175). Innerhalb eines idealtypischen „trickle-down" Prozesses der „Wissensarbeitsteilung" muss neues Wissen zunächst einmal produziert werden. Dieses Wissen liegt brach, wenn es nicht in irgendein Speichermedium übertragen wird. Dann kann dieses Wissen für spezifische Zwecke be- und weiterverarbeitet werden, um schließlich in der breiteren Bevölkerung verbreitet zu werden.

Vier Funktionsgruppen innerhalb des Wertschöpfungsprozesses des Wissens können dann unterschieden werden: (I) „Wissensproduktion", d. h. wirtschaftliche Aktivitäten mit dem Ziel, neues Wissen zu generieren, (II) „Wissensinfrastruktur", d. h. Industrien zum Zweck der Herstellung der informationsverarbeitenden Technologien und die zugehörigen Dienstleistungen, (III) „Wissensmanagement", d. h. Industrien zur Aufbereitung, Weiterverarbeitung und Prozessierung von Wissen und schließlich (IV) „Wissensverbreitung", d. h. wirtschaftliche Aktivitäten, die Wissen verbreiten oder vermitteln (de Laurentis spricht von „memory institutions" (de Laurentis 2006, S. 78)).

Die Zuordnung von Industrien zu den vier Funktionsgruppen bleibt problematisch im Hinblick auf die Gruppe „Wissensmanagement". Was bei Machlup als „Informationsdienstleistungen" bezeichnet wird, umfasst prinzipiell eine sehr große Bandbreite an Industrien: Die professionellen Unternehmensdienstleistungen, die Finanz- und Versicherungsdienstleistungen und die Staatsdientleistungen[18]. Verschiedentlich ist kritisiert worden, dass der Wissenssektor gerade hier seine Trennschärfe verliere (Poirier 1990).

In Anknüpfung an die Arbeiten zum Berufsansatz lässt sich zum einen argumentieren, dass sich die hier in Frage kommenden Industrien durch eine Mehrheit an hoch qualifizierten Beschäftigten auszeichnen sollten. Oben wurde bereits auf die Kontroverse darüber, welche Aussagen zur Nachfrage-

---

[18] Zu Machlups Zweifeln im Hinblick auf die Aufnahme all der hiermit bezeichneten Industrien siehe Machlup 1962, S. 324 ff.

3.3 Empirische Erfassung der Wissensgesellschaft

struktur zutreffend sind, hingewiesen. Beide Ansätze (monoton steigende Nachfrage nach Qualifikationen versus Polarisierung) stimmen darin überein, dass es am oberen Ende der Berufsverteilung zu einer Zunahme kommt bzw. die Gruppe der Manager, technischen und wissenschaftlichen Experten die relevante Beschäftigungsgruppe der Wissensgesellschaft darstellt. Mit Daten

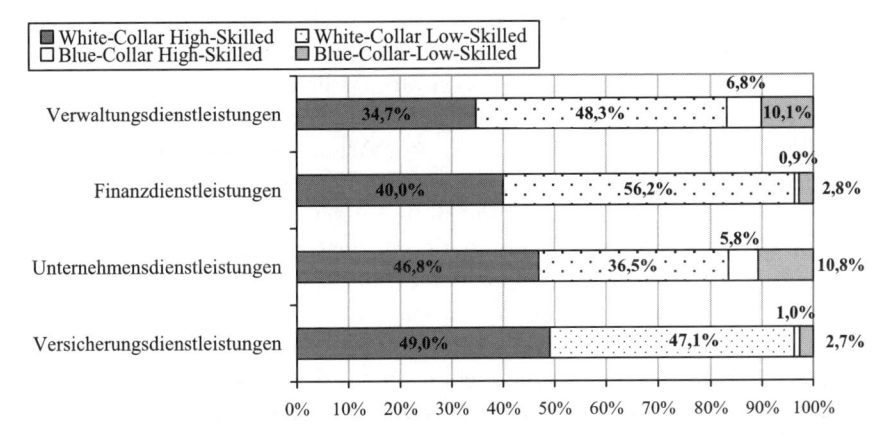

■ White-Collar High-Skilled □ White-Collar Low-Skilled
□ Blue-Collar High-Skilled ■ Blue-Collar-Low-Skilled

Industrie	White-Collar High-Skilled	White-Collar Low-Skilled	Blue-Collar High-Skilled	Blue-Collar Low-Skilled
Verwaltungsdienstleistungen	34,7%	48,3%	6,8%	10,1%
Finanzdienstleistungen	40,0%	56,2%	0,9%	2,8%
Unternehmensdienstleistungen	46,8%	36,5%	5,8%	10,8%
Versicherungsdienstleistungen	49,0%	47,1%	1,0%	2,7%

Hinweise: 'White-Collar High-Skilled': Legislators, senior officials and managers; Professionals; Technicians and associate professionals; 'White-Collar Low-Skilled': Clerks; Service workers and shop and market sales workers; 'Blue-Collar High-Skilled': Skilled agricultural and fishery workers; Craft and related trades workers; 'Blue-Collar Low-Skilled': Plant and machine operators and assemblers; Elementary occupations. N=39. Quelle: OECD 1998, eigene Berechnungen.

Abbildung 3.3: Qualifikationsstruktur ausgewählter Industrien

der OECD (OECD 1998) ist die Möglichkeit gegeben, eine Analyse der beruflichen Qualifikationsstruktur einzelner Industrien durchzuführen. Hiermit lässt sich klären, ob sich die Industrien professionellen Unternehmensdienstleistungen, Finanz- und Versicherungsdienstleistungen und die Staatsdienstleistungen durch eine Mehrheit von qualifizierten Beschäftigten (Manager, Experten und Techniker) auszeichnen. Für insgesamt 39 Länderzeitpunkte[19] liegen Daten für einzelne Industrien (in der *Internationalen Standard*

---

[19] Australien 1986, 1991, Kanada 1971, 1981, 1986, 1991, Deutschland 1980, 1985, 1990, Frankreich 1982, 1990, Finnland 1970, 1975, 1980, 1985, 1990, Italien 1981, 1991, Japan 1970, 1975, 1980, 1985, 1990, Neuseeland 1976, 1981, 1986, 1991, 1996, UK

Industrie Klassifikation (ISIC), Revision 2) nach vier Qualifikations- bzw. Berufsgruppen (in der *Internationalen Standard Klassifikation der Berufe* (ISCO), in der Version von 1988, Hauptgruppen (1-Steller)) vor.

Die Abbildung 3.3 (S. 55) gibt die mittleren, d. h. für alle Länder und Zeitpunkte gemeinsam berechneten, relativen Beschäftigungsanteile nach Qualifikationsgruppen für die fraglichen Industrien wieder. Es zeigt sich, dass professionelle Unternehmensdienstleistungen und Versicherungsdienstleistungen im Durchschnitt über eine Mehrheit von Hochqualifizierten verfügen. Dagegen ist der größte Anteil der Beschäftigten in den Industrien Finanzdienstleistungen und (staatlichen) Verwaltungsdienstleistungen in der Gruppe der gering qualifizierten Bürokräfte zu finden (vgl. auch die Ergebnisse bei Gorman und McCarthy 2006, S. 141). Der Argumentation des Berufsansatzes folgend, wären also nur die professionellen Unternehmensdienstleistungen und die Versicherungsdienstleistungen als Wissensindustrien zu bezeichnen.

Zum anderen kann man argumentieren, dass die professionellen Unternehmensdienstleistungen aber nicht die Finanz-, Versicherungs- und Verwaltungsdienstleistungen in den Wissenssektor mit aufgenommen werden sollten, weil diese im Gegensatz zu den anderen die Funktion eines Managements von Wissen allgemein und nicht einer speziellen Sorte von Wissen (auf das Finanz- oder Verwaltungswesen bezogenens Wissen) spezialisiert sind. In den professionellen Unternehmensdienstleistungen sind diese spezialisierten Industrien zudem nochmals als unternehmensbezogene Dienstleistungen enthalten. Mit der Aufnahme der Finanz-, Versicherungs- und Verwaltungsdienstleistungen würde meiner Einschätzung nach die Trennschärfe des hier verfolgten Konzepts des Wissenssektors verloren gehen.

Aufgrund der Qualifikationsstruktur im Fall von den Finanz- und Verwaltungsdienstleistungen und aufgrund der Spezialisierung auf bestimmte exklusive Wissensbereiche in diesen beiden Fällen sowie den Versicherungsdienstleistungen werden diese Industrien nicht als Wissensindustrien klassifiziert. Insgesamt, auch vor dem Hintergrund einer größeren Trennschärfe des Konzepts, verbleiben diese Industrien also dem Dienstleistungssektor.

3.4 Definition der Wissensgesellschaft und Erwartungen

Vor dem Hintergrund des Gesagten kann *die Wissensgesellschaft definiert werden als eine Gesellschaft, in der der Wissenssektor*[20] *den größten Anteil*

1981, 1984, 1986, 1988, 1991, USA 1983, 1985, 1988, 1990, 1993, 1994.

[20] Wie weiter unten (Kapitel 7) noch genauer dargelegt, werden im empirischen Teil beide bereits erwähnten Indikatoren zur Bemessung der Größe des Sektors herangezogen:

3.4 Definition der Wissensgesellschaft und Erwartungen

an der Gesamtwirtschaft einnimmt.

Der *Wissenssektor kann dann definiert werden als das Aggregat der Industrien, deren hauptsächliche ökonomische Funktion es ist, die Güter und Dienstleistungen im Wertschöpfungsprozess des Wissens herzustellen.* Der Wissensektor umfasst dann die folgenden idealtypischen Funktionsgruppen und Industrien (ausgedrückt in der ISIC, Rev.3)[21]:

I **Wissensproduktion**: Research and development,

II **Wissensinfrastruktur**: Manufacture of paper and paper products; Manufacture and renting of computer machinery, radio, television and communication equipment and other electrical machinery and instruments; Computer and related activities; Post and Telecommunications,

III **Wissensmanagement**: Legal, accounting, book-keeping and auditing activities, Tax consultancy, market research and public opinion polling, business and management consultancy; Advertising,

IV **Wissensverbreitung**: Education; Publishing, printing and reproduction of recorded media; Motion picture, radio, television and other entertainment activities; News agency activities; Library, archives, museums and other cultural activities.

Anhand dieser Definition kann nun untersucht werden, inwieweit fortgeschrittene Industrie- und Dienstleistungsgesellschaften sich im Verlauf der letzten Dekaden zu Wissensgesellschaften gewandelt haben (siehe *Wachstumshypothese*). Zusätzlich ermöglicht diese Konzeptualisierung nicht nur die aggregierte Entwicklung des Sektors zu untersuchen, sondern auch eine länder- und zeitvergleichende Analyse der einzelnen vier Funktionsgruppen vorzunehmen. Es liegt nahe, über die Vermutung eines Wachstums des gesamten Sektors hinaus, Überlegungen zur Entwicklung seiner hauptsächlichen Charakteristiken, d. h. der einzelnen Funktionsgruppen im Zeit- und Ländervergleich anzustellen.

Zunächst erscheint es plausibel anzunehmen, dass die einzelnen Funktionsgruppen einen unterschiedlichen Beschäftigungsanteil innerhalb des Sektors einnehmen und dass sich diese relative Wichtigkeit im Zeitverlauf ändert. Aus der „trickle-down" Perspektive der Wissensarbeitsteilung erscheint es

---

Beschäftigung und Bruttowertschöpfung.

[21] S. a. die Tabelle 7.1 auf Seite 122 mit der endgültigen Operationalisierung des Wissenssektors.

naheliegend zu vermuten, dass von der Herstellung neuen Wissens bis hin zu seiner letztendlichen Verbreitung ein jeweils zunehmender Anteil an Beschäftigung involviert ist (*Differenzierungshypothese*). Zum einen mag dies aus dem wachsenden Missverhältnis von Arbeit zu Kapital und dem Grad an „stillem" („tacit") im Gegensatz zu „kodifizierten" Wissensbeständen (Foray und Hagreaves 2002, S. 4; s. a. Cowan et al. 2005) liegen. Auf der anderen Seite kann angenommen werden, dass die potentielle Marktgröße mit den Funktionsgruppen ansteigt (Spinner 1998).

Zweitens liegt es nahe zu vermuten, dass die einzelnen Funktionsgruppen sich im Hinblick auf ihre Entwicklung im Zeitverlauf unterscheiden. In einer längsschnittlichen Perspektive kann man ein relativ stärkeres Wachstum für die Dienstleistungsindustrien im Wissenssektor als für die herstellenden Industrien vermuten (siehe *Hypothese differenzierten Wachstums*). Der Großteil letzterer ist in der Funktionsgruppe „Wissensinfrastruktur" subsummiert. Stärker als die Dienstleistungsindustrien im Wissenssektor kann Industriebeschäftigung (zumindest in Teilen) in Niedriglohnländer verlagert werden. Zusätzlich können Arbeitsplätze durch weiteren technischen Fortschritt oder durch die Ersetzung moderner anstelle von traditionellen Wissensindustrien in dieser Gruppe reduziert werden.

Drittens kann man eine gewisse systematische länderspezifische Variation im Ausbau der Wissensgesellschaft vermuten. Ausgehend von den Überlegungen bei Castells (1996) und Boje und Furaker (2003) gibt es vielleicht nicht nur ein, sondern mehrere Modelle der Wissensgesellschaft. Die wirtschaftlich reichsten Länder unterscheiden sich im Hinblick auf die drei klassischen Wirtschaftssektoren. Mindestens kann angenommen werden, dass Länder mit einem relativ großen Beschäftigungsanteil im primären Sektor einen niedrigeren Anteil im Wissenssektor haben. Wie die Arbeit von Castells zeigt, sagt die Verteilung nach sekundärer und tertiärer Beschäftigung nicht zwangsweise das Niveau des Wissenssektors voraus. Im Hinblick auf die Annahme unterschiedlicher Wissensgesellschaftsmodelle gibt möglicherweise zudem die institutionelle Struktur der Nationalstaaten Hinweise. Ahrweiler et al. (2006) argumentieren, dass von beiden, dem „Varieties of Capitalism" (VoC) und dem „National Systems of Innovation" (NSI) Ansatz folgen würde, dass die institutionellen Rahmenbedingungen in koordinierten im Vergleich zu liberalen Marktwirtschaften für moderne Wissensgesellschaften weniger geeignet seien (ebd., S. 5). Aber, wie ihre empirische Untersuchung zeige, dominieren interorganisationelle Netzwerke entlang der institutionellen Rahmenbedingungen zunehmend die Strukturen in wissensintensiven Branchen. In der Konsequenz führe dies zu einer Schwächung der Wichtigkeit der institutionellen Strukturen eines Landes für wirtschaftliches Handeln (ebd., S. 17). Nichtsdestotrotz liegt es nahe, zu vermuten, dass sich die zu untersuchenden Länder – abhängig von ihrem Entwicklungsstand zu Beginn des Prozesses und ihrer sozialen und institutionellen Rahmenbedingungen – im Hinblick auf ihre sektorale Struktur und deren Entwicklung unterscheiden. Vor dem Hintergrund, dass in dieser Arbeit eine vergleichsweise große Bandbreite an Ländern über einen langen Zeitraum einer Untersuchung unterzogen wird, ist die Formulierung spezifischer Hypothesen diesbezüglich schwierig. Vielmehr sollen die Ergebnisse soweit als möglich vor dem Hintergrund der oben diskutierten Überlegungen begutachtet werden.

Schließlich ist die Qualifikations- und Berufsstruktur des Wissenssektors zu untersuchen (vgl. Abschnitt 3.3.3). Die Frage nach dem Verhältnis von Angebot und Nachfrage nach Qualifikationen ist hier allein aufgrund theoretischer Argumente nicht zu beantworten. Jedoch kann sowohl aus den Arbeiten zur Wissensgesellschaft als auch den Arbeiten zum SBTC gefolgert werden, dass es am oberen Ende der Berufsverteilung zu einer wachsenden Nachfrage nach Qualifikationen kommt. Mit dem Wandel zur Wissensgesellschaft nehmen berufliche Tätigkeiten in den oberen Berufsgruppen zu; der Wissenssektor ist mehrheitlich durch hohe Qualifkationen gekennzeichnet (*Upgradinghypothese*). Offen bleibt, inwiefern es zu einer Verringerung der Nachfrage nach mittleren Qualifikationen bei gleichzeitiger Erhöhung oder mindestens Konstanz am unteren Ende der Berufsverteilung kommt. Soweit als möglich soll für die fortgeschrittenen Industriestaaten geprüft werden, ob sich der Wissenssektor durch hoch und niedrig qualifizierte Nichtroutinetätigkeiten und weniger durch manuelle und kognitive Routinetätigkeiten mittlerer Qualifikation auszeichnet (*Polarisierungshypohtese*).

4 Soziale Ungleichheit in der Wissensgesellschaft

4.1 Meritokratisierung und Egalisierung

Im Zentrum der Theorien zur Wissensgesellschaft steht die These eines berufs- und arbeitsmarktspezifischen Wandels in Richtung einer Dominanz des Wissenssektors. Dieser umfasst solche Industrien, die die Güter und Dienstleistungen im Wertschöpfungsprozess des Wissens herstellen. Diese Industrien sind durch eine mehrheitlich hohe Qualifikations- und Berufsstruktur gekennzeichnet. Vor diesem Hintergrund konnte die Wissensgesellschaft im vorangegangenen Kapitel als eine Gesellschaft definiert werden, in der der Wissenssektor den größten Anteil an der Gesamtwirtschaft einnimmt.

Unmittelbar stellt sich die Frage nach der Art und Weise der Verteilung des in der Wissensgesellschaft produzierten Reichtums: ändert sich mit dem Wandel in den produzierten Gütern und Dienstleistungen der Wert der hierfür eingesetzten Ressourcen und welche Konsequenzen für das Ausmaß in der Ungleichheit der Verteilung hätte dies? Die klassischen Arbeiten stellen hierzu zwei weitreichende Thesen auf: Es wird angenommen, dass Bildung in solchen Gesellschaften für den Erfolg der Individuen am Arbeitsmarkt zunehmend wichtiger wird und dass Wissensgesellschaften durch geringere Ungleichheit gekennzeichnet sind.

Nachdem im vergangenen Kapitel die Wissensgesellschaft definitorisch bestimmt werden konnte, soll sie, wie eingangs erläutert, nun in den Zusammenhang zu sozialer Ungleichheit gestellt werden: Es gilt zu klären, welchen Einfluss die Entwicklung hin zur Wissensgesellschaft auf die individuellen Determinanten des Einkommens und auf das Ausmaß von Einkommensungleichheit hat. Es geht also *erstens* um soziale Ungleichheit im Sinne von ungleichen Chancen bei der sozialen Statuserreichung. Insbesondere soll die Bedeutung von Bildung für das Erreichen des Zielstatus bzw. seiner Entlohnung in den Zusammenhang zu dem Sachverhalt Wandel zur Wissensgesellschaft gestellt werden. *Zweitens* soll die Ungleichheit in der insgesamten (univariaten) Verteilung der Einkommen in Wissensgesellschaften thematisiert werden. Sowohl im Hinblick auf die Determinanten des Einkommens als auch die Verteilungsungleichheit ist der Fokus auf die Beschreibung und Erklärung von *Unterschieden im Zeitverlauf innerhalb von Ländern* gerichtet. Allgemeiner formuliert gilt das Interesse der Arbeit der Beantwortung folgender Fragen:

1. Warum hat die Bildung zu manchen Zeitpunkten eine größere Bedeutung für den sozialen Zielstatus als zu anderen Zeitpunkten, d.h. wie können Zeit- und Länderunterschiede in Einkommensunterscheiden nach Bildung erklärt werden[1]? 2. Warum ist die Verteilung der Einkommen zu manchen Zeitpunkten ungleicher als zu anderen Zeitpunkten, d.h. wie können Zeit- und Länderunterschiede in der Verteilungsungleichheit erklärt werden?

Die Produktion von Gütern und ihre Verteilung setzt zweierlei voraus: das Vorhandensein von hierfür nötigen Kompetenzen und eine arbeitsteilig organisierte Ausführung der notwendigen Arbeitsaufgaben. Die Aufteilung gesellschaftlicher Aufgaben lässt sich mit Beck als „Kampfplatz sozialer Auseinandersetzungen und zur Durchsetzung von Verhältnissen sozialer Ungleichheit" (Beck und Brater 1978, S. 185) fassen. In komplexen arbeitsteiligen Gesellschaften setzt dieser Prozess voraus, dass es vielfältige unterschiedliche Arbeitsfähigkeiten gibt. Diese unterschiedlichen Fähigkeiten als „gesellschaftlich geformte und voneinander getrennte Komplexe konkret nützlicher Arbeitsvermögen" (ebd., S. 16) formen sich zu Berufen. Das Einnehmen eines Berufs ist dann an das Erlernen der dafür benötigten Kompetenzen notwendigerweise gebunden und findet im Rahmen institutionalisierter Ausbildungswege statt. Individuen werden im Zuge der Erlernung und Ausübung eines Berufs dann zu Trägern bestimmter Fähigkeiten. Diese Fähigkeiten können am Arbeitsmarkt eingesetzt und gegen andere Ressourcen, vor allem Einkommen, getauscht werden.

Aus der *Lebensverlaufsperspektive* kann also das Einnehmen einer sozialen Zielposition als zweistufiger Prozess von der sozialen Herkunft zum Bildungsabschluss (OE) und von diesem zur beruflichen Position bzw. ihrer Entlohnung (ED) betrachtet werden (das sogenannte „OED Dreieck" oder die „Meritokratische Triade"). Insofern, als dass in der Regel die Fähigkeiten in unterschiedlicher Menge am Markt angeboten bzw. nachgefragt *und* unterschiedlich entlohnt werden, ist die insgesamte Verteilung der Einkommen in einer Volkswirtschaft im Ergebnis ungleich.

Individuelle Unterschiede in den Arbeitsfähigkeiten, im sozialen Status oder Einkommen und ihre Verteilung im Aggregat Nationalgesellschaft können unter Wertgesichtspunkten beurteilt werden. Moderne Gesellschaften gründen die Legitimität ihrer gesellschaftlichen Ordnung auf dem Modell der *Chancen*gleichheit, das neben der allgemeinen Menschenwürde und

---

[1] Im Hinblick auf die Strukturierung der Argumentation zu dieser Frage diente neben anderen das Papier von Schneider (2006) zur Erklärung von Bildungsungleichheit im Ländervergleich als Vorbild.

4.1 Meritokratisierung und Egalisierung

allgemeiner Handlungsfreiheit ein vorrangiges Grundrecht in den meisten Verfassungen westlicher Demokratien darstellt (vgl. Brettschneider et al. 1994, S. 468 ff.). Das liberale Ziel der Chancengleichheit beinhaltet, dass die schulischen und beruflichen Erfolgsmöglichkeiten eines Menschen nicht von seiner sozialen Herkunft oder anderen askriptiven Eigenschaften (vor allem Geschlecht und etnischer Herkunft) abhängen. In der Soziologie steht für dieses Stratifizierungssystem der von Ralph Linton (1936) geprägte Begriff „achievement" im Gegensatz zu dem System der „ascription". Bestehende Korrelationen zwischen askriptiven Eigenschaften und sozialem Zielstatus werden von einem normativen Standpunkt aus als ungerecht[2] (u.a. Rawls 1999 [1971]), aus soziologischer Perspektive als Verhinderung sozialer Mobilität oder sogar Gefährdung des sozialen Zusammenhalts und aus ökonomischer Perspektive schlicht als „waste of talent" angesehen (vgl. Erikson und Jonsson 1996b, S. 2). In Ergänzung zum Postulat der Chancengleichheit gilt Leistung als Wertvorstellung legitimer Differenzierung[3]. Gleichheit der Chancen rechtfertigt dann tatsächliche Ungleichheiten als Ergebnis individueller Leistung (s. a. Meulemann 2004b, s. a. Neckel et al. 2004).

Die große Bedeutung von formaler Bildung für soziale Schichtung und Einkommen in allen fortgeschrittenen Industriegesellschaften ist gut dokumentiert. Eine davon zu unterscheidende Fragestellung ist diejenige nach der Bedeutung von erworbenen individuellen Eigenschaften in *historischer Perspektive*.

Im Hinblick auf die Frage, ob sich mit dem Wandel in den produzierten Gütern und Dienstleistungen der Wert der hierfür eingesetzten Ressourcen verändert hat, stellen die frühen Arbeiten zur Wissensgesellschaft ähnlich wie die Modernisierungtheorien die These auf, dass die Bedeutung von formaler Bildung bei der Allokation von Personen auf Positionen und ihre Entlohnung mit dem Übergang in die post-industrielle Gesellschaft zunimmt:

---

[2] Die Stichhaltigkeit des normativen Arguments kann vor dem Hintergrund angegriffen werden, dass ein Teil kognitiver Kapazitäten genetisch vererbt ist (vgl. Young 1958, s.a. Kingston 2006, S. 113).

[3] Die beiden Begriffe gehen auf Durkheim ((1977)[1893]) zurück, der Gleichheit der Chancen als grundlegende Voraussetzung für die Funktionsfähigkeit moderner, arbeitsteiliger Gesellschaften und Leistung als funktionale Notwendigkeit und moralischer Imperativ für deren Fortentwicklung auslegt (vgl. Meulemann 2006, S. 321-328).

„The post-industrial society, (...) is the logical extension of the meritocracy; it is the codification of a new social order based, in principle, on the priority of educated talent. In social fact, the meritocracy is thus the displacement of one principle of stratification by another, of achievement for asciption." (Bell 1973, S. 426).

Wie in dem Zitat angedeutet, ist die Annahme einer wachsenden Bedeutung von Bildung für die soziale Zielposition bei Daniel Bell voraussetzungsvoll. Sie beinhaltet zusätzlich die Annahme, dass in der Wissensgesellschaft Chancengleichheit im Bildungssystem voll erreicht sei und die formale Bildung allein die Leistung eine Individuums reflektiere.

Wenn auch neuere Arbeiten zur herkunftsbedingten Ungleichheiten im Bildungssystem Anzeichen für eine Zunahme von Chancengleichheit in einigen Ländern liefern, so ist der Fortbestand von Herkunftseffekten in allen untersuchten Ländern bis heute jedoch eine Tatsache (Breen und Jonsson 2005; Shavit et al. 2007). Insbesondere der Abbau „sekundärer" Effekte erweist sich als problematisch[4]. In der vorliegenden Arbeit wird und muss der Aspekt der Bildungsungleichheit aus mehreren Gründen[5] weitestgehend unberücksichtigt bleiben.

Wie die unten stehenden Ausführungen (vgl. Abschnitt 4.2.1) zeigen, liegen Hinweise für die Adäquatheit der Annahme einer mit dem Übergang zur Wissensgesellschaft wachsenden Bedeutung von Bildung für den sozialen Zielstatus bzw. das Einkommen – so selbstverständlich sie auf den ersten Blick erscheinen mag – bislang kaum vor. Im Anschluss an die Darstellung des empirischen Forschungsstands zur These einer wachsenden Bedeutung von Bildung stelle ich zunächst kurz die rein mikrosoziologischen Erklärungen (Abschnitt 4.2.2) vor. Das Vorliegen von Länder- und (historischen) Zeitunterschieden macht eine Diskussion von Hypothesen über den Einfluss

---

[4] Gegenüber „primären" Effekten, d.h. die durch die (vorschulische) Sozialisation im Elternhaus enstandenen Leistungsunterschiede zu Beginn der Schulkarriere, meinen sekundäre Herkunftseffekte die durch schichtspezifischen Bildungsentscheidungen verursachten Bildungsungleichheiten (vgl. Boudon 1974; Meulemann 1999; Breen und Goldthorpe 1997).

[5] Zunächst ist die Frage nach der Bildungsungleichheit eine von denjenigen nach der Bedeutung von Bildung für beruflichen Erfolg zu trennende und an sich interessierende Problemstellung. Zudem besteht zum Thema Bildungsungleichheit bereits ungleich mehr Literatur bzw. wird dieses aktuell intensiv an anderer Stelle auch im Hinblick auf Unterschiede zwischen Ländern und Zeitpunkten bearbeitet (vgl. z. B. Breen und Jonsson 2005). Gleichermaßen wie im Hinblick auf die soziale Zielposition stellt die Beschreibung und Erklärung von Unterschieden zwischen Ländern bzw. Zeitpunkten gleichermaßen höchste Anforderungen im Hinblick auf die theoretische und methodische Bearbeitung und erfordert deshalb eine gesonderte Betrachtung.

4.1 Meritokratisierung und Egalisierung

des sozialen Kontextes auf die Beziehungen zwischen den relevanten Variablen auf der Mikroebene notwendig (vgl. 4.2.5). Im vierten Abschnitt (4.2.4) dieses Kapitels wird schließlich gezeigt, wie sich der makrostrukturelle Wandel zur Wissensgesellschaft im mikrosoziologischen Erklärungsmodell sozialer Ungleichheit fassen lässt.

Geht man schließlich davon aus, dass sich fortgeschrittene Industriegesellschaften in den letzten Dekaden zu Wissensgesellschaften gewandelt haben, das heißt, dass der Wissenssektor ein kontinuierliches Wachstum erfährt *und* dass sich das Einkommen in diesem Sektor möglicherweise stärker als in den übrigen Sektoren durch Bildung erklären lässt, dann führt das zu der Frage, welche Konsequenzen dies für die Entwicklung im Ausmaß der Einkommensungleichheit hat. In den frühen Arbeiten zur Wissensgesellschaft und den Modernisierungstheorien wird hierzu die Annahme formuliert, dass die auf diesem Wege erreichte effizientere Nutzung der Humanressourcen zu größerem Wachstum und Wohlstand und in ihrer Folge zu geringerer Einkommensungleichheit führt (siehe Kapitel 4.3). In Konkurrenz dazu stehen theoretische Ansätze, die eine Zunahme der Ungleichheit aufgrund von Globalisierung und Änderungen in den institutionellen Rahmenbedingungen der Länder erwarten. Die Beschreibung und Erklärung der historischen Entwicklung im Ausmaß der Einkommensungleichheit stand lange Zeit nicht auf der Agenda soziologischer Forschung; erst mit der in den letzten Jahren sich abzeichnenden Trendwende in Richtung einer Zunahme der Einkommensungleichheit wenden sich wieder vermehrt Soziologen dem Thema zu (vgl. Atkinson 2007; DiPrete 2007). Dabei steht die explizite Berücksichtigung des Wachstums des Wissenssektors und den damit verbundenen Änderungen in den Einflussfaktoren des Einkommens noch aus. Der zweite Teil zur Diskussion sozialer Ungleichheit in der Wissensgesellschaft in dieser Arbeit ist also den Konsequenzen des berufs- und arbeitsmarktspezifischen Wandels zur Wissensgesellschaft für das Ausmaß an Einkommensungleichheit der Nationalgesellschaften gewidmet. Auch hier sind bei der Besprechung des Forschungsstandes (Abschnitt 4.3.1) insbesondere diejenigen Arbeiten zu berücksichtigen, die den Wandel über die Zeit oder Unterschiede zwischen Ländern in der Einkommensungleichheit zum Gegenstand haben. Anschließend werden die Erklärungen für die deskriptiven Ergebnisse in der Literatur besprochen (Abschnitt 4.3.2). Analog zum Wandel in den Determinanten des Einkommens wird im letzten Unterkapitel (4.3.3) die Wissensgesellschaft als erklärende Größe explizit eingeführt und Erwartungen über ihre Rolle zur Erklärung der Einkommensungleichheit formuliert.

4.2 Determinanten des Einkommens in der Wissensgesellschaft

4.2.1 Deskriptive Ergebnisse: Wandel über die Zeit und Unterschiede zwischen Ländern in der Bedeutung erworbener und zugeschriebener Eigenschaften für das Einkommen

Mit dem Vorliegen vergleichbarer Daten für mehrere Länder über einen hinreichend großen Zeitraum ist seit einigen Jahren die Möglichkeit gegeben, die These einer mit fortschreitender Modernisierung wachsenden Bedeutung von Bildung und geringerer Herkunftseffekte für den sozioökonomischen Status empirisch angemessen nachzugehen (vgl. Ganzeboom et al. 1991, S. 295). Nichtsdestotrotz liegen bislang nur wenige genuin soziologische Untersuchungen zum Gegenstand vor (Hout und DiPrete 2006, S. 6; vgl. Ganzeboom und Treiman 2007, S. 2).

Darüber hinaus ist festzustellen, dass gegenüber dem ursprünglichen Modell, das neben dem Beruf des Vaters auch die Bildung des Vaters und den ersten Beruf des Befragten enthält (Blau und Duncan 1967), vor allem Daten zum vereinfachten Herkunftsstatus-Bildung-Zielstatus-Modell vorliegen. Außerdem konzentriert sich der überwiegende Anteil soziologischer Forschung zum Ausmaß von (Im)mobilität und ihren Determinanten sich auf den *beruflichen Status* oder *soziale Klassen* als zu erklärende Größen[6]. Nur wenige Arbeiten gehen der Frage nach monetären Verteilungsaspekten nach (vgl. DiPrete 2007; Kingston 2006, S. 119). Soziale Stratifizierung bezieht sich stärker als auf Einkommensunterschiede auf die Ungleichheit in (relativ dauerhaften) sozialen Positionen und Lebenslagen.

Die Analyse von Einkommensdeterminanten wird zum großen Teil der ökonomischen Forschung überlassen; hier tritt jedoch die Frage der intergenerationalen Weitergabe von sozialem Status zumeist in den Hintergrund. Esping-Andersen (2004a, S. 290) argumentiert, dass beruflicher und ökonomischer Status bei der Frage intergenerationaler Mobilität zwei Seiten derselben Medaille darstellen würden, da für die Konstruktion der Prestigeskalen und Schichtindizes in der Regel die Informationen zum Einkommen mit einfließen. Wenn letzteres auch zutreffend ist, so bestehen doch theoreti-

---

[6] Zur Verwendung von hierarchischen, kontinuierlichen (v.a. Berufsprestige und sozioökonomischer Status, z.B. bei Ganzeboom et al. 1992a; Ganzeboom und Treiman 2003) versus relationaler und diskreter Maßzahlen (Schichtenklassifikationen, z.B. bei Erikson und Goldthorpe 1992) zur Erfassung von sozialem Status siehe Ganzeboom et al. (1991, S. 283), Hout und Hauser (1992), und Dessens et al. (2003). Siehe auch die Arbeit von Jonsson et al. (2006) zur unterschiedlichen Erklärungskraft verschieden detaillierter sozioökonomischer Klassifizierungen im Ländervergleich.

4.2 Determinanten des Einkommens in der Wissensgesellschaft

sche und methodologische Unterschiede zur Bedeutung von erworbenen und zugeschriebenen Eigenschaften, je nach dem, ob man beruflichen Status bzw. soziale Schicht oder Einkommen als Zielgröße betrachtet (vgl. die Diskussion unten; s. a. DiPrete 2007); die Position in der Einkommensverteilung stimmt nicht unbedingt mit derjenigen in der Berufsverteilung überein (vgl. Breen und Jonsson 2005, S. 232f.).

Ein großer Teil der *soziologischen* Forschungsaktivitäten hat sich auf die (meist bivariate) Analyse intergenerationaler Bewegungen im sozioökonomischen Status mit Hilfe *multiplikativer*, d.h. log-linearer und log-multiplikativer *Verfahren*[7] und die Bemessung des Ausmaßes der Offenheit bzw. Geschlossenheit von Gesellschaften konzentriert[8]. Die Analysen intergenerationaler Mobilitätsmuster legen zunächst folgenden Schluss nahe: Das Ausmaß *absoluter* Mobilität konvergiert im Zeitverlauf zwischen den entwickelten Ländern insoweit, als dass die Varianz in der Berufs- oder Schichtverteilung zwischen den Ländern abnimmt (Breen und Luijkx 2004b; Erikson und Goldthorpe 1992). Weit weniger eindeutig als die Ergebnisse zur Strukturmobilität sind die Ergebnisse vergleichender Analysen zu *relativer* Mobilität[9].

---

[7] Für die bislang seltene Verwendung der Kontingenztabellenanalyse für die Analyse von Einkommensmobilität siehe u.a. die Arbeiten von Dearden et al. (1997) und den Sammelband von Corak (2004). In einer Metaanalyse existierender Arbeiten zur Einkommensmobilität in Kanada, Finnland, Deutschland, Malaysia, Südafrika, Schweden, dem Vereinigten Königreich und den USA zeigen sich deutliche Länderunterschiede (Solon 2002): Während Finnland und Schweden mit Werten des Regressionskoeffizienten für den Herkunftseffekt knapp über .11 am oberen Ende der Skala liegen, erscheinen die USA und UK mit Werten deutlich über .4 in der Gruppe der fortgeschrittenen Industriegesellschaften am wenigsten einkommensmobil. Entgegen der Ergebnisse zu beruflicher Mobilität ist Deutschland vergleichsweise mobiler als z.B. die USA. Endgültige Aussagen dieser Art sind jedoch dadurch eingeschränkt, dass sich die verglichenen Studien im Hinblick auf die Operationalisierung von Einkommen, die betrachteten Altersgruppen und Stichprobenmerkmale unterscheiden (Solon 2002, S. 61-63). Zudem werden keine weiteren Kontrollfaktoren berücksichtigt.

[8] Für eine Besprechung der „vier Generationen" in der Schichtungsforschung siehe Treiman und Ganzeboom (2000). Verschiedentlich sind die multiplikativen den additiven Verfahren als grundsätzlich überlegen dargestellt, weil sie insensitiv gegenüber Randverteilungsänderungen seien (z.B. Erikson und Goldthorpe 1992, S. 56). Die Arbeiten von Ringen (2006) und Hellevik (2002, 1997) greifen diese Darstellung aus methodologischen Gründen an.

[9] Die Ergebnisse der jüngsten Länder und Zeit vergleichenden Arbeit zur Situation in Europa sprechen für eine Zunahme sozialer Durchlässigkeit zwischen 1970 und 2000 in den meisten Ländern (mit Ausnahme von Großbritannien und Israel) bei z. T. beträchtlichen Unterschieden im Ausmaß relativer Mobilität (Breen und Luijkx 2004a, S. 385ff.; s. a. Hout und DiPrete 2006, S. 3-5). Dagegen erbringen im Hinblick auf Veränderung in der Zeit sowohl separate Länderanalysen europäischer als

Zur Beantwortung der Frage, wie intergenerationale Statusvererbung zustande kommt bzw. inwieweit sich im Zuge fortschreitender Modernisierung die Bedeutung erworbener und zugeschriebener Eigenschaften für den sozialen Status verändert, liegen Ergebnisse *additiver Analyseverfahren* zumeist für *einzelne Länder im Längsschnitt* vor. Dies ist insofern nicht überraschend, als dass die Vergleichbarkeit der Einkommens- und Bildungsvariablen innerhalb eines Landes über die Zeit weit eher sichergestellt werden kann als zwischen unterschiedlichen Ländern. Hierbei zeigen frühere Arbeiten für die USA (v. a. Blau und Duncan 1967; Featherman und Hauser 1978; Krauze und Slomczynski 1985; Hout 1988) und für England und Wales (Halsey 1977) eine Zunahme des Effekts von Bildung und eine Abnahme des Herkunftseffektes auf den sozialen Zielstatus. Demgegenüber finden neuere Arbeiten für Schweden (Jonsson 1996), Frankreich (Vallet 2004), USA (Hauser et al. 2000) und für England und Wales (Heath et al. 1992; Ganzeboom et al. 1992; Breen und Goldthorpe 2001; Goldthorpe und Jackson 2006) keine Anzeichen für eine Zunahme der Assoziation zwischen Bildung und Zielstatus. Ganz entgegen der Vorhersagen der Modernisierungstheorien zeigen sich eher konstante oder sogar abnehmende Assoziationen zwischen formaler Bildung und sozioökonomischem Status und Einkommen (Jonsson 2006, S. 10).

Neben diesen Länderstudien liefern einige wenige *ländervergleichende Analysen* eine Einschätzung über absolute Unterschiede zwischen Ländern oder in der Zeit in den Beziehungen zwischen Herkunft, Bildung und Zielstatus[10]. In einem Vergleich von 21 Ländern (überwiegend kapitalistische

---

auch nicht-europäischer Länder und frühere vergleichende Studien (v. a. Erikson und Goldthorpe 1992; Ishida et al. 1995) gegenteilige Ergebnisse (vgl. die Besprechung der Literatur bei Breen und Jonsson 2005, S. 231 und bei Ganzeboom et al. (1991, S. 288)); die Annahme einer im Zeitverlauf zunehmenden sozialen Durchlässigkeit bleibt fraglich (s.a. Birkelund 2006, S. 342). Im Hinblick auf Länderunterschiede im Ausmaß der beruflichen oder Schichtvererbung markieren nach Breen und Jonsson (2005, S. 232) die skandinavischen Länder tendenziell den Pol der am wenigsten rigiden Länder. Deutschland, Frankreich und Italien zeichnen sich dagegen durch eine geringere Offenheit aus. Wenn Chancenungleichheit in Form von Einkommens(im)mobilität gemessen wird, ergeben sich jedoch deutlich verschiedene Ergebnisse: hier ist Deutschland vergleichsweise mobiler als z. B. die USA (Solon 2002). Jedoch lässt die Datenlage zuverlässige Aussagen über eine Länderrangfolge in sozialer Durchlässigkeit im Hinblick auf berufliche Mobilität nicht ohne weiteres zu (s.a. Erikson und Goldthorpe 2002, S. 36).

10 In einer ausführlichen Besprechung von Publikationen zwischen 1970 und 1990, die ländervergleichende Analysen zum Status-Attainment vorlegen, kommen Treiman und Ganzeboom (1990) zu dem Schluss, dass sich diese auf Daten der 1950er bis Ende der 1970er Jahre beziehenden Analysen aufgrund ihrer Mängel keine zuverlässigen

4.2 Determinanten des Einkommens in der Wissensgesellschaft

Industriegesellschaften, zwei sozialistische Länder (Ungarn und Polen) und Brasilien, Indien, die Philippinen und Taiwan) um 1970 kommen Treiman und Yip (1989) zu dem Schluss, dass der Effekt der Bildung (virtuelle Anzahl der Schuljahre) auf das Berufsprestige mit dem Industrialisierungsgrad zu- und mit dem Ausmaß an Bildungs- und Einkommensungleichheit abnehme. Umgekehrt sinke der Effekt der sozialen Herkunft auf das Berufsprestige des Sohnes mit dem Industrialisierungsgrad und erhöhe sich mit dem Grad sozialer Ungleichheit. Für Daten der letzten drei Dekaden kommen Breen und Luijkx (2004a, S. 393f.) auf Basis einer Metastudie dagegen zu dem Schluss, dass sich der Effekt von Bildung auf den sozialen Zielstatus unter Kontrolle der sozialen Herkunft in Frankreich, Schweden, Irland, Großbritannien und den Niederlanden in den letzten Dekaden verringert habe. Der partielle Herkunftseffekt bleibe dabei in Irland und Großbritannien konstant und gehe in den Niederlanden zurück. Außerdem berichten sie für Frankreich, die USA und Schweden von einem kompositionalen Effekt, der zur Reduktion der Zusammenhangsstärke zwischen Herkunfts- und Zielstatus geführt habe: Erstens sei die Assoziation zwischen Herkunft und Ziel bei Personen in höheren Bildungskategorien geringer und zweitens sei die Gruppe der höheren Kategorien im Zeitverlauf gewachsen[11]. Schließlich haben Ganzeboom und Treiman (2007a) kürzlich in einem Konferenzpapier Ergebnisse einer 42 Länder und einen Zeitraum von 1947 bis 2003 umfassende Studie zum Einfluss erworbener (Bildungsjahre) und askriptiver Eigenschaften (Berufsstatus des Vaters) auf den beruflichen Status vorgelegt. Die Bedeutung erworbener und zugeschriebener Eigenschaften für den Berufsstatus variiert demnach mit dem Entwicklungsgrad der Länder; in den weiter entwickelten Ländern ist Leistung wichtiger und Zuschreibung unwichtiger als in weniger entwickelten. Im Hinblick auf Veränderungen in der Zeit innerhalb von Ländern dokumentieren sie das für sie unerwartete Ergebnis, dass der Effekt der erworbenen Eigenschaften im historischen Zeitverlauf nicht zugenommen habe; der Zuschreibungseffekte habe dagegen tatsächlich abgenommen.

Schlüsse über den Wandel im Stratifikationssystem zulassen. Es sei nahezu keine Vergleichbarkeit der Stichproben, Messinstrumente und Modelle zwischen den Arbeiten als auch zum Teil innerhalb der Arbeiten gegeben (ebd., S. 116).

[11] Dieser Argumentation eines kompositionalen Effekts folgend haben kürzlich Beller und Hout (2006) mit Hilfe eines log-mulitplikativen Layer-Effektmodells („undiff-model") demonstriert, dass das Ausmaß sozialer Mobilität mit der Interaktion zwischen dem Wohlfahrtsregime (WFR) und der Beteiligungsrate höherer Bildung variiert. Korporatistische, post-sozialistische und liberale WFR haben höhere Raten sozialer Mobilität als sozialdemokratische WFR, wenn der Zugang zu höherer Bildung hoch ist, aber geringere Raten, wenn der Zugang gering ist.

Im Großen und Ganzen belegen bisherige soziologische Arbeiten zum Thema, *dass die Bedeutung von Bildung für berufliche Erträge zwischen Ländern und im Zeitverlauf variiert.* Im Hinblick auf Veränderungen innerhalb eines historischen oder sozialen (Entwicklungs-)kontextes zeigen insbesondere die jüngeren Arbeiten eine *Konstanz oder sogar Abnahme im Effekt der Bildung für den sozialen Zielstatus.*

Im Zentrum des Interesses der *ökonomischen Forschung* zur Bedeutung von Bildung steht die Bemessung ihres Beitrages für gesamtgesellschaftliche und individuelle Produktivitäts- und Einkommenssteigerungen. Die ökonomische Forschung unterscheidet zwar zwischen dem im familiären Umfeld erworbenen frühen Humankapital, dem durch formale Bildung erworbenen Humankapital und dem im Arbeitsleben erworbenen Humankapital (vgl. Piketty 2000); empirische Analysen liegen jedoch fast ausschließlich für die letzten beiden Komponenten vor (vgl. de la Fuente und Ciccone 2002, S. 9). Die Standardmethode[12] für die empirische Ermittlung des durch zusätzliche Schulbildung erzeugten prozentualen Lohnanstiegs (Bildungsrendite) ist die Schätzung der Einkommensfunktion nach Mincer (1958, 1974): Die semi-logarithmierte Kleinstequadrateschätzung des logarithmierten (ln) Lohns durch die Anzahl der Schuljahre und die einfache und quadrierte Anzahl potentieller Berufserfahrungsjahre.

Zusammenstellungen der auf Basis dieses einfachen Grundmodells geschätzten Bildungsrenditen für mehr als 300 Fälle (etwa 50 Länder zwischen 1950 und 1990) zeigen nach Psacharopoulos und Patrinos (2002) und Psacharopoulos (1994, 1989) fallende Erträge bei steigendem Niveau ökonomischer Entwicklung. Dies werde sowohl im Vergleich der Hochlohnländer mit den Mittel- und Niedriglohnländern deutlich als auch bei der Betrachtung der Hochlohnländer über die Zeit.

Metaanalysen, die zusätzlich neuere Daten und/oder nur die OECD Länder berücksichtigen, kommen zu stärker differenzierteren, wenn auch

---

[12] Alternativ stehen einige wenige Ergebnisse zu Bildungserträgen auf Basis von Zwillingspaaren oder einer auf der Schätzung mit Instrumentalvariablen basierenden Methode zur Verfügung. Diese Verfahren versuchen zu berücksichtigen, dass die unbeobachteten individuellen Unterschiede in den Fähigkeiten oder der Motivation zu einer Verzerrung der Schätzer für die Schuljahre führen (vgl. Franz 2006, S. 95). In einem Vergleich der bei unterschiedlichen Methoden ermittelten Schätzungen für den Effekt der Bildung zeigt sich, dass die alternativen Methoden in der Regel zu leicht höheren Schätzungen führen (Card 1999; Ashenfelter et al. 1999). Darüber hinaus ist auf die Möglichkeit der Berechnung von Quantilsregressionen hinzuweisen (siehe z.B. Franz 2006, S. 330). Meines Wissens liegt die Möglichkeit einer Erklärung von Quantilsgruppen jedoch nicht für die präferierten Mehrebenenregressionen vor.

4.2 Determinanten des Einkommens in der Wissensgesellschaft

nicht so einheitlichen Ergebnissen (Harmon et al. 2001a, 2001b; Denny et al. 2001; Walker und Zhu 2001; Trostel et al. 2002).

Zunächst zeigen die oben genannten Arbeiten im Hinblick auf absolute *Länderunterschiede* mehr oder weniger übereinstimmend, dass die Bildungsrenditen in den skandinavischen Ländern tendenziell am niedrigsten sind. Im Vereinigten Königreich, Irland und den USA sind die Erträge in der Regel am höchsten. Zudem sind aufgrund der unterschiedlichen Bildungsverteilung die Renditen für Frauen in den meisten Ländern höher als für Männer (siehe auch de la Fuente und Ciccone 2002; S. 43).

Studien für die USA[13] zeigen eine Abnahme der Renditen bis zu den 1980er Jahren, gefolgt von einem Anstieg (vgl. den Review von Ashenfelter et al. 1999). Harmon et al. (2001) kommen auf der Grundlage einer Metaanalyse vergleichbarer Schätzungen im Hinblick auf *Veränderungen in der Zeit* zu dem Schluss, dass die Bildungsrenditen europäischer Länder seit den 1960er Jahren kontinuierlich gefallen sind, sich aber spätestens mit Beginn der 1990er Jahre eine Trendwende andeutet. Somit liege, wenn auch zeitlich verschoben, ein für die USA vergleichbarer u-förmiger Verlauf vor. Im direkten Vergleich zwischen der (gepoolten) Entwicklung der europäischen Länder und den USA bestätigen Denny et al. (2001, S. 26) auf Basis einer Metaanalyse von rund 1000 Schätzungen die Ergebnisse von Harmon et al. (2001). Nach einem kontinuierlichen Rückgang der Bildungsrenditen bis Ende der 1970er Jahre (USA) bzw. Ende der 1980er Jahre (Europa) steigen diese seit den 1980er Jahren bzw. 1990er Jahren wieder an.

Die Annahme eines u-förmigen Verlaufs ist jedoch nicht unumstritten. Trostel et al. (2002; vgl. auch Walker und Zhu 2001) kommen auf der Grundlage von vergleichbaren Mikrodaten (es werden Daten des International Social Survey Programme analysiert) und Schätzungen unter zusätzlicher Kontrolle des Familien- und Gewerkschaftsstatus für 28 Länder zwischen 1985 und 1995 zu gegenteiligen Ergebnissen: Sie demonstrieren, dass die Bildungsrenditen im Großen und Ganzen stabil geblieben sind.

Auch die Analyse der im Rahmen des PURE-Projektes erhobenen Daten spricht eher gegen einen u-förmigen Verlauf in den untersuchten 15 europäischen Ländern (vgl. Asplund 2001; s.a. Steiner und Lauer 2000, S. 22 ff.; Pohlmeier 2004, S. 7-8). Der Vergleich der Bildungsrenditen (nach dem Grundmodell) im Zeitverlauf[14] legt eher den Schluss nahe, dass die

---

[13] Zur Situation in Deutschland in den 1980er Jahren siehe z.B. den Sammelband von Rendtel und Wagner 1991; Butz 2001; Pollmann-Schult 2006.

[14] Die Anzahl und Zeitpunkte der Beobachtungen variieren zwischen den Ländern z.T. erheblich. Es liegen Daten für den maximalen Zeitraum von 1970 bis 1998 und je

Bildungsrenditen für Männer und Frauen in den meisten Ländern kontinuierlich gesunken (besonders deutlich in Österreich und Schweden) oder konstant geblieben sind (s. a. Steiner und Lauer 2000, S. 22). Ein eindeutiger Anstieg für beide Geschlechter ist nur in Portugal, Italien und Dänemark auf Basis dieser Daten beobachtbar[15].

Ein etwas anderes Bild zeigt sich, wenn man die Renditen einzelner Bildungsniveaus[16] betrachtet. Entgegen dem durchschnittlichen, d. h. linearen Trend der Anzahl der Schuljahre steigen nach dem Großteil der Studien die Erträge hoher Bildung im Durchschnitt aller Länder an (Psacharopulos und Patrinos 2002, S. 1; Lemieux 2006); damit wächst der Einkommensunterschied zwischen mittleren bzw. niedrigen und höheren Abschlüssen, der sogenannte „college wage gap", an (für die europäischen Länder siehe u. a. Brunello et al. 2000). Jedoch bleibt auch dieses Ergebnis nicht unwidersprochen (vgl. für die USA Heckman et al. 2003).

Die soziologischen und ökonomischen Arbeiten haben in deskriptiver Hinsicht einiges zum Wissen über die Bedeutung von Bildung für den sozialen Status bzw. das Einkommen im Länder- und Zeitvergleich beigetragen. Zunächst dokumentieren sie, dass es erhebliche Unterschiede in der Stärke der Beziehung zwischen Ländern gibt. Im Hinblick auf die Veränderung innerhalb von Ländern in der Zeit sprechen die Ergebnisse zum sozialen Status mehrheitlich für eine Abnahme des Bildungseffektes. Innerhalb der von ökonomischen Arbeiten dominierten Forschung zum Zusammenhang zwischen Bildung und Einkommen gehen die Meinungen eher auseinander. Während einige von einem kontinuierlichen Rückgang in den Bildungsrenditen ausgehen, berichten andere von einem Anstieg der Bildungsrenditen gegen Ende des Milleniums.

Über die Beschreibung der beobachtbaren Fakten hinaus fehlt jedoch systematisch erlangtes Wissen darüber, durch welche Faktoren sich die Länder- und Zeitunterschiede erklären lassen. Von den oben genannten Arbeiten prüfen nur einige wenige explizit den Einfluss von Kontexteinflüssen

---

Land für mindestens drei, im Durchschnitt jedoch mehr Messzeitpunkte vor.

[15] Wie oben bereits herausgestellt, liegen über die Arbeiten zum Einfluss von Bildung für das individuelle Einkommen hinaus kaum systematische Arbeiten zu Zeit- oder Länderunterschieden in herkunftsbedingten bzw. anderen askriptiven Einflüssen für das Einkommens vor. Übereinstimmend zeigen jedoch die Ergebnisse seperater Länderstudien, dass die Einkommensunterschiede zwischen Männern und Frauen in den OECD Ländern abgenommen haben (vgl. die Besprechung der Literatur bei de la Fuente und Ciccone 2002, S. 44).

[16] In der Regel wird zwischen niedrigem (primären), mittlerem (sekundären) und hohem (tertiären) Bildungsniveau unterschieden.

4.2.2 Mikrosoziologische Erklärungsansätze

Ein positiver Zusammenhang zwischen Bildung und Berufserfolg bzw. Einkommen wird zunächst von Humankapital- und von Allokationsmodellen theoretisch erklärt.

Nach der Humankapitaltheorie (Becker 1964; Mincer 1958, 1974) stellt die Investition in Ausbildung eine rationale Wahlmöglichkeit individueller Akteure dar[17],

> „since the time spent in training constitutes a postponement of earnings to a later age, the assumption of rational choice means an equalization of present values of life-earnings at the time the choice is made." (Mincer 1958, S. 27)

Die Ausbildung und auch Berufserfahrung bilden die kognitiven Fähigkeiten der Individuen aus und erhöhen ihre Arbeitsproduktivität, welche wiederum am Arbeitsmarkt entsprechend entlohnt wird. Da sich jedoch beide Formen des Trainings mit steigendem Alter amortisieren, steigt das Einkommen im Verlauf der Erwerbstätigkeit zunächst stetig an, erreicht ein Maximum und nimmt gegen Ende des Erwerbslebens wieder langsam ab[18]. Der Einkommensverlauf für eine Person i im Erwerbsleben nimmt eine konkave Form an und lässt sich durch die Gleichung

$$Ln(Y_i) = \beta_0 + \beta_1 S_i + \beta_2 X_i + \beta_3 X_i^2 + \epsilon_i \qquad (4.1)$$

beschreiben (vgl. auch Lorenz und Wagner 1988, S. 359). Y_i ist der Bruttostundenlohn, S_i sind die Ausbildungsjahre, X_i die Berufserfahrung in Jahren einer Person i und ϵ_i ein Fehlerterm. Die Logarithmierung der Gleichung ist der Tatsache geschuldet, dass die Verteilung der Löhne in der

---

[17] Darauf aufbauend entwickelten Boudon (1974) und Gambetta (1987) die Idee „sekundärer" Herkunftseffekte beim Bildungserwerb: die schichtspezifisch ungleichen Bildungsentscheidungen bei gegebener Leistung (primäre Effekte). Für eine Ausarbeitung siehe auch Esser 1999, S. 265 ff.; Breen und Goldthorpe 1997. Erikson und Jonsson (1996b) weisen zudem auf die Bedeutung von nicht monetären Faktoren wie dem Berufsstatus und dem Prestige eines angestrebten Berufs sowie den Präferenzen der Akteure bei der Entscheidung hin (vgl. auch Card 1999; Heckman et al. 2006).

[18] Für eine stärker formalisierte Darstellung der Humankapitaltheorie und zu Unterschieden zwischen den Ausarbeitungen von Becker und Mincer siehe z. B. Neal und Rosen (2000, S. 400 ff.).

Regel rechtsschief ist. Sie erlaubt die Interpretation der Koeffizienten als prozentuale Effekte auf das Einkommen (vgl. z. B. Abraham und Hinz 2005, S. 36). Unter Kontrolle weiterer einkommensrelevanter Individualmerkmale erklären die nach der Standardmethode geschätzen Modelle zwischen 25 und 40 Prozent der Varianz im Einkommen (vgl. Kingston 2006, S. 126; Franz 2006, S. 97f.).

Demgegenüber wird die direkte Beziehung zwischen Bildung und Produktivität von Vertretern der Allokationsmodelle bestritten. Schließlich könne das Unternehmen oder der einzelne Arbeitgeber die Produktivität des Bewerbers nicht perfekt bestimmen. Die formale Bildung werde am Arbeitsmarkt vielmehr im Sinne eines Berechtigungsnachweises nur als ein kostengünstiges Signal für Produktivität (Spence 1973; Thurow 1975, 1979) oder für klassenspezifisches kulturelles Kapital (Collins 1979; Bourdieu 1983) bewertet. Nach diesen Modellen hängt die Wahrscheinlichkeit für die Allokation eines Bewerbers auf eine Stelle negativ mit den erwarteten Kosten für die nötige Einarbeitung eines Bewerbers zusammen. Für die Einschätzung der Kosten wird der Bildungsabschluss als ein Signal für individuelle Fähigkeiten und Produktivität herangezogen. Daneben können andere individuelle Attribute wie das Geschlecht des (zukünftigen) Stelleninhabers, die soziale oder ethnische Herkunft eine diskriminierende Rolle spielen (vgl. Arrow 1973; s. a. Franz 2006, S. 340ff.). Im Hinblick auf die direkte Beziehung zwischen Herkunfts- und Zielstatus ist es zudem plausibel, anzunehmen, dass die Weitergabe von berufsrelevanten Ressourcen wie beruflichen Netzwerken (soziales Kapital), aber auch spezifischen Kenntnissen (z.B. bei Berufen der Landwirtschaft) zu einer Statusvererbung beitragen (Jonsson 2006).

Aus Mangel an entsprechenden Daten berücksichtigen nur wenige Studien den Zusammenhang zwischen kognitiven Fähigkeiten, Bildung und sozialem Status (Sachverständigenrat zur Begutachtung der gesamtwirtschaftlichen Entwicklung 2004, S. 424). Einerseits zeigen empirische Studien für die USA, dass Schulleistung und kognitive Fähigkeiten relativ stark (.66) korrelieren (Hauser et al. 2000). Andererseits lassen sich nur etwa ein Fünftel der Beziehung zwischen Bildung und logarithmierten Löhnen durch kognitive Fähigkeiten erklären (Bowles und Gintis 2002). Vor diesem Hintergrund scheint es plausibel, anzunehmen, dass neben kognitiven Fähigkeiten formale Bildung auch mit anderen Fähigkeiten zusammenhängt, die zu Erfolg am Arbeitsmarkt führen (z. B. soziale und kommunikative Fähigkeiten, Attraktivität (vgl. z. B. Hamermesh und Biddle 1994)) bzw. dass Arbeitgeber Bildung auch als Möglichkeit für die Selektion von geeigneten Personen nutzen (vgl. Kingston 2006, S. 116). Wie Goldthorpe und Jackson (2006, S.

4.2 Determinanten des Einkommens in der Wissensgesellschaft

15) richtigerweise betonen, muss dies nicht zwangsläufig der Idee einer in modernen Gesellschaften zunehmend rationaleren Vergabe und Vergütung von Stellen zuwiderlaufen (vgl. Abschnitt 4.2.5).

Das mikrosoziologische Erklärungsmodell kann folgendermaßen graphisch dargestellt werden:

```
                                    Humankapital:
    Primäre und                     (Angenommene)
    sekundäre                       Produktivität
    Effekte      ┌─────────────┐
                 │ Bildung (E) │
                 └─────────────┘
                        ↑                      ED+
           OE+                          
                                               
    ┌──────────────────────┐         ┌──────────────────┐
    │ Soziale Herkunft (O) │────────▶│  Zielstatus (D)  │
    └──────────────────────┘         └──────────────────┘
           Ökonomische und sonstige        OD+
           Ressourcen: Präferenzen,
           soziales und kulturelles Kapital;
           Diskriminierung
```

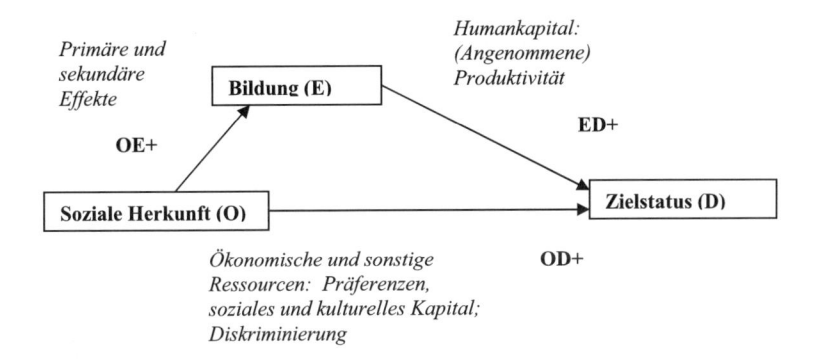

Abbildung 4.1: Mikrosoziologisches Erklärungsmodell des Stratifikationsprozesses

Nichtsdestotrotz ist es auf Basis dieser Ansätze kaum zu erklären, warum – wie oben gezeigt – der Zusammenhang zwischen Bildung und sozialem Status bzw. Einkommen in manchen Ländern stärker ist bzw. sich dieser Effekt im Zeitverlauf möglicherweise verändert. Neben einigen sehr breit angelegten theoretischen Perspektiven, die Unterschiede zwischen Ländern oder über die Zeit makrosoziologisch zu erklären versuchen (siehe Abschnitt 4.2.5), leisten so genannte *Matchingmodelle* Ansatzpunkte für ein makrosoziologisch informiertes Modell sozialen Wandels. Hiermit lässt sich die Platzierung einer Person am Arbeitsmarkt und ihre Entlohnung als eine übereinstimmend getroffene Entscheidung beider Akteure unter der Berücksichtigung von Gelegenheitsstrukturen und Präferenzen beschreiben (Granovetter 1981; Kalleberg und Sørensen 1979)[19]. Aus Sicht des Stellenbewerbers werden die Eigenschaften des Stellenangebots im Hinblick auf präferierte Arbeitsbedingungen (wie Anforderungen, Aufstiegschancen und

---

[19] Für eine stärker fomalisierte Darstellung siehe Neal und Rosen 2000, S. 397 ff.

Einkommen) gegenüber alternativen Stellen oder Arbeitslosigkeit abgewägt. Die Entscheidung des Arbeitgebers ist darauf ausgerichtet, möglichst den produktivsten und gleichzeitig kostengünstigsten Bewerber für die Stelle gewinnen bzw. auf der Stelle halten zu können. Gegenüber den o. g. rein mikrosoziologischen Ansätzen erklären Matchingmodelle den Zusammenhang zwischen erworbenen individuellen Eigenschaften und Einkommen als das Ergebnis einer *beidseitigen* Entscheidung des Arbeitssuchenden einerseits und des Arbeitgebers andererseits. Während die individuellen Mechanismen, die zu einem „matching" zwischen einem Arbeitnehmer und Arbeitgeber führen, für alle Zeitpunkte und Länder als ähnlich angenommen werden können, so unterscheiden sich jedoch die strukturellen Bedingungen, unter denen die Individuen die Entschiedungen treffen (vgl. Müller et al. 2002, S. 38-40).

4.2.3 Makrosoziologische Erklärungsansätze

Wissensgesellschaft und das Upgrading der Berufsstruktur

Eine Reihe von Autoren, darunter auch Daniel Bell (1973, 1972) erwarten eine zunehmenden Assoziation zwischen Bildung und Arbeitsmarkterfolg (erzielter Status, Einkommen etc.) oder einen Wandel von „Achievement over Ascription" (Blau und Duncan 1967) mit der Modernisierung von Gesellschaften (Parsons 1951, 1954; Kerr et al. 1966; Smelser und Lipset 1966; Lipset und Zetterberg 1954; Bendix und Lipset 1954; Treiman 1970; Husen 1974). Darunter ist zwischen Arbeiten zu unterscheiden, die einen *absoluten Bedeutungsgewinn von Bildung* behaupten und solchen, die einen *relativen*[20] Zuwachs erwarten.

Im Zentrum der These einer entstehenden Wissensgesellschaft steht der Wandel in der *sektoralen* bzw. *beruflichen* Struktur fortgeschrittener Industriegesellschaften (vgl. oben). In den frühen Arbeiten (insbesondere Bell 1972, 1973) ist die These eines *berufsstrukturellen Upgradings* und der damit einhergehenden Bildungsexpansion und Wohlstandsmehrung enthal-

---

[20] Gegenüber Bell betonen einige Arbeiten als Ursache für den Wandel von „achievment over asciption" stärker das Wachstum bürokratischer Institutionen und die Verbreitung universalistischer Werte (Blau und Duncan 1967; Parsons 1951; Treiman 1970) oder das bei höherem Wachstum erreichte geringere Einkommensgefälle (Kerr 1966; Lenski 1966) als die sich aus dem sektoralen und beruflichen Wandel ergebenen funktionale Notwendigkeit (auch Davis und Moore 1945; Smelser und Lipset 1966). Mithin steige die Bedeutung von Bildung zumindest *relativ*, nämlich zu Gunsten der Abnahme der askriptiven Eigenschaften, an (vgl. auch Jonsson 1996, S. 115; Goldthorpe 1996; DiPrete und Grusky 1990b).

4.2 Determinanten des Einkommens in der Wissensgesellschaft

ten (vgl. Kapitel 3): die Tätigkeiten in den Wachstumsindustrien würden durchschnittlich durch hohe Anforderungen an theoretisches Wissen und technische Expertise und folglich durch höhere Produktivität auszeichnen. Diese wachsenden Anforderungen seien nur in hohen Bildungsinstitutionen und bei hohen kognitiven Fähigkeiten erwerbbar. Insofern, als dass das Bildungssystem zur Deckung der steigenden Nachfrage nach solchen durch Bildungsabschlüsse formal nachweisbaren Fähigkeiten mit Hilfe politischer Intervention deutlich expandiere, realisiere das Bildungswesen stärker als zuvor Chancengleichheit[21]: Da der Herkunfteffekt in höherer Bildung geringer sei, führe eine Expansion in der Bildungsbeteiligung und -dauer insgesamt zu einer Abnahme der Bedeutung askriptiver Eigenschaften im Bildungs- und Berufsstatus (vgl. Bell 1973, S. 242[22]). Gleichzeitig sinke auch mit der Abnahme von (v.a. agrarischen) Familienunternehmen der direkte Herkunftseinfluss auf sozialen Status (vgl. ebd., S. 361). Die Vergabe von Stellen finde dann nach der Maßgabe eben des „educated talent"[23] statt, um die nötigen Anreize für die Begabtesten zu setzen und in der Folge den technischen und wirtschaftlichen Fortschritt so effizient wie möglich zu gestalten. In der Wissensgesellschaft könne der erreichte Status damit als in fairem Leistungswettbewerb erworben und somit als gerecht gelten („earned status ... of rational authority by competence" (ebd., S. 453)). Kurz: Sowohl aus funktionalen als auch normativen Gründen nehme mit steigendem Ausbau der Wissensgesellschaft der Einfluss von Bildung für das Erreichen einer sozialen Position und das Erzielen von Einkommen *absolut* zu:

> „The principles of merit, achievement, and universalism are, it seems to me, the necessary foundations for a productive - and cultivated - society. What is important is that the society, to the fullest extent possible, be a genuinely open one." (ebd., S. 454).

---

[21] Insbesondere ist die egalisierende Wirkung der Bildungsexpansion aufgrund sinkender privater Kosten für Bildung und damit der Reduzierung sekundärer Effekte der Bildungsungleichheit besprochen worden (vgl. Shavit und Blossfeld 1993).

[22] Bell diskutiert ausführlich, inwieweit es plausibel ist, eine mit der Expansion verbundene Abnahme von Herkunftseffekten zu vermuten (ebd., S. 232-242). Wenn er letztlich einer solchen Annahme zustimmt, so macht er jedoch auf die Gefahr eines Fortbestandes der Herkunftsunterschiede durch das System unterschiedlich angesehener Bildungsinstitutionen aufmerksam (v.a. private vs. öffentliche Universitäten, vgl. ebd., S. 242 ff.).

[23] Zur Interpretation eines Bildungskredentialismus bei Bell siehe auch ebd., S. 414 und S. 427.

In der Abbildung 4.2 sind die Überlegung Bells zur Veränderung des indirekten Herkunftseffekts graphisch dargestellt (siehe S. 86, linke, vertikale (geschrichelte) Pfeile).

Eine Infragestellung des Meritokratiearguments nehmen Arbeiten zur Klassenungleichheit vor: der berufsstrukturelle Wandel in Richtung professioneller Berufe erhöhe die Bedeutung von anderen als formalen Qualifikationen, wie z.B. so genannte „soft skills" (Breen und Goldthorpe 2001; Jackson 2001). Die Arbeiten von Jackson (2001) legen nahe, dass je nach Branche die Bedeutung von Bildung erheblich variiert. Inbesondere in manchen schnell expandierenden Branchen könne es durchaus rational sein, andere als bildungsmäßige Eigenschaften der Bewerber positiv zu bewerten. Dies entspricht der *These einer Entkopplung von Bildungs- und Berufswesen* (vgl. Müller 1998). Überlegungen dieser Art finden sich auch im Rahmen von Segmentationstheorien wieder, bei denen eher von heterogenen Teilarbeitsmärkten mit je unterschiedlich hohen Eintrittsbarrieren, Arbeitsbedingungen, Aufstiegschancen und Löhnen (Sengenberger 1975; Doeringer und Piore 1971; Blossfeld und Mayer 1988) ausgegangen wird. Auch Castells stellt in Frage, inwieweit Wissen und Expertise tatsächlich die entscheidenden Qualifikationsmerkmale der Manager und Expertenberufe seien (Castells 2001; S. 235). In der vorliegenden Untersuchung muss aufgrund mangelnder Daten hierzu auf Analysen für soziale Klasse oder Schichtung als zweite Zielgröße neben dem Einkommen verzichtet werden.

Es liegen nur wenige Arbeiten vor, die die Annahme einer wachsenden Bedeutung von Bildung für die soziale Zielposition unter expliziter Berücksichtigung des Modernisierungsgrades berücksichtigen. In einer Aktualisierung früherer Arbeiten (Treiman und Yip 1989) führen Ganzeboom und Treiman (2007a) den Wandel in der Bedeutung von erworbenen und zugeschriebenen Eigenschaften für das Sozialprestige auf den gesellschaftlichen Entwicklungsgrad[24] und die Größe der Eintrittskohorten in den Arbeitsmarkt zurück. Während der Entwicklungsgrad positiv mit der Stärke des Bildungseffektes zusammenhängt, wächst dieser entgegen den Erwartungen der Modernisierungstheorie nicht über die Zeit (Eintrittskohorten) an. Wie die Autoren selber herausstellen (ebd., S. 34-36), ist die Arbeit aus methodischen Gründen jedoch nicht unangreifbar. Zunächst enthält das Modell außer jeweils einem Indikator für erworbene (virtuelle Anzahl von Schul- und Berufserfahrungsjahren) und zugeschriebene Eigenschaften (ISEI Vater)

---

[24] Dieser wird gemessen als Summenindex aus Indikatoren für die „technische Entwicklung" (beruflich-industrielle Struktur), Energieproduktion und -verbrauch, Volksvermögen, Urbanisierung, Verbreitung von Kommunikationsmedien und Bildungsexpansion.

keine weiteren erklärenden Variablen auf der Individualebene. Zudem ist der Indikator für den Modernisierungsgrad problematisch. So ist anzunehmen, dass die hier zusammengefassten Merkmale für die gesellschaftliche Entwicklung separate Effekte auf den Statusattainmentprozess ausüben. Im Hinblick auf die Bildungsexpansion verweisen die Autoren auf die in der Literatur bereits relativ gut untersuchten Effekte institutioneller Ausgestaltungen des Bildungssystems und wohlfahrtsstaatlicher Regime (siehe unten). Ein wesentlicher Mangel der Arbeit ist zudem der Verzicht auf ein mehrebenenanalytische Regressionsverfahren.

In jüngster Zeit ist im Hinblick auf die theoretische Fundierung der Theorien der Wissensgesellschaft bzw. der Modernisierungstheorien die berechtigte Kritik geäußert worden, dass sie die Gegebenheiten des Arbeitsmarktes zu wenig berücksichtigen (Birkelund 2006, S. 347). Es wird kaum hinterfragt, inwieweit die Annahme eines beruflichen Upgradings berechtigt ist bzw. es tatsächlich zu einer passgenauen Höherqualifizierung in Schule und Beruf im Zeitverlauf gekommen ist. Dies mag damit zusammenhängen, dass der Fokus eher auf *inter*generationaler als auf *intra*generationalen Stratifikationsprozessen liegt (vgl. Teckenberg 1985, S. 433) bzw. die vorgeschlagenen Effekte der gesellschaftlichen Makroebene nur unzureichend an die Handlungsebene der zentralen Akteure im Stratifikationsprozess rückgebunden sind (s. a. DiPrete 2007, S. 604). Von der Warte funktionaler und normativer Gründe für eine wachsende Allokationsfunktion von Bildung bleibt unberücksichtigt, dass die durch formale Bildung signalisierte Leistung eines Bewerbers seitens des Arbeitgebers auch in Relation dazu gesetzt werden muss, welche Qualifikationen in welcher Menge auf dem Markt angeboten werden und somit danach, in welcher Weise ein Ungleichgewicht zwischen Nachfrage und Angebot besteht. Obwohl diese Einsicht durchaus sowohl in frühen Arbeiten zum Stratifikationssystem (Davis und Moore 1945, S. 248[25]) als auch in einigen soziologischen Arbeiten zu Effekten politisch-staatlicher Intervention im Stratifikationssystem (siehe unten) durchaus thematisiert wird, tritt sie in der Statusattainmentforschung oft in den Hintergrund. Wie bereits ausführlich im Zusammenhang mit der Berufsstruktur der Wissensgesellschaft diskutiert wurde (vgl. Kapitel 3.3.3), ist der Forschungsstand sowohl im Hinblick auf die Entwicklung der Nachfrage als solche als auch auf das Verhältnis der Nachfrage zum Angebot an Qualifikationen uneinheitlich.

---

[25] „The social order itself, however, sets limits to the inflation or deflation of the prestige of experts: an over-supply tends to debase the rewards and discourage recruitment or produce revolution, whereas an under-supply tends to increase the rewards or weaken the society in competition with other societies".

Als Antwort auf die Frage nach der Entwicklung der Qualifikations- und Berufsstruktur gibt es in der Soziologie und der Ökonomie neben der *Upgradinghypothese* eben auch die *Polarisierungshypothese* (siehe Kern 1998; Brose 1998; s. a. Esping-Andersen 2004b, S. 116 ff.).

Die Arbeiten zum Skill-biased technical change (SBTC) stimmen zunächst mit den Arbeiten von Bell und den Modernisierungstheorien darin überein, dass sie eine steigende Nachfrage nach hochqualifizierten Beschäftigten und eine Abnahme geringqualifizierter Beschäftigung[26] erwarten. Wie bereits im Abschnitt 3.3.3 diskutiert, wird hier davon ausgegangen, dass der technologische Fortschritt (v.a. Computerisierung) ein Komplement zu hohen Qualifikationen und ein Substitut für niedrige Qualifikationen ist (vgl. Krueger 1993; Entorf und Kramarz 1998; Hall und Kramarz 1998; Katz und Autor 1999; Acemoglu 2002). Überdies wird hier jedoch auch die Entwicklung des Angebots an Qualifikationen berücksichtigt (vgl. Abbildung 4.2, S. 86).

Mit Rückgriff auf die Annahme, dass sich die relativen Löhne aber maßgeblich durch ein „race between technological development and education" (Tinbergen 1975, S. 97) bestimmen, sei es demnach in den vergangenen Dekaden mehrfach zu einem Wandel in dem Verhältnis zwischen technischem Fortschritt („skilled labor demand") und Bildung („skilled labor supply") gekommen (vgl. Eicher und Garcia-Peñalosa 2000): Die kontinuierliche Höherqualifizierung in den letzten drei Dekaden des 20. Jahrhunderts sei demach in den USA bis Ende der 1970er Jahre jedoch nicht durch eine entsprechende Nachfrage gedeckt worden. In der Folge seien die Bildungsrenditen gesunken. Im Laufe der 1980er Jahre habe sich aber die Nachfrage nach hohen Qualifikationen dramatisch erhöht und schließlich das Angebot überstiegen, was zu einer Umkehrung in der Entwicklung der Renditen in Richtung einer Erhöhung geführt habe (Aghion et al. 1999; vgl. Tåhlin 2006; Katz und Autor 1999; gegenteilig äußern sich u.a. DiNardo und Card 2002). Die klassischen Arbeiten zum SBTC kommen demnach für den Zeitraum ab den 1980er Jahren zu den gleichen Erwartungen hinsichtlich des Bildungseffektes wie die Modernisierungstheorien: Mit steigendem Modernisierungsgrad nimmt der Einfluss der Bildung auf das Einkommen absolut zu.

Aus der Perspektive einer Polarisierung der Arbeitskräftenachfrage in den Industriestaaten ergeben sich bei gleichzeitiger Ausweitung des Angebots

---

[26] Neben dem technologischen Wandel werden als Gründe für den Rückgang der Nachfrage nach geringqualifizierten Beschäftigten der gestiegene internationale Handel und der Abbau institutioneller Beschränkungen diskutiert (vgl. Abschnitt 4.3).

dagegen unter Umständen andere Konsequenzen: Wenn die Nachfrage im Hinblick auf die Qualifikationen nicht monoton steigend ist, sondern sich für die mittleren Qualifikationen eine Abnahme ergibt, so kann es für einen großen Teil der Beschäftigten zu relativen Einkommensverlusten kommen. Personen mit mittleren Qualifikationen könnten eine Inflation ihrer Qualifikationen erleben, da sie Personen mit niedrigerer Bildung auf den untersten Plätzen verdrängen (vgl. Goos und Manning 2004, S. 19; s. a. Müller 1998). Der *Meritokratiehypothse* steht somit eine *Entwertungshypothese* gegenüber (siehe den mittleren, vertikalen Pfeil in der Abbildung 4.2 auf S. 86).

Institutioneller Kontext: Wohlfahrtsstaat, Bildungswesen und Beschäftigungsregime

Neben den Thesen zum Stratifikationssystem in der Perspektive der veränderten Arbeitsmarktstrukturen erklären einige Arbeiten eine Bedeutungsänderung von Bildung makrosoziologisch unter Rückgriff auf den institutionellen Kontext von Gesellschaften (siehe z.b. den Überblick in Beller und Hout 2006). So sind Zusammenhänge zwischen dem politisch-wohlfahrtsstaatlichen System und dem Ausmaß an Ungleichheit der Lebensbedingungen für den Stratifikationsprozess (Jencks et al. 1972) postuliert worden[27]. Jedoch sind bislang keine signifikanten Effekte von dem Ausmaß von Ungleichheit (zumeist Gini) für soziale Mobilität auf Basis neuerer länder- und zeitvergleichender Analysen (Breen und Luijkx 2004a, S. 396) noch für den Wandel in der Bedeutung von Einkommensdeterminanten mit zeitvergleichenden Daten (Harding et al. 2005) nachgewiesen worden.

Zweitens ist versucht worden, die wohlfahrtsstaatlichen Politiken im Hinblick auf zentrale Arbeitsmarktinstitutionen verschiedener Länder danach zu typologisieren, inwieweit sie berufliche Mobilität bei konjunkturellem Wandel beeinflussen (DiPrete et al. 1997; vgl. auch für die USA DiPrete und Grusky 1990a; Arum und Müller 2004). Die Autoren unterscheiden im Hinblick auf die relative Stärke bzw. Schwäche individueller Ressourcen gegenüber staatlichen Eingriffen für den Einfluss auf die Karriere zwischen „individualistischen" (v.a. repräsentiert durch die USA) im Gegensatz zu „kollektivistischen" (z. B. die Niederlande) Systemen sowie zwischen Mischtypen (Deutschland und Schweden).

Im Hinblick auf politisch-staatliche Intervention sind Effekte der Bildungspolitik vergleichsweise häufig diskutiert worden (s. a. Müller und Karle 1993; Ishida et al. 1995; Kerckhoff 1995). Dabei sind insbesondere Effekte bzgl. des

---

[27] Eine Übersicht über die in der Literatur diskutierten Mechanismen gibt Sørensen 2006, S. 370., s. a. Tranby 2006

Ausmaßes der Bildungsexpansion (vor allem höherer Bildung) und Effekte unterschiedlicher institutioneller Strukturen des Bildungssystems für den Stratifikationsprozess vermutet worden. Im Hinblick auf die *Struktur des Bildungssystems* wird ein Zusammenhang zwischen der qualifikatorischen versus der organisationalen Dimension bzw. allgemeiner vs. beruflicher Bildung (u. a. Maurice et al. 1982; Breen und Buchmann 2002) und dem Grad der Standardisierung und Stratifizierung (Allmedinger 1989) postuliert. Diese Annahmen gründen in der Einsicht über die Signalwirkung von Bildung in mikrosoziologischen Allokationsmodellen. In einer systematischen Metaanalyse der Ergebnisse von 13 vergleichbaren Länderstudien kommen Shavit und Müller (1998) zu dem Ergebnis, dass Bildung im Prozess beruflicher Statuserreichung in der Tat systematisch mit der institutionellen Struktur des Bildungssystems variiert. Sie können zeigen, dass die Stärke des Zusammenhangs zwischen dem höchsten erreichten Bildungsabschluss und beruflichen Erträgen (v. a. Berufsprestige und der sozioökonomischen Klasse (EGP) beim Berufseintritt) mit der Struktur des Bildungssystems im Hinblick auf den Grad der beruflichen Spezifizität, der Stratifizierung (jeweils Verstärkung) und der Größe der Abgängerkohorten höherer Bildung (Verringerung) variiert (s. a. Ryan 2001). Markus Gangl (2003) knüpft an die Ergebnisse der Studie von Shavit und Müller an und fragt nach den Effekten institutioneller Varianz in den Bildungssystemen auf die Merkmale des Übergangs von der Schule in den Arbeitsmarkt in zwölf europäischen Ländern. Auf der Basis von Mehrebenenregressionen kann Gangl die Ergebnisse zum begünstigenden Einfluss von beruflichen Ausbildungswegen auf die Bildungserträge im Arbeitsmarkt junger Menschen bestätigen.

Die Hypothesen zur politischen Intervention halten der Kritik einer fehlenden Mikrofundierung sicher eher stand als die nahezu rein makrosoziologisch argumentierenden Hypothesen der Theorien zur Wissensgesellschaft. Sie liefern wichtige Einsichten in die Variabiliät der Effektstärke zwischen Bildung und sozialem Zielstatus, die durch länderspezifische Konfigurationen in den dominanten institutionellen Strukturen zu Stande kommen. Jedoch berücksichtigen sie abseits dessen die Veränderungen in der Nachfrage nach bestimmten Qualifikationen nicht und können Veränderungen innerhalb von Ländern über die Zeit nicht ausreichend erklären (Müller und Shavit 1998, S. 42).

4.2.4 Erwartungen über die Interaktion von makrostrukturellem Wandel zur Wissensgesellschaft auf Wirkungszusammenhänge sozialer Ungleichheit auf der Mikroebene

4.2.5 Makrosoziologische Erklärungsansätze

Wissensgesellschaft und das Upgrading der Berufsstruktur

Die Diskussion des theoretischen und empirischen Forschungsstandes im Hinblick auf die Frage, inwieweit Bildung für berufliche Belohnung mit dem Grad der Entwicklung zur Wissensgesellschaft zunimmt, zeigt vor allem zweierlei: Erstens fehlt es an Wissen darüber, wie sich das Verhältnis von Angebot und Nachfrage nach Qualifikationen im Zeitverlauf in den fortgeschrittenen Industrieländern verändert[28]; eine ausgearbeitete systematische Theorie der Einkommensungleichheit liegt bislang nicht vor (Berger 2004, S. 361). Zweitens ist zu überprüfen, inwieweit dies die Veränderungen in der Assoziation zwischen Bildung und beruflichen Erträgen zu erklären vermag.

Bereits im voran gegangenen Kapitel wurde nach der Qualifikations- bzw. Berufsstruktur im Wissenssektor gefragt. Ausgehend von ökonomischen und soziologischen Arbeiten wurden eine *Upgradinghypothese* und eine *Polarisierungshypothese* (vgl. Abschnitt 3.3.3 bzw. 3.4) formuliert. Insofern, als dass mit der These eines berufsstrukturellen Upgradings die These einer insgesamten Wohlstandsmehrung verbunden ist (vgl. 4.2.5), soll anhand von Individualdaten außerdem folgende *Wohlstandshypothese* geprüft werden: Je höher der Wissenssektor, desto höher ist das durchschnittliche Einkommen.

Warum sollten nun die formalen Bildungsleistungen zu unterschiedlichen Zeitpunkten eine unterschiedliche Bedeutung für das individuelle Einkommen haben? Versteht man die Vergesellschaftungsform als Ordnung, an der sich das Handeln der in ihr lebender Akteure orientiert, können die strukturellen Veränderungen im Zuge der Entwicklung der Wissensgesellschaft als Orientierungsproblem handelnder Akteure im soziologischen Erklärungsschema gefasst werden. Die mikrosoziologische Fundierung kann dabei am überzeugendsten von den Matchingmodellen geleistet werden. Hiermit lässt sich der Zusammenhang zwischen erworbenen individuellen Eigenschaften

---

[28] Neal und Rosen (2000, S. 411 und S. 423) sehen die theoretische Diskussion der Effekte von nachfrage- und angebotsorientiertem Wandel für Bildungsrenditen als eine zentrale Aufgabe zukünftiger Forschung. Auch die soziologischen Überblicksarbeiten von Tåhlin (2006), Berger (2004) und Müller (1998) kommen zu dem Urteil, dass der bisherige Forschungsstand das Zusammenspiel beider Faktoren bzw. die Veränderungen der Märkte für soziale Ungleichheit nicht ausreichend berücksichtigt (Birkelund 2006, S. 346 ff.; Müller 1998, S. 95).

und Einkommen als das Ergebnis einer Entscheidung des Arbeitssuchenden einerseits und des Arbeitgebers andererseits darstellen. Während die individuellen Mechanismen, die zu einem „matching" zwischen einem Arbeitnehmer und Arbeitgeber führen, für alle Zeitpunkte und Länder als ähnlich angenommen werden können, so unterscheiden sich jedoch die strukturellen Bedingungen, unter denen die Individuen die Entscheidungen treffen (vgl. Müller et al. 2002, S. 38-40). Der Wandel der zu einer Wissensgesellschaft kann als eine Veränderung der Gelegenheitsstruktur betrachtet werden, die die Akteure bei ihren Entscheidungen berücksichtigen.

Die Unterschiede in den strukturellen Gebenheiten der Arbeitsmärkte zwischen Ländern bzw. im Zeitverlauf sollten sich im Matchingprozess vor allem auf das Verhalten der Arbeitgeber auswirken (vgl. Müller et al. 2002, S. 39). Es kann erwartet werden, dass der vermutlich wachsende Wissenssektor systematisch die Beziehung zwischen Bildung und beruflicher Belohnung moderiert: Aufgrund der Notwendigkeit, den steigenden Bedarf an komplexen und spezifischen Arbeitsaufgaben zu decken, sind die Arbeitgeber gezwungen, die Stellen zunehmend anhand von formalen Bildungstiteln zu vergeben und zu entlohnen, so dass gilt: Je höher der Wissenssektor, desto höher ist der Ertrag von Bildung für das Einkommen (*Meritokratiehypothese*). Insbesondere im Hinblick auf seltene Qualifikationen haben Arbeitgeber die Möglichkeit, über monetäre Entlohnung Anreize für die Stellenbewerber bzw. -inhaber zu schaffen. Entwickelt sich die Nachfrage nach Qualifikationen in Richtung einer Polarisierung, so kann der durchschnittliche Wert von Bildung durchaus konstant bleiben bzw. absinken. Es ist vorstellbar, dass zwar die hohen Qualifikationen an relativem Wert gewinnen, die mittleren Bildungsniveaus und mithin die Mehrheit der Bevölkerung aber einen Wertverlust ihrer Qualifikationen hinnehmen muss. Dann sollte gelten, dass je höher der Wissenssektor, desto geringer ist der Ertrag von Bildung für das Einkommen (*Entwertungshypothese*). Der relative Einkommensverlust kann aus Sicht der Stelleninhaber dadurch inkaufgenommen werden, dass sie die Verwertungschancen ihrer Qualifikationen in einer anderen Stelle als gering einschätzen und geringere Einkommen angesichts ihrer schlechten Verhandlungsmacht der Arbeitslosigkeit noch vorziehen.

Im Gegensatz zu einer Entwertung von Bildung durch relative Werteverluste einzelner Bildungsgruppen ist eine *Entkopplung* von formaler Bildung und Einkommen durch das Entstehen gänzlich neuer Qualifikationsanforderungen denkbar: In Phasen drastischer ökonomischer Veränderungen können diese neuen Qualifikationen schlicht dem Markt noch nicht zur Verfügung stehen, weil noch keine Institutionalisierung stattgefunden und noch nicht

4.2 Determinanten des Einkommens in der Wissensgesellschaft

genügend Personen diese durchlaufen haben. Ein klassisches Beispiel hierfür sind Computer bezogene Qualifikationen in den 1980er Jahren. Wenn es also zu relativ kurzfristigen, aber drastischen wirtschaftlichen Veränderungen kommt, können Arbeitgeber in expansiven Branchen darauf angewiesen sein, Personen ohne die formalen Berechtigungsnachweise einzustellen. Entweder zeichnen diese Personen sich dadurch aus, dass sie diese Qualifikationsanforderungen nur formal nicht erfüllen, tatsächlich aber über die nachgefragten Fähigkeiten verfügen oder – und dies ist ähnlich plausibel – Arbeitgeber bewerten in solchen Situationen Merkmale der Individuen höher, die mit formaler Schulleistung nur bedingt zusammenhängen und sogar herkunftsbezogen sein können: es zählen dann stärker soziale und kommunikative Kompetenzen und Persönlichkeitsmerkmale. Insofern, als dass weniger die Nachfrage als solches, sondern vielmehr die Rasanz des Wandels die oben beschriebenen Mechanismen in Gang setzen mag, ist es sinnvoll, anstelle der reinen Größe alternativ auch die Veränderung des Wissenssektors als erklärende Variable einzuführen. Demnach kann untersucht werden, ob je höher die Wachstums*raten* des Wissenssektors, desto geringer ist der Ertrag von Bildung für das Einkommen (*Entkopplungshypothese*). Für diejenigen, die neu auf den Arbeitsmarkt eintreten, kann es angesichts solcher Gelegenheitsstrukturen plausibel sein, noch mehr in Bildung zu investieren. Durch die Ausweitung der allgemeinen Schulpflicht, sinkenden Kosten für (weiterführende) Bildung und gestiegene Nutzenerwartungen an Bildung ist es in allen Ländern im Zeitverlauf zu einer kontinuierlichen Steigerung der Bildungsbeteiligung und -dauer gekommen. Erhöht sich das Qualifikationsangebot derart, dass eine hohe Qualifikation zur Selbstverständlichkeit wird, kann es sogar insgesamt zu einer Bildungsinflation kommen: In einer Wirtschaft, deren Beschäftigte alle hochqualifiziert sind, kann hohe Bildung keine Einkommensverbesserung mehr garantieren.

Die bereits erwähnte Abbildung[29] (siehe S. 86) stellt die in diesem Abschnitt diskutierten Hypothesen[30] graphisch dar. Mit der empirischen Prüfung der Hypothesen wird der gegenwärtige Forschungsstand dahingehend erweitert, dass die strukturellen Veränderungen der Arbeitsmärkte im Zu-

---

[29] In dieser und den folgenden Abbildungen und Tabellen wird das Kürzel *WS* für *Wissenssektor* verwendet.

[30] Zusätzlich zu der sich auf Individualdaten beziehende Wohlstandshypothese (Test auf statistisch signifikanten, positiven Einfluss des Wissenssektors auf das Einkommensinterzept, vgl. Abschnitt 10.2) sind auf die im Hinblick auf die Qualifikations- und Berufsstruktur des Wissenssektors im Kapitel 3 formulierten und anhand von Aggregatdaten zu untersuchenden Upgrading- und Polarisierungshypothesen (vgl. Abschnitt 9.3) enthalten.

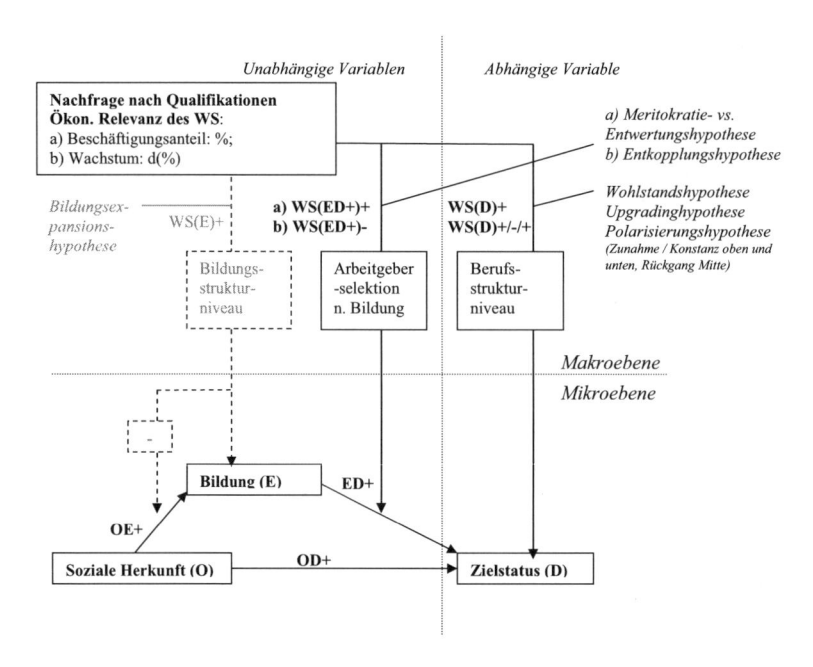

Abbildung 4.2: Mehrebenenmodell des Stratifikationsprozesses: postindustrieller Kredentialismus versus Entwertung und Entkopplung

ge des Ausbaus der Wissensgesellschaft als kontextuale Merkmale für die Assoziation zwischen Bildung und Einkommen explizit eingebracht werden.

4.3 Wissensgesellschaft und Einkommensungleichheit

Im vorangegangenen Kapitel wurde die Wissensgesellschaft als eine Gesellschaft definiert, in der der Wissenssektor den größten Anteil an der Gesamtwirtschaft einnimmt. Im vergangenen Abschnitt wurde die Annahme formuliert, dass der (vermutlich) wachsende Wissenssektor systematisch die Beziehung zwischen Bildung und beruflicher Entlohnung moderiert. Zunächst war ausgehend von Überlegungen der frühen Arbeiten zur Wissensgesellschaft und Modernisierungstheorien diskutiert worden, unter welchen Umständen die Annahme eines Bedeutungszuwachses von Bildung für das Einkommen zutreffend sein könnte. Vor dem Hintergrund des empirischen Forschungsstandes und der Integration von Theorien zum durch technischen Fortschritt induzierten Wandel im Verhältnis von Angebot und Nachfrage waren schließlich verfeinerte Hypothesen zum Einfluss kontextualer Bedingungen auf die Beziehung zwischen Bildung und Einkommen formuliert worden.

Wenn es zutrifft, dass sich mit dem Wandel in den produzierten Gütern und Dienstleistungen der Wert der hierfür eingesetzten Ressourcen ändert, lässt sich schließlich fragen, welche Konsequenzen der berufs- und arbeitsmarktspezifische Wandel in Richtung einer Dominanz des Wissenssektors für das Ausmaß der Ungleichheit hat. Allgemeiner formuliert ist also zu fragen, warum die Verteilung der Einkommen zu manchen Zeitpunkten ungleicher ist als zu anderen Zeitpunkten, d. h. wie Zeit- und Länderunterschiede in der Verteilungsungleichheit erklärt werden können.

Die Beschreibung und Erklärung der historischen Entwicklung im Ausmaß der Einkommensungleichheit stand lange Zeit nicht auf der Agenda soziologischer Forschung. Erst mit der sich in den letzten Jahren abzeichnenden Trendwende in Richtung einer Zunahme der Einkommensungleichheit wenden sich wieder vermehrt Soziologen dem Thema zu; die explizite Berücksichtigung des Wachstums des Wissenssektors und den damit verbundenen Änderungen in den Einflussfaktoren des Einkommens steht jedoch aus (vgl. DiPrete 2007).

In den frühen Arbeiten zur Wissensgesellschaft und den Modernisierungstheorien wird hierzu die Annahme formuliert, dass die auf diesem Wege erreichte effizientere Nutzung der Humanressourcen zu größerem Wachstum und Wohlstand führe; als Folgeerscheinung gilt der Ausbau wohlfahrtsstaatlicher Politiken und sozialer Sicherungssysteme. Die wachsende Effizienz vor allem des Wirtschaftssystems führe damit letztendlich dazu, dass moderne Gesellschaften geringere Ungleichheit aufweisen als weniger moderne

Gesellschaften bzw. dass mit steigendem Durchschnittseinkommen die Ungleichheit quasi automatisch abnehme (Bell 1973; S. 465 und S. 450-451, vgl. auch Lenski 1966; Lorence und Nelson 1993, S. 146; Hradil 2005).

Andererseits postulieren Globalisierungstheorien eine mit zunehmendem Außenhandel, weltweitem Kapitalverkehr und globalem Arbeitsmarkt sich verschärfende Ungleichverteilung der Einkommen (vgl. dazu weiter unten).

Eine dritte Gruppe von Arbeiten (Kuznets 1955; Lewis 1954, 1983) erwartet dagegen einen nicht-linearen historischen Verlauf der Einkommensungleichheit im Zuge gesellschaftlicher Transformationsprozesse. Diese Arbeiten sehen den historischen Verlauf maßgeblich durch wechselseitig abhängige Veränderungen in der Nachfrage nach Arbeitskräften durch sektoralen, industriellen bzw. technischen Wandel und dem Angebot an Arbeitskräften bestimmt.

Bevor der kritischen Diskussion der hier kurz skizzierten Aussagen über längerfristige Trends im Ausmaß der Ungleichheit Raum gegeben werden soll, wird im nächsten Abschnitt zunächst der Forschungsstand zum Wandel über die Zeit und Unterschieden zwischen Ländern im Ausmaß an Einkommensungleichheit zusammengetragen.

Hierzu muss folgendes berücksichtigt werden (vgl. Atkinson 2000): Die der Diskussion zugrunde gelegten Verteilungskennziffern wie der Gini-Koeffizient, Perzentilverhältnisse, Theils-Maße und andere enthalten *stark aggregierte* Informationen über die Zusammensetzung der Einkommen in einer Gesellschaft. Das Problem der Äquivalenz der Kennziffern ist insbesondere im Länder- und Zeitvergleich virulent. Die unten diskutierte Literatur zu den Länder- und Zeitunterschieden in der Heterogenität der Einkommen basiert auf unterschiedlichen Einkommensdaten. Sie unterschieden sich darin, welche Einkommensbezieher (Individuen, Haushalte oder Familien), welche Einkommensarten (von Bruttomarkteinkommen bis zu Nettohaushaltseinkommen) und welche Maßzahlen verwendet werden. Diese Unterschiede sind für die Beurteilung von Länder- und Zeitunterschieden bedeutsam (Atkinson 2003; Smeeding und Grodner 2000, S. 214-217). Allerdings liegen mehrheitlich Belege dafür vor, dass die Korrelationen zwischen individuellem Arbeitseinkommen und verfügbarem Äquivalenzeinkommen hoch sind (z. B. nennt Wallerstein (1999, S. 649) eine Korrelation für die USA von .94).

In jüngster Zeit hat es aufgrund des wachsenden Interesses an ökonomischer Ungleichheit eine Zunahme an Bemühungen gegeben, länder- und zeitvergleichbare Reihen aggregierter Kennziffern zu erstellen (vgl. Atkinson und Brandolini 2001; Moran 2003). Einige „high-quality" Datensätze stehen hierzu mittlerweile zur Verfügung. Ein Großteil der in den unten diskutierten Arbeiten enthaltenen Analysen basiert auf folgenden Datensammlungen: dem „*Deininger und Squire-Datensatz*" der Weltbank mit Zeitreihen des Gini-Koeffizienten für etwa 130 Länder (Deininger und Squire 1996; für Kritik siehe Atkinson und Brandolini 2001), dem „*World Income Inequality Database*" (WIID) der United Nations University und dem World Institute for Development Economics Research (UNU und WIDER 2000, 2007a) mit Gini-Koeffizienten und Anteilen von Einkommensgruppen (in Quintilen oder Dezilen) für 156 Länder über den Zeitraum von etwa 1960 bis 2005[31] oder den Daten der „*Luxemburg Income Study*" (LIS) auf Basis von Jahreshaushaltseinkommen mit vergleichsweise wenigen Zeitpunkten und allein für eine Auswahl der reichsten OECD Länder[32].

Im folgenden Abschnitt (4.3.1) wird analog zur Vorgehensweise oben zunächst der Forschungsstand zum Wandel im Ausmaß der Einkommensungleichheit über die Zeit und zu Unterschieden zwischen Ländern zusammengetragen. In einem zweiten Schritt (4.3.2) werden Erklärungsansätze für diese Unterschiede diskutiert. Dies bildet die Grundlage für die Formulierung von Erwartungen über den Einfluss des Wandels zur Wissensgesellschaft auf Einkommensungleichheit im dritten Unterkapitel (4.3.3).

4.3.1 Deskriptive Ergebnisse: Wandel über die Zeit und Unterschiede zwischen Ländern im Ausmaß an Einkommensungleichheit

Die systematische Analyse von Unterschieden im Ausmaß von Einkommensungleichheit zwischen entwickelten Ländern[33] oder Zeitpunkten ist ein vergleichsweise junges Forschungsfeld. In einer Metaanalyse von Atkinson und Brandolini (2004) zeigt sich, dass hierzu mit Ausnahme der Arbeit von Papanek und Kyn (1986) erst seit den 1990er Jahren Forschungsarbeiten vorliegen.

Ein Großteil der bisherigen Theorien zur längerfristigen Entwicklung der

---

[31] Die verbesserte und erweiterte Version des ursprünglich im Jahr 2000 öffentlich zugänglich gemachten Datensatzes ist kürzlich erschienen (Mai 2007). Der Datensatz ist eine Zusammenstellung der Daten von Deininger und Squire, eigenen Berechnungen und Schätzungen anderer Autoren (vgl. UNU und WIDER 2007a, S. 3 ff.)

[32] Für einen Vergleich zwischen den LIS-Daten und den Daten von Deininger und Squire siehe Moran 2003, zur Verwendungsmöglichkeiten der LIS-Daten siehe Mahler 2004, S. 1036f.

[33] Wie eingangs bemerkt, verfolgt die Arbeit die Strategie eines „most-similar-System"-Designs. Aus der Diskussion werden hier weitestgehend Arbeiten ausgeschlossen, die allein so genannte „Entwicklungsländer" oder Länder mit starken politischen Reformprozessen untersuchen. Für einen globalen Überblick der Entwicklungen und mögliche Ursachen siehe z.B. Cornia und Court 2001.

Einkommensungleichheit, insbesondere die Modernisierungstheorien, gründen ihre Thesen vor allem auf Daten von *sehr unterschiedlich entwickelten Gesellschaften* zu einem *relativ kleinen Zeitraum* (vgl. Kanbur 2000, S. 804). Dieser Vorgehensweise liegt die Annahme zugrunde, dass valide Trendentwicklungen auch aus dem querschnittlichen Vergleich von Gesellschaften in unterschiedlichen Phasen eines für alle mehr oder weniger gleichen Entwicklungspfades abgeleitet werden können. Der Ländervergleich nach der Stratgie eines „most-*dis*similar designs" zeigt grosso modo, dass industrialisierte Gesellschaften durchschnittlich geringere Ungleichheit aufweisen als wenig entwickelte Länder. Basierend auf einigen Längs-, vor allem aber Querschnittsdaten zeigen sich statistisch signifikante negative Zusammenhänge zwischen der Höhe des Bruttoinlandsproduktes oder dem Energieverbrauch pro Kopf als Indikator für Modernisierung und der Einkommensungleichheit (z. B. Paukert 1973; Creshaw und Ameen 1994). Einige, wenn auch nicht alle Arbeiten hierzu, können zudem einen kurvilinearen Verlauf der Einkommensungleichheit nachweisen (vgl. Kanbur 2000; Alderson und Nielsen 2002 und die Diskussion unten).

Innerhalb der stark industrialisierten Länder gibt es jedoch durchaus deutliche Unterschiede im Niveau der relativen[34] Einkommensungleichheit. Wie mehrfach dokumentiert, stellen die Vereinigten Staaten von Amerika und Großbritannien bzw. die skandinavischen und die Beneluxländer die extremen Pole der am höchsten bzw. am wenigsten einkommensungleichen Länder auf einem Kontinuum dar (Gardiner 1997; Gottschalk und Smeeding 2000; Gangl 2005). Dies gilt bei durchaus bestehenden Unterschieden zwischen Gruppen in Teilen der Einkommensverteilung aber weitgehend unabhängig von dem gewählten Ungleichheitsmaß. So bemessen Gottschalk und Smeeding mit LIS-Daten für Zeitpunkte um 1990 für die erst genannte Gruppe von Ländern einen Wert des Gini-Koeffizienten von rund 0,35 und ein Verhältnis vom 90. zum 20 Dezentil von über 4,5; dagegen liegt in Finnland, Schweden und Belgien die Ungleichheit in den Haushaltseinkommen bei etwa 0,23 (Gini) bzw. 2,7 (Dezentilverhältnis) (Gottschalk und Smeeding 2000, S. 279). Die Niveauunterschiede zeigen sich auch, wenn man wie beispielsweise Gangl (2005) auf Basis von Paneldaten berücksichtigt, dass sich Länder im Ausmaß an Einkommensmobilität unterscheiden können (s. a. Aaberge et al.

---

[34] Während Maßzahlen wie der auf der Lorenzkurve basierende Gini-Koeffizient und Perzentilverhältnisse mittels unbereinigter Daten Einkommensspreizungen relativ zum jeweiligen Ländermittel ausdrücken, geben nur kaufkraftbereinigte Einkommensdaten Aufschluss über absolute Unterschiede zwischen Ländern (vgl. hierzu Gottschalk und Smeeding 2000, S. 280-285).

4.3 Wissensgesellschaft und Einkommensungleichheit

2002). Der Vergleich von unabhängigen Berechnungen mit den LIS-Daten und unterschiedlichen Ungleichheitskennziffern führen Smeeding und Grodner (2000) zu dem Fazit, dass die systematischen Länderunterschiede im Niveau der Ungleichheit unabhängig von den Veränderungen innerhalb der Länder über die Zeit fortbestehen; die skandinavischen Länder, Nord-und Kontinentaleuropa sind durch weniger Ungleichheit gekennzeichnet als die angelsächsischen Länder (ebd., S. 212-214).

Lange Reihen vergleichbarer Daten liegen nur für wenige Länder vor (vgl. Gottschalk und Smeeding 2000, S. 292; Morrisson 2000, S. 220). Neben den Ergebnissen der querschnittlichen Betrachtung basieren die Thesen der Modernisierungstheorien vor allem auf den Entwicklungsverläufen der USA, des Vereinigten Königreichs und einigen westeuropäischen Ländern. Sie legen den Schluss nahe, dass mit fortschreitender Industrialisierung seit etwa dem Ende des 19. Jahrhunderts die Einkommensungleichheit bis in die 1960er bzw. 1970er Jahre kontinuierlich abnimmt (Lindert 2000a, 2000b; Williamson und Lindert 1981; Williamson 1985; Paukert 1973; Gottschalk und Smeeding 2000, S. 292; Morrisson 2000). Einen kurvilinearen Verlauf der Einkommensungleichheit deuten die langen Reihen für die Vereinigten Staaten an: Mit Beginn des Wirtschaftswachstums am Anfang des 19. Jahrhunderts ist die Ungleichheit zunächst gestiegen, um dann kontinuierlich bis in die 1960er Jahre wieder zu fallen (vgl. Williamson und Lindert 1990, S. 281, zitiert nach Nielsen und Alderson 1995, S. 675). Obwohl sich damit und den oben diskutieren Querschnittsbetrachtungen die Modernisierungstheorien als bestätigt sehen, so deutet sich für die reichsten Gesellschaften seit den 1970er Jahren eine Kehrtwende an. Harrison und Bluestone (1988) sprechen diesbezüglich von dem „great U-turn": Die Ungleichheit der Einkommen nimmt seit den 1970er Jahren in den entwickelten Ländern wieder zu (Gottschalk et al. 1997a; Alderson und Nielsen 2002).

Die Tabelle 4.1 (S. 92) gibt die Trends für den Zeitraum nach 1970 der Einkommensverteilungen der OECD Länder nach den zentralen verfügbaren Studien wieder (vgl. die Tabelle 3 bei Hradil 2005, S. 471). Eine Analyse von Gini-Koeffizienten für 17 Länder auf Basis *verschiedener Datenquellen* von 1979 bis 1995 führen Gottschalk und Smeeding (2000) zu der Aussage, dass sich in zwölf Fällen eine Zunahme, in vier Fällen nahezu eine Konstanz (Israel, Kanada, Finnland und Irland) und nur im Fall von Italien eine moderate Abnahme zeige. Eine Zunahme der Einkommensungleichheit (Gini) für die überwiegende Anzahl von OECD Ländern zeigt sich auch mit Daten des Deininger und Squire-Datensatzes (Firebaugh 2003, S. 161[35], s.

---

[35] Auf Basis des DS-Datensatzes kommt Firebaugh auch für andere Ungleichheitskenn-

Land	Smeeding und Grodner (2000): *Trend: 1970-1995* Haushalts-Einkommen[a]	Gottschalk et al. (1997a): *Trend: 1983-1990* Haushalts-einkommen[a]	Gottschalk et al. (1997a): *Trend: 1983-1990* Bruttomarkt-einkommen[a]	Pontusson et al. (2002): *Trend: 1973-1995* Bruttomarkt-einkommen[b]
AUS	+	++	++	++
AUT	++			+
CAN	0	++	+	++
DNK	-			0
FIN	+	0	++	--
FR	+	+	+	--
GER	+			--
GER-W		+	+	
GER-O		+++	+++	
GRC		++	++	
ITA	++			+
JAP	+	++	++	-
NL	++	++	+	++
NZ	+++			
NOR	++			-
SWE	+	++	+	-
UK	++	++	++	++
USA	++	++	++	+++

Hinweise: +++ = starker Anstieg (> + 15%), ++ = mittlerer Anstieg (+ 7 bis 15%), + = leichter Anstieg (+ 1 bis 7%), 0 = keine Veränderung, - = leichter Rückgang (- 1 bis 7%), -- = mittlerer Rückgang (- 7 bis 15%), --- = starker Rückgang (> - 15%). Quelle: siehe erste Zeile; eigene Darstellung.

[a] Die Ergebnisse basieren auf der Zusammenführung von verschiedenen Ungleichheitsindikatoren (überwiegend Gini-Koeffizienten) und zeigen den generellen Trend in nationalen und vergleichenden Studien an.
[b] Veränderung des 90/10-Dezentilverhältnisses in %.

Tabelle 4.1: Trends der Einkommensungleichheit in den OECD Ländern nach 1970 (schematische Darstellung)

a. Alderson und Nielsen 2002) und auch auf Basis der LIS-Daten (Smeeding und Grodner 2000)[36].

Jedoch ist die Stärke und der Zeitpunkt der Veränderung zum Teil sehr un-

---

ziffern (Theils, MLD) zu dem Ergebnis, dass diese im Zeitraum 1980 bis 1995 in West- und Südeuropa gestiegen sind (Firebaugh 2003, S. 161).

[36] Auf Basis der 90/10-Einkommensdifferentials (OECD-Daten) für individuelle Bruttolöhne Vollzeiterwerbstätiger ergeben sich dagegen nach den Berechnungen von Wallerstein für Deutschland, Norwegen und Finnland 1992 gegenüber 1980 ein Rückgang und für Kanada im gleichen Zeitraum eine Zunahme der Ungleichheit (Wallerstein 1999, S. 654). Wie Gottschalk und Smeeding jedoch betonen, ist der Schluss, dass es keinen Wachstumstrend der Ungleichheit in den OECD Ländern gäbe es auf Basis dieser Daten möglicherweise voreilig, da sie den Umkehrtrend von zunächst fallenden hin zu steigenden Werten überdecke (Gottschalk und Smeeding 2000, S. 287).

terschiedlich. Über den gesamten Zeitraum hat die Einkommensungleichheit besonders stark im Vereinigten Königreich, Dänemark, Schweden, Australien und den Vereinigten Staaten[37] zugenommen. Während die meisten Studien zeigen, dass die größte Zunahme der Ungleichheit im Vereinigten Königreich und den USA (s. a. Morris und Western 1999) aber auch in Japan und Neuseeland (vgl. Gardiner 1997) zwischen Ende der 1970er und Anfang der 1990er Jahre stattgefunden hat (und seitdem weitgehend konstant ist), beginnt die Zunahme in Schweden, den Niederlanden und anderen europäischen Ländern tendenziell erst später. Zwischen Ende der 1940er (in den USA und dem Vereinigten Königreich) bzw. etwa 1970er (in Norwegen, Schweden, Finnland, Italien, Irland, den Niederlanden, Frankreich, Japan) Jahren zeigt sich auf Basis mehrerer Datenquellen ein u-förmiger Verlauf. Der Wendepunkt liegt dabei bei den meisten Ländern zwischen 1970 und 1980, während in den USA ein Umkehrtrend bereits gegen Ende der 1960er Jahre einsetzt (Morris und Western 1999). Dabei scheint es keine eindeutige Beziehung zwischen dem (Ausgangs-)Niveau der Ungleichheit und der Trendentwicklung zu geben. Es zeichnen sich zudem wenig einheitliche Trends innerhalb von Ländergruppen ab (s. a. Gottschalk und Smeeding 2000, S. 287; Gottschalk et al. 1997a).

Die Veränderungen in den genannten Verteilungskennziffern kommen möglicherweise durch Veränderungen in z. T. sehr unterschiedlichen *Stellen in der Einkommensverteilung* zustande (Atkinson 2001, 2003). Während in den USA wachsende Ungleichheit vor allem durch Einkommensspreizungen im oberen Bereich der Einkommensverteilung verursacht wurde, ist im Vereinigten Königreich die Zunahme zudem auch auf den Rückgang der unteren Einkommen relativ zur Mitte zurückzuführen (s. a. Pontusson et al. 2002). Auf Basis der LIS-Daten zeigt Gottschalk (1997b, S. 19), dass die Lohnspreizung durch die Verschlechterung bzw. Verbesserung des untersten und obersten Perzentils gegenüber der Mitte in sieben industrialisierten Ländern (Australien, die Niederlande, Schweden, Vereinigtes Königreich, USA, Kanda, Frankreich) zwischen Ende der 1970er Jahre und den späten 1980er Jahren zugenommen hat. Zudem liegen einige Befunde dazu vor, dass die Ungleichheit der Bruttoeinkommen über den gesamten Zeitraum stärker als die verfügbaren Haushaltseinkommen zugenommen hat (Gottschalk et

---

[37] Die Reihenfolge variiert je nachdem, ob individuelle Markteinkommen, Markteinkommen auf Haushaltsebene oder verfügbare Haushaltseinkommen herangezogen werden. DiPrete et al. (2006) zeigen, dass auf Basis von Markteinkommensdaten (der OECD) das 90/10-Ratio in den USA deutlich stärker zunimmt als in den europäischen Ländern.

al. 1997).

Insgesamt zeigen die empirischen Untersuchungen, dass die Ungleichheit der Einkommen in den letzten Dekaden in der Mehrzahl der OECD Länder nach einem jahrzehntelang rückläufigen Trend wieder zugenommen hat. Bedeutsamer als die Beantwortung der Frage nach der Richtigkeit der teilweise widersprüchlichen Einzelbefunde ist die systematische Erklärung der Ursachen für die Länder- und Zeitunterschiede (Hradil 2005; s. a. Atkinson 2001).

4.3.2 Zur theoretischen Erklärung von Einkommensungleichheit

Für die längsschnittliche Entwicklung der Einkommensungleichheit liegen Erklärungen mit unterschiedlicher Reichweite vor. Die Arbeiten von Bell (1972, 1973) sowie andere Modernisierungstheorien beziehen sich auf langfristige Trends, während einige Erklärungsfaktoren (Globalisierung, technischer Wandel) vor allem mit Blick auf die sich abzeichnende Zunahme der Ungleichheit in den vergangenen zwei bis drei Dekaden vorgebracht wurden (de Gregorio und Lee 2002; Eicher und Garcia-Peñalosa 2000; Aghion et al. 1999; Morris und Western 1999; Gustafsson und Johansson 1999; Alderson und Nielsen 2002; Bornschier 2002; Lee 2005).

Wie oben bereits angedeutet existieren bezüglich der historischen Veränderung der Einkommensungleichheit, d. h. zum Zusammenhang zwischen Entwicklung und Ungleichheit, im Prinzip drei Vorhersagen: Aus Sicht der frühen Arbeiten zur Wissensgesellschaft (Bell 1973) und einigen anderen Modernisierungstheorien (vgl. Hradil 2005) ist der Zusammenhang negativ, aus Sicht der Globalisierungstheorien ist er positiv und schließlich gibt es Annahmen über einen nicht-linearen Verlauf.

Diese drei Vorhersagen basieren auf der Berücksichtigung und unterschiedlichen Gewichtung verschiedener Erklärungsfaktoren. Diese sind[38]: Globalisierung, institutioneller Wandel, Wandel im Angebot nach Arbeitskräften und schließlich Wandel in der Nachfrage nach Arbeitskräften.

---

[38] Überblicksarbeiten unterteilen die Erklärungen der Einkommensungleichheit in *zwei* („Marktkräfte" vs. „politische Institutionen" (Pontusson et al. 2002), „Modernisierung" vs. „Globalisierung" (Hradil 2005), „angebots- und nachfrageseitige Faktoren" vs. „institutionelle" Faktoren (Blau und Kahn 2002, S. 168 ff.) oder nur Änderungen in der „Nachfrage nach" vs. „im Angebot an Qualifikationen" (Galbraith 2001, S. 6)), *drei* („Globalisierung" vs. Skill-biased-technical change" vs. organisationaler Wandel" (Aghion et al. 1999)), oder ebenso *vier* („Demographischer Wandel der Arbeitskräfte, ökonomische Restrukturierung, politisch-institutioneller Kontext und Globalisierung (Morris und Western 1999)) unterschiedliche Ursachenbündel.

Globalisierung

Genuin der Globalisierung zugeschriebene Effekte auf Einkommensungleichheit sind der zunehmende Außenhandel (insbesondere der Nord-Südhandel), Wachstum des weltweiten Kapitalverkehrs und die Entstehung eines globalen Arbeitsmarkts (für eine einführende Diskussion siehe die Aufsätze von Hradil 2005 und Alderson und Nielsen 2002). Mit dem Wachstum multinationaler Unternehmen, zunehmenden Direktinvestitionen und steigendem Nord-Südhandel (s. a. Wood 1994) komme es zu einer Auslagerung insbesondere von industriellen Arbeitsplätzen aus vergleichsweise reichen Ländern im Norden in weniger regulierte Niedriglohnländer. Dies resultiere in einer relativen Verschlechterung der Einkommens- und Verhandlungspositionen der für diese Arbeitsplätze qualifizierten Kräfte. Ingesamt komme es zu einem Absinken der niedrigen Einkommen relativ zur Mitte (in sogenannten „liberalen" Arbeitsmärkten der USA oder UK) oder zu steigender Arbeitslosigkeit (in den eher „koordinierten" Marktwirtschaften Europas, vgl. neben anderen Hall und Soskice 2001; Hall und Gingerich 2004 und die Diskussion unten). Dieser durch zunehmend mobiler werdendes Kapital angetriebene Prozess werde außerdem durch die Zunahme der Migration von gering qualifizierten Arbeitskräften in die vergleichsweise reichen Länder im Norden beschleunigt. Auf der anderen Seite habe sich auch die Konkurrenzsituation hochqualifizierter Arbeitskräfte verschärft, so dass auch eine Einkommensspreizung durch die relative Verbesserung der Löhne der Hochqualifizierten zu beobachten sei.

Die Annahme, dass die zunehmende Ungleichheit Folge von Prozessen sei, die weniger mit Veränderungen innerhalb des Nationalstaates als mit der zunehmenden weltwirtschaftlichen Integration zu tun haben, ist mehrfach kritisiert worden (vgl. Goldthorpe 2003). Zunächst kann bemängelt werden, dass die Unterteilung in mehr oder weniger nur zwei Wirtschaftsräume (reicher Norden vs. armer Süden — das so genannte „Standard Heckscher-Ohlin Modell", vgl. Aghion et al. 1999) den realen Gegebenheiten kaum entspricht und die tatsächliche Konkurrenzsituation von Arbeitskräften und Unternehmen weitaus differenzierter ist (Atkinson 2003). Dies gilt umso mehr, als dass Möglichkeiten wohlfahrtsstaatlicher Umverteilung in manchen Theorien nur unzureichend berücksichtigt werden (s. u.) oder aber die Annahme formuliert wird, dass der Einflussbereich staatlicher Regulierung mit zunehmender Globalisierung überhaupt zurück gedrängt würde und Nationalstaaten in Richtung des Vorbildes USA konvergieren (u. a. Beck 1998). Zweitens zeigen empirische Arbeiten zu Veränderungen innerhalb der

Einkommensverteilung, dass die zunehmende Ungleichheit vielfach durch eine Verbesserung der hohen Einkommensgruppen und weniger aufgrund der relativen Verschlechterung unterer Einkommen verursacht wird. Schließlich sind die Ergebnisse von empirischen Analysen zum Effekt der Globalisierung (gemessen als Prozentsatz der Fremddirektinvestitionen, Importe, Nettomigrationsraten) allenfalls als uneinheitlich, keinesfalls jedoch als überzeugend zu bewerten (s. a. Nollmann 2006, S. 640). Während Alderson und Nielsen (2002) die Globalisierung als langfristig entscheidende Ursache für die Vergrößerung der Ungleichheit anerkennen, kommen verschiedene Arbeiten unter zusätzlicher Berücksichtigung von Daten für die zweite Hälfte der 1990er Jahre eher zu dem Resultat geringer oder gar keiner Bestätigung der Globalisierungsthese (Mahler 2004; Kenworthy 2004; Nollmann 2006; s. a. die Metaanalyse bei Atkinson und Brandolini 2004).

Institutioneller Wandel

Die Tatsache, dass es innerhalb der reichen Volkswirtschaften deutliche Unterschiede im Niveau der Einkommensungleichheit gab und gibt, hat eine Forschungstradition angeregt, an deren Ausgangspunkt die Überlegung der Einbettung von Gesellschaften in ihre spezifisch-nationalen politischen Institutionen steht. Die Argumente der Globalisierungstheorien und der unten zu diskutierenden Arbeiten zu Angebot und Nachfrage nach Arbeitskräften sind im Kern Argumente zur Wirkungskraft der Märkte. Dagegen weisen die Ergebnisse der Arbeiten zur Einbettung von Gesellschaften darauf hin, dass anhand von institutionellen Ausgestaltungen der Länder die Wirkungskraft der Märkte zum Teil erheblich reguliert werden.

Die umfangreiche Diskussion, die hier im Einzelnen nicht dargestellt werden soll, reicht von der Einflußnahme der Ungleichheit durch konkrete Umverteilungsmechanismen wie der Ausgestaltung von Lohnverhandlungssystemen (u. a. Wallerstein 1999; Morris und Western 1999) oder der Art und Höhe von Transferzahlungen (Treas 1983) bis hin zur Analyse von Effekten typologisch unterscheidbarer Wohlfahrtssysteme (für einen Überblick siehe u. a. Palme 2006, Tranby 2006 und Bornschier 2005[39]).

Die prinzipielle Einflussnahme wohlfahrtsstaatlicher Regulierung und Umverteilung auf das Ausmaß von Einkommensungleichheit ist nicht in Frage zu stellen. Empirisch sorgfältige Analysen zeigen wiederholt, dass Variablen wie die Gewerkschaftsdichte, der De-Kommodifizierungsgrad oder die Höhe der Staatsausgaben statistisch signifikant negative Effekte auf die

---

[39] Für einen Überblick der Arbeiten aus der neueren Wirtschaftssoziologie zu diesem Themenbereich siehe z. B. Boyer 2005.

Einkommensungleichheit ausüben (u. a. Wallerstein 1999; Gustafsson und Johansson 1999; Li et. al 2000; Galli und van der Hoeven 2001; Alderson und Nielsen 2002; Pontusson et al. 2002; Blau und Kahn 2002, S. 192 ff.; Lundberg und Squire 2003; Mahler 2004; Lee 2005). Unterschiedlich wird die Bedeutsamkeit der Effekte als solches (vgl. DiPrete 2007, S. 609ff.) und ihre Bedeutung im Vergleich zu anderen Erklärungsfaktoren bewertet. Während Wallerstein (1999), Blau und Kahn (2002) und in Teilen auch Mahler (2004) Globalisierungseffekten und anderen Marktkräften im Vergleich zu institutionellen Bedingungen nur geringe Bedeutung zuschreiben, legen die Analysen von Alderson und Nielsen eher den umgekehrten Schluss nahe (vgl. Leuven et al. 2004).

Kürzlich haben DiPrete et al. (2006) einen Überblicksartikel zur so genannten „unified theory" vorgelegt. Mit diesem Begriff verbindet sich die Idee, die unterschiedlichen Entwicklungen in zentralen Kennziffern wie der Einkommensungleichheit in den USA und Europa als Produkt einer Interaktion von Veränderungen des Marktes (makroökonomischen Schocks) und länderspezifischen Unterschieden in zentralen Arbeitsmarktinstitutionen zu erklären. Der vergleichsweise höhere Anstieg der Einkommensungleichheit in den USA resultiere demnach daraus, dass anders als in den stärker regulierten und koordinierten Marktwirtschaften in Europa sich die makroökonomischen Veränderungen „ungepuffert" (DiPrete et al. 2006, S. 313) auf die Löhne ausgewirkt haben. Dagegen haben die rigiden Arbeitsmärkte in Europa mit geringerer Beschäftigung und höherer Arbeitslosigkeit für niedrig qualifzierte Beschäftigte reagiert (Blau und Kahn 2002; s. a. Gottschalk et al. 1997a). Wie DiPrete et al. bemängeln, ist die „unified theory" mindestens im Hinblick auf den engen Fokus auf Arbeitsmarktinstitutionen, die Annahme einer weitgehenden Stabilität dieser Strukturen und der zu geringen Beachtung der Variablilität innerhalb Europas lückenhaft. Zudem decken sich die empirischen Tatbestände in einigen Ländern nicht mit den aus der Theorie ableitbaren Annahmen. So hatten bspw. die Niederlande, Dänemark und Norwegen trotz zentralisierter Lohnverhandlungssysteme und generöser Arbeitslosigkeitsversicherung ähnlich geringe Arbeitslosigkeitsraten wie die USA[40].

Wandel im Angebot nach Arbeitskräften

Die hier interessierenden Gesellschaften haben sich im Zuge der vergangenen Dekaden auch im Hinblick auf ihre demographische Struktur verändert. Für

---

[40] Zu einer Kritik im Hinblick auf den deutsch-amerikanischen Vergleich siehe Steiner und Wagner 1998.

die Entwicklung der Einkommensungleichheit sind insbesondere solche Veränderungen relevant, die sich auf die Struktur der Erwerbstätigen beziehen. Hierzu gehören vor allem die Alterszusammensetzung der Erwerbstätigen bzw. die Größe der Ein- und Austrittskohorten in den Arbeitsmarkt, die wachsende Erwerbsbeteiligung von Frauen und veränderte Qualifikationsstrukturen der Arbeitskräfte[41] (vgl. Morris und Western 1999).

Zunächst ist einsichtig, dass ein wachsender Zustrom von Personen mit geringer oder keiner Berufserfahrung die relativen Löhne am unteren Ende der Einkommensskala verringert und Einkommensungleichheit erhöht (z. B. Higgins und Williamson 1999). Alderson und Nielsen verweisen auf die alternative Interpretation eines allgemeinen soziokulturellen Dualismus (2002). Gleichermaßen ist ein ungleichheitserhöhender Effekt durch den deutlichen Anstieg der Frauenerwerbstätigkeit und Zuwanderung vermutet worden, da diese typischerweise in den eher gering bezahlten Segmenten des Arbeitsmarktes beschäftigt sind. Empirische Analysen für die USA (Morris und Western 1999) und Deutschland (Becker und Hauser 2003, S. 203 ff.; Weins 2005) zeigen jedoch, dass die Ungleichheit innerhalb der demographischen Gruppen weitaus stärker zugenommen hat als die Ungleichheit zwischen ihnen (s. a. DiPrete 2007, S. 608). Insofern, als dass sich eine Einkommenspolarisierung gleichermaßen für die Einkommensverteilung von jungen und alten Erwerbstätigen und Männern und Frauen zeigt, können die Veränderungen in der demographischen Zusammensetzung der Arbeitskräfte den Anstieg kaum erklären. Länder- und zeitvergleichende Analysen messen der Bevölkerungswachstums-, der Frauenerwerbstätigkeits- und der Nettomigrationsrate nur geringe Bedeutung für die Entwicklung der Einkommensungleichheit im Ländervergleich zu (Alderson und Nielsen 2002; Nollmann 2006; s. a. Gottschalk 1997a, S. 24 für die USA).

Von hoher theoretischer und empirischer Bedeutung ist dagegen die *Veränderung in der qualifikatorischen Zusammensetzung der Bevölkerung* als solche. Die übliche Erwartung zur steigenden Qualifizierung der Erwerbsbevölkerung ist, – und das ist oben bereits mehrfach angeklungen (vgl. Abschnitt 4.2) – dass sie das Ausmaß an Ungleichheit mindert. Die „Belohnung" für höhere Bildung fällt relativ (oder die Arbeitslosigkeit steigt) und

---

[41] Wie oben bereits im Zuge der Darstellung der Globalisierungseffekte angesprochen, stellt die Migration eine weitere Möglichkeit der Veränderung in der demographischen Zusammensetzung dar, die prinzipiell einen Einfluss auf die Ungleichheit hat. Die Diskussion der Literatur führt bei Morris und Western zu dem Urteil, dass bislang vor allem aufgrund der problematischen Datenlage allenfalls unsichere Ergebnisse vorliegen (Morris und Western 1999, S. 631).

die Einkommensverteilung wird gestaucht (Freeman 1995). Einer solchen Argumentation folgend gilt die Bildungsexpansion als effiziente politische Maßnahme zur Reduzierung der Ungleichheit (vgl. Tinbergen 1975; Checchi 2000; de Gregorio und Lee 2002, S. 395; Resnik 2006).

Der Zusammenhang zwischen dem Angebot an Humankapital und Einkommensungleichheit ist jedoch allein aus theoretischen Überlegungen weitaus weniger eindeutig als oftmals angenommen: Erstens ist das Ausmaß an Ungleichheit nicht allein vom Niveau, sondern auch von der Ungleichheit der Bildungsverteilung selbst abhängig. Erhöht sich mit steigendem Niveau die Ungleichheit in der Bildungverteilung, so resultiert dies in einer Erhöhung der Ungleichheit in der Einkommcnsverteilung (vgl. auch Kanbur 2000, S. 820). Blau und Kahn (2002, S. 186f.) zeigen auf Basis von Daten des International Adult Literacy Survey (IALS), dass Unterschiede in der Ungleichheit der Testwerteverteilung zwischen fortgeschrittenen Volkswirtschaften bestehen. Ingesamt ist die Ungleichheit in den Testergebnissen zu kognitiven Leistungen in den USA, Großbritanien, Kanada und Irland größer als in Schweden, Belgien, der Schweiz und den Niederlanden. De Gregorio und Lee (2002) können zeigen, dass die Ungleichheit in der (univariaten) Bildungsverteilung im OECD-Raum in den letzten Dekaden tatsächlich zugenommen hat. Ein positiver Zusammenhang zwischen Bildungsexpansion und -ungleichheit kann dabei durch den unten beschriebenen Kompositionseffekt entstehen. Bornschier (2002) argumentiert, dass eine Zunahme der Ungleichheit in der Bildungsverteilung auch von der ungleich verteilten Nutzung weiterführender Bildungsangebote außerhalb der Schule und im Beruf herrührt. Mehrere Arbeiten können einen signifikanten Effekt der Bildungsungleichheit auf Einkommensungleichheit nachweisen (Ram 1990; Park 1996b; für die EU: Rodriguez-Pose und Tselios 2006; de Gregorio und Lee 2002).

Zweitens ist auch der Effekt eines Niveauanstiegs nicht eindeutig. Knight und Sabot (1983) unterscheiden zwischen einem „Kompositions-" und einem „Kompressionseffekt". Letzterer umschreibt den durch das steigende Angebot an qualifizierten Arbeitskräften ausgelösten Effekt sinkender Prämien und damit der Reduktion von Ungleichheit. Analog zur Argumentationsweise von Kuznets (dazu genauer unten) lässt sich zumindest formal ein Ungleichheit erhöhender Kompositionseffekt durch eine Zunahme im Bildungsniveau ableiten (ebd., S. 1132): Zumindest zu Beginn einer Expansion in der Bildungsverteilung steigt die Einkommensungleichheit an, weil anfangs nur wenige daran partizipieren. Erst wenn die Expansion größere Teile der Schülergeneration erfasst, stellt sich der reduzierende Effekt einer Zunahme in der Bildungsbeteiligung und -dauer ein (vgl. die Ergebnisse für zehn Länder zwischen 1900 und 1973 bei Rijken (1999, S. 23-49)). Schließlich ist denkbar, dass durch eine weitere Expansion die Nachfrage nach hoch qualifizierten Arbeitskräften derart ansteigt, dass die Renditen für hohe Bildung zunehmen und sich die Ungleichheit somit auch längerfristig erhöhen kann (vgl. Kanbur 2000, S. 820, van den Werfhorst 2007, S. 242 ff.). Der Möglichkeit eines negativen Zusammenhangs stehen somit Überlegungen zu einem kurvilinearen Verlauf der Einkommensungleichheit bei steigendem Bildungsniveau der Bevölkerung gegenüber.

Zu den hier beschriebenen Effekten liegen mittlerweile einige empirische Untersuchungen vor. Mehrheitlich kann ein kurvilinearer Verlauf nicht nachgewiesen werden (vgl. u. a. Alderson und Nielsen 2002[42]). Viemehr zeigt sich, dass ein höheres Bildungsniveau in der Erwerbsbevölkerung Ungleichheit signifikant verringert. Allerdings zeigt sich auch, dass die Ungleichheit in der Verteilung der Bildungsabschlüsse die Ungleichheit in der Verteilung der Einkommen signifikant erhöht (siehe Park 1996b). Vor diesem Hintergrund soll in der vorliegenden Arbeit auf Basis der vergleichsweise neuen Daten geprüft werden, ob ein kurvilinearer Zusammenhang zwischen Bildungsexpansion und Einkommensungleichheit besteht.

Abseits der Frage, inwieweit die empirischen Ergebnisse überzeugend sind, ist in Frage zu stellen, ob die Ableitung von ungleichheitsgenerierenden Effekten allein durch die Berücksichtigung der Angebotsseite adäquat ist. Die *relative Wertigkeit von Bildung*, d. h. gegeben die Angebots- und Nachfrageseite, entscheidet über die Entwicklung der monetären Entlohnung (Bildungsrenditen) und mithin über die Veränderungen im Ausmaß von Einkommensungleichheit (Tinbergen 1975; Eicher und Garcia-Peñalosa 2000). Dem Wandel in der Nachfrageseite – der zentralen Dimension des Wandels in den Arbeiten zur Wissensgesellschaft – wendet sich das nächste Kapitel zu.

Wandel in der Nachfrage nach Arbeitskräften

In den bisherigen Abschnitten wurden mögliche ungleichheitsgenerierende Effekte durch Globalisierung, Veränderungen in den institutionellen Rahmenbedingungen von Gesellschaften sowie Veränderungen durch mehr

---

[42] Checchi (2000) prüft den Effekt verschiedener Bildungsniveaus auf Ungleichheit und findet unter Kontrolle der (stat. sig. neg.) Sekundarschulbildung keine signifikanten Effekte für die Tertiärbildung. Unter Kontrolle primärer und sekundärer Bildung (negative Effekte) zeigen sich bei Barro (2000) dagegen statistisch signifikante positive Effekte von tertiärer Bildungsbeteiligung.

4.3 Wissensgesellschaft und Einkommensungleichheit

oder weniger natürliche, demographische Veränderungen im Angebot an Arbeitskräften diskutiert. Empirische Analysen haben gezeigt, dass von ihnen zum Teil deutliche Effekte auf die Einkommensungleicheit ausgehen. Ein dabei immer wieder berichtetes Ergebnis ist, dass die Bedeutsamkeit dieser Effekte im Vergleich zu Variablen, die die Nachfragestruktur nach Arbeitskräften abbilden, gering ist. Eine sehr sorgfältige Arbeit hierzu ist diejenige von Alderson und Nielsen (2002). Ihre Ergebnisse werden auch durch die Reanalysen von Atkinson und Brandolini (2004, s. a. Leuven et al. 2004) bestätigt: Unter Kontrolle aller bislang diskutierter Faktoren haben Veränderungen in der Nachfrageseite den stärksten längsschnittlichen Effekt auf Einkommensungleichheit.

In den vorangegangenen Kapiteln wurde die These einer Wissensgesellschaft dahingehend präzisiert, dass in den reichen Volkswirtschaften ein Wandel der Arbeitsmärkte[43] in Richtung Wissenssektor stattfindet. Die Überlegung, dass durch sektoralen Wandel das Ausmaß an Einkommensungleichheit maßgeblich beeinflusst werden kann, geht vor allem auf die Arbeiten von Kuznets (1955) und Lewis (1954, 1983) zurück. Aufbauend auf Betrachtungen von Gesellschaften im Übergang von Agrar- zu Industriegesellschaften identifizieren sie zwei Mechanismen, durch die der sektorale Wandel die Einkommensungleichheit maßgeblich beeinflusst: Einkommensunterschiede *zwischen* Sektoren – *Sektordualismus* – und Unterschiede in der Einkommensungleichheit *innerhalb* von Sektoren – *Sektorbias*. Allgemein kann der gesellschaftliche Entwicklungsprozess dann verstanden werden als Prozess, bei dem das Wachstum in einer modernen Enklave der Wirtschaft beginnt und sich dann zum dominanten Sektor herausbildet: „Development must be inegalitarian because it does not start in every part of the economy at the same time." (Lewis 1983, zitiert nach Kanbur 2000, S. 794). Erst wenn die Entwicklung größere Teile der Bevölkerung erfasst hat, werde das Ausmaß an Einkommensungleichheit zurückgehen. Der Übergang

---

[43] Ein weiteres wesentliches Merkmal der Änderungen der Arbeitsmärkte neben dem industriellen Wandel sind Veränderungen in den Beschäftigungssituationen in Richtung von mehr Teilzeitbeschäftigung und zeitlich befristeten Beschäftigungsverhältnissen. Die Änderung des typischen Beschäftigungsstatus und die Ablösung stabiler Beschäftigungsverhältnisse durch zeitlich begrenzte Erwerbsperspektiven sind ohne Frage eigenständige Quellen wachsender Ungleichheiten und ungleich verteilter Risiken (u. a. Gottschalk 1997b, S. 33; Müller und Scherer 2003; Castells 2001, S. 297 ff.; Carnoy 2000). Weil empirische Analysen zum Wandel in den Beschäftigungsrelationen vor allem auf der Unternehmensebene vorliegen und kaum valide Daten zur ländervergleichenden Analyse über einen hinreichend großen Zeitraum zur Verfügung stehen (vgl. Morris und Western 1999, S. 642), wird auf eine vertiefende Diskussion an dieser Stelle jedoch verzichtet.

von der Agrar- zur Industriegesellschaft lässt sich dann *erstens* darstellen als ein Übergang von einer durch geringe Durchschnittseinkommen bzw. -bildung gekennzeichnete Gesellschaft zu einer durchschnittlich besser gebildeten und reicheren Gesellschaft. Zu Beginn des Übergangsprozesses, d. h. der kontinuierlichen Abnahme der Prozentanteile des Agrarsektors an der Gesamtwirtschaft, muss die Einkommensungleichheit zunächst ansteigen, um dann mit wachsender Dominanz des Industriesektors abzunehmen. *Zweitens* lässt sich der Übergang darstellen als ein Übergang von einem Wirtschaftssektor, der durch hohe interne Ungleichheit gekennzeichnet ist, hin zur Dominanz eines Wirtschaftssektors, der sich durch geringere interne Ungleichheit auszeichnet. Im Übergang zur Industriegesellschaft müsse Einkommensungleichheit insgesamt also zurückgehen. Kuznets und Lewis prognostizieren auf Grundlage des Zusammenwirkens beider Mechanismen insgesamt einen kurvilinearen, umgekehrt u-förmigen Verlauf der Entwicklung der Einkommensungleichheit.

Es hat unzählige Bemühungen gegeben, einen solchen umgekehrt u-förmigen Verlauf empirisch nachzuweisen (für einen Überblick der Literatur siehe Kanbur 2000, S. 806ff.) – mit der These gemäßen (Creshaw und Ameen 1994; Bourguignon und Morrisson 1998; Higgins und Williamson 1999) und nicht gemäßen Ergebnissen (Morris und Western 1999, S. 649). So finden Alderson und Nielsen, dass unter Kontrolle vieler anderer Faktoren einerseits die Dualismusvariable keine signifikanten Effekte hat und andererseits der Anteil der Erwerbstätigen im Agrarsektor die Einkommensungleichheit entgegen den theoretischen Erwartungen statistisch signifikant erhöht (und wie oben berichtet, diese Variable als Proxy für Sektorbias den stärksten absoluten Effekt hat). Alles in allem haben Vertreter der Thesen Kuznets ebenso wie Anhänger der Modernisierungstheorien den kontinuierlichen Rückgang der Ungleichheit bis in das späte 20. Jahrhundert als Bestätigung der Richtigkeit der Annahmen angesehen[44].

Angesichts des sich abzeichnenden Umkehrtrends in den 1970er Jahren haben einige Autoren gemutmaßt, dass dies auf einen erneuten Sektoreffekt zurückzuführen sei, und zwar auf den Übergang von der Dominanz industrieller Beschäftigung zur Dienstleistungsbeschäftigung. Dieser Übergang lasse sich umgekehrt als ein Übergang hin zu höherer Ungleichheit verstehen (vgl. z. B. Nollmann 2006; s. a. Conçeicao und Galbraith 2001). Stärker noch als im Hinblick auf die Ergebnisse zum Wandel hin zur Industriegesellschaf-

---

[44] Zu einer frühen kritischen Diskussion der Adäquatheit einer Verallgemeinerung eines positiven Zusammenhangs zwischen Entwicklung und geringerer Ungleichheit s. a. Gagliani 1987.

ten sind die Ergebnisse zur De-Industralisierung als wenig einheitlich zu bezeichnen (siehe die Verweise bei Morris und Western 1999, S. 639).

Dies ist insofern nicht überraschend, als dass die bisherigen Ergebnisse in folgenden Hinsichten als problematisch zu kennzeichnen sind: *Erstens* bleibt weitgehend unberücksichtigt, dass die Ergebnisse maßgeblich davon abhängen, ob die Analysen auf unterschiedlich entwickelten Ländergruppen (z. B. OECD versus die sogenannten „Entwicklungländer") basieren oder aber Entwicklungprozesse innerhalb von ähnlich entwickelten Ländern über die Zeit bestehen (s. a. Hradil 2005, S. 463f.). Es liegen bislang vor allem Ergebnisse auf Basis von Querschnittsdaten sehr unterschiedlich entwickelter Länder vor. *Zweitens* – und das gilt für alle Arbeiten gleichermaßen – stellt sich das Problem der adäquaten Messung der Merkmale Sektordualismus und Sektorbias. Der Sektordualismuseffekt wird operationalisiert als die Differenz des Bruttowertschöpfungsanteils abzüglich des Erwerbstätigenanteils eines Sektors. Dahinter steht die Überlegung, dass ein positiver Wert auf eine hohe, ein negativer Wert auf eine niedrige Produktivität des Sektors und damit durchschnittlich hohe bzw. niedrige Löhne hinweist. Die Ungleichheit innerhalb eines Sektors wird mit dem Beschäftigungsanteil abgebildet (vgl. Alderson und Nielsen 2002).

4.3.3 Erwartungen über die Folgen der Entwicklung zur Wissensgesellschaft für Einkommensungleichheit

Die Diskussion des theoretischen und empirischen Forschungsstandes zum Wandel über die Zeit und Unterschieden zwischen Ländern im Ausmaß an Einkommensungleichheit zeigt, dass konkurrierende Hypothesen über die Gründe der sich abzeichnenden Trendwende hin zur Verschärfung der Ungleichheit existieren. Im Hinblick auf die Frage nach den Konsequenzen des industriellen Wandels zur Wissensgesellschaft für die Verteilungsungleichheit lässt sich auf der Grundlage von Überlegungen bei Kuznets und Lewis vermuten, dass der Übergang in die Wissensgesellschaft dann mit einer Änderung der Ungleichheit systematisch zusammenhängen kann, wenn folgende Bedingungen gegeben sind: Erstens muss der Wissenssektor tatsächlich ein Wachstum erfahren. Zweitens muss sich dieser Sektor systematisch von den übrigen Sektoren im Hinblick auf das durchschnittliche Qualifikations- bzw. Einkommensniveau und drittens im Hinblick auf interne Ungleichheit unterscheiden. Die Annahmen sind unterschiedlich plausibel. Während von einem Wachstum des Wissenssektors auszugehen ist, muss die Annahme, dass sich die Sektoren heute noch deutlich im Hinblick auf ihr durchschnittliches Einkommensniveau unterscheiden, angezweifelt werden. Der technische Fortschritt hat in den vergangenen Dekaden Einzug in alle Sektoren gehalten. Auch der Agrarsektor ist heute hochtechnisiert, so dass sich die Produktivitätsraten und damit das durchschnittliche Einkommen zwischen den Sektoren nicht mehr wesentlich unterscheiden. Nichtsdestotrotz muss der empirische Nachweis für diese Vermutung – die auch Alderson und Nielsen aussprechen, jedoch nicht belegen – bei der hier gewählten Sektorenabgrenzung erst erbracht werden. Schließlich stellt sich die Frage nach der Plausibilität der dritten Annahme, dass sich der Wissenssektor im Hinblick auf das Ausmaß seiner internen Einkommensungleichheit unterscheidet (vgl. Kapitel 3.3.3 und 4.2.5). Es wird zu untersuchen sein, ob sich der Wissenssektor stärker als die übrigen Sektoren durch eine Ungleichverteilung der Qualifikationen und Einkommen auszeichnet. Eine solche Betrachtung nehmen die bisherigen Arbeiten nicht vor.

Aus dem oben Gesagten ergeben sich folgende Erwartungen über den Einfluss des Wandels im Angebot und der Nachfrage nach Wissen auf Einkommensungleichheit. Unter der Kontrolle von ökonomischer Globalisierung (positiver Effekt), institutionellen Umverteilungssystemen (negativer Effekt), demographischen Faktoren (Frauenerwerbstätigkeit und Bevölkerungswachstum, jeweils positiver Effekt), Änderungen im Angebot an Qualifikationen (negativer Haupteffekt, positiver quadratischer Effekt) sollte der Übergang zur Wissensgesellschaft einen eigenständigen ungleichheitsverstärkenden Effekt ausüben.

Dieser vermutete Zusammenhang wird entweder durch den Unterschied im durchschnittlichen Qualifikations- oder Einkommensniveau des Wissenssektors im Vergleich zur übrigen Wirtschaft hervorgerufen (*Sektordualismushypothese*) und bzw. oder dadurch, dass der Wissenssektor sich stärker als die übrigen Sektoren durch eine interne Ungleichheit auszeichnet (*Sektorbiashypothese*). Bevor der Einfluss von beiden Effekten auf die Einkommensungleichheit geprüft wird, soll zunächst untersucht werden, ob tatsächlich ein Einkommensdifferential zwischen dem Wissenssektor und der übrigen Wirtschaft besteht (*Einkommensdifferentialhypothese*). Die Frage nach einer höheren internen Ungleichheit des Wissenssektors soll bei der Inspektion der sektoralen Qualifikationsstrukturen bewertet werden.

Der gegenwärtige Forschungsstand zur Entwicklung der Einkommensungleichheit wird durch diese Arbeit damit in zwei entscheidenden Hinsichten erweitert. Erstens wird der ungleichheitsgenerierende Effekt sektoraler Verschiebungen auf den Wandel hin zur Wissensgesellschaft – den Ausbau des Wissenssektors – verallgemeinert und in einem hierfür angemessenen

„most-similar-system" Ländervergleich empirisch angegegangen. Statt einer Querschnittsbetrachtung von sehr unterschiedlichen Länderzeitpunkten soll eine möglichst große Anzahl ähnlich entwickelter Länder im Zeitverlauf dahingehend untersucht werden, welche Faktoren eine maßgebliche Rolle für die Entwicklung der Einkommensungleichheit in diesen Ländern haben. Zweitens wird die interne Qualifikations- und Einkommensstruktur der Sektoren genauer als bisher betrachtet, bevor ihr Einfluss auf die Einkommensungleichheit in hierfür geeigneten multivariaten Analysen geprüft wird.

5 Zusammenfassung und Hypothesen

In den vergangenen Abschnitten wurde gezeigt, dass der Begriff Wissensgesellschaft auf drei zentrale Trends der vergangenen Dekaden in entwickelten Industrie- und Dienstleistungsgesellschaften, nämlich Informationstechnik, Bildungsexpansion und Wissensökonomie, rekurriert und mithin die These einer neuen Vergesellschaftungsform enthält. Insofern, als dass alle drei zentralen Trends ihren Niederschlag in der industriellen und beruflichen Struktur einer Gesellschaft finden, ist das zentrale Abgrenzungsmerkmal der Wissensgesellschaft von der Industrie- und der Dienstleistungsgesellschaft die ökonomische Relevanz des Wissenssektors. Die Wissensgesellschaft kann als eine Gesellschaft definiert werden, in der der Wissenssektor den größten Anteil an der Gesamtwirtschaft einnimmt.

Ausgehend von dieser Definition der Wissensgesellschaft lässt sich in einem zweiten Schritt die Analyse sozialer Ungleichheit in der Wissensgesellschaft systematisch aus dem Blickwinkel sich wandelnder ökonomischer Gelegenheitsstrukturen vorantreiben. Mit Rückgriff auf Matchingmodelle kann *erstens* die Erwartung formuliert werden, dass das (erwartete) Wachstum des Wissenssektors systematisch die Beziehung zwischen Bildung und Einkommen moderiert. *Zweitens* kann mit Rückgriff auf Überlegungen zu sektoralen Effekten erwartet werden, dass die Entwicklung hin zur Wissensgesellschaft systematisch mit dem Ausmaß an Einkommensungleichheit zusammenhängt.

Vor diesem Hintergrund muss die empirische Bearbeitung der zentralen Forschungsfragen im Zeit- und Ländervergleich in folgenden Schritten angegangen werden:

1. **Prüfung der Hypothesen zur Entwicklung der Wissensgesellschaft im Zeit- und Ländervergleich**: Um zu untersuchen, inwieweit sich tatsächlich ein Wandel zur Wissensgesellschaft beobachten lässt, sollen in einem ersten Schritt folgende Hypothesen geprüft werden:

   Hypothese 1. *Wachstumshypothese: Seit den 1970er Jahren nimmt der Anteil der im Wissenssektor beschäftigten Personen und der Anteil des Wissenssektors am Bruttoinlandsprodukt kontinuierlich zu.*

Hypothese 2. *Differenzierungshypothese: Innerhalb des Wissenssektors sind die Beschäftigtenanteile aufsteigend nach Funktionsgruppen geordnet.*

Hypothese 3. *Hypothese differenzierten Wachstums: Der Subsektor Wissensinfrastruktur verzeichnet ein relativ geringeres Beschäftigungswachstum als die übrigen Subsektoren des Wissenssektors.*

Bevor in einem nächsten Schritt dazu übergegangen werden kann, Zusammenhänge zwischen der ökonomischen Relevanz des Wissenssektors und sozialer Ungleichheit zu untersuchen, sind zunächst die Hypothesen zur Qualifikationsstruktur des Wissenssektors zu prüfen:

Hypothese 4. *Upgradinghypothese: Der Wissenssektor ist stärker durch hohe Qualifikationen und weniger durch niedrigere Qualifikationen gekennzeichnet als die übrige Wirtschaft.*

Hypothese 5. *Polarisierungshypothese: Der Wissenssektor ist stärker durch eine polarisierte Qualifikationsstruktur gekennzeichnet als die übrige Wirtschaft.*

2. **Prüfung der Hypothesen zu den Konsequenzen der Entwicklung zur Wissensgesellschaft für die Beziehung zwischen Bildung und Einkommen im Zeit- und Ländervergleich**: In einem nächsten Schritt kann dazu übergegangen werden, Zusammenhänge zwischen der ökonomischen Relevanz des Wissenssektors und sozialer Ungleichheit zu untersuchen. Im Hinblick auf die Frage, welchen Einfluss die Entwicklung hin zur Wissensgesellschaft auf die Bedeutung von Bildung für das Einkommen hat, sind folgende Hypothesen im Zeit- und Ländervergleich zu prüfen:

Hypothese 6. *Wohlstandshypothese: Je größer der Anteil der Beschäftigten im Wissenssektor an der Gesamtwirtschaft, desto höher ist das durchschnittliche Einkommen.*

Hypothese 7. *Meritokratiehypothese: Je größer der Anteil der Beschäftigten im Wissenssektor an der Gesamtwirtschaft, desto höher ist der positive Einfluss der individuellen Bildung auf das Einkommen.*

Entwertungshypothese (Alternativhypothese): Je größer der Anteil der Beschäftigten im Wissenssektor an der Gesamtwirtschaft, desto geringer ist der positive Einfluss der individuellen Bildung auf das Einkommen.

Hypothese 8. *Entkopplungshypothese: Je größer die (jährliche) Wachstumsrate des Anteils der Beschäftigten im Wissenssektor an der Gesamtwirtschaft, desto geringer ist der positive Effekt der individuellen Bildung für das Einkommen.*

3. **Prüfung der Hypothesen zu den Konsequenzen der Entwicklung zur Wissensgesellschaft für das Ausmaß von Einkommenungleichheit im Zeit- und Ländervergleich**: Schließlich soll anhand von Aggregatdatenanalysen untersucht werden, inwieweit der Ausbau der Wissensgesellschaft mit einer größeren Einkommensungleichheit einhergeht:

Hypothese 9. *Einkommensdifferentialhypothese: Das durchschnittliche Einkommen im Wissenssektor ist höher als in der übrigen Wirtschaft.*

Hypothese 10. *Sektordualismushypothese: Je größer das Einkommensdifferential des Wissenssektors, desto höher ist die Einkommensungleichheit.*

Hypothese 11. *Sektorbiashypothese: Je größer der Anteil der Beschäftigten im Wissenssektor an der Gesamtwirtschaft, desto höher ist die Einkommensungleichheit.*

Bevor diese Hypothesen einer empirischen Überprüfung unterzogen werden, werden im Folgenden zunächst die hierbei verwendeten Daten (Kapitel 6), die Operationalisierung der zentralen Variablen (Kapitel 7) und die verwendeten Methoden (Kapitel 8) vorgestellt.

Teil III

Daten, Operationalisierung und Methoden

Im folgenden Teil der Arbeit werden die methodischen Aspekte für die empirische Prüfung der zuvor entwickelten Hypothesen erläutert. Zunächst werden die Länderauswahl und der Untersuchungszeitraum begründet und die verwendeten Makro- und Mikrodaten beschrieben (Kapitel 6). Im Anschluss daran kann zur Operationalisierung der Variablen übergegangen werden (Kapitel 7). Den Abschluss des vorliegenden dritten Teils der Arbeit bildet die Erläuterung der gewählten Analyseverfahren (Kapitel 8).

6 Daten

6.1 Länderauswahl und Untersuchungszeitraum

Die These einer Wissensgesellschaft beansprucht Gültigkeit in *mehreren oder sogar allen fortgeschrittenen Industriegesellschaften*. Das vorrangige Ziel der Arbeit muss dann auch die Generalisierung der Theorie geleiteten Zusammenhänge durch die Überprüfung in möglichst vielen Gesellschaften sein. Im Sinne von Strategien zur Annäherung an das Ideal Experiment ähnlicher Vergleiche bennent Ragin (1987, S. 30 ff.) diesen Typus von Ländervergleich als „Variablen orientierte Methode". Im Gegensatz zu der Alternative eines „Fall orientierter Vergleichs", ist nicht die Interpretation und Hervorhebung von Komplexität weniger spezifischer historischer Fälle Gegenstand der oft qualitativ-experimentellen Untersuchungen. Vielmehr wird durch den Einschluss möglichst vieler Länder statistische Kontrolle durch quantitative Analyseverfahren eingebracht.

Im Sinne der Handhabbarkeit, d. h. der Zeit, Kosten und Expertise, bei der Analyse einer Vielzahl von Ländern schlagen Pzerworski und Teune (1970, S. 32 ff.) dann zwei Strategien vor: die Analyse von Ländern, bei der die Anzahl der gemeinsamen (systemischen) Charakteristiken als maximal und daher als „kontrolliert" angenommen werden – „most similar system design" – oder die Überprüfung der Hypothesen anhand von möglichst unterschiedlichen Ländern – „most different system design". Vor dem Hintergrund der besseren Kontrollierbarkeit relevanter Faktoren und insbesondere der Datenlage wird hier die Strategie eines „most similar system designs" verfolgt[1].

Weiterhin verlangt die Prüfung der oben formulierten Hypothesen eine *längsschnittliche Analyse* über einen angemessen langen Zeitraum. Die Entstehung der Wissensgesellschaft datieren die oben diskutierten Arbeiten etwa auf die 1970er Jahre. Zur deskriptiven Analyse der oben genannten

---

[1] Die Entscheidung für diese Strategie ist vor dem Hintergrund des Gegenstands durchaus diskutabel. Zuweilen implizieren die Theorien der Wissensgesellschaft eine allen Gesellschaften immanente Entwicklung entlang des von den jeweils fortgeschrittenen Ländern bereits begangenen Entwicklungspfades. Aus diesem Blickwinkel und vorausgesetzt, dass die erforderlichen Daten zur Verfügung stehen, stellt die Strategie eines „most different sytem design" eine adäquate Strategie zur Überprüfung der oben genannten Hypothesen dar.

Nationalstaaten unter dem Gesichtspunkt ihrer Entwicklung hin zur Wissensgesellschaft sind daher Datensätze von Nöten, die mindestens mehrere Zeitpunkte in den vergangenen drei Dekaden enthalten.

Die genannten Anforderungen für einen adäquaten empirischen Angang der Hypothesenprüfung im Hinblick auf die Länderauswahl und den Untersuchungszeitraum sind der Voraussetzung der *räumlichen* und *temporalen Vergleichbarkeit* der Daten unterzuordnen. Die Qualität der Ergebnisse hängt zuvorderst davon ab, dass diese nicht allein aus den Unterschieden in der Stichprobe (Braun 2003) oder fehlender funktionaler Äquivalenz der Messungen verursachte statistische Artefakte sind (Hoffmeyer-Zlotnik und Wolf 2003; s. a. Harkness at al. 2003, S. 8; Meulemann 2002).

Vor dem Hintergrund des Gesagten werden in dieser Arbeit folgende 20 Länder[2] der OECD untersucht: Australien (AUS), Österreich (AUT), Belgien (BEL), Kanada (CAN), Dänemark (DNK), Finnland (FIN), Frankreich (FR), Deutschland (GER,-W,-E), Großbritannien (GB), Griechenland (GRC), Italien (ITA), Japan (JAP), Luxemburg (LUX), Niederlande (NL), Neuseeland (NZ), Norwegen (NOR), Portugal (PRT), Spanien (ESP), Schweden (SWE) und die Vereinigten Staaten von Amerika (USA). Die Analysen werden im Zeitraum von 1970 bis möglichst in die jüngste Vergangenheit angegangen.

6.2 Makrodaten

Die zentrale Datenquelle für die Abbildung der sektoralen Entwicklung der oben genannten Länder ist der OECD „Structural Analysis (STAN) Database" (OECD 2003). Der Datensatz enthält jährliche Maßzahlen für den volkswirtschaftlichen Ertrag, Arbeitskräfte, Investitionen und internationalen Handel für einzelne Industrien auf der Ebene der *Divisionen* (2-Steller) der *International Standard Industrial Classification of all Economic Activities* (ISIC) in der Revision 3 (siehe die Liste A.1 im Anhang bzw. United Nations Statistics Division 2007). Die Daten stellen somit die international harmonisierten volkswirtschaftlichen Gesamtrechnungsdaten (VGR) dar und erlauben den Vergleich der Industriestrukturen zwischen den Ländern über die Zeit (vgl. das Handbuch zum Datensatz in OECD

---

[2] Die Abbildung der sektoralen Strukturen in Kapitel 9 erfolgt für 19 OECD Länder (ohne Belgien). Die Analyse der Einkommensdeterminanten kann für 18 Länder (ohne Luxemburg und Griechenland) durchgeführt werden. 19 Länder (ohne Belgien) können im Hinblick auf die Entwicklung der Einkommensungleichheit analysiert werden.

2003, S. 1)³. Sie basieren auf den jeweiligen nationalen volkswirtschaftlichen Gesamtrechnungsdaten, nationalen Zensusdaten und anderen Quellen. Der Datensatz enthält Daten von 1970 bis 2002. Da Daten für die Medienindustrien (enthalten in der Division 92) in dem STAN Datensatz nicht auf einer ausreichend detaillierten Ebene vorliegen⁴, werden diese durch den OECD Datensatz „Services: Statistics on Value Added and Employment" (OECD 2001) ergänzt. Sie basieren auf dem gleichen Klassifikationssystem wie die STAN-Daten und entsprechen in gleichem Maße den Anforderungen der Vergleichbarkeit. Sie enthalten Daten allein für die Industrien des Dienstleistungsbereichs und nur für die beiden Variablen Erwerbstätige und Bruttowertschöpfung. Für 19 OECD Länder (die oben genannten ohne Belgien⁵) liegen ausreichende Informationen für die Abbildung der sektoralen Struktur im Zeitverlauf zur Verfügung.

Neben den international vergleichbaren Längsschnittdaten der volkswirtschaftlichen Gesamtrechnungen werden eine Reihe von anderen Makrodaten in den statistischen Analyseverfahren verwendet. Diese sind verschiedenen Quellen entnommen, die in den Kapiteln zur Operationalisierung der Variablen jeweils genannt und kurz beschrieben werden.

Insgesamt enthält die Aggregatdatendatei Informationen für maximal 20 Länder und 33 Zeitpunkte (1970 bis 2002), insgesamt also 660 Fälle (Länderzeitpunkte).

6.3 Mikrodaten

Für die Untersuchungen der Frage, inwieweit der angenommene sektorale Wandel individuelle Determinanten des Einkommens zu moderieren in der Lage ist, werden die repräsentativen Stichproben des „International Social Survey Programme" (ISSP) der Jahre 1985 bis 2002 herangezogen. Die Daten wurden von dem Zentralarchiv für Empirische Sozialforschung (ZA) der Gesellschaft Sozialwissenschaftlicher Infrastruktureinrichtungen (GESIS) freundlicherweise zur Verfügung gestellt⁶ (siehe die Informationen zum

---
[3] Die ISIC ist vergleichbar mit der europäischen Klassifikationssystem NACE.
[4] Es liegen nur für „Other community, social and personal service activities" (Divisionen 90 bis 93) aggregierte Daten vor.
[5] Für die Mehrebenenanalysen mit dem ISSP wurde der Anteil der Beschäftigten im Wissenssektor als Mittelwert der übrigen Beneluxländer (NL, LUX) imputiert.
[6] Die Daten wurden als CD-ROM bezogen. Im Einzelnen enthielten diese die ZA-Studien mit den folgenden *ZA-Studiennummern*: ZA1490 (1985), ZA1620 (1986), ZA1680 (1987), ZA1700 (1988), ZA1840 (1989), ZA1950 (1990), ZA2150 (1991), ZA2310 (1992), ZA2450 (1993), ZA2620 (1994), ZA2880 (1995), ZA2990 (1996), ZA3090

ISSP auf den Internetseiten der GESIS (GESIS 2007) und die offizielle Internetseite des ISSP (ISSP 2007)).

Die Stärken des ISSP liegen in der Kontinuität des Umfrageprojekts und der großen Anzahl an hieran beteiligten Ländern (Braun und Uher 2003). Eine Synopse der ISSP-Daten ist der Abbildung 6.1 zu entnehmen.

Jahr (N_t=18)	1985	1986	1987	1988	1989	1990	1991	1992	1993	1994	1995	1996	1997	1998	1999	2000	2001	2002	Σ Zeit
Land (N_j=18)																			
Australien	x	x			x			x	x		x		x	x		x			9
Belgien[a]																		x	1
Dänemark													x	x			x	x	4
Deutschland[b]	x	x	x	x	x	x	x	x	x	x	x	x	x		x			x	16
Finnland															x				1
Frankreich													x	x	x		x	x	5
Großbritannien	x	x	x	x	x	x	x	x	x	x	x	x	x	x	x	x	x	x	18
Italien			x	x	x	x	x	x	x	x				x					9
Japan								x		x	x	x	x	x	x	x	x	x	10
Kanada								x	x	x	x	x			x		x		7
Neuseeland					x		x	x	x		x		x	x	x	x	x	x	11
Niederlande				x	x			x	x	x									5
Norwegen						x	x	x	x	x	x	x		x	x	x	x	x	14
Österreich		x		x	x			x	x	x				x	x	x	x		10
Portugal													x		x	x		x	4
Spanien									x	x			x	x	x	x	x	x	8
Schweden							x			x	x	x	x	x			x	x	9
USA	x	x	x	x	x	x	x	x	x		x		x		x		x	x	14
Σ Land	3	5	5	6	7	6	7	8	10	13	10	9	10	11	12	9	12	12	155

Hinweise: Es werden Stichproben mit Daten für die Zielvariable Befragteneinkommen berücksichtigt. [a] Nur flämisches Gebiet. [b] Vor 1990 nur Westdeutschland.

Abbildung 6.1: Synopse der ISSP-Daten

Die methodologischen und empirischen Probleme der einzelnen Variablen im Hinblick auf ihre temporale und räumliche Vergleichbarkeit werden unten diskutiert. Das ISSP ist eine seit 1985 jährlich international (in heute 42 Ländern) erhobene Umfrage zu wechselnden sozialwissenschaftlichen Themen

---

(1997), ZA3190 (1998), ZA3430 (1999), ZA3562 (Dänemark 1999), ZA3440 (2000), ZA3680 (2001, die hier fehlenden Einkommensangaben für Deutschland wurden mit Hilfe des separat erhältlichen Datensatzes für Deutschland, ZA3913, ergänzt), ZA3880, Version 1.0 (2002). Im Folgenden wird mit „ISSP 1985-2002" auf den kumulierten Datensatz verwiesen.

6.3 Mikrodaten

mit sich wiederholenden Modulen. Die Daten liegen für eine seit der ersten Erhebung im Jahr 1985 wachsende Anzahl von freiwillig teilnehmenden Ländern vor. Der Fragenkatalog des ISSP wird als Zugabe im Rahmen der jeweiligen nationalen Bevölkerungsumfragen erhoben, welche in der Regel auf mehrstufigen, zum Teil geschichteten Zufallsstichproben basieren. In der überwiegenden Anzahl von Fällen sind dies über die einzelnen Wellen hinweg immer die gleichen nationalen Surveys[7]. Systematische Monitoring-Studien (Harkness et al. 2003) zeigen, dass sich die Länderstudien in den Merkmalen der Stichprobenziehung und Datenerhebung unterscheiden. Über die Möglichkeit des Datenausschlusses hinaus, liegen jedoch keine Möglichkeiten vor, diesen Unterschieden mit geeigneten Gegenmaßnahmen zu begegnen. Im Hinblick auf die Vergleichbarkeit der Daten zwischen Ländern wird die Strategie verfolgt, ein Set von Variablen zu bestimmen, die in allen Ländern erhoben werden sollten („Input-Hamonisierung", vgl. Hoffmeyer-Zlotnik und Wolf 2003b). Sofern nicht aufgrund der Thematik des Moduls erforderlich, sind die soziodemographischen Variablen nicht Teil einer solchen Harmonisierung. Zudem liegen für die vereinbarten Variablen keine gemeinsamen Definitionen und Standardisierungen des Messinstrumentes zugrunde („Output-Hamonisierung"), wie dies z. B. bei dem „European Social Survey" (ESS) der Fall ist. Die funktionale Äquivalenz der Messungen zwischen Ländern ist also nur bedingt gegeben und muss für die einzelnen Variablen geprüft werden[8]. Zudem sind die Messinstrumente auch innerhalb von Ländern zum Teil nicht im gesamten Zeitraum einheitlich erhoben worden. In gravierenden Fällen wurde dem Problem mangelnder Vergleichbarkeit durch den Ausschluss von Variablen oder Länderzeitpunkten begegnet. In der Regel konnten jedoch die benötigten Variablen durch Rekodierungen und teilweise unter Inkaufnahme von Informationsverlusten (z. B. durch Aggregierung) in eine weitgehend zeit- und ländervergleichbare Form gebracht werden[9].

---

[7] So wird das ISSP-Modul z. B. in Deutschland immer als Zusatz zu der Algemeinen „Allgemeinen Bevölkerungsumfrage der Sozialwissenschaften" (ALLBUS), in den USA als Zusatz zum „General Social Survey" (GSS) usw. erhoben.

[8] Vor diesem Hintergrund sind in den letzten Jahren vermehrt Anstrengungen unternommen worden, insbesondere für die soziodemographischen Variablen einen Regelkatalog für eine möglichst international harmonisierte Erhebung zu fomulieren und zu implementieren (Braun und Uher 2003, S. 36ff).

[9] Die im Zuge der Arbeiten mit dem ISSP gefundenen Unstimmigkeiten wurden dem Zentralarchiv für Empirische Sozialforschung (ZA) Köln mitgeteilt und sind dort online zugänglich. Zudem wird angestrebt, die vorgenommenen Schritte der Harmonisierung und Kumulierung der Daten in einer detaillierten, separaten Dokumentation nachvollziehbar und die entstandenen Syntax- und Datenprodukte öffentlich zugänglich zu

Der entgültige Datensatz besteht aus insgesamt 155 kumulierten ISSP-Files für 18 Länder (die oben genannten ohne Luxemburg und Griechenland) und die Jahre 1985 bis 2002[10] und enthält Daten für 273.961 Individuen. Im Hinblick auf die zeitliche Dimension stellt sich die Frage nach der angemessenen zeitlichen Vergleichsbasis der kumulierten Querschnittsdaten. Anstelle des Vergleichs von Kohorten (Gerburts-, Schulabgänger-, Arbeitsmarktkohorten) werden Erhebungsjahre miteinander verglichen, d. h. es wird eine Periodenperspektive verfolgt. Zunächst stehen in den Datensätzen jeweils nur Daten zum jetzigen Einkommen bereit. Die Verwendung z. B. von Geburtskohorten würde bedeuten, dass periodische Effekte kaum von generationalen oder lebenszyklischen Effekten zu trennen wären. Vergleicht man Erhebungsjahre, so wird dieses Problem minimiert, da in jeder Länder-Zeitstichprobe etwa die gleiche Altersverteilung gegeben ist. Darüberhinaus wird in dieser Arbeit die Wirkung von Größen für die Veränderung des Bildungseffekts geprüft, die mit der Situation des Arbeitsmarktes zu tun haben und somit alle Erwerbstätigen unabhängig von ihrer Kohortenzugehörigkeit oder ihrem Lebensalter treffen sollte (vgl. van de Werfhorst 2007, S. 245).

---

machen.

[10] Es wurde berücksichtigt, dass das Erhebungsjahr und das „ISSP-Jahr" in einigen Fällen nicht übereinstimmten. Die Datei enthält zwei Variablen für den zeitlichen Bezug.

7 Operationalisierung der zentralen Variablen

7.1 Variablen auf der Makroebene

7.1.1 Zielvariablen

Wissenssektor

Die Konzeptualisierung der Wissensgesellschaft und ihre empirische Erfassung stellt den Augangspunkt dieser Arbeit dar und ist damit bereits Gegenstand ausführlicher Diskussion im vorderen Teil der Arbeit. An dieser Stelle verbleibt darzustellen, welche Indikatoren für die genannten Wissensindustrien bzw. den Wissenssektor herangezogen werden sollen und wie die Messung dieser Indikatoren anhand der oben beschriebenen Datenquellen, den international vergleichbaren VGR-Daten, konkret für die interessierenden Länder und Zeitpunkte erfolgt.

Um die industrielle und sektorale Entwicklung der Länder über die Zeit abzubilden, werden die beiden Standardindikatoren *Beschäftigung* und *Bruttowertschöpfung* verwendet. Damit werden beide Seiten des wirtschaftlichen Produktionsprozesses betrachtet. Für die Vergleichbarkeit zwischen Ländern und Zeitpunkten werden jeweils nicht die absoluten Werte, d. h. die jeweilige Anzahl der Beschäftigten bzw. die Höhe des erwirtschafteten Vermögens, sondern die Anteile von Beschäftigten und Bruttowertschöpfung an der Gesamtwirtschaft betrachtet.

In den oben genannten Datensätzen liegen für Beschäftigung und Bruttowertschöpfung Daten auf der Basis unterschiedlicher Definitionen vor. Für die Beschäftigung sind zum einen Daten für Erwerbstätige in abhängiger Beschäftigung und Selbständige zusammen (EMPN) und zum anderen nur für abhängig Beschäftigte (EMPE) nach Industriedivisionen vorhanden. Für beide Gruppen stehen sowohl Daten auf Basis von allen Beschäftigungsverhältnissen, d. h. unabhängig vom Umfang der Beschäftigung, als auch nur für Vollzeitbeschäftigte zur Verfügung. In dieser Arbeit werden die Daten für die Anzahl der Erwerbstätigen in abhängiger Beschäftigung und Selbständige zusammen für den gesamten Personalbestand herangezogen. Zum einen ist dies die Datenreihe mit den meisten Länder und Zeitmesspunkten und zum anderen liegt keine theoretische Begründung vor, weshalb nur Vollzeitäquivalente bzw. nur abhängig Beschäftigte betrachtet werden sollen.

Die Daten sind in den meisten Ländern in der Form der Belegschaftsgröße („headcounts") verfügbar[1].

Die Bruttowertschöpfung (BWS) ist der Beitrag einer Industrie zum Bruttoinlandsprodukt und wird manchmal auch als „GDP by industry" bezeichnet. Es wird nicht direkt berechnet, sondern vom Bruttoproduktionswert werden die Zwischengüter (Vorleistungen) abgezogen[2]. Neben der Darstellung in jeweiligen nominalen Marktpreisen, d. h. nicht bereinigt um Preissteigerungen oder Preisrückgänge, sind in beiden Datensätzen auch preisbereinigte Daten in Form von sogenannten Volumenindizes enthalten[3]. Die Daten werden jeweils als Veränderung gegenüber einem Referenzjahr (in den meisten Fällen 1995 = 100) ausgedrückt. Für die Kalkulation der Anteile der BWS nach Industrien bzw. Sektoren an der Gesamtwirtschaft in konstanten Preisen wurden, wie im Handbuch empfohlen (OECD 2003, S. 9), die Volumenindizes mit den nominalen Marktpreisen multipliziert und durch 100 dividiert[4]. Die Kalkulation von Bruttowertschöpfung für die Industrien außerhalb des güterherstellenden Bereichs ist nicht unproblematisch (Wölfl 2003). Beispielsweise wird in den meisten Ländern die BWS des Bildungswesens durch den Umfang an (unterschiedlichen Arten von) gehaltenen Schulstunden gemessen. Qualitätsunterschiede und deren Veränderungen werden damit allenfalls grob erfasst.

Die Daten für alle oben genannten Industrien stammen mit einer Ausnahme aus dem OECD STAN-Datensatz. Dieser Datensatz bietet mit Daten zur Beschäftigung und Bruttowertschöpfung auf der Ebene der Divisionen (2-Steller) in der überwiegenden Anzahl der Fälle (Ausnahmen siehe unten) eine ausreichend detaillierte Information. Während ansonsten alle Informationen auf der Gliederungsebene der Divisionen vorliegen, trifft dies nicht für die Divisionen innerhalb der Tabulationskategorie (1-Steller) „Other community, social and personal service activities" zu. Hierin sind jedoch die

---

[1] In AUT, CAN, UK, JAP und USA basieren die Daten auf der Anzahl der Stellen („number of jobs"). Für die USA und ITA liegen die Daten nur in Form von Vollzeitäquivalenten vor.

[2] Der Bruttoproduktionswert einer vorgelagerten Wirtschaftsstufe stellt für die nachgelagerte Wirtschaftsstufe eine Vorleistung dar (z. B. Kohle für Stahlunternehmen, vgl. Bontrup 1998, S. 76 f.).

[3] Die Preisbereinigung erfolgt jedoch in den Ländern mit Hilfe von zwei unterschiedlichen Preisbereinigungsindizes: Sogenannte „Fixed-weight Laspeyres Aggregates" und jährlich gewichtete Kettenindizes („Re-weighted Chained"). Für Details vgl. den Anhang B, S. 273f.

[4] In vier Fällen von Ländern wurden jedoch die Anteilswerte auf Basis laufender Preise berechnet, weil entweder die Datenreihen ausschließlich oder in deutlich größerem Umfang für laufende Preise verfügbar sind (vgl. den Anhang B, S. 273f.).

Medienindustrien (Division „recreational, cultural (and sporting) activities") enthalten, die neben dem Bildungssektor dem Funktionsbereich der Wissensverbreitung zugerechnet sind. Aus diesem Grund werden die Daten für diese Division aus dem OECD Dienstleistungsdatensatz, sofern vorhanden, ergänzt. In den Fällen, in denen Daten für einzelne Zeitpunkte fehlen, die jedoch im STAN-Datensatz vorliegen, wurden diese mit Informationen aus nationalen Datenbanken oder durch Imputation[5] ergänzt. In den wenigen Fällen, in denen gar keine Informationen zur Beschäftigung oder BWS für die Division 92 vorlag, wurde diese anhand von Informationen zum Bruttoinlandsprodukt pro Kopf imputiert. Eine detaillierte Übersicht der jeweiligen länderspezifischen Daten ist dem Anhang B (S. 273f.) zu entnehmen.

Aufgrund des langen Zeitraums und der Vielzahl an Ländern sind hinsichtlich einzelner Industrien einige Einschränkungen unvermeidbar. Wie oben dargestellt können für alle Länder die Industrien nur auf der Ebene der Industrie*divisionen* (2-Steller) bertrachtet werden. Dies bedeutet zunächst, dass manche interessierenden Industrie*gruppen* (3-Steller) innerhalb der Divisionen nicht getrennt betrachtet werden können (z. B. „post" (641) und „telecommunication" (642) in Division 64). Da die Daten jedoch maximal auf der Ebene von den vier Funktionsgruppen betrachtet werden sollen, stellt dies nicht ein allzu großes Problem dar. Probleme sind in den Fällen gegeben, in denen innerhalb der Divisionen Gruppen von Industrien enthalten sind, die nicht zum Wissenssektor nach der oben getroffenen Abgrenzung zählen. Dies ist in folgenden Fällen gegeben: „Wholesale of machinery, equipment and supplies", „Renting of office machinery and equipment", „Motion picture, radio, television and other entertainment activities, News agency activities, Library, archives, museums and other cultural activities". Aufgrund der großen Reichweite der in der Division Großhandel (52) enthaltenen Industrien[6] wird auf den Einschluss dieser Division in den Wissenssektor verzichtet. Im Gegensatz dazu machen die letztgenannten interessierenden Industriegruppen jeweils den Großteil der Divisionen selbst aus, so dass diese Divisionen mit zum Wissenssektor gerechnet werden.

Die entgültige Operationalisierung des Wissenssektors, seiner vier Funktionsgruppen und Industrien auf Basis der ISIC Rev. 3 ist in Tabelle 7.1 dargestellt.

---

[5] OLS-Regressionsanalytisch mit Zeit (Jahr) vorhergesagte Werte.
[6] Enthalten sind die Gruppen „Wholesale on a fee or contract basis", „Wholesale of agricultural raw materials, live animals, food, beverages and tobacco", „Wholesale of household goods", „Wholesale of non-agricultural intermediate products, waste and scrap", „Wholesale of machinery, equipment and supplies" und „Other wholesale".

Funktionsgruppe Stock[6], Spinner[7]	Industrien ISIC Rev. 3 Name	Nr. der Division	Machlup[1], Porat[2]	Bell[3]	Castells[4]	OECD[5]
I	Research and development	73	x	x	x	x
II	Manufacture of paper and paper products	21	x	x	-	-
	Manufacture of computers and office machinery	30	x	x	-	x
	Manufactur. of electronic machinery and apparatus	31	x	x	-	x[a]
	Manufacture of radio, television and communication equipment	32	x	x	-	x[a]
	Medical, precision and optical instruments	33	x	x	-	x[a]
	Computer and related activities	72	x	x	x	x
	Post and Telecommunications	64	x	x	x	x[a]
	Renting of (computer) machinery and equipment	71	x	x	-	x
	Wholesale of machinery, equipment and supplies	n. v.	x	x	-	x
III	Other business services (Legal, accounting, book-keeping and auditing activities, Tax consultancy, market research and public opinion polling, business and management consultancy; [Architectural, engineering and other technical activities]; Advertising; Business activities n.e.c)	74	x	-	x	-
IV	Education	80	x	x	x	-
	Publishing, printing and reproduction of recorded media	22	x	-	x	-
	Recreationals, cultural and sporting activities (Motion picture, radio, television and other entertainment activ.; News agency activities; Library, archives, museums and other cultural activities; [Sporting and other cultural activities])	92	x	x	x	-

Hinweise: x = ist enthalten, - = ist nicht enthalten, [a] nur teilweise enthalten, n. v. = nicht verfügbar.

Quellen: [1] Machlup (1962, S. 354-357); [2] Porat (1977), vgl. auch Dordick und Wang (1993); [3] Ungefähre Zuordnung, detaillierte Aufschlüsselung fehlt (vgl. Bell 1980, S. 518) und Dordick und Wang (1993, S. 45); [4] Ungefähre Zuordnung, detaillierte Aufschlüsselung fehlt (vgl. Castells 1996, S. 208-216; 296 ff.); [5] OECD (2002, S. 81-83); [6] Stock (2000, S. 21); [7] Spinner (1998, S. 175 ff.).

Tabelle 7.1: Wissenssektor nach Funktionsgruppen und Industrien: Namen und ISIC (Rev. 3) Divisionsnummern

Einkommensheterogenität

Die Berechnung einer Kennziffer zur Beurteilung der Heterogenität von Einkommen setzt zunächst die fundamentalen Entscheidungen für eine Einkommensbezugseinheit, die Art des Einkommens und das zu berechnende Ungleichheitsmaß voraus. Die Wahl für individuelle oder kollektive (in der Regel Familien oder Haushalte) Einkommensbezugseinheiten ist aus inhaltlichen wie statistischen Gründen relevant. Durch nachträgliche Gewichtung oder de facto stattfindende Verteilungsprozesse kann die auf Basis von Familien oder Haushalten berechnete Einkommensheterogenität geringer ausfallen als Koeffizienten, die auf individuellen Einkommen basieren. Neben der Wahl einer bestimmten Gewichtung für die Mitglieder innerhalb des Haushaltes oder der Familie kommt bei dem Länder- und Zeitvergleich hinzu, dass sich Haushaltszusammensetzung und -größe deutlich unterscheiden können. Die zweite Entscheidung trifft die Wahl einer Einkommensdefinition (zu den verschiedenen Einkommens- und Vermögensbegriffen s. a. Becker und Hauser 2003; Atkinson 2003). Sofern als möglich, muss entschieden werden, ob Brutto- oder Nettoeinkommen, Einkommen aus Erwerbstätigkeit oder auch andere Einkommensquellen (aus Kapital, Pensionen etc.) oder sogar nicht-monetäre Einkommen berücksichtigt werden. Aufgrund ausgleichend progressiver Besteuerung und sozialer Umverteilung sollten Ungleichheitskennziffern in Sozialstaaten auf Basis von Bruttoeinkommen höher ausfallen als bei Nettoeinkommen und der Einbeziehung bestimmter anderer staatlicher Transferzahlungen. Schließlich ist die Wahl für ein bestimmtes Verteilungsmaß zu treffen. Die gebräuchlichsten Kennziffern mit zum Teil recht unterschiedlichen Eigenschaften sind der auf der Lorenzkurve basierende Gini-Koeffizient und das Dezentilverhältnis, die mittlere logarithmische Abweichung (MLD), das Atkinson-Maß und der Theils Index (für eine Übersicht über ihre zentralen Merkmale siehe z. B. Becker und Hauser 2003, S. 61f. oder Engelhardt 2000).

Wie in Abschnitt 4.3 bereits dargelegt, hat es in jüngster Zeit aufgrund des wachsenden Interesses an ökonomischer Ungleichheit eine Zunahme an Bemühungen gegeben, Länder und Zeit vergleichbare Reihen aggregierter Kennziffern zu erstellen (vgl. Atkinson und Brandolini 2001; Moran 2003). Alternativ zur eigenen Berechnung von Ungleichheitsmaßen stehen mittlerweile einige „high-quality" Datensätze hierzu online zur Verfügung. Die Verwendung eines solchen Datensatzes ist dann besonders vorteilhaft, wenn Kennziffern über viele Zeitpunkte oder Länder betrachtet werden sollen. Die Berechnung von Ungleichheitsmaßen ist aufwendig.

Wie die obige Diskussion deutlich macht, setzt eine Verwendung dieser Datenreihen eine Kenntnis mindestens der zugrunde gelegten Einkommensdaten, d. h. vor allem der Analyseeinheit und der Einkommensart, und der auf Basis der unterschiedlichen Ungleichheitskennziffern zu treffenden Interpretationen voraus. In der vorliegenden Arbeit werden die Gini-Koeffizienten des „Estimated Household Income Inequality Data Set" (EHII) verwendet. Für die hier interessierenden Länder und Zeitpunkte stellt diese die meines Wissens konsistenteste Datenquelle[7] mit den wenigsten fehlenden Werten

---

[7] Es ist geplant, die Analysen zum Vergleich auch mit der verbesserten und erweiterten Version des ursprünglich im Jahr 2000 öffentlich zugänglich gemachten *„World Income*

dar. Die Koeffizienten basieren auf den im Ungleichheitsprojekt der Universität Texas (UTIP) selber ermittelten Koeffizienten, Daten der *United Nations Industrial Development Organisation* (UNIDO), und dem bereits erwähnten Deininger und Squire Datensatz der Weltbank (Deininger und Squire 1996). Der Datensatz enthält 3179 Ginikoeffizienten für 154 Länder zwischen 1963 und 1999 (The University of Texas Inequality Project 2006). Eine Tabelle mit den Gini-Koeffizienten für die hier intereressierenden Länderzeitpunkte ist der Tabelle A.10 im Anhang (siehe S. 270) zu entnehmen.

7.1.2 Erklärende Variablen

Angebot an Qualifikationen

Mit dem Ziel, die Wirkung des gesamtgesellschaftlichen Humankapitals für wirtschaftliche oder soziale Folgen zu bestimmen, hat es eine Reihe von Bemühungen gegeben, das Qualifikationsniveau der Bevölkerung im Ländervergleich zu messen. In dieser Arbeit soll das im Zeitverlauf steigende Angebot an Qualifikationen für die relative Bedeutung von individueller Bildung und für die Einkommensungleichheit untersucht werden. Es stellt sich Frage, wie das Angebot an Qualifikationen in einer Volkswirtschaft und mithin ihre Veränderung im Zuge der Bildungsexpansion operational überhaupt am geeignetsten zu erfassen sind. Frühere Studien haben Schüler- und Studentenzahlen oder Alphabetisierungsraten als Näherung für den gesamtgesellschaftlichen Humankapitalbestand verwendet (Barro und Lee 2001; vgl. Bassanini und Scarpetta 2001, S. 8; Park 1996a). Zunächst ist zu entscheiden, ob man nur Personen, die sich zum Referenzzeitpunkt im Bildungssystem befinden, Personen die zu einer gewissen Altersgruppe gehören (z. B. die Personen im arbeitsfähigen Alter) oder die tatsächlich beschäftigten Personen betrachtet. Für die vorliegende Fragestellung nach den Folgen eines sich verändernden Angebots an Arbeitskräften für Bildungsrenditen und Einkommensungleichheit erscheinen Daten basierend auf einem größeren altersmäßigen Anteil der Bevölkerung geeigneter, als nur die Gruppe der Schüler oder Schulabgänger zu betrachten.

Schließlich ist zu überlegen, ob der schulische oder berufliche Bildungsabschluss oder die durchschnittliche Anzahl von Schuljahren als vergleichendes Maß für das Angebot an Qualifikationen in einer Gesellschaft zu verwenden sind. Für die Betrachtung der Entwicklung von Bildungsniveaus (z. B. pri-

---

Inequality Database" (WIID) der United Nations University und dem World Institute for Development Economics Research (UNU und WIDER 2000, 2007a) zu rechnen.

märe, sekundäre oder tertiäre Bildung) spricht, dass diese einen deutlich stärkeren empirischen Gehalt haben. Nachteilig ist, dass sich die Bildungssyteme und die einzelnen Qualifikationsstufen zwischen Ländern qualitativ stark unterscheiden und eine Aggregation nach diesen Ebenen substantiell schwierig zu interpretieren ist[8]. Die Alternative, die durchschnittliche Anzahl von Schuljahren, ist aus theoretischen Gesichtspunkten durchaus problematischer; der qualitative Unterschied zwischen verschiedenen Bildungsniveaus bzw. der Entwicklung ihrer relativen Bedeutung im Zeitverlauf wird in einen rein quantitativen Unterschied übersetzt. Gegenüber der Betrachtung der Bildungsniveaus hat die Messung der Entwicklung in Form der (virtuellen) durchschnittlichen Schuljahre in der Bevölkerung den Vorteil der größeren modelltechnischen Sparsamkeit.

In der vorliegenden Arbeit wird das Angebot an Qualifikationen in einer Gesellschaft zu einem Zeitpunkt dann operationalisiert als die durchschnittliche Anzahl der Schuljahre der Bevölkerung im arbeitsfähigen Alter (24 Jahre und älter). Die Daten entstammen der Datenbank von Barro und Lee (2001). Für alle hier interessierenden Länder mit Ausnahme von Luxemburg liegen die Daten in Fünf-Jahres Schritten von 1970 bis 2000 vor. Für die Zeitpunkte dazwischen wurden jeweils die Werte der davorliegenden Messzeitpunkte verwendet. Die Daten für Luxemburg sind dem OECD „Online Education Database" (OECD 2006c) entnommen.

Sektordualismus und Sektorbias

Im Hinblick auf die Zunahme der Ungleichheit durch sektoralen Wandel waren die Einkommensunterschiede zwischen Sektoren (Sektordualismus) als eine Ursache vermutet worden. In Ermangelung von Einkommensdaten nach Sektoren für die Vielzahl der hier benötigten Länder über die gesamte Zeitspanne wird, wie in der Literatur üblich, der Sektordualismus operationalisiert als die Differenz des Bruttowertschöpfungsanteils abzüglich des Erwerbstätigenanteils eines Sektors. Dahinter steht die Überlegung, dass ein positver Wert auf eine hohe, ein negativer Wert auf eine niedrige Produktivität des Sektors und damit durchschnittlich hohe bzw. niedrige Löhne hinweist. In den multivariaten Analysen geht die Differenz, wie in der Literatur üblich, in logarithmierter Form ein, um den vermuteten kurvilinearen Effekt abzubilden.

---

[8] Der Anteil tertiärer Bildungsabschlüsse ist im angloamerikanischen Raum zwar höher, mit dem Anteil tertiärer Abschlüsse z. B. in Deutschland aufgrund verschiedener Anforderungsniveaus nicht unbedingt vergleichbar.

Als ein wesentlicher Erklärungsfaktor für die Entwicklung von Bildungsprämien und Einkommensungleichheit ist zudem die Nachfrage nach Qualifikationen (bzw. das Ausmaß der Ungleichheit in dieser) diskutiert worden. Die Frage, wie sich die Nachfragestruktur tatsächlich im Zeitraum der letzten Dekaden entwickelt hat, ist, wie dargestellt, Gegenstand kontroverser Diskussionen. Es soll der Frage nachgegangen werden, ob der Wissenssektor stärker durch hohe Qualifikationen und weniger durch niedrigere Qualifikationen gekennzeichnet als die übrige Wirtschaft (*Upgradinghypothese*) oder aber gilt, dass der Wissenssektor stärker durch eine polarisierte Qualifikationsstruktur gekennzeichnet ist als die übrige Wirtschaft (*Polarisierungshypothese*).

Für insgesamt zehn OECD Länder und insgesamt 39 Länderzeitpunkte[9] liegen Daten für einzelne Industrien in ISIC (in der Revision 2)[10] nach vier Qualifikations- bzw. Berufsgruppen vor (in der „International Standard Classification of Occupations" (ISCO)): *„White-Collar High-Skilled"* (Legislators, senior officials and managers; Professionals; Technicians and associate professionals), *„White-Collar Low-Skilled"* (Clerks; Service workers and shop and market sales workers), *„Blue-Collar High-Skilled"* (Skilled agricultural and fishery workers; Craft and related trades workers) und *„Blue-Collar Low-Skilled"* (Plant and machine operators and assemblers; Elementary occupations) vor.

Die Qualifikationsstruktur des Wissenssektors ist zum einen für die Frage nach einer zu- oder abnehmenden Bedeutung von Bildung für das Einkommen relevant. Darüberhinaus soll das erwartete Wachstum des Wissenssektors auch als erklärende Größe für das Ausmaß an Einkommensungleichheit in den reinen Aggregatanalysen eingebracht werden. Aufgrund der geringen Fallzahl wird in allen multivariaten Analysen der Beschäftigtenanteil des Wissenssektors an der Gesamtwirtschaft bzw. seine prozentuale jährliche Wachstumsrate[11] verwendet.

---

[9] Australien 1986, 1991, Kanada 1971, 1981, 1986, 1991, Deutschland 1980, 1985, 1990, Frankreich 1982, 1990, Finnland 1970, 1975, 1980, 1985, 1990, Italien 1981, 1991, Japan 1970, 1975, 1980, 1985, 1990, Neuseeland 1976, 1981, 1986, 1991, 1996, UK 1981, 1984, 1986, 1988, 1991, USA 1983, 1985, 1988, 1990, 1993, 1994.

[10] Die Abgrenzung des Wissenssektors bzw. der übrigen drei Wirtschaftssektoren erfolgt analog zur Operationalisierung in Tabelle 7.1.

[11] Zu beachten ist, dass sich hierdurch die Stichprobengröße um die jeweils frühesten Länderzeitpunkte auf 41.540 Individuen in insgesamt 64 Kontexten verringert. Zu Vergleichszwecken werden alle Modelle auf Basis beider Stichprobengrößen dokumentiert. Substantiell ergeben sich die gleichen Ergebnisse.

7.1.3 Kontrollvariablen

Zum Zweck der vorliegenden Untersuchung wurde ein Makrodatensatz generiert, der neben den oben aufgeführten Variablen zahlreiche weitere Indikatoren für die *demographische Zusammensetzung* der Nationalstaaten, *institutionelle Rahmenbedingen* (Indikatoren zur Regulation von Arbeitsmärkten wie die Gewerkschaftsdichte, die Art und Spezifizität der Lohnverhandlungssysteme (Kenworthy 2000; Visser 2006; OECD 2006a) und der sozialen Sicherungssysteme (u.a. Huber et al. 2004)) und *Globalisisierung* (Anteil der Direktinvestitionen als Prozentsatz des Bruttoinlandsprodukts (Huber et al. 2004; OECD 2006a)) für die OECD Länder im Zeitraum von 1970 bis 2002 enthält[12]. Neben den bereits ausführlicher dargestellten Daten zur Bildung der Bevölkerung und dem sektoralen Wandel, werden schließlich in den hier präsentierten multivariaten Analysen die folgenden Variablen verwendet: Zur Kontrolle der Veränderungen in der demographischen Zusammensetzung der Bevölkerung zwischen den Länderzeitpunkten – vor dem Hintergrund der Überlegung, dass ein wachsender Zustrom von Personen mit geringer oder keiner Berufserfahrung die relativen Löhne am unteren Ende der Einkommensskala verringert und Einkommensungleichheit erhöht – wird wie an anderer Stelle (Alderson und Nielsen 2002, S. 1265) die natürliche Wachstumsrate der Bevölkerung als Variable eingebracht (UN 2007). Um mögliche Effekte der zunehmenden weltwirtschaftlichen Integration zu kontrollieren, wird der in der Literatur als Indikator für die ökonomische Globalisierung häufig verwendete Handelsanteil (die Exporte und Importe) am (konstanten) Bruttoinlandsprodukt verwendet (vgl. Milanovic 2006, S. 21; Hradil 2005). Die Daten sind den 'Penn World Tables' (openk) entnommen (Heston et al. 2002). Zur Berücksichtigung der unterschiedlichen institutionellen Rahmenbedingungen wird, wie überwiegend in der Literatur, für die Gewerkschaftsdichte, also den Anteil der Gewerkschaftsmitglieder in der erwerbstätigen Bevölkerung, kontrolliert. Die Daten bis 1989 entstammen Arbeitskräftestatistiken der OECD (OECD 2006a). Die Werte danach sind Visser (2006) entnommen. Die Tabelle 7.2 enthält die deskriptiven Statistiken für die diskutierten Variablen der Makroebene.

Die Wertebereiche und empirischen Mittelwerte der Variablen sind zudem nochmals in den Ergebnistabellen der hierarchisch-linearen Regressionen mit aufgeführt.

---

[12] Auf eine detaillierte Darstellung aller hier zusammengetragenen Daten wird an dieser Stelle verzichtet. Die hierzu aufgewendeten Anstrengungen sollen in einer separaten Dokumentation öffentlich zugänglich gemacht werden.

	N[a]	Minimum	Maximum	Mittelwert	Standardabweichung
(1) Einkommensungleichheit (Gini-Koeffizient).............	534	27,04	46,18	35,59	3,66
(2) Durchschnittliche Anzahl der Schuljahre..................	673	2,40	12,30	8,28	1,95
(3) Beschäftigte im Wissenssektor (in Prozent)....	404	10,94	29,09	19,81	3,54
(4) Jährliches Wachstum Besch. im WS (in Prozent)....	370	-0,06	0,09	0,02	0,02
(5) Sektordualismus im Wissenssektor (in Prozent)....	344	-2,29	0,84	0,22	0,47
(6) Natürliche Bevölkerungänderung (in Prozent)..........	532	-2,70	14,10	3,92	3,49
(7) Gewerkschaftsmitglieder (in Prozent)......................	629	7,38	85,20	42,36	19,10
(8) Handel in Prozent des BIP pro Kopf (laufende Preise).....	600	10,87	266,88	54,53	44,65

Hinweise: [a] Länderzeitpunkte. Quellen: siehe Kapitel 7.1; eigene Berechnungen.

Tabelle 7.2: Deskriptive Statistiken für die Variablen der Makroebene

7.2 Variablen auf der Mikroebene

7.2.1 Zielvariable: Individuelles Einkommen

Ziel der Analysen mit der abhängigen Variable Einkommen ist die Rückführung der Einkommensunterschiede simultan durch individuelle Unterschiede der Befragten und systemischen Eigenschaften der Nationalstaaten zum jeweiligen Zeitpunkt.

Die Messung des Einkommens variiert in den ISSP-Stichproben zwischen Ländern und auch innerhalb von Ländern zwischen den Messzeitpunkten. Die erhobenen Daten unterscheiden sich danach, ob die Brutto- oder Nettoeinkommen, offen oder kategorial, monatlich oder jährlich erhoben wurden. Insgesamt liegen für 44 Länderzeitpunkte Einkommen auf Basis offener Abfrage, aber 164 für eine kategoriale Erhebung vor (vgl. Abbildung 7.1). In einigen Ländern (AUS, GER-W, GER-E, ITA, NOR, SWE, USA, FIN und BEL) sind die Einkommen auch oder exklusiv offen abgefragt worden[13]. Die

---

[13] Im Fall von Finnland und Belgien liegen die Einkommensangaben nur offen abgefragt vor. Diese Daten wurden bei der in der Regel verwendeten kategorialen Zielvariable

7.2 Variablen auf der Mikroebene

meisten Teilnehmerländer des ISSP stellen die Einkommensfrage zunächst offen und bei Verweigerung mit kategorialer Antwortvorgabe.

Im Hinblick auf die Unterschiede in dem zeitlichen Einkommensbezug und der Brutto- bzw. Nettoabfrage liegen größtenteils nur Unterschiede zwischen Ländern vor. Über die Zeit sind diese innerhalb der Länder in der Regel konstant erhoben worden. Der zeitliche Bezug der Einkommensangaben ist für den Großteil der Länder monatlich, in acht Ländern jährlich (AUS, CAN, DNK, GB[14], JAP, NOR, NZ, USA). Deutschland, Österreich, Italien, die Niederlande, Portugal und Belgien erheben Nettobeträge, die anderen Länder Bruttoeinkommen. In den multivariaten Verfahren wurde dies durch eine Dummy-Variable kontrolliert[15].

Folgende Arbeitsschritte wurde unternommen, um zu einem adäquat vergleichbaren Einkommensmaß zu gelangen: Die offen jährlich abgefragten Einkommensdaten wurden zunächst durch die Division von zwölf in virtuelle Monatseinkommen umgerechnet. In einem nächsten Schritt wurden die offenen Monatseinkommen in konstante US-Dollar Kaufkraftparitäten (OECD 2006d) umgerechnet[16].

Eine Excel-basierte Synopse der Einkommenskategorien für jedes Land

---

berücksichtigt, so dass insgesamt 166 Länderzeitpunkte vorliegen. Aufgrund der geringen Vergleichsbasis von nur sechs Ländern mit offenen und kategorialen Angaben wird auf die zusätzliche Prüfung der Hypothesen bzw. die Überprüfung der Stabilität der Ergebnisse bei Verwendung der offen erhobenen Einkommensangaben verzichtet. Eine Prüfung der funktionalen Äquivalenz der Messung anhand anderer Datenquellen (z.B. LIS-Daten) könnte ergänzend angegangen werden. Als Alternative zu den ISSP-Daten sind diese jedoch v. a. aufgrund der geringeren Zahl von Länderzeitpunkten hier nicht geeignet.

[14] Im Fall von Großbritannien stellt sich das Problem, dass die zentral interessierenden Kontextmerkmale (Anteil der Beschäftigten im Wissenssektor, Qualifikationsangebot) nur für Großbritannien und Nordirland gemeinsam vorliegen und eine Separierung für die beiden Gebiete nicht möglich ist.

[15] Die Variable erbrachte keinen zusätzlichen Erklärungsbeitrag sobald Kontextvariablen in das Modell mit aufgenommen wurden und wurde deshalb in den endgültig hier präsentierten Modellen nicht berücksichtigt. Wenn auch in der ökonomischen Literatur die Betrachtung von Bruttoeinkommen dominiert, um Unterschiede aufgrund von steuerlichen Regelungen auszuschließen, kann man davon ausgehen, dass bei der individuellen Entscheidung für Bildung insbesondere das erwartete Nettoeinkommen relevant ist (vgl. Franz 2006, S. 79).

[16] Da die historischen Serien für die Mitgliedländer der Europäischen Union von der OECD auch für Zeitpunkte vor der Währungsunion in Euro vorliegen, mussten die Einkommenswerte der betreffenden Länderzeitpunkte, in denen die Daten noch nicht in Euro erhoben wurden, zunächst anhand der am 1. Januar 1999 (2001 im Fall von GRC) gültigen Umrechnungsraten in Euros umgerechnet werden. Die Konversionsraten sind Schreyer und Suyker (2002) entnommen.

über die verfügbaren Zeitpunkte macht deutlich, dass innerhalb der Länder die Kategorien relativ konstant erhoben wurden. Die häufigsten Änderungen betreffen die Randkategorien, während die Kategorienbreite in der Regel über alle Zeitpunkte erhalten bleibt. Eine Rekodierung in eine über die Zeit invariante Kategorisierung innerhalb eines Landes gelingt vor diesem Hintergrund relativ einfach. Als problematisch sind die zum Teil großen Länderunterschiede in der Kategorienbreite zu beurteilen. Während in den bereits früh teilnehmenden Ländern (AUS, AUT, GER, ITA, NL, USA) eine Differenzierung von 17 echten Einkommensklassen (ohne Verweigerer etc.) gegeben ist, liegen für den Großteil der übrigen Länder nur etwa 10 Einkommensklassen vor (NOR, NZ, CAN, SWE, ESP, FR, JAP, DNK, PRT[17]). In den selteneren Fällen, in denen dies nicht bereits in den Rohdaten der Fall war, wurden die Ausprägungen für die einzelnen Intervalle durch die Kategorienmittelwerte ersetzt. Wie auch im Fall der offen abgefragten Daten wurden diese schließlich in konstante, d. h. inflationsbereinigte US-Dollar Kaufkraftparitäten umgerechnet. Über die geschilderten Rekodierungen hinaus wurden keine Versuche unternommen, die Unterschiede in der Kategorienbreite durch den Entwurf eines harmonisierten Kategoriensystems auszugleichen. In den späteren regressionsanalytischen Verfahren werden jedoch die logarithmierten Werte verwendet. Die Jahresmittelwerte und Standardabweichungen im Länderdurchschnitt der so ermittelten Einkommensvariablen sind in der Abbildung 7.1 (siehe S. 131) abgetragen.

Abseits der einer Harmonisierung zugänglichen Unterschiede differieren die Definitionen des Einkommens zwischen Ländern und über die Zeit: Erwerbseinkommen mit oder ohne Einkünfte aus unselbständiger Tätigkeit, aus Unternehmertätigkeit, aus Vermögen, aus Vermietungen und Verpachtungen und aus öffentlichen und privaten Einkommensübertragungen (Transferleistungen). Eine Kontrolle der Unterschiede in der Einkommensdefinition ist kaum zu leisten, da Informationen hierzu selbst in den Originalfragebögen kaum vorliegen. Eine Betrachtung der prinzipiellen Vielfalt möglicher Einkommensquellen (vgl. Warner und Hoffmeyer-Zlotnik 2003) steht in einem Missverhältnis zu der Machbarkeit bei der praktischen Datenerhebung. Schwerwiegender für mögliche Verzerrungen ist noch die Tatsache, dass die Einkommensabfrage als solches ein sensibles Thema und die Anzahl der Antwortverweigerer durchschnittlich hoch ist. Von den insgesamt 273.961 Fällen im kumulierten Datensatz stehen für 188.221 Personen gültige Einkommensangaben für die kategoriale Einkommenvariable und 54.065 für die

---

[17] Mit nur sechs Kategorien ist Portugal das Land mit der geringsten Anzahl von abgefragten Einkommensklassen.

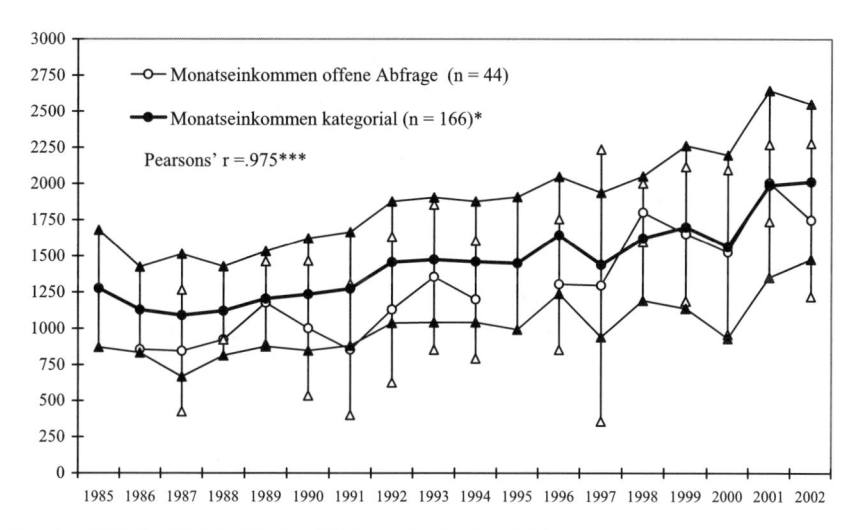

Hinweise: *AUS (9), AUT (10), BEL (1), CAN (7), GER-W (16), GER-E (11), DNK (4), ESP (8), FIN (1), FR (5), GB (18), ITA (9), JAP (10), NL (5), NOR (14), SWE (9), USA (14), NZ (11), PRT (4). ***: p≤0.001 (zweiseitiger Test). Quelle: ISSP-Daten (ungewichtet), eigene Berechnungen.

Abbildung 7.1: Arithmetische Mittelwerte und Standardabweichungen alternativer Einkommensvariablen (in kaufkraftbereinigten US-Dollar Paritäten)

offene Einkommensvariable zur Verfügung. Vor diesem Hintergrund wird die kategoriale Variable in der Regel als Zielvariable verwendet.

7.2.2 Erklärende Variablen

Erworbene individuelle Eigenschaften

Ziel der Verwendung der Bildungsvariable ist die Bestimmung des Wertes von Bildung für die Erzielung von Einkommen im Zeit- und Ländervergleich. Damit wird eine Operationalisierung von Bildung benötigt, die die formalen Bildungsleistungen einer Person zu Gegenstand hat. Wenn auch das Humankapital einer Person über die formalen Bildungsleistungen hinaus geht (vgl. Abschnitt 4.2), so ist der in der Schulen, der Berufsausbildung und Hochschule erreichte Abschluss wesentlich (s. a. Sachverständigenrat zur Begutachtung der Gesamtgesellschaftlichen Entwicklung 2004, S. 423). Für die ländervergleichende Forschung stehen im Prinzip zwei Messkonzepte zur Verfügung: Anzahl der (virtuellen) Schuljahre oder höchster erreichter Schulabschluss (siehe oben). Im ISSP liegen in der Regel Informationen sowohl über die Dauer der Schulbildung in Jahren als auch den höchsten erreichten Bildungsabschluss vor. Informationen zur Beteiligungsdauer wurden entweder direkt erhoben oder aus der Information zum höchsten erreichten Schulabschluss rekodiert (virtuelle Anzahl der Schuljahre).

Für den Vergleich zwischen Ländern und Zeitpunkten ist zu beachten, dass sowohl die Länge als auch die Art der erreichbaren Schulabschlüsse von den institutionellen Strukturen der spezifischen nationalen Bildungssysteme abhängen. Die Bildungssysteme sind selbst innerhalb der hier untersuchten Länder höchst unterschiedlich und haben sich zudem innerhalb des Untersuchungszeitraumes in einigen Ländern noch verändert (Müller et al. 1997; Müller 1999; Braun und Müller 1997; Kerckhoff et al. 2002; Hoffmeyer-Zlotnik 2003[18]).

Die Harmonisierung der im ISSP vorliegenden nationalen Bildungsabschlüsse in ein international vergleichbares Kategoriensystem (ISCED oder CASMIN) setzt genaueste Kenntnis der interessierenden Bildungssysteme seitens des Forschers und eine hohe Qualität bei der Erhebung der nationalen Abschlüsse voraus. Eine international harmonisierte Variable kann maximal die Qualität der nationalen Bildungsvariable erreichen. Viele ländervergleichende Arbeiten verwenden vor dem Hintergrund deshalb die Anzahl (virtuellen) der Schuljahre. Die Erstellung einer solchen Variablen in Sekundäranalysen ist vergleichsweise einfach. Zudem kann die Variable als linearer Prädiktor[19] vergleichsweise sparsam in multivariaten Verfahren verwendet werden. Jedoch geht mit einer solchen Messung von Bildung die qualitative, kredentialistische Bedeutung unterschiedlicher Abschlüsse zu einem großen Teil verloren; Bildung wird reduziert auf das „wie viel". Das Problem unterschiedlicher institutioneller Rahmenbedingungen geht bei der Verwendung der Schuljahre natürlich auch nicht verloren. Ein Jahr Bildung kann je nach Land unterschiedliches bedeuten (Hoffmeyer-Zlotnik 2003, S. 248 ff.; Braun und Müller 1997, S. 171). Insgesamt kann jedoch

---

[18] Die funktionale Äquivalenz des Messinstruments ist eingeschränkt durch die institutionelle Varianz der Bildungssysteme hinsichtlich der Zugangsvoraussetzungen (Alter, Leistung, Gebühren), dem Standardisierungsgrad des Bildungswesens (z. B. Zentralabitur), der quantitativen und qualitativen Aufgliederung des schulischen Bildungsprozesses, der Bedeutung von Privat- oder Eliteschulen und der Art des beruflichen Bildungssystems (duale, vollschulische, rein betriebliche Ausbildung).

[19] Zur Adäquatheit der Linearitätsannahme siehe Park 1994; Card 1999 (für die USA); Brynin 2003 (für Deutschland und Großbrittanien).

7.2 Variablen auf der Mikroebene

angenommen werden, dass je länger jemand Bildung ausgesetzt ist, desto mehr Wissen und Fähigkeiten kann er sich aneignen.

Das Problem der eingeschränkten Vergleichbarkeit von Bildungsvariablen zwischen Ländern kann in dieser Arbeit nicht gelöst werden. Obwohl Bildungsvariablen in nahezu allen vergleichenden sozialwissenschaftlichen Untersuchungen enthalten sind, ist eine systematische Validierung der harmonisierten kategorialen Variablen und der Bildungsjahre in noch nicht ausreichendem Maße geleistet bzw. wird gerade angegangen[20].

Vor diesem Hintergrund wurde die Entscheidung getroffen, die Bildung als Anzahl der Schuljahre zu operationalisieren. Hierfür wurden jeweils nur Fälle berücksichtigt, für die die Anzahl der Schuljahre direkt erhoben wurde. Fälle, in denen die Variable offensichtlich aus den Abschlüssen rekodiert wurde, wurden mangels der eingeschränkten Vergleichbarkeit nicht berücksichtigt. Die Variable wurde zudem nach oben hin trunkiert. Personen mit mehr als 25 Bildungsjahren wurde der Wert „25" zugeordnet. Es kann davon ausgegangen werden, dass ein zusätzliches Jahr spätestens ab dieser Grenze keinen linearen Beitrag zur Verbesserung der Status- oder Einkommenschancen leistet.

Zudem wurde unter Zuhilfenahme der Informationen zum international vergleichbaren Klassifikationssystems ISCED (OECD 1999; UNESCO 2003b) eine kategoriale Variable „höchster Schulabschluss" gebildet, die zwischen primären, sekundären und tertiären Abschlüssen unterscheidet[21]. Besonderes Augenmerk wurde dabei auf die Konsistenz der Zuordnungen der länderspezifischen Abschlüsse über die Zeit gelegt[22]. Die Mittelwerte und Standardabweichungen der Variable „Anzahl der Schuljahre" sind der folgenden Abbildung 7.2 (siehe S. 134) zu entnehmen.

Die *Berufserfahrung* wurde gemäß mangelnder Alternativen gebildet aus dem Alter des Befragten abzüglich der Anzahl der Schuljahre abzüglich des landestypischen Einschulungsalters (OECD 1999; UNESCO 2007) in Jahren.

---

[20] Der Kenntnisstand beschränkt sich bislang auf systematische Vergleiche zwischen einer geringen Anzahl von Ländern und ausgewählten Datensätzen (vgl. Schneider 2007). Kürzlich ist ein Sammelband mit den Ergebnissen einer systematischen Evaluierung der Inhalts- und Kriteriumsvalidität der ISCED-Variable für 15 Europäische Länder erschienen (Schneider 2008).

[21] In den jüngeren ISSP-Datensätzen steht dem Benutzer eine bereits „harmonisierte" Variable zur Verfügung. Die Kreuztabulierung mit den nationalen Abschlüssen und die Inspektion geeigneter Handbücher zeigt jedoch, dass diese aufgrund vielfältiger Inkonsistenzen zwischen Ländern oder innerhalb von Ländern über die Zeit nicht unverändert benutzt werden kann.

[22] Die Zusammenhangsstärke zwischen beiden Bildungsvariablen beträgt Eta=.772.

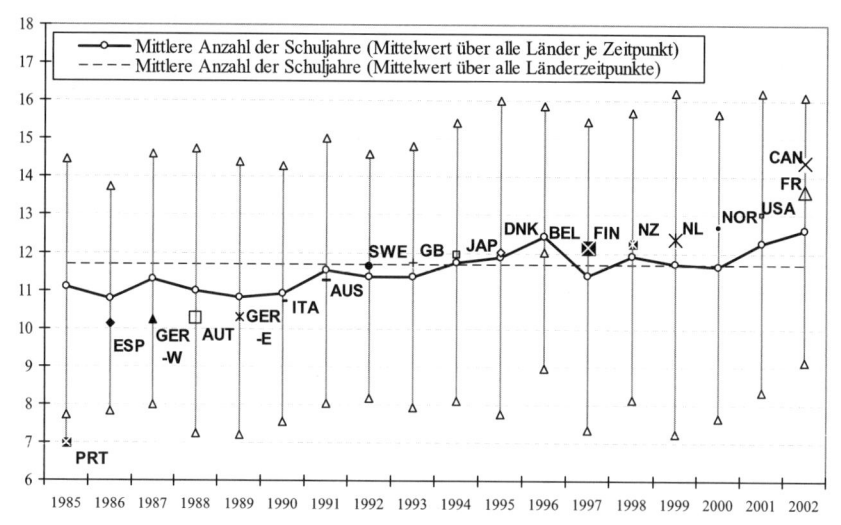

Abbildung 7.2: Arithmetische Mittelwerte und Standardabweichungen der Anzahl der Schuljahre

Der *berufliche Status* einer Person kann auf sehr unterschiedliche Weise operationalisiert werden. Bereits oben wurde auf die substantiellen Unterschiede zwischen der kategorialen Analyse sozialer Klassen und der Konzeption sozialer Unterschiede in Form von kontinuierlichen Prestigeskalen oder sozio-ökonomischer Indizes (SEI) hingewiesen. In der vorliegenden Arbeit ist es das vorrangige Ziel, den beruflichen Status als Kontrollgröße für die Beziehung zwischen Bildung und den ökonomischen Erträgen des Berufes abzubilden. Es interessieren somit weniger die Erträge des Berufs in Form von sozialer Annerkennung, wie sie die Prestigeskalen abbilden. Wenn auch, ähnlich wie im Hinblick auf die Diskussion zum geeigneten Bildungsmaß, die kategoriale Erfassung eine lebensweltlich bedeutsamere Entsprechung haben mag, so haben kontinuierliche Messinstrumente den Vorteil größerer Sparsamkeit in mulitvariaten Verfahren (vgl. Rijken 1999, S. 4; Ganzeboom und Treiman 2007). In dieser Arbeit wird daher der berufliche Status in Form des Internationalen Sozioökonomischen Index (ISEI) operationalisiert.

Die einem Beruf (unit-group) zugeordneten ISEI-Werte sind das Ergebnise einer Rechenprozedur (*optimal scaling*), bei der Informationen zur mittleren Bildung und dem mittleren Einkommen der Berufe in 16 Ländern verwertet wurden (für Details siehe Ganzeboom et al. 1992; Ganzeboom und Treiman 2003).

Umfangreiche Rekodierungen waren nötig, um die Angaben im ISSP zum Beruf des Befragten in ISEI zu überführen. Hilfreich waren die online zugänglichen Vorarbeiten diverser Autoren (Prandy und Lambert 2004; van de Werfhorst 2005; Ganzeboom und Treiman 2007). Die jeweils nationalen Berufsklassifikationssysteme[23] wurden dann nach Verfügbarkeit von Transformationsschlüsseln zuerst in die 1968er und dann in die 1988er oder direkt in die 1988er Version der Internationalen Standard Klassifikation der Berufe (ISCO) übersetzt (zu dem ISCO-Schema siehe Hoffmann 2003b). Anschließend wurde mittels der frei verfügbaren Syntaxroutine eine Rekodierung der ISCO-Variablen in ISEI vorgenommen. Der ISEI kann Werte zwischen 16 (niedrigster sozioökonomischer Status, z. B. ISCO-88 „Helpers and Cleaners in Establishments" (9132)) und 90 (z. B. ISCO-88 „Judges" (2422)) annehmen.

Zugeschriebene individuelle Eigenschaften

Neben dem Geschlecht des Befragten (rekodiert mit den Ausprägungen null (weiblich) und eins (männlich)) liegen zu einigen Länderzeitpunkten Informationen zur sozialen und ethnischen Herkunft des Befragten vor. Informationen zur sozialen Herkunft stehen in Form von dem Beruf des Vaters[24], seltener in Form der Bildung des Vaters (Anzahl der Schuljahre oder höchster erreichter Schulabschluss) bzw. Informationen zum Beruf oder der Bildung der Mutter in den Datensätzen zur Verfügung. Aufgrund der Datenlage ist die Konzentration auf die Berufsinformation des Vaters ratsam. Analog zur Rekodierung des Berufs des Befragten wurden die nach Ländern und Zeitpunkten variierenden Berufsklassifikationen zunächst in ISCO-88 und dann in ISEI rekodiert. Insgesamt liegen jedoch nur für 54.211 Individuen Informationen zur sozialen Herkunft vor. In den multivariaten Modellen mit der Herkunftsvariable liegen schließlich nur noch 15.566 Fälle für neun Länder und elf Zeitpunkte vor. Der simultanen Erklärung von Zuschreibungseffekten für das Einkommen durch individuelle und kontex-

---

[23] Insbesondere in den jungen ISSP-Jahrgängen liegen noch keine harmonisierten Daten z. B. in dem ISCO-Schema vor.
[24] Teilweise wurde der Beruf des Vaters zum Zeitpunkt, als der Befragte 15 Jahre alt war, erfragt.

tuale Faktoren wird daher in der Arbeit kein Raum gewidmet. Die Modelle mit dem Beruf des Vaters können jedoch im Anhang in Tabelle A.9 (siehe S. 269) eingesehen werden. Bisherige Studien zeigen, dass die Bildungsrenditen durch die Nichtberücksichtigung der sozialen Herkunft allenfalls unwesentlich überschätzt werden (vgl. Franz 2006, S. 98).

Da die Informationen zur ethnischen Herkunft ingesamt nur für Großbritannien, Vereinigten Staaten, Kanada, Neuseeland, Deutschland, Schweden und Dänemark überhaupt mehr als einmal im gesamten Zeitraum erhoben wurden und die Abfragen zudem kaum vergleichbar sind[25] wurde bei genauerer Kenntnis der Datenlage darauf verzichtet, diese Variable in der vorliegenden Arbeit zu betrachten.

7.2.3 Kontrollvariablen

Zusätzlich wurde in den multivariaten Analysen für folgende Merkmale der Individuen kontrolliert: Ein Teil der Analysen wurde mit einer alternativen abhängigen Variablen, nämlich dem durch die Anzahl der wöchentlichen Arbeitsstunden geteilten logarithmierten, monatlichen Nettoeinkommen in kaufkraftbereinigten US-Dollar Paritäten berechnet. Da dies die Anzahl der gültigen Fälle von 188.221 mit Angaben zum monatlichen Einkommen um 40.589 ohne gültige Angaben zum Stundenumfang der Erwerbstätigkeit reduziert, wird alternativ in den Modellen mit dem Monatseinkommen für eine Dummy-Variable kontrolliert, die den Wert eins annimmt, wenn der Befragte Vollzeit erwerbstätig ist. Die Kontrolle des Erwerbstätigkeitsstatus reduziert die Anzahl der Personen mit gültigen Einkommensangaben nur um 2.122. Die Beschäftigung betreffend wird zudem kontrolliert, ob jemand einen Selbständigkeitsstatus innehat, ob er eine Aufsichtsfunktion ausübt, ob er ein Gewerkschaftsmitglied ist und ob er im öffentlichen oder privaten Sektor beschäftigt ist. Über die genannten Informationen zur Beschäftigung hinaus liegen für einkommensrelevante Merkmale wie die Dauer und Häufigkeit von Arbeitslosigkeit, die Betriebsgröße, oder Angaben zu einer Zweit- oder Drittbeschäftigung nur für wenige Länderzeitpunkte vor. Auf eine Kontrolle dieser Merkmale muss daher verzichtet werden. Schließlich liegt eine Variable vor, die die Merkmalsträger danach unterscheidet, ob sie städtisch („Urban, big city", „Suburb big city, big town" und „Town or small city") oder ländlich

---

[25] Sofern überhaupt dokumentiert wurde entweder danach gefragt, ob jemand Ausländer ist oder nicht, welche Staatsbürgerschaft der Befragte hat, oder es wurden Einschätzungen des Interviewers verwertet. Die Kategorisierungen reichen von umfangreichen Listen bis hin zu Kategoriensystemen mit den größeren Weltregionen.

7.2 Variablen auf der Mikroebene

("Country village", "Farm or home in the country") wohnen[26]. Schließlich ordnet eine Variable den Befragten das Merkmal Familienstand zu. Eine Dummy-Variable nimmt den Wert eins an, wenn die Person verheiratet ist[27]. Eine weitere Kontrollvariable informiert darüber, ob im Haushalt des Befragten Kinder leben oder nicht[28]. Die Tabellen 7.3 und 7.4 (siehe S. 138) enthalten die deskriptiven Statistiken für die diskutierten Variablen der Mikroebene.

	(1)	(2)	(3)	(4)	(5)	(6)	(7)
(1) Persönl. monatl. Nettoeinkommen^a....	1,000 (188.221)						
(2) Erhebungsjahr..........	,207*** (188.221)	1,000 (273.961)					
(3) Bildung in Jahren...............	,356*** (142.743)	,092*** (201.679)	1,000 (201.679)				
(4) Berufserfahrung in Jahren...............	-,077*** (109.460)	-,004 (149.092)	-,522*** (149.092)	1,000 (149.092)			
(5) Arbeitsumfang (in Wochenstunden).	,306*** (124.888)	-,007** (147.632)	,008** (119.647)	-,006 (103.122)	1,000 (147.632)		
(6) ISEI Befragter..................	,379*** (130.236)	,025*** (174.604)	,498*** (127.961)	-,170*** (100.796)	,086** (117.182)	1,000 (174.604)	
(7) ISEI Vater des/r Befragten.............	,153*** (41.895)	,018*** (54.211)	,366*** (44.179)	-,207*** (32.983)	-,024*** (32.563)	,321*** (42.849)	1,000 (54.211)
Mittelwert	1528,23	1995	11,67	25,66	38,81	44,21	39,48
Standardabweichung	1256,63	4,86	3,81	12,90	13,55	16,21	15,56
Minimum	41,67	1985	0,00	0,00	1,00	16,00	16,00
Maximum	37787,90	2003	25,00	60,00	97,00	90,00	90,00
N_j	18	18	18	18	18	16^b	11^c

Hinweise: ^{a} In US-Dollar Paritäten, kaufkraftbereinigt. ^{b} Nicht verfügbar für ITA, NL. ^{c} Nicht verfügbar für DNK, FIN, GB, ITA, JAP, NL, BEL. Fallzahlen in Klammern. *: p≤0.05, **: p≤ 0.01; ***: p≤0.001 (zweiseitiger Test).
Quelle: ISSP 1985-2002 (ungewichtet), eigene Berechnungen.

Tabelle 7.3: Deskriptive Statistiken für die kontinuierlichen Variablen der Mikroebene

---

[26] In Fällen, wo Einwohnerzahlen abgefragt werden, wird als Grenze 10.000 bzw. 20.000 (je nach Kategoriensystem) gewählt. Im Hinblick auf die abhängige Variable wäre die Information zum Ort der Beschäftigung vorzuziehen. Diese Information liegt jedoch nicht vor.
[27] Verwitwete, Geschiedene und Singles stellen die Referenzkategorie dar.
[28] Dort wo Informationen zur Haushaltszusammensetzung nicht vorliegen, wird, sofern vorhanden, auf Informationen zur Anzahl der Kinder unter 18 Jahre zurückgegriffen.

	Prozentanteil Ausprägung 1 (Anzahl gültige Fälle N_i)	Mittelwerte persönl. monatl. Nettoeinkommen[a]	Eta
(8) Geschlecht Männlich	46,8	1839,5	,253***
R.kat.: Geschlecht Weiblich.........	(273.495)	*1203,6*	
(9) Vollzeitbeschäftigung	72,9	2016,9	,285***
R.kat.: Teilzeit/weniger als Teilzeit.	(152.266)	*1170,3*	
(10) Tertiärer Bildungsabschluss	24,3	2202,7	,326***
R.kat.: Primärer/Sek. Abschluss....	(267.329)	*1281,6*	
(11) Öffentlicher Sektor	35,1	1820,5	,069***
R.kat.: Privater Sektor...............	(145.136)	*1645,2*	
(12) Selbständige Beschäftigung	14,0	1926,7	,068***
R.kat.: Angestellte....................	(194.616)	*1672,4*	
(13) Aufsichtsfunktion	36,2	2239,5	,285***
R.kat.: Keine Aufsichtsfunktion...	(157.205)	*1487,1*	
(14) Gewerkschaftsmitglied	28,7	1797,8	,131***
R.kat.: Kein Gewerkschaftsmitglied	(225.055)	*1452,5*	
(15) Familienstand: verheiratet	63,9	1649,3	,130***
R.kat.: Unverheiratet................	(269.707)	*1308,3*	
(16) Kinder im Haushalt	41,9	1574,9	,002
R.kat.: Keine Kinder im Haushalt...	(182.828)	*1581,0*	
(17) Wohnhaft in der Stadt	70,1	1605,9	,099***
R.kat.: Wohnhaft auf dem Land.....	(249.437)	*1333,9*	

Hinweise: [a] In US-Dollar Paritäten, kaufkraftbereinigt. Fallzahlen in Klammern. *: $p \leq 0.05$, **: $p \leq 0.01$; ***: $p \leq 0.001$ (zweiseitiger Test).

Quelle: ISSP 1985-2002 (ungewichtet), eigene Berechnungen.

Tabelle 7.4: Deskriptive Statistiken für die diskreten Variablen der Mikroebene

8 Methoden

8.1 Mehrebenenanalyse

8.1.1 Problemstellung

Die empirische Untersuchung basiert auf Aggregatdaten für insgesamt 20 OECD Länder über den Zeitraum von 1970 bis 2002 und auf einer Kombination dieser langsschnittlichen Aggregatdaten mit kumulierten Querschnittsdaten für Individuen (wohnhaft) in diesen Ländern. Die Erklärung der Unterschiede im Einkommen zwischen *Personen in unterschiedlichen Länderkontexten* (Kapitel 10) und die Unterschiede im Ausmaß der Einkommensungleichheit der *Länder über die Zeit* (Kapitel 11) kann methodisch angemessen nur mit Hilfe von Mehrebenenregressionen analysiert werden.

Im ersten Fall besteht die Aufgabe darin, zu prüfen, ob sich das individuelle Einkommen (auch) durch theoretische Systemmerkmale erklären lässt. Die hierarchische Struktur konstituiert sich hier also durch eine Individualebene, deren Elemente genau einer Länder*Zeit-Kombination zuzuordnen sind. Im zweiten Fall ist es das Ziel, Unterschiede in einem Aggregatmerkmal zu verschiedenen Zeitpunkten und Ländern zu erklären. In diesem Erklärungsmodell besteht die Mehrebebenstruktur nicht aus Individuen, sondern aus wiederholten Messungen in Ländern. Beide Formen der hierarchischen Regression sind fomal ineinander überführbar.

Allgemein finden hierarchische Modelle Anwendung, wenn die Datenstruktur einer Untersuchungspopulation eine mehrebige, das heißt, hierarchische Ordnung aufweist und die zu erklärende Variable simultan durch Merkmale verschiedener Ebenen erklärt werden soll. Sie genügen statistischer und konzeptioneller Adäquatheit und Effizienz, weil sie die Mehrebenenstruktur der Daten explizit modellieren: als ein hierarchisches System von Regressionsgleichungen, bei der eine auf der niedrigsten Ebene gemessene abhängige Variable auf Kovariaten aller existierender Ebenen regrediert wird (vgl. Verbeke und Molenberghs 2000). Damit vermeidet sie die statistischen und konzeptuellen Probleme, die auftreten, wenn man die Datenhierarchie in einer einstufigen Regression unberücksichtigt lässt.

Erstens würde in einer einstufigen Regression vermutlich die Annahme der Unabhängigkeit der Beobachtungen verletzt. Bei hierarchischen Daten ist davon auszugehen, dass die Beobachtungen für die Einheiten der unteren Ebene (z. B. Schüler einer Klasse) nicht völlig unabhängig voneinander sind; die durchschnittliche Korrelation zwischen den Elementen einer Gruppe ist größer als zwischen Elementen verschiedener Gruppen. Trifft dies zu, so sind die Schätzer für die Standardfehler bei einem konventionellen Test zu gering; Ergebnisse erscheinen unberechtigt statistisch signifikant (vgl. Hox 2002, S. 5). Zweitens besteht das statistische Problem bei Anwendung gewöhnlicher Regressionsverfahren in der Annahmeverletzung der Homoskedastizität. In der Regel ist die Residualvarianz der Fehlerterme bei hierarchisch strukturierten Daten nicht unabhängig von den Werten der erklärenden Variablen (vgl. Hox 2002, S. 14). Die Anwendung einstufiger Verfahren auf hierarchische Daten ist über die statistischen Probleme hinaus zudem insofern konzeptuell problematisch, als dass die Ebene, für die ein Zusammenhang gelten soll, nicht identifizierbar ist; beispielsweise können Aggregatzusammenhänge fälschlicherweise als Zusammenhänge auf der Individualebene interpretiert werden oder umgekehrt.

8.1.2 Das Zwei-Ebenen-Modell: Modellspezifikation, Modellschätzung, Inferenz und Modellgüte

Hierarchische Modelle mit zwei Ebenen können als das Ergebnis eines zweistufigen Prozesses verstanden werden. Der erste Schritt besteht darin, für jede Gruppe der zweiten Ebene (hier *Länderzeitpunkte* oder *Länder*) eine angemessene Regressionsgleichung zu schätzen.

$$Y_{ij} = \beta_{0j} + \beta_{ij} X_{ij} + \epsilon_{ij} \qquad (8.1)$$

mit einem Interzept β_{0j}, einem Regressionskoeffizienten β_{ij} für die X Kovariaten und einem Fehlerterm ϵ_{ij}. Es wird angenommen, dass alle ϵ_{ij} voneinander unabhängig und normalverteilt sind, einen Mittelwert von Null und eine gleiche Varianz σ_e^2 in allen Gruppen der zweiten Ebene haben. Das Subskript j kennzeichnet die Elemente der höheren Ebene und das Subskript i repräsentiert diejenigen der ersten, d. h. niedrigere Ebene[1].

Im zweiten Schritt wird die Variation der Regressionskoeffizienten β durch die Einführung erklärender Variablen der höheren Ebene modelliert:

$$\beta_{0j} = \gamma_{00} + \gamma_{01} Z_j + u_{0j} \qquad (8.2)$$

und

$$\beta_{1j} = \gamma_{10} + \gamma_{11} Z_j + u_{1j} \qquad (8.3)$$

---

[1] Für die Darstellung in Vektorennotation siehe z. B. Verbeke und Molenberghs 2000.

8.1 Mehrebenenanalyse

Die Fehlerterme u_{0j} und u_{1j} werden als voneinander unabhängig, normalverteilt, mit einem Mittelwert von Null und unabhängig von den Fehlertermen der ersten Ebene ϵ_i angenommen.

Beide Modelle können durch Substitution der Gleichungen in eine komplexe Regressionsgleichung überführt werden:

$$Y_{ij} = \gamma_{00} + \gamma_{10}X_{ij} + \gamma_{01}Z_j + \gamma_{11}X_{ij}Z_j + u_{1j}X_{ij} + u_{0j} + \epsilon_{ij}{}^2 \quad (8.4)$$

Wie in der Hinführung erwähnt, werden hierarchische Modelle verwendet, weil bei hierarchischen Daten die Beobachtungen einer Gruppe generell ähnlicher sind als Beobachtungen verschiedener Gruppen, d. h. sie voneinander nicht unabhängig sind. Das sogenannte „leere Interzeptmodell"

$$Y_{ij} = \gamma_{00} + u_{0j} + \epsilon_{ij} \quad (8.5)$$

lässt Aufschlüsse über die Höhe der Abhängigkeit zwischen zwei zufällig ausgesuchten Beobachtungen der gleichen Gruppe zu. Der Intraklassen-Korrelationskoeffizient ρ (ICC) bemisst den Anteil der durch die zweite Ebene erklärten Varianz an der Gesamtvarianz. Auf Grundlage dieses Modells berechnet sich der ICC durch die Gleichung

$$\rho = \frac{\sigma_{u0}^2}{\sigma_{u0}^2 + \sigma_e^2} \quad (8.6)$$

Anders als in der einstufigen Regression werden die Modelparameter im hierarchisch linearen Modell nicht mit der Kleinste-Quadrate-Methode, sondern mittels Maximum Likelihood geschätzt[3].

Die inferenzstatistische Prüfung der Modellparameter basiert auf mit Hilfe der Wald-Test Statistik geschätzten Standardfehlern. Für geschachtelte Modelle kann die Devianzstatistik herangezogen werden, um die Modellverbesserung auf Signifikanz mit Hilfe eines Likelihood-ratio-Tests zu prüfen[4].

---

[2] Der Term $u_{1j}X_{ij}$ illustriert das oben angesprochene Heteroskedastizitätsproblem.

[3] Zwei Wahrscheinlichkeitsfunktionen werden bei der Mehrebenenanalyse verwendet (vgl. Hox 2002, S. 38): *Full Maximum Likelihood Schätzung* (ML) und *Restricted Maximum Likelihood Estimation* (REML). Beide sind konsistent, asymptotisch normalverteilt und effizient. In der Regel werden die ('full') ML-Schätzer verwendet (zu Unterschieden siehe z. B. Hox 2002, S. 37ff.). Es liegen mehrere Prozeduren für die Berechnung der ML- und REML-Schätzer in der Literatur vor. In den gängigen Softwarepaketen werden die Newton-Raphson basierte Prozeduren verwendet (vgl. Verbeke und Molenberghs 2000).

[4] Die Ergebnisse dieses Tests sind dann jedoch nicht ohne Weiteres valide, wenn die Modelle mit der REML-Methode geschätzt wurden, da diese auf unterschiedlichen Beobachtungen basieren. Welham and Thompson (1997) liefern jedoch eine Variante eines LR-Tests für Modelle, die mit dem REML-Schätzverfahren gefittet wurden.

Bei nicht geschachtelten Modellen empfiehlt Hox (2002, S. 45-46) den Vergleich der Werte des Akaike's Informations Kriteriums (AIC). Um analog zur gewöhnlichen einstufigen Regressionsanalyse die durch die Modelle erklärte Varianz der abhängigen Variablen zu berechnen, werden die Varianzkomponenten der verschiedenen Ebenen der Modelle mit substantiell erklärenden Variablen (Subskript m) gegenüber denjenigen im leeren Interzeptmodell (Subskipt b) verglichen[5]. Der Anteil der durch ein Modell erklärten Varianz auf der *ersten* Ebene berechnet sich aus:

$$R_1^2 = \frac{\sigma_{eb}^2 - \sigma_{em}^2}{\sigma_{eb}^2} \qquad (8.7)$$

Der Anteil der durch ein Modell erklärten Varianz auf der *zweiten* Ebene berechnet sich analog aus:

$$R_2^2 = \frac{\sigma_{u0b}^2 - \sigma_{u0m}^2}{\sigma_{u0b}^2} \qquad (8.8)$$

Zudem ist es sinnvoll, die ermittelten Anteile erklärter Varianz am ICC des jeweiligen Modells zu gewichten. Die Erklärungskraft eines Modells wird somit daran relativiert, wie die Varianzaufteilung zwischen den Ebenen ausfällt. Die übliche Vorgehensweise bei der Mehrebenenanalyse ist, zunächst anhand eines Nullmodells den ICC zu berechnen. Ein erstes Set von Modellen enthält Prädiktoren der untersten Ebene. Ein zweites Set von Modellen prüft den (direkten) Einfluss von Variablen der höheren Ebene auf die Zielvariable. Schließlich testen sogenannte *random coefficient models*, ob zwischen den Gruppen signifikante Unterschiede in den Steigungen der Prädiktoren bestehen. Für solche Unterschiede können abschließend *crosslevel* Interaktionen, d. h. Interaktionsterme von Variablen der höheren Ebene mit Termen der niedrigeren Ebene in das Modell aufgenommen werden.

8.2 Spezialfall Mehrebenenanalyse: Kreuzklassifizierte Modelle

Die Frage nach Änderungen im Stratifikationssystem in Richtung Meritokratie wurde oben präzisiert als Frage danach, ob der Anteil der im Wissenssektor beschäftigten Personen an der Gesamtwirtschaft (unter Kontrolle des Arbeitskräfteangebots und anderer Variablen) die Beziehung zwischen

---

[5] Für eine alternative Berechnung nach Snijders und Bosker (1994) siehe Hox (2002, S. 67-71).

8.2 Spezialfall Mehrebenenanalyse: Kreuzklassifizierte Modelle

Bildung und Einkommen zu moderieren in der Lage ist. Allgemeiner fomuliert besteht die Aufgabe also darin, zu prüfen, ob sich der Einfluss von Individualmerkmalen (auch) durch theoretische Systemmerkmale erklären lässt. Im Prinzip kann diese Fragestellung mit Querschnittsdaten bearbeitet werden. Jedoch wird die Analyse in dieser Arbeit mit der Berücksichtigung kumulierter Querschnitte und somit einer Mehrzahl von Länderzeitpunkten auf eine solidere Basis gestellt. Dies bedeutet für das statistische Modell jedoch, dass die Zugehörigkeit der Elemente der Individualebene sich aus einer Kombination aus *Ländern und Zeitpunkten* ergibt. Jede Person ist sowohl einem Land und einem Zeitpunkt eindeutig zuzuordnen; im Prinzip können Abhängigkeiten zwischen Personen eines Landes zu unterschiedlichen Zeitpunkten, aber auch zwischen Personen mit gleichen Befragungszeitpunkten aus verschiedenen Ländern bestehen. Die Datenstruktur ist somit nicht rein hierarchisch. Im Fall einer solchen Datenstruktur werden kreuzklassifizierte Modelle[6] berechnet. Sie finden immer dann Anwendung, wenn Einheiten durch zwei oder mehrere Faktoren kreuzklassifizierbar sind und sich die Faktoren nicht in hierarchisch verschiedene „Ebenen" bringen lassen (vgl. Rabe-Hesketh und Skrondral 2005, S. 249; Raudenbush und Bryk 2002, S. 373 ff., Hill und Goldstein 1998). Abbildung 8.1 zeigt das Modell für den konkreten Anwendungsfall in graphischer Darstellung. Das leere Interzeptmodell dieses Spezialfalls der Mehrebenenanalyse erweitert sich gegenüber der Gleichung 8.5 um einen weiteren Fehlerterm auf der zweiten Ebene[7]:

$$Y_{i(jk)} = \gamma_{00} + u_{0j} + v_{0k} + \epsilon_{i(jk)} \tag{8.9}$$

Ebenso wie im Fall einer rein hierarchischen Regression kann das Modell nun um erklärende Variablen der Individualebene und der Kontexebene erweitert werden. Module zur Berechnung kreuzklassifizierter Modelle sind gegenwärtig in einer Reihe von Softwareprogrammen implementiert. Gegenüber STATA, HLM und MLwiN ist die Prozedur *mixed* in SPSS wesentlich komfortabler[8] und wird deshalb für die Überprüfung von einer mit dem

---
[6] In der ökonometrischen Literatur werden diese Modelle auch „two-way error component models" genannt.

[7] Um anzuzeigen, dass beide Terme konzeptionell auf der gleichen Ebene liegen, sind sie in Klammern gesetzt (vgl. Hox 2002, S. 125).

[8] Anders als die übrigen genannten Programme ist es mit SPSS nicht nötig eine sogenannte „Dummy-Ebene" für die kreuzklassifizierten Fälle zu bilden (vgl. Hox 2002, S. 126ff. für die Anwendung mit MLwiN, Rabe-Hesketh und Skrondral 2005, S. 249 ff. für STATA). Alle genannten Programme erlauben es, die bei kreuzklassifizierten Modellen erforderliche Varianz-Kovarianzstruktur der höchsten Ebene als Matrix der Form Identität (d. h. gleiche Varianzen, Kovarianzen gleich Null) festzulegen (für

Länder (N_j=18)   *Jahre 1985-2002 (N_k =18)*

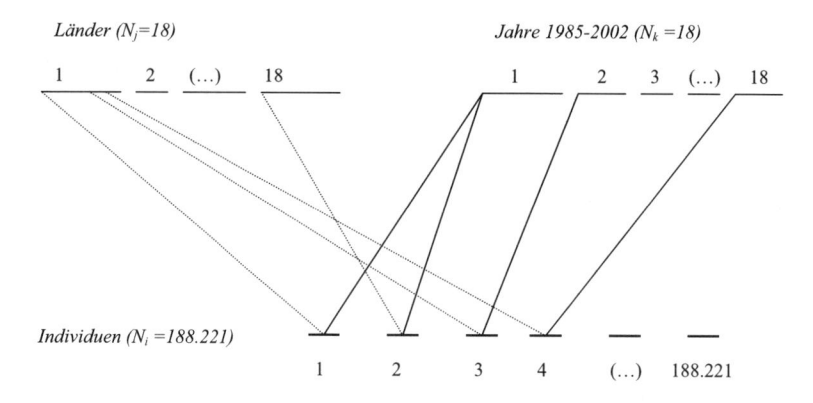

1   2 (...) 18   1   2   3 (...) 18

Individuen (N_i =188.221)

1   2   3   4 (...) 188.221

Abbildung 8.1: Spezialfall Mehrebenenanalyse: Kreuzklassifiziertes Modell des Individualeinkommens in Länderzeitpunkten

Beschäftigtenanteil des Wissenssektors und anderen Kontexteinflüssen variierenden Effektstärke von Bildung für das persönliche Einkommen verwendet. Bei allen Modellen sind die Daten demographisch[9] und im Sinne der „Variablen orientierten Methode" (Ragin 1987) des Ländervergleichs nach Stichprobengröße gewichtet, so dass die Stichprobengröße für jedes Land 1.300 beträgt[10].

8.3 Spezialfall Mehrebenenanalyse: Längsschnittmodelle

Längsschnittdaten können als Spezialfall des Mehrebenenmodells verstanden werden, bei dem wiederholte Messungen für eine Untersuchungseinheit

---

    Details siehe z. B. Raudenbusch und Bryk 2002, S. 373 ff.).

[9] Offenkundige Inkonsistenzen in der demographischen Gewichtungsvariable der ISSP-Datensätze wurden dem ZA mitgeteilt: Die Gewichtungsvariable im ISSP 1985 muss durch 100.000 dividiert werden; für Australien im ISSP 1991 muss die Gewichtung für alle Fälle mit 1 rekodiert werden; die Gewichtung für Kanada 2000 muss dem orginalen, seperaten Datensatz entnommen werden. Die Anzahl der gewichteten Fälle von 1300 entspricht gerundet der durchschnittlichen ungewichteten Stichprobengröße.

[10] Die Länder gehen somit als Fälle gleichgewichtig in die Analyse ein. Würde auf die Populationsgewichtung verzichtet, wären die Ergebnisse nicht auf alle Länder gleichermaßen, sondern vor allem auf die bevölkerungsstarken Länder verallgemeinerbar.

8.3 Spezialfall Mehrebenenanalyse: Längsschnittmodelle

vorliegen. Die wiederholten Messungen auf der niedrigsten, d. h. der ersten Ebene des hierarchischen Modells, sind dann eingebettet in die jeweilige Untersuchungseinheit auf der höheren, d. h. zweiten Ebene. Im Idealfall liegen die wiederholten Messungen für feste Zeitpunkte und konstante Messkonstrukte vor.

Für die Schätzung der Einkommensungleichheit werden hierarchische Modelle gerechnet, bei denen die Zeitpunkte als eingebettet in Ländern modelliert werden. Dies erlaubt die Trennung von Varianzanteilen, die auf *Unterschieden zwischen Ländern* bestehen von solchen, die *innerhalb von Ländern zwischen Zeitpunkten* bzw. über die Zeit bestehen. Im Gegensatz zu dem allgemeinen Mehrebenenmodell wird für die Bestimmung der erklärten Varianz der zweiten Ebene anstelle eines leeren Interzeptmodells ein Modell, das die Zeitvariable enthält, als Referenzmodell verwendet (vgl. Hox 2002, S. 81f.). Dies liegt darin begründet, dass die Varianz der zweiten Ebene mit der Einführung der Zeit als „erklärende" Variable in der Regel ansteigt anstatt zu sinken. Ursache hierfür ist, dass die Unterschiede innerhalb der Gruppen über die Zeit in der Regel größer sind, als von dem hierarchischen Stichprobenmodell angenommen wird. Somit überschätzt das leere Modell die Zwischengruppen- zugunsten der Innengruppenvarianz. Das Längsschnittmodell ist für den konkreten Anwendungsfall graphisch in Abbildung 8.2 dargestellt. Insbesondere bei Längsschnittmodellen stellt sich die Frage nach der Angemessenheit von Randomeffektschätzern. Die Unabhängigkeit der Fehlerterme sollte vorher explizit geprüft werden. Ein formaler Test zur Prüfung unbeobachteter Heterogeniät ist der Hausman-Test (Greene 2003). Für alle in Kapitel 11 diskutierten Mehrebenenmodelle ergibt der Hausman-Test, dass von der Exogenität der Fehlerterme auszugehen ist und somit die Verwendung von Randomeffektschätzern zu konsistenten und effizienten Ergebnissen führt[11].

---

[11] Der Test wurde mit der Statistiksoftware Stata durchgeführt. Der Test prüft die Unterschiede der auf Basis von Fixed- und Randomeffektschätzern ermittelten Regressionskoeffizienten auf Signifikanz. Unterscheiden sie sich nur zufällig, sind zwar beide Schätzer konsistent, die Randomeffektschätzer aber effizienter. Auf eine Darstellung der Ergebnisse wird verzichtet.

Länder (N_j=19)

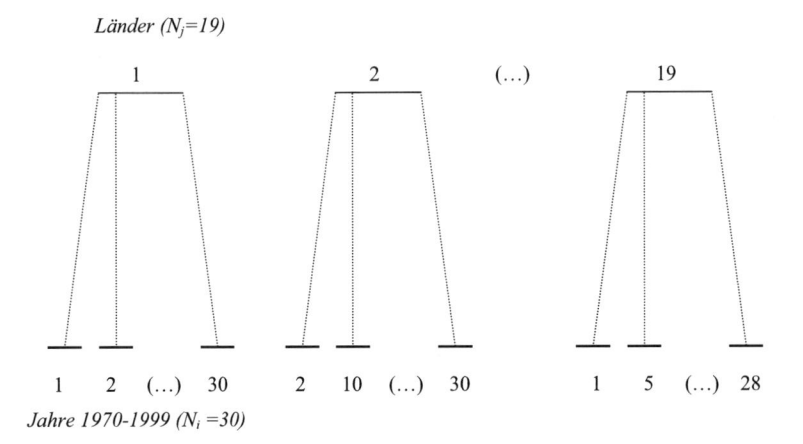

```
     1              2         (...)        19
```

1   2 (...) 30   2   10 (...) 30   1   5 (...) 28
Jahre 1970-1999 (N_i =30)

Abbildung 8.2: Spezialfall Mehrebenenanalyse: Längsschnittmodell der Einkommensungleichheit in Ländern

Teil IV

Ergebnisse

Im Folgenden werden die Ergebnisse der empirischen Analysen präsentiert und diskutiert. Analog zur Darstellung des Forschungsstands wird zunächst behandelt, wie sich die Wissensgesellschaft in den OECD Ländern im Zeitraum von 1970 bis 2002 entwickelt (Kapitel 9). Im Anschluss daran werden die Konsequenzen des sektoralen Wandels für soziale Ungleichheit untersucht: In einem ersten Schritt werden die Ergebnisse zur Frage sich ändernder Wichtigkeit von Bildung für das Einkommen präsentiert (Kapitel 10). In einem zweiten Schritt (Kapitel 11) werden die Analysen über den Zusammenhang zwischen dem Ausbau der Wissensgesellschaft und Einkommensungleichheit dargestellt.

9 Die Entwicklung der Wissensgesellschaft in 19 OECD Ländern von 1970 bis 2002

In Kapitel 3 war diskutiert worden, dass der eigentümliche Unterschied zwischen fortgeschrittenen Industriegesellschaften und Wissensgesellschaften *Wissen als zentrale Produktivkraft* ist. Insofern als dass Wissen eine zentrale Stellung im Produktionsprozess im Hinblick auf die Wertschöpfung der individuellen, organisationellen und technischen Ressourcen einnimmt, schlägt sich dies in einer Diffusion der Informations- und Kommunikationsmedien, einer fortdauernden Bildungsexpansion und der Entstehung einer Wissensökonomie nieder. In Abschnitt 3.3 war dann argumentiert worden, dass der Wandel der wirtschaftlichen Aktivitäten als zentraler Indikator für die Entwicklung der Wissensgesellschaft herangezogen werden soll. Dies war vor allem damit begründet worden, dass die industrielle Beschäftigung und Wertschöpfung im Zentrum der Sozialstruktur steht und somit eine zentrale Bedeutung für das Stratifikationssystem der Gesellschaft hat. In Anlehnung an Deutsch (1984) konnte die Wissensgesellschaft definiert werden als eine Gesellschaft, in der der Wissenssektor den größten Anteil an der Gesamtwirtschaft einnimmt. Die Betrachtung der wirtschaftswissenschaftlichen, soziologischen und politisch-institutionellen Arbeiten zu den die Wissensgesellschaft auszeichnenden wirtschaftlichen Aktivitäten führte unter Zuhilfenahme von informationswissenschaftlichen Überlegungen (Stock 2000; Spinner 1998) zu einem heuristischen Modell der Wissensarbeitsteilung. Darauf aufbauend konnte der Wissenssektor definiert werden als das Aggregat der Industrien, deren hauptsächliche ökonomische Funktion es ist, die Güter und Dienstleistungen im Wertschöpfungsprozess des Wissens herzustellen. Der Wissenssektor setzt sich dann aus den Funktionsgruppen *Wissensproduktion*, *Wissensinfrastruktur*, *Wissensmanagement* und *Wissensverbreitung* zusammen. In Abschnitt 3.4 war schließlich die Annahme formuliert worden, dass sich die modernen Volkswirtschaften dadurch auszeichnen, dass in ihnen der Beschäftigungs- und Wertschöpfungsanteil des Wissenssektors an der Gesamtwirtschaft seit den 1970er Jahren kontinuierlich zunimmt (*Wachstumshypothese*). Zweitens waren Überlegungen zur Entwicklung seiner hauptsächlichen Charakteristiken, d.h. der einzelnen Funktionsgruppen im Zeit- und Ländervergleich angestellt worden (*Differenzierungshypothese*,

Hypothese differenzierten Wachstums).

Im folgenden Abschnitt 9.1 wird zunächst die Entwicklung des *Wissenssektors insgesamt* bzw. der übrigen drei Sektoren ländervergleichend dargestellt. Es wird untersucht, inwieweit die Wachstumshypothese anhand der Daten der volkswirtschaftlichen Gesamtrechungen (VGR) der Länder nicht widerlegt werden kann und inwieweit sich im Hinblick auf die sektorale Entwicklung systematische Länderunterschiede erkennen lassen. Im Anschluss daran wird im Abschnitt 9.2 die interne Entwicklung des Wissenssektors, d.h. die Entwicklung der einzelnen Funktionsgruppen in Augenschein genommen. Hier gilt es zu klären, ob die Überlegungen zu einer differentiellen Bedeutung und Entwicklung der Subsektoren zutreffend sind.

9.1 Sektorale Entwicklung

9.1.1 Beschäftigung und Bruttowertschöpfung im Wissenssektor

Die unten stehenden Abbildungen zeigen den Anteil der Beschäftigten (Abbildung 9.1, siehe S. 151) bzw. den Anteil der Bruttowertschöpfung (Abbildung 9.2, siehe S. 154) im Wissenssektor jeweils an der Gesamtwirtschaft zwischen 1970 und 2002 separat für die Länder und im Länderdurchschnitt (fettgedruckte Regressionslinie). Tabellen 9.1 und 9.2 (siehe S. 152 und S. 155) zeigen die vorhergesagten Prozentanteile an der Gesamtwirtschaft für 1989 und 1999 und die mittleren jährlichen Änderungen in Prozent.

für die Entwicklung des Wissenssektors im Hinblick auf beide Zielvariablen ein eindeutiges Bild: Es ist offensichtlich, dass der Anteil des Wissenssektors an der Gesamtwirtschaft in allen untersuchten Ländern im Zeitverlauf zunimmt. Im *Durchschnitt aller Länder* steigt der Anteil der Beschäftigten im Wissenssektor an allen Beschäftigten von rund 14 Prozent im Jahr 1970 auf mehr als 23 Prozent im Jahr 2002 an. Dies entspricht einem durchschnittlichen Wachstum von 0,285 Prozentpunkten im Jahr. Mit Ausnahme von Japan[1] findet der Anstieg relativ gleichmäßig über den Zeitraum statt.

---

[1] Die im Zeitverlauf weniger konstante Zunahme in Japan resultiert möglicherweise zum Teil daraus, dass es sich bei den Daten vor 1990 um sogenannte „back estimates" handelt.

9.1 Sektorale Entwicklung

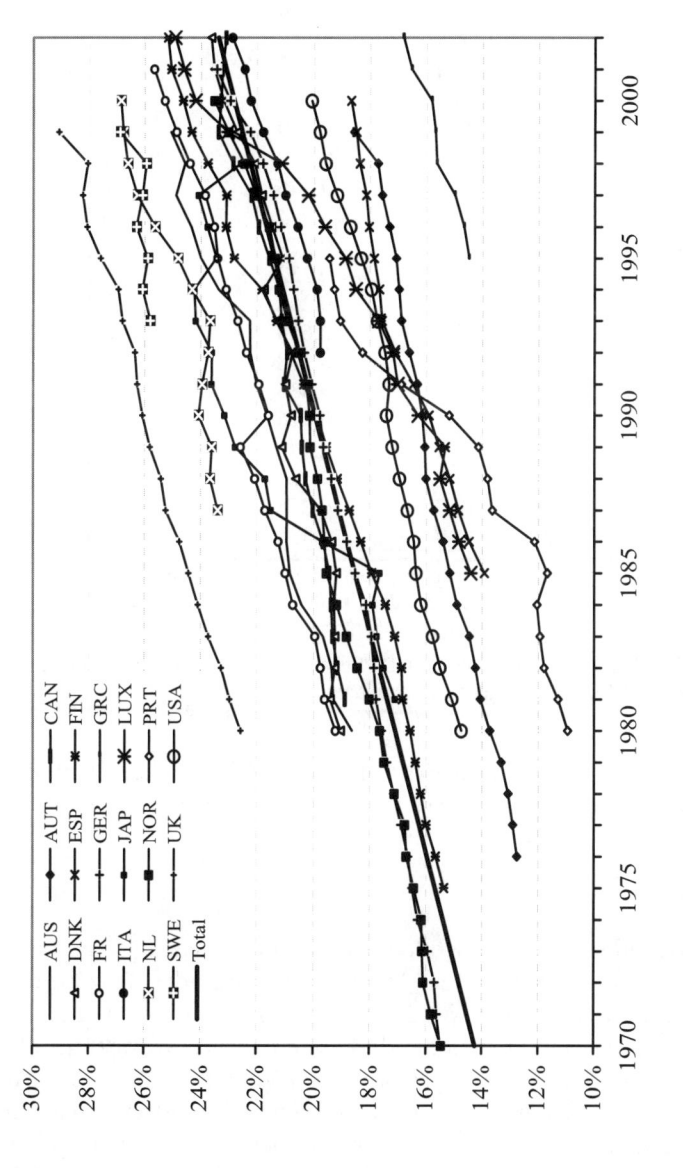

Hinweise: AUT, CAN, JAP, UK: Anzahl der Stellen; UK: Anzahl der Angestellten. Quelle: OECD STAN (OECD 2003) und OECD "Services: Statistics on Value Added and Employment" (OECD 2001), eigene Berechnungen.

Abbildung 9.1: Beschäftigte im Wissenssektor in den OECD Ländern (in Prozent), 1970 bis 2002

Rang[a]	Land	1989	1999	Veränderung in % pro Jahr[b]	N
1	UK	25,6	28,8	0,336	20
2	SWE	25,3	26,5	0,113	7
3	NL	23,5	26,4	0,295	15
4	JAP	21,2	25,7	0,452	18
5	AUS	21,7	25,0	0,329	20
6	FR	21,9	24,7	0,281	22
7	FIN	20,0	23,8	0,386	28
	Total	*19,7*	*22,5*	*0,285*	*351*
8	CAN	20,5	22,7	0,224	22
9	NOR	20,1	22,6	0,252	31
10	DNK	20,5	22,6	0,208	23
11	LUX	15,9	22,3	0,643	18
12	GER	19,7	22,1	0,238	32
13	ITA	18,4	21,7	0,335	11
14	PRT	15,6	21,7	0,626	16
15	USA	17,1	19,5	0,243	21
16	ESP	15,6	18,9	0,324	16
17	AUT	15,9	18,3	0,236	24
18	GRC	12,4	15,7	0,336	8

Hinweise: [a] Absteigend geordnet nach Prozentanteil 1999. [b] Mit Ausnahme von SWE (n.sig.) sind alle Koeffizienten signifikant auf dem <0.001-Niveau (zweiseitiger Test); R^2: Total=.33, SWE=.44, JAP=.79, NL=.86, für die übrigen Länder >.91.

Quelle: OECD STAN (OECD 2003) und OECD "Services: Statistics on Value Added and Employment" (OECD 2001), eigene Berechnungen.

Tabelle 9.1: Beschäftigte im Wissenssektor in den OECD Ländern 1989 und 1999 und durchschnittliches jährliches Wachstum 1970 bis 2002 (vorhergesagte Werte, in Prozent)

Zudem unterscheidet sich der Großteil der Länder nicht systematisch im Hinblick auf die Wachstumsraten. In der überwiegenden Anzahl der Fälle weicht die durchschnittliche Wachstumsrate innerhalb eines Landes nicht mehr als 0,1 Prozentpunkte von der durchschnittlichen Wachstumsrate aller Länder ab. Somit können die Vorreiter ihren Vorsprung über die Zeit halten bzw. die Nachzügler nicht aufholen. Luxemburg und Portugal, in geringerem Ausmaß auch Japan, haben dagegen überdurchschnittlich hohe Wachstumsraten. Im Fall von Luxemburg und Portugal nimmt der Anteil

9.1 Sektorale Entwicklung

der Beschäftigten im Wissenssektor durchschnittlich mehr als doppelt so stark zu wie im Durchschnitt aller Länder (durchschnittlich mehr als 0,6% p.a.). Im Gegensatz dazu ist der Wachstumstrend in Schweden von allen Ländern am geringsten (0,11%). Jedoch hat Schweden von allen Ländern auch den zweithöchsten Anteil der Beschäftigten im Wissenssektor gegen Ende des Milleniums.

Im Jahr 1999 sind durchschnittlich 22,5 Prozent aller Erwebstätigen in den untersuchten Volkswirtschaften im Wissenssektor beschäftigt. Deutlich über diesem Länderdurchschnitt ist die Expansion des Wissenssektors im Vereinigten Königreich[2] (29,1%), Schweden (26,9%), den Niederlanden (26,8%), Australien (25,1%), Frankreich (24,9%) und Finnland (24,3%).

Zwischen 20 und 24 Prozent der Gesamtbeschäftigung macht im Jahr 1999 der Wissenssektor in Kanada (23,4%), Luxemburg und Norwegen (jeweils 23,0%), Dänemark (22,7%), Japan (22,6%, 1998), Deutschland (22,2%), und Italien (21,8%) aus.

Die Vereinigten Staaten von Amerika (19,8%), Österreich (18,6%), Spanien (18,5%) und Griechenland (15,7%) haben Beschäftigungsanteile von weniger als 20 Prozent gegen Ende des Milleniums. Der Fall USA - oft als der Hauptrepräsentant der Wissensgesellschaft gehandelt - mag an dieser Stelle überraschen. Zum Teil lässt sich dies wahrscheinlich darauf zurückführen, dass die Daten für die USA (aber auch diejenigen für Italien) auf Vollzeitäquivalenten bestehen, d.h. die Anzahl von allen Arbeitsplätzen auf solche mit vollem Stundenumfang umgerechnet wurde. Die ähnlich geringen Anteilswerte der amerikanischen Bruttowertschöpfung im Wissenssektor lassen jedoch nicht den Schluss zu, dass dies allein auf der unterschiedlichen Datengrundlage beruht. Vielmehr, und das zeigen die Analysen unten, ist die industrielle Struktur der USA durch die Dientleistungsbereiche gekennzeichnet, die hier nicht zum Wissenssektor gezählt werden: Groß- und Einzelhandel (ISIC 55) und der Bereich „Öffentliche Verwaltung, Verteidigung und soziale Sicherung" (ISIC 75).

---

[2] Zu berücksichtigen ist, dass im Fall von UK, anders als in allen anderen Ländern, die Beschäftigungsdaten nicht die Selbständigen und mithelfenden Familienangehörigen enthalten.

154   9 Entwicklung der Wissensgesellschaft: 19 OECD Länder, 1970-2002

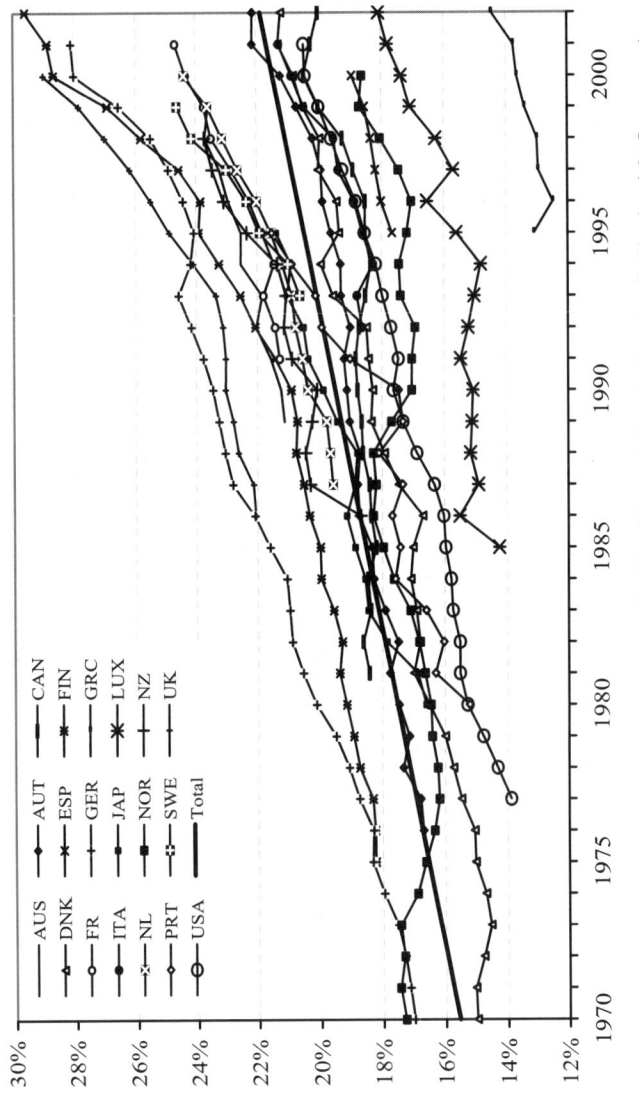

Hinweise: AUS, FR, GRC, NL, NOR, NZ, SWE, USA: Preisbereinigungsindizes basierend auf „Fixed-weight Laspeyres Aggregates", andere: jährlich gewichtete Kettenindizes; AUS, NZ, PRT, SWE: laufende Preise, CAN: 1997=100, FIN: 2000=100. Quelle: OECD STAN (OECD 2003) und OECD "Services: Statistics on Value Added and Employment" (OECD 2001), eigene Berechnungen.

Abbildung 9.2: Bruttowertschöpfung (konstante Preise) im Wissenssektor in den OECD Ländern (in Prozent), 1970 bis 2002

9.1 Sektorale Entwicklung

Mit einem jährlichen Wachstum von 0,197 Prozentpunkten im Länderdurchschnitt findet die Expansion des Wissenssektors im Hinblick auf die *Bruttowertschöpfung* etwas langsamer als die Beschäftigungsentwicklung statt. Im Gegensatz dazu variieren auch die Wachstumsraten der Wertschöpfungsanteile zum Teil erheblich stärker zwischen den Ländern und Zeitpunkten. Vereinfacht gesagt, je höher der Wertschöpfungsanteil, desto

Rang[a]	**Land**	**1989**	**1999**	**Veränderung in % pro Jahr**[b]	**N**
1	UK	22,6	27,2	0,465	15
2	GER	23,0	26,4	0,337	32
3	FIN	22,1	26,0	0,388	28
4	SWE	17,7	24,6	0,691	7
5	NZ	20,2	23,8	0,361	13
6	AUS	21,0	23,8	0,179	11
7	FR	20,1	23,7	0,360	11
8	NL	19,8	23,4	0,356	14
9	JAP	19,7	22,5	0,289	16
10	PRT	18,6	22,1	0,352	16
	Total	*19,3*	*21,3*	*0,197*	*343*
11	AUT	19,0	20,8	0,179	27
12	DNK	18,2	20,4	0,215	33
13	ITA	17,1	20,3	0,321	10
14	USA	17,2	19,8	0,258	25
15	CAN	18,7	19,5	0,081	22
16	ESP	16,3	18,6	0,231	6
17	NOR	17,5	18,4	0,039	31
18	LUX	15,0	16,8	0,179	18
19	GRC	11,2	13,5	0,221	8

Hinweise: [a] Absteigend geordnet nach Prozentanteil 1999. [b] Mit Ausnahme von GRC und NOR (jeweils sig. a.d. <0.01-Niveau) sind alle Koeffizienten signifikant auf dem <0.001-Niveau (zweiseitiger Test); R^2: Total=.25, NOR=.27, CAN=.59, LUX=.75, GRC=.78, ITA, PRT, FIN>.84, für die übrigen Länder >.90.

Quelle: OECD STAN (OECD 2003) und OECD "Services: Statistics on Value Added and Employment" (OECD 2001), eigene Berechnungen.

Tabelle 9.2: Bruttowertschöpfung (konstante Preise) im Wissenssektor in den OECD Ländern 1989 und 1999 und durchschnittliches jährliches Wachstum 1970 bis 2002 (vorhergesagte Werte, in Prozent)

höher sind die mittleren jährlichen Zuwachsraten. Zudem zeichnet sich eine Beschleunigung des Wachstums mit den 1990er Jahren ab. Insgesamt nehmen damit die Unterschiede zwischen den Ländern mit hohen und niedrigen Anteilen des Wissenssektors im Zeitverlauf zu. Die relative Position der Länder ist dabei in den meisten Fällen jedoch ähnlich zu derjenigen der Beschäftigung, allerdings mit überwiegend leicht geringeren Prozentanteilen. Dagegen sind die Wertschöpfungsanteile in Finnland und Deutschland, in geringerem Ausmaß auch in Österreich, deutlich über den vergleichbaren Beschäftigungsanteilen im Wissenssektor. Im Jahr 1999 erwirtschaftet der Wissenssektor im Vereinigten Königreich (27,8%), in Finnland (26,9%), Deutschland (26,6%) und Schweden (24,6%) damit die höchsten Anteile des Bruttoinlandsprodukts. Über dem Länderdurchschnitt von 21,3 Prozent im Jahr 1999 liegen auch Neuseeland und Frankreich (beide 23,7%) und die Niederlande (23,6%). In Österreich (20,7%), Dänemark und Italien (jeweils 20,5%) bzw. den Vereinigten Staaten von Amerika und Kanada (jeweils 20,0%) macht die Bruttowertschöpfung des Wissenssektor einen Anteil an der Gesamtwirtschaft von rund 20 Prozent aus. Norwegen (18,7%), Spanien (18,5%) und Luxemburg (17,1%) gehören zu der Gruppe von Ländern, die mit Werten unter 20 Prozent gegen Ende des Milleniums die geringsten Anteile aufweisen. Griechenland (13,4%) bildet das Schlusslicht.

Insgesamt erbringen die Analysen das Ergebnis, dass der Anteil der im Wissenssektor Beschäftigten an allen Beschäftigten und der Anteil des Wissenssektors am Bruttoinlandsprodukt seit den 1970er Jahren in allen hier untersuchten Volkswirtschaften ansteigt. Die *Wachstumshypothese* kann also mit dieser empirischen Untersuchung nicht widerlegt werden. Jedoch unterscheiden sich die Länder zum Teil erheblich im Niveau der erreichten Expansion bis in die jüngste Vergangenheit.

9.1.2 Beschäftigung und Bruttowertschöpfung in den übrigen Sektoren

Berücksichtigt man neben der Entwicklung des Wissenssektors auch die Entwicklung der übrigen drei Sektoren (Abbildungen 9.3, 9.4, 9.5, siehe S. 158 bis 160), zeigt sich zunächst, dass das Wachstum des Wissenssektors von einem kontinuierlichen Rückgang des Agrar- und Industriesektors begleitet ist. Parallel zum Ausbau des Wissenssektors nimmt im Beobachtungszeitraum zunächst auch der tertiäre Sektor zu. Von spätestens 1995 an geht der Ausbau des Dienstleistungssektors jedoch zurück, während sich die Expansion des Wissenssektors mit kontinuierlich hohen Wachstumsraten

9.1 Sektorale Entwicklung

fortsetzt[3].

Im Jahr 1970 machen Wissenssektor und Agrarsektor im Ländermittel noch etwa gleich große Anteile an der Gesamtwirtschaft aus. Bis zum Ende des 20. Jahrhunderts überholt der Wissenssektor nicht nur diesen Sektor, sondern auch den sekundären Sektor. Nichstdestotrotz stellt der Dienstleistungssektor bis heute den größten Beschäftigungs- und Bruttowertschöpfungsanteil der untersuchten Volkswirtschaften.

Neben den Trends im Länderdurchschnitt zeigen sich deutliche Länderunterschiede in der sektoralen Entwicklung. Oben wurde gezeigt, dass Spanien, Österreich, Portugal und Griechenland Länder mit relativ geringen Beschäftigungsanteilen im Wissenssektor sind. Das Charakteristische im Hinblick auf die übrige sektorale Entwicklung der drei letztgenannten Länder und in geringerem Ausmaß auch von Spanien ist der hohe Anteil von Beschäftigung im Agrarsektor. Im Gegensatz zu allen anderen Ländern arbeiten auch am Anfang des 21. Jahrhunderts mehr als zwölf Prozent aller Beschäftigten in Österreich, Portugal und Griechenland in der Landwirtschaft. In allen übrigen Ländern außer Spanien (2000: 6.4%) und Finnland (2000: 6.0%) ist der primäre Beschäftigungsanteil bis zu diesem Zeitpunkt auf unter fünf Prozent gesunken.

In einer zweiten Gruppe von Ländern, nämlich den USA, Kanada, Deutschland, Dänemark, Italien, Luxemburg und Norwegen, wächst der Anteil des Wissenssektors an der Gesamtbeschäftigung auf bis zu 24 Prozent im Jahr 1999 (s. o.). Diese Gruppe nimmt eine mittlere Position im Hinblick auf den Ausbau der Wissensgesellschaft im Ländervergleich ein. Innerhalb dieser Gruppe von Ländern zeigen sich zwei unterschiedliche Muster in der Verteilung der übrigen Sektoren: Im Unterschied zu den meisten anderen Ländern ist der Anteil des Güter produzierenden Sektors in Deutschland, Japan, und Italien von relativ großer Bedeutung für die Beschäftigung. In diesen Ländern wird der sekundäre Sektor im Beobachtungszeitraum nicht vom Wissenssektor überholt. Zusammen mit Spanien und Portugal macht die Beschäftigung hier zum Beginn des 21. Jahrhunderts noch etwa ein Viertel der Gesamtbeschäftigung aus (GER 2000: 24,7%, ITA 2000: 26,2%, JAP 1998: 25,7%).

In Kanada, Norwegen, Dänemark, Luxemburg und den USA zeigt sich dagegen bei vergleichbarem Niveau des Wissenssektors ein deutlich gerin-

---

[3] So ist beispielsweise der mittlere jährliche Steigungskoeffizient der Beschäftigungsanteile für die Ländermesszeitpunkte 1994 und später im Wissenssektor 0,290, für den tertiären Sektor jedoch nur noch 0,001.

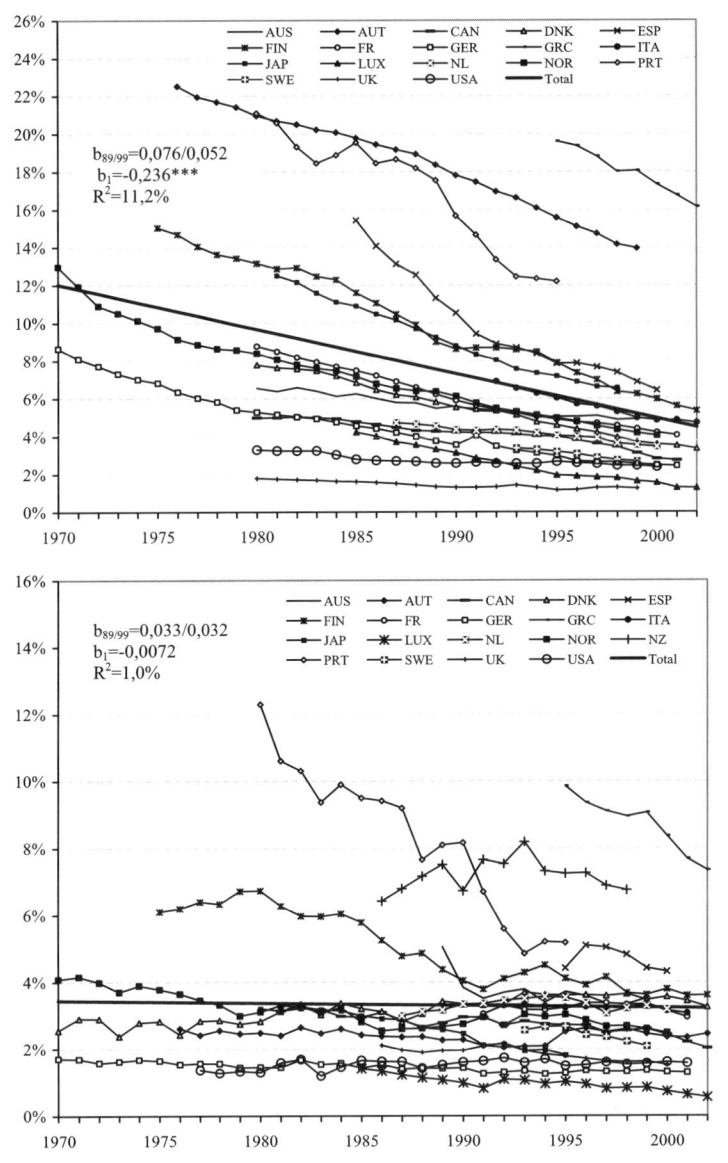

9 Entwicklung der Wissensgesellschaft: 19 OECD Länder, 1970-2002

Hinweise: Beschäftigung: $N_{ij} = 351$, Bruttowertschöpfung: $N_{ij} = 343$. **: $p < 0.01$; ***: $p<0.001$ (zweiseitiger Test). Sektorabgrenzung: ISIC Rev. 3. „alpha codes": A, B. Quelle: OECD STAN (OECD 2003), eigene Berechnungen.

Abbildung 9.3: Beschäftigte (oben) und Bruttowertschöpfung im Agrarsektor in den OECD Ländern (in Prozent), 1970 bis 2002

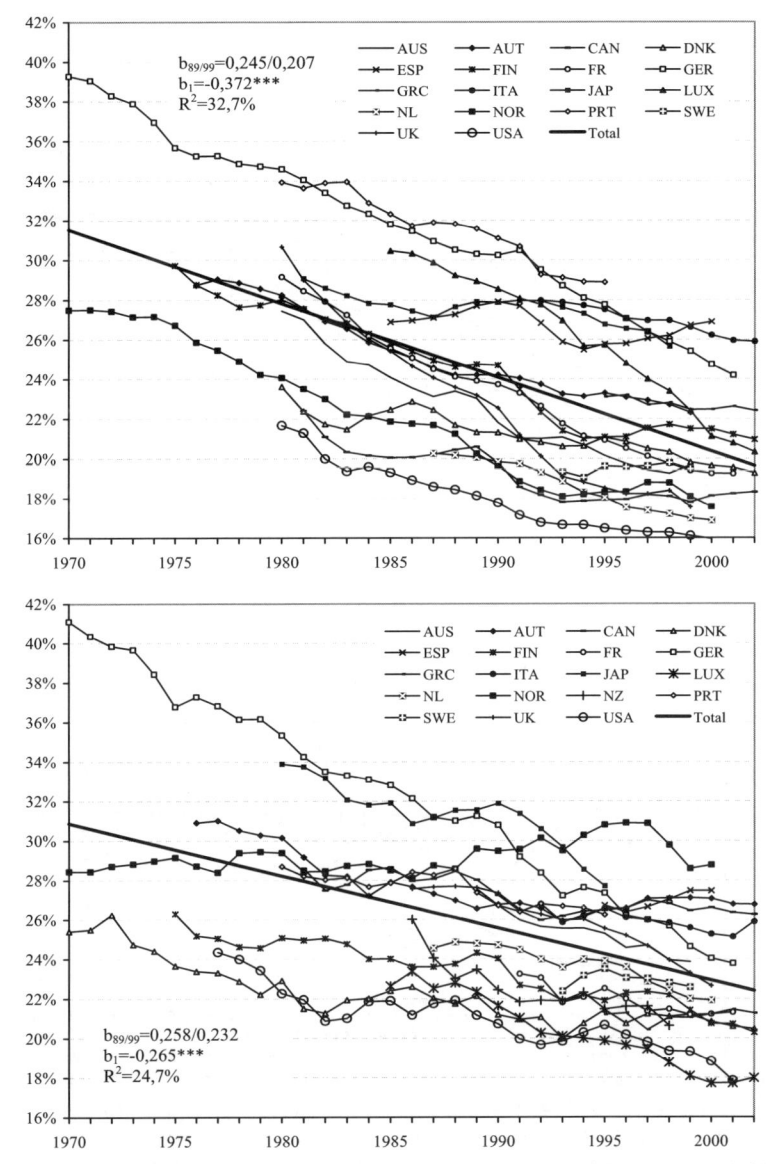

9.1 Sektorale Entwicklung

Hinweise: Beschäftigung: N_{ij} = 351, Bruttowertschöpfung: N_{ij} = 343. **: $p< 0.01$; ***: $p<0.001$ (zweiseitiger Test). Sektorabgrenzung: ISIC Rev. 3. „alpha codes": C-F ohne WS-Industrien. Quelle: OECD STAN (OECD 2003), eigene Berechnungen.

Abbildung 9.4: Beschäftigte (oben) und Bruttowertschöpfung im Industriesektor in den OECD Ländern (in Prozent), 1970 bis 2002

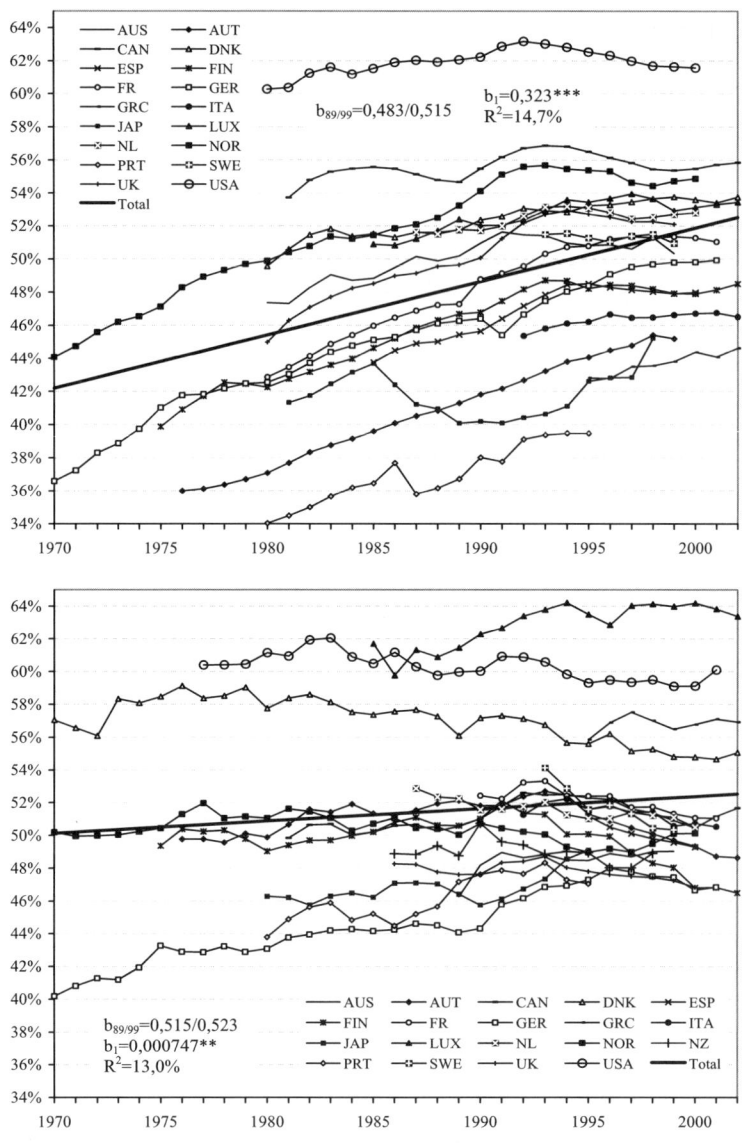

Hinweise: Beschäftigung: $N_{ij} = 351$, Bruttowertschöpfung: $N_{ij} = 343$. **: $p< 0.01$; ***: $p<0.001$ (zweiseitiger Test). Sektorabgrenzung: ISIC Rev. 3. „alpha codes": G-Q ohne WS-Industrien. Quelle: OECD STAN (OECD 2003), eigene Berechnungen.

Abbildung 9.5: Beschäftigte (oben) und Bruttowertschöpfung im Dienstleistungssektor in den OECD Ländern (in Prozent), 1970 bis 2002

gerer sekundärer Beschäftigungsanteil[4], aber ein dafür deutlich höherer Anteil tertiärer Beschäftigung[5]. In diesen Ländern nimmt der tertiäre Sektor bereits über die Hälfe der Gesamtbeschäftigung in den 1980er Jahren ein.

Mit Anteilen über 24 Prozent im Jahr 1999 ist die Beschäftigungsexpansion des Wissenssektors im Vereinigten Königreich, Schweden, den Niederlanden, Australien, Frankreich und Finnland am weitesten fortgeschritten (s. o.). Der Wissenssektor überholt in diesen Ländern die Beschäftigung im Güter produzierenden Gewerbe spätestens in der Mitte der 1990er Jahre. Ähnlich, wenn auch weniger pronounciert als im Fall der Gruppe von Ländern oben, zeigen sich auch hier zwei Entwicklungspfade: Die Expansion des Wissenssektor wird im Fall von Finnland begleitet durch den Erhalt des sekundären Sektors auf vergleichsweise hohem Niveau und einem nur moderaten Ausbau des tertiären Sektors (1999: 21,5 vs. 47,9%). Dies ist genau umgekehrt im Fall von den Niederlanden (17,0 vs. 52,7%) und dem Vereinigten Königreich (17,6 vs. 52,1%). Hier ist der tertiäre Sektor von relativ größerer Bedeutung.

Die zum Teil erhebliche Varianz zwischen Ländern bringt die Frage auf, inwieweit diese Unterschiede Ausdruck einer ungleichmäßigen Entwicklung der Länder hin *zu einem gemeinsamen Modell* wissensgesellschaftlicher Entwicklung sind oder, wie manche Autoren (Castells 1996; Boje und Furaker 2003) vermuten, Anzeichen für fortdauernd *unterschiedliche* länderspezifische Wissensgesellschaftsmodelle sind. Wie in Abschnitt 3.3.3 dargestellt, unterscheidet Castells zwei Modelle der informationellen Gesellschaft: Erstens das „Service Economy Model" mit einer rapiden Reduktion in der Beschäftigung in den herstellenden Industrien nach 1970 und einer klaren Expansion des Informationsbereichs, darunter insbesondere der Finanz- und sozialen Dienstleistungen. Dieses Modell werde vor allem repräsentiert durch die USA, das Vereinigte Königreich und Kanada. Hiervon grenzt sich zweitens das „Industrial Production Model" ab, bei dem es zu einer eher moderaten Reduktion industrieller Beschäftigung komme, während der Informationsbereich und darunter insbesondere die Produktions- und sozialen Dienstleistungen stark zunehmen würden. Repräsentanten dieses Modells seien vor allem Japan und Deutschland (Castells 1996, S. 229).

Die in oben präsentierten Daten legen den Schluss nahe, dass die Niederlande und Norwegen einem Entwicklungsmodell der Wissensgesellschaft

---

[4] Der relativ hohe Anteil der Bruttowertschöpfung des sekundären Sektors in Norwegen resultiert hauptsächlich aus den Öl produzierenden Industrien.

[5] Der relativ hohe Anteil der Bruttowertschöpfung des tertiären Sektors resultiert in Luxemburg v.a. aus den Finanzdienstleistungen und in Dänemark aus den Handelskommissionsdiensten.

zuzuordnen sind, bei dem die Expansion des Wissenssektors mit einer starken Reduktion sekundärer Beschäftigung einhergeht. Ein weiterer Repräsentant des „Industrial Production Model" dagegen ist nach den Ergebnissen hier Italien; wie auch in Deutschland und Japan geht die Beschäftigung im sekundären Sektor nur moderat zurück und der tertiäre Sektor expandiert vergleichweise mäßig. Gegen die Überlegung verschiedener Modelle spricht, dass Länder mit relativ hohen Anteilen an sekundärer Beschäftigung höheres Negativwachstum in diesem Bereich und größeres Wachstum im Bereich tertiärer Beschäftigung aufweisen. Das bedeutet möglicherweise eine Konvergenz hin zu einer mehr oder weniger gleichen Struktur wirtschaftlicher Aktivitäten in ausgereiften Wissensgesellschaften. Insgesamt, so zeigen es die Ergebnisse zur sektoralen Entwicklung auch, kann nämlich bis heute von entwickelten Wissensgesellschaften noch nicht die Rede sein. In keiner der untersuchten Volkswirtschaften nimmt der Wissenssektor den größten Anteil an der Gesamtwirtschaft ein. Führt man unter den Bedingungen der Veränderungen der letzten Dekade den Trend über die Messreihe hinaus fort, so führt dies zu der Prognose, dass es weitere 30 Jahre dauern wird, bis die heutigen hochtechnisierten Industrie- und Dienstleistungsgesellschaften zu echten Wissensgesellschaften geworden sind. Die aktuelle sektorale Varianz zwischen Ländern lässt vermuten, dass es dabei vermutlich Vorreiter und Nachzügler geben wird.

9.2 Interne Differenzierung des Wissenssektors

Die bisherigen Ergebnisse lassen den Schluss zu, dass sich die sektorale Struktur der 19 OECD Länder in Richtung einer Wissensgesellschaft ändert. Im nun folgenden zweiten Schritt ist es von Interesse, zentrale Eigenschaften dieses Wachstumssektors, sofern vorhanden, zu identifizieren[6]. Im Hinblick auf die vier Funktionsgruppen, aus denen sich der Wissenssektor zusammensetzt, sind zwei Hypothesen fomuliert worden: *Erstens* kann vermutet werden, dass innerhalb des Wissenssektors die Beschäftigtenanteile von der Wissensproduktion bis zur Wissensverbreitung aufsteigend nach Größe sortiert sind (*Differenzierungshypothese*). Aus der Perspektive des „trickle-down" Prozesses der „Wissensarbeitsteilung" erscheint es naheliegend zu vermuten, dass von der Herstellung neuen Wissens bis hin zu seiner letztendlichen Verbreitung ein jeweils zunehmender Anteil an Beschäftigung involviert ist. Zum einen mag dies aus dem steigenden Verhältnis von Arbeit zu Kapital

---

[6] Aufgrund mangelnder Differenzierbarkeit können die Ergebnisse getrennt für die vier Subsektoren des Wissenssektors nur für einen Teil der 18 Länder dargestellt werden.

9.2 Interne Differenzierung des Wissenssektors

und dem Grad von „stillen" zu „kodifizierten" Wissen (Foray und Hagreaves 2002, S. 4, s.a. Cowan et al. 2005) liegen. Auf der anderen Seite kann angenommen werden, dass auch die potentielle Marktgröße mit den Funktionsgruppen ansteigt (Spinner 1998). *Zweitens* liegt es nahe zu vermuten, dass die einzelnen Funktionsgruppen sich im Hinblick auf ihre Entwicklung im Zeitverlauf unterscheiden. In einer längsschnittlichen Perspektive kann man ein relativ stärkeres Wachstum für die Dienstleistungsindustrien als für die herstellenden Industrien im Wissenssektor vermuten. Der Großteil letzterer ist in der Funktionsgruppe Wissensinfrastruktur subsummiert. Stärker als die Dienstleistungsindustrien kann Industriebeschäftigung in Niedriglohnländer verlagert werden. Zusätzlich können Arbeitsplätze durch weiteren technischen Fortschritt oder durch die Ersetzung moderner anstelle von traditionellen Wissensindustrien (z.B. die elektronische anstelle der postalischen Datenübertragung) in dieser Gruppe reduziert werden[7].

Zur Beantwortung der Frage, ob die einzelnen Subsektoren des Wissenssektors unterschiedliche Bedeutung für Beschäftigung haben, enthält die Tabelle 9.3 die *im Mittel der Länder* vorhergesagten Beschäftigungsanteile an der Gesamtwirtschaft getrennt für die vier Funktionsgruppen für 1970 und 1999. Tabelle A.2 im Anhang (siehe S. 262) weist die entsprechenden

	(I) Wissensproduktion	(II) Wissensinfrastruktur	(III) Wissensmanagement	(IV) Wissensverbreitung	Wissenssektor
	$n = 198^a$		$n = 223^b$		$n = 270$
Prozentanteil 1970	0,22	6,07	1,26	7,20	14,3
Prozentanteil 1999	0,42	4,92	7,46	9,59	22,5
$b_{1(70-02)}$	,007**	-,040**	,214***	,082***	,285***
$R^2_{(70-02)}$	,048	,030	,429	,132	,330
Rel. Wachstum$_{(70-99)}$	+91	-19	+492	+33	+58
Anteil am WS 1999	1,9	22,0	33,3	42,8	100,0

Hinweise: [a] ohne AUS, CAN, ITA, JAP, LUX, NZ, PRT, SWE, USA. [b] ohne AUS, CAN, ITA, JAP, PRT, USA. **: $p \leq 0.01$; ***: $p \leq 0.001$ (zweiseitiger Test). Quelle: STAN (OECD 2003) und OECD "Services: Statistics on Value Added and Employment" (OECD 2001), eigene Berechnungen.

Tabelle 9.3: Beschäftigte in den vier Funktionsgruppen des Wissenssektors 1970 und 1999 (vorhergesagte Werte, in Prozent), durchschnittliches jährliches und relatives Wachstum im Länderdurchschnitt

---

[7] Wie bereits oben erwähnt bedeutet dies jedoch nicht, dass der technische Fortschritt nicht auch die Dienstleistungsindustrien erfasst. Man denke z. B. an die Bereiche e-learning, e-government oder e-commerce.

Kennziffern getrennt nach Ländern und die tatsächlichen Werte im Jahr 1999 aus. In Tabelle 9.3 ist ersichtlich, dass am Ende der 1990er Jahre die Beschäftigtenanteile tatsächlich mit den Funktionsgruppen anwachsen: Der Löwenanteil von rund 9,6 Prozent der Gesamtbeschäftigung oder etwa 43 Prozent der Beschäftigung im Wissenssektor werden durch den Subsektor Wissensverbreitung (IV) gestellt. Diese Funktionsgruppe, die im Wesentlichen aus den Medienindustrien und dem Bildungswesen[8] besteht, hat jedoch bereits in den 1970er Jahren mit einem Anteil von 7,2 Prozent der Gesamtbeschäftigung eine beträchtliche Bedeutung; schon zu diesem Zeitpunkt macht sie den Löwenanteil der Beschäftigung im Wissenssektor aus. Die Wissensgesellschaft ist demnach vor allem eine *Wissensverbreitungs*gesellschaft.

Mit rund 7,5 Prozent der Gesamtbeschäftigung (32 % des Wissenssektors) gegen Ende des Milleniums kommt die Funktionsgruppe Wissensmanagement (III) im Mittel aller Länder an zweiter Stelle. Verglichen mit der Wissensverbreitung verzeichnet dieser Subsektor jedoch ein nahezu dreifaches Wachstum über die Zeit. Die Nachfrage nach professionellen Unternehmendienstleistungen (Beratungs-, Vermittlungs-, Kommunikationsdienstleistungen u.a.) ist im Zeitverlauf dramatisch gestiegen. Wissensmanagement, d.h. die Industrien zur Aufbereitung, Weiterverarbeitung und Prozessierung von Wissen, ist im Hinblick auf die Beschäftigungsentwicklung in den OECD Ländern der dynamischste Subsektor. Während im Jahr 1970 nur etwa 1,2 Prozent der Gesamtbeschäftigung auf diese Funktionsgruppe entfallen, sind 1999 jeweils im Mittel rund 7,5 Prozent der Beschäftigten in den Ländern im Wissensmanagement tätig.

Die Funktionsgruppe Wissensinfrastruktur (II), d.h. die Industrien zur Herstellung der informationsverarbeitenden Technologien und die zugehörigen Dienstleistungen, macht im Jahr 1999 im Mittel knapp fünf Prozent der Gesamtbeschäftigung aus. Im Gegensatz zu den drei übrigen Subsektoren nimmt der Anteil an der Gesamtbeschäftigung jedoch im Zeitverlauf ab: Während im Jahr 1970 6,7 Prozent der Beschäftigung in den OECD Ländern durch diese Industrien gestellt wurde und der Subsektor Wissensinfrastruktur damit die zweitgrößte Beschäftigungsgruppe des Wissenssektors war, wird diese bis zum Ende der 1990er Jahre in ihrer Bedeutung von dem Wissensmanagement überholt. Der Rückgang ist jedoch nicht mehr statistisch signifikant für den Zeitraum nach 1990. Der starke Rückgang kommt

---

[8] Die Bildungsindustrien machen dabei über den gesamten Zeitraum den größeren Anteil als die Medienindustrien aus. Im Jahr 1999 gehen etwa zwei Drittel der Beschäftigung in der Funktionsgruppe Wissensverbreitung auf das Bildungswesen zurück.

zudem, wie Tabelle A.2 im Anhang (S. 262) zeigt, allein durch den starken Rückgang dieser Gruppe in Deutschland zurück. Mit wenigen Ausnahmen (UK, NL) wächst die Beschäftigung auch in diesem Subsektor statistisch signifikant in allen Ländern an.

Die Wissensproduktion (I) gilt oftmals als das zentrale Merkmal der Wissensgesellschaft. Betrachtet man jedoch den Anteil der Beschäftigung in den Industrien, deren maßgebliche Funktion diesem Zweck gewidmet ist, nämlich die Forschungs- und Entwicklungsindustrien, zeigt sich ein eher enttäuschendes Bild: Der Beitrag der Wissensproduktion zur Gesamtbeschäftigung in den untersuchten Volkswirtschaften ist mit 0,42 Prozent im Ländermittel gering. Die Wissensproduktion stellt sowohl um 1970 als auch in jüngster Vergangenheit die kleinste Funktionsgruppe des Wissenssektors dar. Auch wenn sich der Anteil in den drei vergangenen Dekaden in etwa verdoppelt hat, ist die Wissensgesellschaft aus der Beschäftigungsperpektive also am wenigsten eine Gesellschaft der Wissensproduktion.

Die deskriptiven *Analysen für die einzelnen Länder* zeigen, dass die aufsteigende Sortierung der Beschäftigtenanteile im Wissenssektor zum Ende des 20. Jahrhunderts gleichermaßen in den meisten Ländern gegeben ist. Jedoch, wie auch im Hinblick auf die sektorale Entwicklung, gibt es einige Ausnahmen. In zwei Gruppen von Ländern trifft dies nicht zu: Erstens spielt in Luxemburg und den Niederlanden, in geringerem Ausmaß auch in Deutschland, das Wissensmanagement anstatt der Wissensverbreitung die tragende Rolle für die Beschäftigung. Zweitens macht in Finnland und in Schweden der Subsektor Wissensinfrastruktur einen größeren Anteil als das Wissensmanagement aus; im Fall von Schweden machen die Industrien der Wissensinfrastruktur sogar den Löwenanteil des Wissenssektors aus. Möglicherweise gibt es – analog zu derjenigen auf sektoraler Ebene – auch eine internationale Arbeitsteilung im Hinblick auf die Wachstumsbranchen des Wissenssektor. So spezialisieren sich einige Länder auf die Herstellung der technischen Infrastruktur (Schweden und Finnland), andere konzentrieren sich stärker auf den Bereich Wissensmanagement (besonders die Niederlande und Luxemburg). Insgesamt sprechen die die Ergebnisse damit nur teilweise für die Richtigkeit der *Differenzierungshypothese*. Die Annahme, dass von der Produktion neuen Wissens bis hin zu seiner letztendlichen Verbreitung ein wachsender Anteil von Beschäftigten beteiligt ist, trifft für die Mehrheit der Länder gegen Ende des 20. Jahrhunderts zu. Dies mag an den für die Subsektoren typischen, unterschiedlichen Ausmaßen an technischem Mitteleinsatz und des stärker kodifizierbaren Wissen in den Industrien der Wissensproduktion und der Wissensinfrastruktur liegen. Ein weiterer Grund hierfür könnte sein, dass die Anzahl möglicher Konsumenten der auf jeder Stufe produzierten Güter und Dienstleistungen im Wertschöpfungsprozesses des Wissens ansteigt. Andererseits zeigen die abweichenden Fälle und die Ergebnisse für frühere Zeitpunkte, dass der Stand um das Jahr 2000 vermutlich nur eine Momentaufnahme ist, die sich in den nächsten Dekaden verändern wird.

Im Hinblick auf die zentralen Merkmale des Wissenssektors gilt es schließlich noch zu prüfen, ob der Bereich Wissensinfrastruktur aufgrund des technischen Fortschritts oder durch die Ersetzung moderner anstelle von traditionellen Wissensindustrien ein geringeres relatives Wachstum aufweist als die übrigen Subsektoren des Wissenssektors. Die Ergebnisse *im Ländermittel* in Tabelle 9.3 (siehe die vorletzte Zeile) scheinen die *Hypothese differenzierten Wachstums* zu belegen: Gemessen an der ursprünglichen Größe, d. h. dem ursprünglichen Anteil an der Gesamtbeschäftigung, verzeichnet die Funktionsgruppe Wissensinfrastruktur tatsächlich das geringste relative Wachstum. Wie bereits besprochen geht der Anteil im Ländermittel sogar zurück. An zweiter Stelle mit einem relativen Wachstum von 33 Prozentpunkten liegt der Subsektor Wissensvermittlung. Das Wachstum des Wissenssektors insgesamt liegt mit 58 Prozentpunkten jedoch darüber. Diese Expansion rührt von der Verdoppelung des Beschäftigunganteils in der Wissensproduktion, aber vor allem durch die Verfünffachung des Anteils im Wissensmanagement (+492%) her.

Wie Tabelle 9.4[9] (S. 167) für die *einzelnen Länder* zeigt, hat der Subsektor Wissensinfrastruktur, gemessen an der Gesamtdynamik des Wissenssektors, in den meisten Fällen vergleichsweise geringere Wachstumsraten; streng genommen trifft die *Hypothese differenzierten Wachstums* jedoch nur in vier Ländern zu: Österreich, Deutschland, Finnland und Norwegen.

Obwohl hierzu keine Hypothese entwickelt wurde, erscheint es interessant, abschließend eine nach Funktionsgruppen aufgeschlüsselte Betrachtung der Bruttowertschöpfungsanteile vorzunehmen. Wie Tabelle 9.5 zeigt, unterscheidet sich das Bild deutlich von der Situation der Beschäftigung: Hier repäsentiert der Subsektor Wissensinfrastruktur den größten und am stärksten wachsenden Bereich des Wissenssektors. Die Wertschöpfung in den sich entwickelnden Wissensgesellschaften rührt also offensichtlich vor allem von der Herstellung der informationsverarbeitenden Technologien und den zugehörigen Dienstleistungen her. Ganz im Gegensatz zur Situation der Beschäftigung sind für die Bruttowertschöpfung die Industrien der Wissens-

---

[9] In der Tabelle sind jeweils die geringsten Veränderungsraten eines Landes fettgedruckt.

9.2 Interne Differenzierung des Wissenssektors

	(I) Wissens-produktion	(II) Wissens-infrastruktur	(III) Wissens-management	(IV) Wissens-verbreitung	Wissens-sektor
AUT	+30	0	+34	+15	+15
GER	+22	-8	+35	+13	+12
DNK	-18	+5	+29	+5	+10
ESP	+100	+9	+39	-2	+21
FIN	+31	+11	+46	+15	+19
FR	+2	+6	+44	+15	+13
GRC	+43	+24	+74	+10	+13
LUX	Enth. in 74 (III)	+175	+96	0	+40
NL	+26	+1	+44	-10	+12
NOR	+10	+1	+33	+10	+12
SWE	Enth. in 74 (III)	+60	+74	+8	+5
UK	-16	-3	+31	+9	+13

Hinweise: Die Werte basieren aus Vergleichszwecken auf den Veränderungen der Jahre 1999 gegenüber 1989 (vorhergesagte Werte). **: $p \leq 0.01$; ***: $p \leq 0.001$ (zweiseitiger Test).

Quelle: STAN (OECD 2003) und OECD "Services: Statistics on Value Added and Employment" (OECD 2001), eigene Berechnungen.

Tabelle 9.4: Relatives Wachstum der Beschäftigung in den vier Funktionsgruppen des Wissenssektors (in Prozent)

	(I) Wissens-produktion	(II) Wissens-infrastruktur	(III) Wissens-management	(IV) Wissens-verbreitung	Wissens-sektor
	$n=204^a$		$n=211^b$		$n=256$
Prozentanteil 1970	0,34	3,78	2,78	9,21	15,9
Prozentanteil 1999	0,41	8,37	5,78	7,35	21,3
$b_{1(70-02)}$	,0026	,158***	,103***	-,064***	,188***
$R^2_{(70-02)}$	,007	,302	,267	,152	,221
Rel. Wachstum$_{(70-99)}$	+32	+121	+108	+20	+34
Anteil am WS 1999	1,9	38,2	26,4	33,6	100,0

Hinweise: [a] ohne AUS, CAN, ITA, JAP, LUX, NZ, PRT, SWE, USA. [b] ohne AUS, CAN, ITA, JAP, PRT, USA.
**: $p \leq 0.01$; ***: $p \leq 0.001$ (zweiseitiger Test). Quelle: STAN (OECD 2003) und OECD "Services: Statistics on Value Added and Employment" (OECD 2001), eigene Berechnungen.

Tabelle 9.5: Bruttowertschöpfung in den vier Funktionsgruppen des Wissenssektors 1970 und 1999 (vorhergesagte Werte, in Prozent), durchschnittliches jährliches und relatives Wachstum im Länderdurchschnitt

vermittlung und des Wissensmanagements[10] relativ unbedeutend.

Ingesamt zeigen die Ergebnisse, dass die sich entwickelnden Wissensgesellschaften im Hinblick auf Beschäftigung vor allem Wissens*verbreitungs*gesellschaften sind. Das im Hinblick auf die Veränderung in der Zeit charakteristischste Merkmal ist die starke Expansion des Subsektors Wissensmanagement. Abseits dessen sind die Ergebnisse zur internen Entwicklung des Wissenssektor weniger einheitlich als erwartet. Für die meisten Länder gilt in jüngster Vergangenheit tatsächlich, dass von der Wissensproduktion bis hin zur Wissenvermittlung größere Beschäftigungsanteile involviert sind (*Differenzierungshypothese*); vor dem Hintergrund der Situation zu früheren Zeitpunkten und den Ergebnissen für einige Länder auch zum Ende der 1990er Jahre scheint dies jedoch eher eine Momentaufnahme als ein durchgängiges Muster zu sein. Ebenso kann die *Hypothese differenzierten Wachstums* nur als eingeschränkt gültig angesehen werden. Insbesondere im Hinblick auf das relative Wachstum der Subsektoren scheinen länderspezifische Gegebenheiten die Größe und das Wachstum einzelner Komponenten des Wissenssektors zu bestimmen.

9.3 Qualifikationsstruktur des Wissenssektors

Abschließend soll nun noch die Qualifikationsstruktur des Wissenssektors betrachtet werden. Mit den ländervergleichenden Daten zur Beschäftigung nach Industrien und Berufsgruppen der OECD (1998) ist es möglich, die Qualifikationsstruktur nach Sektoren für mehrere Länder und Zeitpunkte zu betrachten. Die Daten wurden bereits für die Entscheidung darüber, welche der Industrien im Bereich der „Informationsdienstleistungen" zum Wissenssektor gezählt werden sollen, herangezogen. An dieser Stelle soll nun der Frage nachgegangen werden, ob der Wissenssektor stärker durch hohe Qualifikationen und weniger durch niedrigere Qualifikationen gekennzeichnet ist, als die übrige Wirtschaft (*Upgradinghypothese*), oder aber gilt, dass der Wissenssektor stärker als die übrige Wirtschaft durch eine polarisierte Qualifikationsstruktur gekennzeichnet ist (*Polarisierungshypothese*). Die Abbildung 9.6 (S. 169) zeigt zunächst die Verteilung der vier Wirtschaftssektoren auf die vier Qualifikationsgruppen *im Mittel aller 39*

---

[10] Es sei jedoch nochmals daran erinnert, dass die Kalkulation von Bruttowertschöpfung insbesondere für Dienstleistungen problematisch ist (Wölfl 2003). Z. B. wird in den meisten Ländern die Bruttowertschöpfung des Bildungswesens durch den Umfang an (unterschiedlichen Arten von) gehaltenen Schulstunden gemessen. Qualitätsunterschiede und deren Veränderungen werden damit allenfalls grob erfasst.

9.3 Qualifikationsstruktur des Wissenssektors

| | ■ White-Collar High-Skilled | □ White-Collar Low-Skilled |
| | □ Blue-Collar High-Skilled | ■ Blue-Collar-Low-Skilled |

Wissenssektor: 45,9% | 30,4% | 10,6% | 12,9%
Dienstleistungssektor: 24,7% | 49,8% | 8,1% | 17,3%
Industriesektor: 16,4% | 11,9% | 43,9% | 27,6%
Agrarsektor: 8,6% | 5,0% | 57,2% | 29,1%

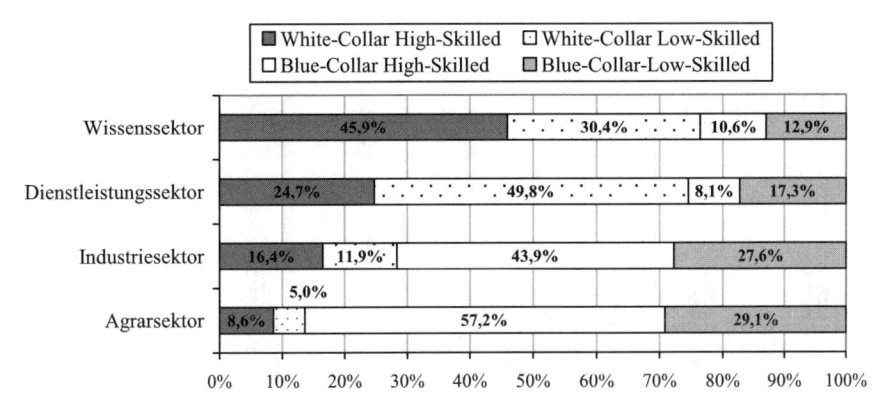

Hinweise: N (Länderzeitpunkte) = 39. Quelle: OECD 1998, eigene Berechnungen.

Abbildung 9.6: Wirtschaftssektoren nach Qualifikationsstruktur

Länderzeitpunkte. Der Wissenssektor ist gekennzeichnet durch die insgesamt höchste Qualifikationsstruktur: Die Gruppe der Hochqualifizierten („White-Collar High-Skilled"[11]) stellt mit knapp 46 Prozent nahezu die Hälfte aller Beschäftigten im Wissenssektor. Gegenüber den anderen drei Sektoren ist der Anteil dieser Gruppe damit um ein Vielfaches höher (fast doppelt so hoch wie im Dienstleistungssektor, nahezu dreifach höher als im Industriesektor und rund fünfmal höher als im Agrarsektor). Ein weiteres knappes Drittel der Beschäftigten im Wissenssektor ist auf der zweithöchsten Qualifikationsstufe, d. h. für geringer qualifizierte Bürotätigkeiten (typischerweise mittlere Angestellte und Verkaufspersonal) ausgebildet. Nur jeweils gut ein Zehntel aller Beschäftigten im Wissenssektor kommt aus den beiden Qualifikationsgruppen für manuelle Berufe. Das Verhältnis von White- zu Blue-Collar Beschäftigung nimmt zudem im Zeitverlauf im Wissenssektor stärker zu

---

[11] Enthalten sind die ISCO-Gruppen 10 (Legislators, senior officials and managers), 20 (Professionals) und 30 (Technicians and associate professionals).

als in der Gesamtwirtschaft (vgl. Abbildung 9.7 unten). Die Ergebnisse

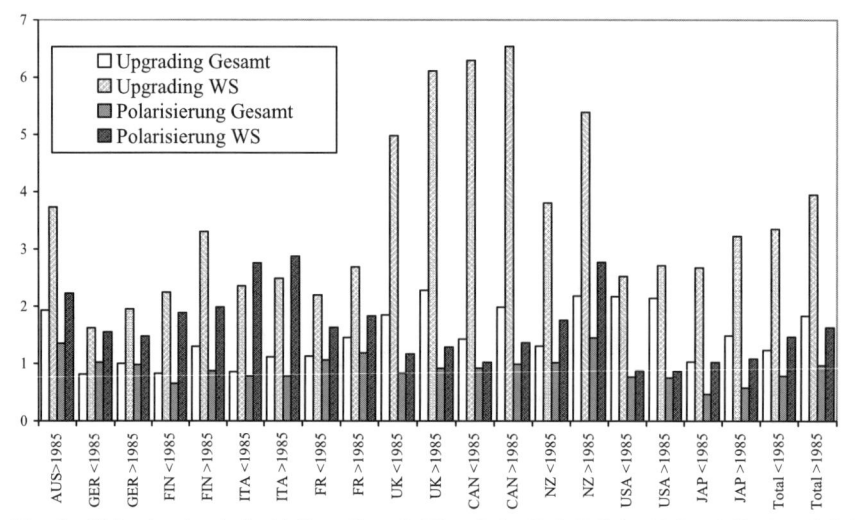

Hinweise: N (Länderzeitpunkte) = 39. Upgrading = Σ (*White-Collar High-Skilled* und *White-Collar Low-Skilled*) / Σ (*Blue-Collar High-Skilled* und *Blue-Collar Low-Skilled*). Polarisierung = Σ (*White-Collar High-Skilled* und *Blue-Collar Low-Skilled*) / Σ (*White-Collar Low-Skilled* und *Blue-Collar High-Skilled*).
Quelle: OECD 1998, eigene Berechnungen.

Abbildung 9.7: Upgrading und Polarisierung der Qualifikationsnachfrage

sprechen somit für die Annahme, dass der Wissenssektor stärker als die übrige Wirtschaft durch hohe Qualifikationen und weniger durch niedrigere Qualifikationen gekennzeichnet ist (*Upgradinghypothese*)[12]. Schwieriger ist auf Basis dieser Datengrundlage die Beantwortung der Frage nach einer Polarisierung der Beschäftigten. Zunächst zeigt die Abbildung 9.6, dass der Anteil der mittleren Qualifikationen („White-Collar Low-Skilled" und „Blue-Collar High-Skilled") im Wissenssektor geringer als in allen übrigen drei Sektoren ist.

Im Zeitverlauf nimmt zudem der Anteil der mittleren Gruppen zugunsten der höchsten und niedrigsten Qualifikationsgruppen im Wissenssektor stärker ab als in der Gesamtwirtschaft (vgl. die Tabelle A.3 auf der Seite 263 im

---

[12] Die Betrachtung der Sektoren nach Qualifikationsgruppen getrennt für die verfügbaren 39 Länderzeitpunkte führt zu dem gleichen Schluss (vgl. Tabelle A.3 auf der Seite 263 im Anhang).

Anhang). Vergleicht man das Missverhältnis zwischen hohen zu niedrigen Qualifkationen („Upgrading") mit demjenigen zwischen dem höchsten und niedrigsten zu den mittleren Qualifikationen („Polarisierung"), so zeichnet sich der Wissenssektor besonders durch eine Ungleichverteilung zwischen hohen und niedrigen Qualifikationen aus. Für alle Länder und Messzeitpunkte nach 1985 gemeinsam sind etwa viermal mehr hoch- als geringqualifizierte Personen im Wissenssektor beschäftigt, während das Verhältnis von hohen bzw. niedrigen zu mittleren Qualifikationen nur etwa zwei zu eins beträgt. Im Vergleich zur Gesamtwirtschaft sind aber beide Missverhältnisse im Wissenssektor stärker ausgeprägt.

Eine nur nach vier Qualifikations- bzw. Berufsgruppen differenzierte Betrachtung der Beschäftigung in Sektoren erlaubt keine endgültige Prüfung der Richtigkeit einer Entwicklung in Richtung „Nicht-Routine"-Beschäftigung, wie sie Autor et al. (2003, 2006) vorgeschlagen haben. Nichtsdestotrotz weisen die meines Wissens einzigen ländervergleichenden Daten nach, dass sich der Wissenssektor von der übrigen Wirtschaft im Hinblick auf die Qualifikations- und Berufsstruktur deutlich unterscheidet. Sowohl das Verhältnis von hochqualifizierter zu niedrigqualifizierter Beschäftigung als auch dasjenigen zwischen „Nicht-Routine-" und „Routinebeschäftigung" ist im Wissenssektor unausgeglichener als die entsprechenden Verhältnisse in der übrigen Wirtschaft. Die *Upgradinghypothese* und *Polarisierungshypothese* können somit zumindest beide nicht verworfen werden.

9.4 Zusammenfassung

Sowohl in der öffentlichen Debatte als auch seitens der prominenten Vertreter der Wissensgesellschaftssthese wird immer wieder gerne betont, dass sich die reichen Volkswirtschaften in den vergangenen drei Dekaden zu Wissensgesellschaften gewandelt haben. Die Literaturbesprechung hat gezeigt, dass sich das Verständnis, was genau eine Wissensgesellschaft auszeichnet und wie sie sich empirisch erfassen lässt, zwischen den Vertretern dieser Auffassung teilweise erheblich unterscheidet. Von den drei zentralen Trends der Wissensgesellschaft – Informationstechnik, Bildungsexpansion und Wissensökonomie – wurde oben das Konzept der Wissensökonomie weiterverfolgt und die Wissensgesellschaft schließlich als Gesellschaft definiert, in der Wissenssektor den größten Anteil an der Gesamtwirtschaft einnimmt. Mit der *Wachstumshypothese* wurde die Annahme formuliert, dass sich der Trend in Richtung Wissensgesellschaft auf der Ebene der wirtschaftlichen Aktivitäten als kontinuierliches Wachstum des Wissenssektors abbildet.

Die Analyse der harmonisierten volkswirtschaftlichen Gesamtrechungsdaten der 19 OECD Länder zeigt, dass ein solcher Trend zur Wissensgesellschaft beobachtbar ist. Die *Wachstumshypothese* kann auf Basis dieser Untersuchung daher nicht falsifiziert werden. Im Gegensatz zu den sehr breiten und unspezifischen Wissenssektorkonzepten ist nach der hier getroffenen Operationalisierung der Wissenssektor jedoch bislang in keiner der 19 untersuchten reichsten Volkswirtschaften der für Beschäftigung und Wertschöpfung bedeutendste Sektor. Streng genommen kann damit von entwickelten Wissensgesellschaften bis heute nicht die Rede sein. Extrapoliert man die sektorale Entwicklung der 1990er Jahre, wird es noch etwa weitere 30 Jahre dauern, bis die heutigen hochtechnisierten Industrie- und Dienstleistungsgesellschaften voll entwickelte Wissensgesellschaften sein werden. Die bislang beobachtbare Varianz zwischen den Ländern lässt vermuten, dass es dabei Vorreiter und Nachzügler geben wird, und dass sich diese Wissensgesellschaften im Hinblick auf die sektorale Struktur außerhalb und innerhalb des Wissenssektors unterscheiden werden.

Die Betrachtung der einzelnen Subsektoren des Wissenssektors (Wissensproduktion, -infrastruktur, -management und -verbreitung) bringt zu Tage, dass in der Mehrzahl aller Fälle von Ländern der Löwenanteil der Beschäftigung auf die Verbreitung von Wissen, d. h. auf die Medien- und die Bildungsindustrien, zurückgeht. In einigen Ländern macht die Beschäftigung in diesem Subsektor in jüngster Vergangenheit bereits mehr als zehn Prozent der Gesamtbeschäftigung aus. In allen Ländern bedeutet dagegen die Wissensproduktion, wenn auch hier eng gefasst, für Beschäftigung relativ und absolut nur wenig. In der Mehrzahl der Fälle ist die in der *Differenzierungshypothese* formulierte Annahme, dass von der Produktion neuen Wissens bis hin zu seiner letztendlichen Verbreitung ein wachsender Beschäftigungsanteil involviert ist, richtig. Im Hinblick auf die Veränderung der Subsektoren über das Zeitfenster von mehr als drei Dekaden zeigt sich, dass die Industrien des Wissensmanagements die dynamischste Entwicklung genommen haben; in den meisten Ländern verfünffacht sich ihr Beschäftigungsanteil. Insgesamt ist somit das spezifische Merkmal der entstehenden Wissensgesellschaften stärker die Aufbereitung, Vermittlung und Verbreitung von Wissen als die Herstellung der technischen Infrastruktur und die Produktion neuen Wissens in Form von Forschung und Entwicklung. Die Annahme, dass in allen Fällen der Subsektor Wissensinfrastruktur im Zeitverlauf geringer wächst als die übrigen Subsektoren (*Hypothese differenzierten Wachstums*), bestätigt sich allerdings nicht. Im deutlichen Gegensatz zur Beschäftigungssituation sind aus der Perspektive der Bruttowertschöpfung die Industrien der

9.4 Zusammenfassung

Wissensinfrastruktur die eindeutigen Wachstumsbranchen des Wissenssektors. Ihr Beitrag zum Bruttoinlandsprodukt ist verglichen mit den übrigen Subsektoren des Wissenssektors am größten und wächst kontinuierlich im Beobachtungszeitraum.

Bei den vielen beobachtbaren Gemeinsamkeiten in der Entwicklung der untersuchten 19 OECD Länder kann jedoch von einem einzigen, für alle gleichermaßen beschreitbaren Weg zur Wissensgesellschaft nicht die Rede sein. Die sich entwickelnden Wissensgesellschaften unterscheiden sich zum Teil erheblich darin, welche Sektoren mit dem Ausbau des Wissenssektors kombiniert werden und welche Subsektoren des Wissenssektors selbst besonders ausgebaut werden. Im Anschluss an die Vorüberlegungen von Castells zu mindestens zwei wissensgesellschaftlichen Entwicklungpfaden ergeben sich auch hier Muster einer Spezialisierung entweder in Richtung auf Dienstleistungen oder den Industriesektor. Einerseits zeigt sich ein massiver Abbau industrieller Beschäftigung in Kombination mit dem Ausbau des Dienstleistungssektors und später dem Wissenssektor in den USA, dem Vereinigten Königreich und Kanada sowie in den Niederlanden und Norwegen. Die Klassifikation von Japan und Deutschland als Wissensgesellschaft mit der Prägung industrieller Produktion bei Castells ist auch auf Basis der hier getroffenen Abgrenzung von Industrien und Sektoren zu beobachten. Diesem idealtypischen Entwicklungsmodell kann aufgrund der Ergebnisse hier auch Italien zugeordnet werden. Innerhalb des Wissenssektors deuten sich, wenn auch weniger pronounciert, einige Spezialisierungen ab. So sind in einigen Ländern die Industrien zur Herstellung der Wissensinfrastruktur besonders beschäftigungsintensiv ausgebaut (besonders in SWE und FIN), während in den Niederlanden und Luxemburg die Industrien des Wissensmanagements den größten Anteil des Wissenssektors ausmachen und beträchtliche Anteile an der Gesamtbeschäftigung des Landes haben.

Die Frage, ob es vor dem Hintergrund der Unterschiede im Hinblick auf die sektorale Entwicklung und die Subsektoren des Wissensektors zutreffend ist, von unterscheidbaren Modellen der Wissensgesellschaft zu sprechen, kann beantwortet werden, wenn andere, insbesondere institutionelle Merkmale der Nationalstaaten berücksichtigt werden und mehr Länder in die Analyse der VGR-Daten aus einer solchen Vier-Sektoren-Perspektive einbezogen werden. Für die nun folgenden Auswertungsschritte bleibt an dieser Stelle zuvorderst festzuhalten, dass im Hinblick auf die Veränderungen der wirtschaftlichen Aktivitäten in den untersuchten Industrie- und Dienstleistungsgesellschaften ein Trend in Richtung Wissensgesellschaft unverkennbar ist. Die Untersuchung der Qualifikationsstrukturen der Wirtschaftssektoren weist darauf hin, dass sich der Wissenssektor einerseits von den übrigen Sektoren durch seinen hohen Anteil von hochqualifizierten Beschäftigten auszeichnet. Gleichzeitig ist im Wissenssektor aber auch der Anteil mittlerer Qualifikationen am niedrigsten. Inwieweit vor diesem Hintergrund mit steigenden oder fallenden Bildungsrenditen bzw. zunehmender oder sinkender Einkommensungleichheit im Zuge des Ausbaus des Wissenssektors zu rechnen ist, muss im Folgenden empirisch geprüft werden.

10 Wissensgesellschaft und Bildungserträge in 18 OECD Ländern von 1985 bis 2002

In dem vorherigen Kapitel konnte gezeigt werden, dass in den reichen Volkswirtschaften in den letzten Dekaden ein Wandel zur Wissensgesellschaft stattfindet, dass heißt, dass der Wissenssektor ein kontinuierliches Wachstum erfährt.

Die These einer Entwicklung zur Wissensgesellschaft, die sich hiermit zu bestätigen scheint, ist eng verbunden mit der Annahme, dass Bildung in solchen Gesellschaften für den Erfolg der Individuen am Arbeitsmarkt zunehmend wichtiger wird. Oben war diskutiert worden, inwieweit die Vorstellung einer meritokratischeren Gesellschaft tatsächlich plausibel erscheint. Abseits einer rein auf funktional-normative Gründe abhebende Argumentation erklären Matchingmodelle den Zusammenhang zwischen erworbenen individuellen Eigenschaften und Einkommen als das Ergebnis einer Entscheidung des Arbeitssuchenden einerseits und des Arbeitgebers andererseits. Während die individuellen Mechanismen, die zu einem „matching" zwischen einem Arbeitnehmer und Arbeitgeber führen, für alle Zeitpunkte und Länder als ähnlich angenommen werden können, so unterscheiden sich jedoch die strukturellen Bedingungen, unter denen die Individuen die Entscheidungen treffen (vgl. Müller et al. 2002, S. 38-40). Die Unterschiede in den strukturellen Gegebenheiten der Arbeitsmärkte zwischen Ländern bzw. im Zeitverlauf sollten sich in dem Matchingprozess vor allem auf das Verhalten der Arbeitgeber auswirken. Vor diesem Hintergrund kann der Wandel zu einer Wissensgesellschaft als eine Veränderung der Gelegenheitsstruktur betrachtet werden, die die zentralen Akteure bei ihren Entscheidungen berücksichtigen.

Aus der Perspektive Wissensgesellschaft als sektorale Verschiebung von Beschäftigung und Wertschöpfung in Richtung des Wissenssektors ist für die vorliegende Arbeit dann von besonderer Relevanz, der Frage nach Änderungen im Verhältnis von Angebot und Nachfrage nach unterschiedlichen Qualifikationen nachzugehen[1]. Es erscheint plausibel, dass sich der Wert von formalen Bildungstiteln auch daran orientiert, in welcher Menge diese

---

[1] Die Analyse unterschiedlicher Allokationsmechanismen und sonstiger Besonderheiten der Arbeitsplätze im Wissenssektor kann aufgrund mangelnder Daten hier nicht angegangen werden. Natürlich werden in den multivariaten Analysen auf der Indi-

Qualifikationen dem Markt zur Verfügung stehen und in welchem Maße sie nachgefragt werden. Wie oben erläutert wurde, ist die Bestimmung der Nachfragestruktur Gegenstand kontroverser Diskussionen. Während die Mehrzahl der Arbeiten von einer nach Qualifikationen monoton steigenden Nachfrage ausgeht, weisen einige Arbeiten auf eine Polarisierung der Arbeitskräftenachfrage in reichen Volkswirtschaften hin. Im vorausgegangenen Kapitel wurde soweit als möglich versucht, das Spezifische des Wissenssektors im Hinblick auf die Qualifikationsstruktur herauszuarbeiten bzw. zu klären, ob die mit dem Ausbau des Wissenssektors verbundene Veränderung der Qualifikationsnachfrage treffender mit einem „Upgrading" oder einer „Polarisierung" zu kennzeichnen ist. Insgesamt zeigte sich, dass der Wissenssektor stärker als die übrige Wirtschaft durch hohe und weniger durch mittlere Qualifikationen gekennzeichnet ist.

Im Folgenden soll nun zunächst abgebildet werden, wie sich die Bedeutung von Bildung für das Einkommen in den 18 OECD Ländern über die Zeit entwickelt (Abschnitt 10.1). Im Anschluss soll mit Hilfe von Mehrebenenanalysen geprüft werden, ob die hier ermittelbaren Unterschiede (zwischen Ländern und Zeitpunkten) auch unter Zuhilfenahme von Variablen der sozialen Kontextebene erklärt werden können (Abschnitt 10.2).

10.1 Die Bedeutung von Bildung für das Einkommen

In einem ersten Schritt betrachte ich die Entwicklung der Bildungsrenditen im Zeitverlauf in den Untersuchungsländern. Die Tabelle 10.1 (S. 177) weist die über alle Messzeitpunkte gemittelten prozentualen Lohnzuwächse durch Bildung unter Kontrolle der Berufserfahrung (Standardschätzung nach Mincer, vgl. Abschnitt 4.2.2) aufsteigend sortiert nach Ländern und im Ländermittel (TOTAL) aus.

Im Mittel aller Länder *und* Zeitpunkte ergibt sich ein Lohnzuwachs durch ein Jahr Bildung von rund 6,1 Prozent für Männer und 7,9 Prozent für Frauen. Zunächst zeigen sich *absolute Unterschiede zwischen Ländern* in der Bedeutung von Bildung für das persönliche Einkommen: Gemäß den Ergebnissen an anderer Stelle (vgl. Abschnitt 4.2.1) ergeben sich vergleichsweise niedrige Bildungsrenditen in den skandinavischen Ländern und überdurchschnittliche Erträge in Großbritannien und den USA. So erhöht sich das Einkommen mit einem Jahr Schulbildung in Dänemark, Finnland, Norwegen

---

vidualebene einige solcher Merkmale für alle Individuen berücksichtigt. Wie bereits eingangs argumentiert, kann eine der nötigen Sorgfalt gerecht werdende Analyse institutioneller Settings hier nicht geleistet werden.

10.1 Die Bedeutung von Bildung für das Einkommen

Rang	Land	Männer	Rang	Land	Frauen
1	NOR (12)	2,28	1	SWE (8)	3,23
2	GER-E (6)	2,89	2	DNK (3)	3,23
3	DNK (4)	3,51	3	NOR (12)	3,91
4	SWE (8)	3,72	4	NZ (3)	4,07
5	NZ (5)	4,10	5	FIN (1)	4,20
6	NL (5)	4,22	6	GER-E (6)	5,17
7	BEL (1)	4,90	7	NL (2)	5,20
8	AUT (6)	4,99	8	CAN (4)	5,45
9	ITA (7)	5,00	9	ESP (6)	6,13
10	GER-W (10)	5,21	10	GER-W (9)	6,31
11	FIN (1)	5,29	11	AUT (5)	6,61
12	CAN (4)	5,61	12	AUS (9)	6,66
	TOTAL (19)	*6,07*	13	ITA (6)	7,82
13	ESP (8)	6,30		*TOTAL (18)*	*7,90*
14	AUS (9)	6,58	14	GB (7)	8,53
15	GB (7)	7,16	15	FR (5)	8,72
16	PRT (4)	8,18	16	USA (14)	11,07
17	USA (14)	8,37	17	PRT (4)	13,03
18	FR (5)	8,38	18	JAP (10)	13,26
19	JAP (10)	9,94	19	*BEL (0)*	*NAV*

Hinweise: Anzahl der Länderstichproben in Klammern. Quelle: ISSP 1985-2002; eigene Berechnungen.

Tabelle 10.1: Mittlere prozentuale Lohnzuwächse durch Bildung (Mincer Standardmethode) nach Ländern

und Schweden um nicht mehr als sechs Prozent für beide Geschlechter. In den USA und in Großbritannien sind die Erträge zum Teil doppelt so hoch. Weit über dem Durchschnitt liegen auch die prozentualen Lohnanstiege für Bildung in Japan, Frankreich und Portugal. Neben den skandinavischen Ländern haben Ostdeutschland (insbesondere Männer), Neuseeland und die Niederlande unterdurchschnittlich niedrige Renditen. Zudem ist erwartungsgemäß in den meisten Ländern der bildungsmäßige Lohnanstieg bei Frauen höher als bei Männern. Im Mittel aller Länderstichproben erbringt ein Jahr Bildung Frauen durchschnittlich etwa 1,8 Prozent mehr Einkommenszuwachs als Männern. Weitaus schwieriger als die Beurteilung absoluter Länder-

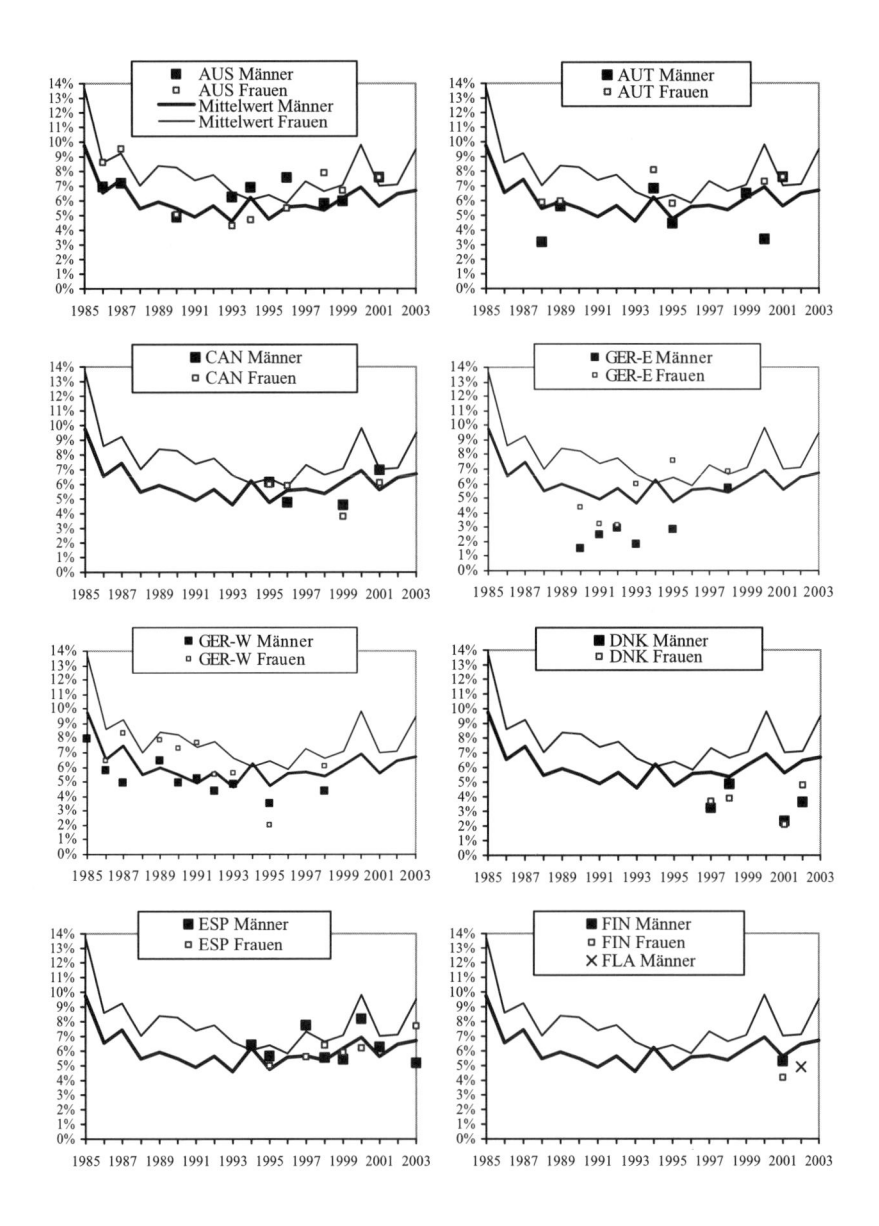

Abbildung 10.1: Bildungsrenditen für Männer und Frauen, 1985 bis 2003

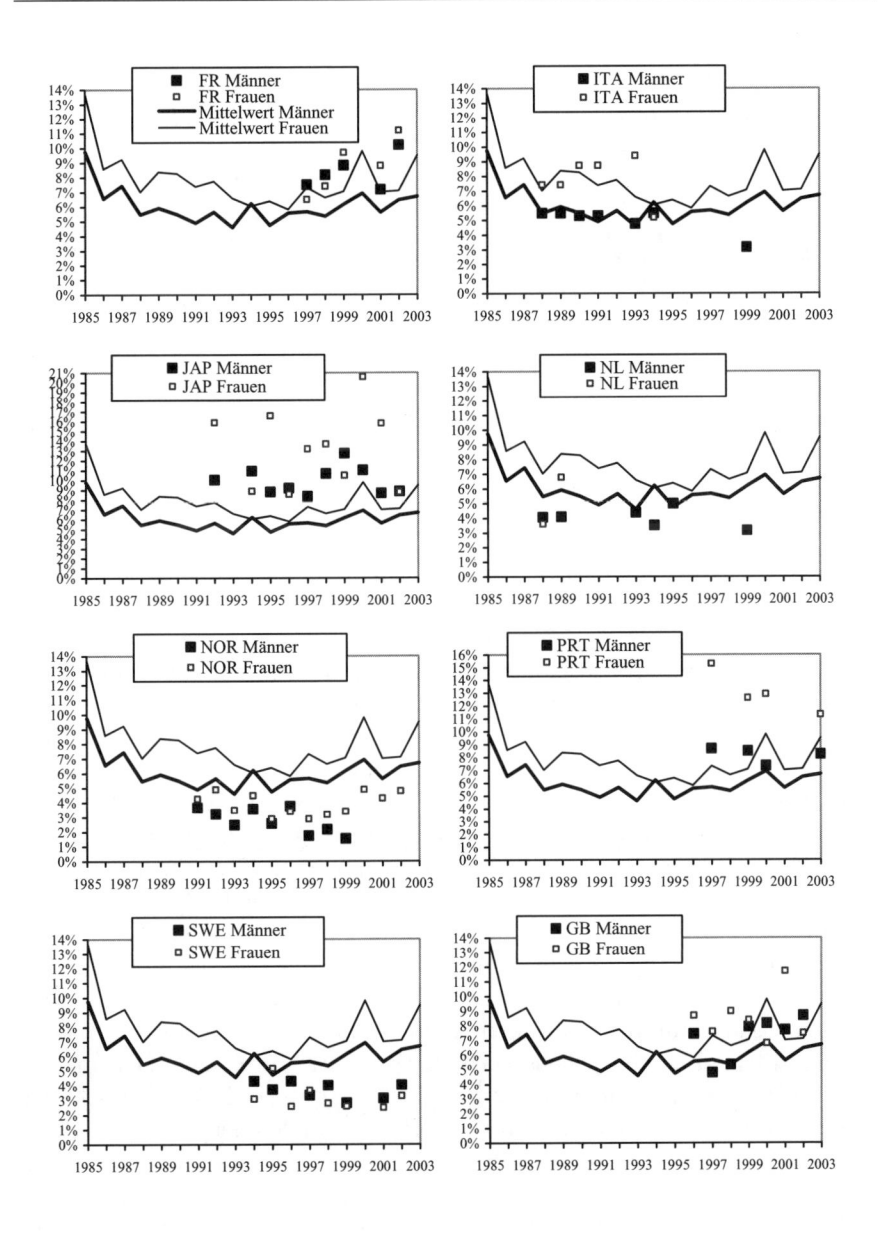

10.1 Die Bedeutung von Bildung für das Einkommen

Abbildung 10.2: Bildungsrenditen für Männer und Frauen, 1985 bis 2003 (Fortsetzung)

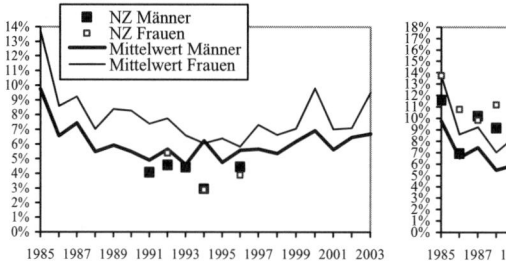

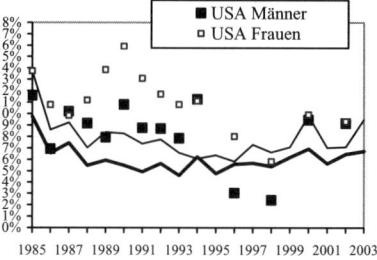

Abbildung 10.3: Bildungsrenditen für Männer und Frauen, 1985 bis 2003 (Fortsetzung)

untschiede ist die Einschätzung von *zeitlichen Unterschieden innerhalb von Ländern*. Die Abbbildungen 10.1, 10.2 und 10.3 (siehe S. 178 bis 180) weisen die prozentuale Lohnverbesserung von Männern und Frauen für ein Jahr Schulbildung unter Kontrolle der Berufserfahrung im Zeit- und Ländervergleich aus (Standardschätzung nach Mincer, vgl. Abschnitt 4.2.2). In jeder Teilabbildung sind neben den für die einzelnen Länderzeitpunkte ermittelbaren Renditen auch die über die Länder gemittelten Renditen abgetragen[2]. Zunächst liegen für einige Länder (FIN, FLA, NL und NZ nur Frauen) zu wenige Werte vor, als dass zuverlässige Aussagen über Veränderungen in der Zeit auf Grundlage der Ergebnisse hier getroffen werden können. Darüber hinaus sind in einigen Ländern trotz ausreichender Messzeitpunkte keine eindeutigen Trends auszumachen: In Australien, Spanien, Italien, den Niederlanden, Portugal, Schweden und Neuseeland (jeweils nur Männer), im Großbritannien (nur Frauen) und in Dänemark und Japan sind die Renditen im Zeitverlauf mehr oder weniger konstant. Einen eindeutigen Anstieg der Renditen über den jeweils verfügbaren Zeitraum verzeichnen meines Erachtens insgesamt nur fünf Länder, nämlich Österreich, Ostdeutschland, Spanien (Frauen), Frankreich und Großbritannien (Männer). In allen Fällen, insbesondere aber in Österreich, Ostdeutschland und Spanien findet dabei die Zunahme als insgesamter Niveauanstieg mit z.T. geringer werdenden Renditen im Vergleich zum vorherigen Messzeitpunkt statt. Der Anstieg der Einkommenszuwächse durch Bildung bei den Frauen in Italien bis 1993 wird

---

[2] Es werden nur statistisch signifikante Koeffizienten berücksichtigt.

mit dem deutlich geringeren Wert für 1995 unterbrochen. Einen Rückgang der Bildungrenditen ist für Männer in Norwegen und Deutschland bzw. für Frauen in Portugal über den jeweils verfügbaren Zeitraum erkennbar. In den übrigen Länderstichproben deutet sich ein u-förmiger Verlauf an: In Westdeutschland und Norwegen (jeweils nur Frauen) und den USA sind die Renditen bis etwa zur Mitte der 1990er Jahre konstant oder gehen zurück, um im Anschluss daran wieder bis zum Ende des jeweiligen Beobachtungszeitpunkts zuzunehmen. In Kanada und Schweden (nur Frauen) zeigt sich ein ähnliches Bild, nur ist hier die Entwicklung zeitlich etwas nach hinten verschoben. In keinem der Fälle wird bei dem beobachtbaren Endpunkt der u-förmigen Entwicklung das Ausgangsniveau (bislang) wieder erreicht. Die für alle Länder gepoolte Entwicklung (die durchgezogenen Linien) weisen dann auch eher für Frauen eine u-förmige Entwicklung aus als für Männer.

Grosso modo bestätigen die Ergebnisse hier also die Ergebnisse an anderer Stelle (vgl. Abschnitt 4.2.1): Die Renditen nehmen im Zeitraum zwischen 1985 und etwa der Mitte der 1990er Jahre in den meisten Ländern ab oder bleiben konstant. Für den Zeitraum ab Mitte bzw. Ende der 1990er Jahre zeigt sich häufiger eine Zunahme der Erträge für Bildung. Jedoch sind die Entwicklungen in ihrem Ausmaß bestenfalls als Tendenzen zu beschreiben. Eine deutliche Zu- oder Abnahme der Bedeutung von Bildung über den gesamten Zeitraum in allen Ländern ist nicht ersichtlich.

Streng genommen muss die *Meritokratiehypothese* damit bereits als widerlegt betrachtet werden. Insofern, als dass hier andere für das Einkommen relevante Individualmerkmale unberücksichtigt bleiben und die verwendete Methode ungeeignet ist, um kausale Effekte von theoretischen Variablen anstelle von reinen Eigennamen zu prüfen, wird im folgenden Kapitel deshalb der Versuch unternommen, die oben ermittelten Unterschiede in der Bedeutung von Bildung für das Einkommen in Mehrebenenmodellen simultan durch Unterschiede der Individual- und der Kontextebene zu erklären.

10.2 Erklärung der Länder- und Zeitunterschiede im Mehrebenenmodell

Die Frage nach Änderungen im Stratifikationssystem in Richtung Meritokratie wurde oben präzisiert als Frage danach, ob der Anteil der im Wissenssektor beschäftigten Personen an der Gesamtwirtschaft (unter Kontrolle des Arbeitskräfteangebots) die Beziehung zwischen Bildung und Einkommen zu moderieren in der Lage ist. Diese Frage kann angemessen nur mit Mehrebenenmodellen beantwortet werden. Aufgrund der besonderen Datenstruktur, nämlich Individualdaten kumulierter Querschnitte in Länderzeitpunkten, werden wie in Abschnitt 8.2 erläutert, sogenannte kreuzklassifizierte Mehrebenenmodelle berechnet. Es werden geschachtelte Modelle gerechnet und interpretiert, die aufbauend auf den gängigen Individualeffekten sukkzessive um Interzept- und Slopeeffekte der Kontextebene erweitert werden. Die Tabelle 10.2 (siehe S. 183) zeigt die Ergebnisse für Modelle mit dem logarithmierten monatlichen Nettoeinkommen als abhängige Variable. Insgesamt stehen für 50.825 Personen Informationen zu allen in den Modellen enthaltenen Variablen zur Verfügung. Diese Individuen sind 98 Kontexten eindeutig zuzuordnen. Diese 98 Kontexte setzen sich aus Kombinationen von allen verfügbaren 18 Ländern und 18 Zeitpunkten zusammen. Das leere Interzeptmodell gibt Aufschluss über die Varianzaufteilung zwischen der Individual- und der Kontextebene. Der Anteil der Unterschiede in der abhängigen Variable, der durch Unterschiede auf der Kontextebene zurückzuführen ist, liegt bei 33,3 Prozent. Somit scheinen Kontextmerkmale für die Varianzaufklärung der Zielvariable von Bedeutung. Rund zwei Drittel der Unterschiede im individuellen Einkommen gehen auf Unterschiede der Individualebene zurück. Das über alle Länder und Zeitpunkte gemittelte Einkommen beträgt 7,2. Dies entspricht einem monatlichen Nettoeinkommen von rund 1340 konstanten US-Dollar.

Modell 1 schätzt den Einfluss der Variablen nach der Standardmethode von Mincer unter Kontrolle des Geschlechts[3]. Alle Merkmale der Individualebene haben einen statistisch signifikanten Effekt auf die Zielvariable in der jeweils erwarteten Richtung: Das Geschlecht, die Berufserfahrung, die Bildung und die Anzahl der Arbeitsstunden haben hochsignifikante Effekte für das Einkommen. Männer verfügen demnach bei gleicher Berufserfahrung, Bildung und Arbeitsumfang über ein rund 32 Prozentpunkte höheres Einkommen als Frauen. Mit jedem Jahr Berufserfahrung steigt das Einkommen um rund 2,5 Prozentpunkte; der statistisch signifikante negative Effekt der quadrierten Berufserfahrung belegt die Richtigkeit der Annahme eines insgesamt konkaven Verlaufs der Lohnzuwächse durch Berufserfahrung. Die Rendite für ein Jahr Bildung beträgt rund 5,4 Prozent. Erwartungsgemäß erhöht sich das Einkommen mit der Anzahl der wöchentlichen Arbeitsstunden.

---

[3] Abweichend von der Standardmethode wird zum Zeck der eingängigeren Interpretation der Arbeitsumfang durch die wöchentliche Stundenanzahl als Kontrollvariable eingebracht.

10.2 Erklärung der Länder- und Zeitunterschiede im Mehrebenenmodell

	Leeres Interzept-modell	Model 1	Model 2	Model 3	Model 4	Model 5
LEVEL 1: Individuen						
Geschlecht:						
Männlich		0,319***	0,294***	0,295***	0,294***	0,294***
		(0,005)	(0,005)	(0,005)	(0,005)	(0,005)
Berufserfahrung in Jahren		0,025***	0,022***	0,022***	0,022***	0,022***
		(0,001)	(0,001)	(0,001)	(0,001)	(0,001)
Berufserfahrung in Jahren quadriert (multipliziert mit 10)		-0,004***	-0,004***	-0,003***	-0,003***	-0,003***
		(0,000)	(0,000)	(0,000)	(0,000)	(0,000)
Bildung in Jahren		0,054***	0,046***	0,046***	0,081***	0,082***
		(0,001)	(0,001)	(0,001)	(0,005)	(0,005)
Arbeitsstunden pro Woche		0,015***	0,014***	0,014***	0,014***	0,014***
		(0,000)	(0,000)	(0,000)	(0,000)	(0,000)
Aufsichtsfunktion			0,186***	0,185***	0,185***	0,185***
			(0,005)	(0,005)	(0,005)	(0,005)
Gewerkschaftsmitglied			0,134***	0,134***	0,134***	0,134***
			(0,005)	(0,005)	(0,005)	(0,005)
Region:						
Stadt			0,099***	0,099***	0,098***	0,098***
			(0,005)	(0,005)	(0,005)	(0,005)
LEVEL 2: Länderzeitpunkte						
Random intercept Effekt						
% WS Beschäftigte [W: 10,9 - 29,1 / M: 19,81][a]				-0,020**	0,001	0,001
				(0,007)	(0,008)	(0,007)
Random slope Effekt						
% WS Beschäftigte*Bildung in Jahren					-0,002***	-0,002***
					(0,000)	(0,000)
Random intercept Effekt						
D. Anzahl der Schuljahre [W: 2,4 - 12,3 / M: 8,3][a]						0,100***
						(0,011)
Interzept	7,200***	5,419***	5,417***	5,848***	5,392***	4,495***
	(0,089)	(0,077)	(0,076)	(0,175)	(0,186)	(0,183)
Individualvarianz σ_ϵ^2	0,286	0,200	0,188	0,188	0,188	0,188
Länderzeitvarianz $\Sigma (\sigma_{u0}^2, \sigma_{v0}^2)$	0,143	0,101	0,099	0,118	0,116	0,064
Intraklassen-Korrelationskoeffizient ρ	0,333	0,337	0,345	0,385	0,381	0,253
R^2 Individualebene		**0,307**	**0,340**	**0,340**	**0,341**	**0,342**
R^2 Länderzeitebene		**0,293**	**0,305**	**0,173**	**0,186**	**0,553**
R^2 total		**0,302**	**0,328**	**0,276**	**0,282**	**0,395**
Deviance (-2 Log-Likelih.)	100976,0	82338,3	79838,7	79831,4	79780,8	79712,1
N_i Individualebene	50.825	50.825	50.825	50.825	50.825	50.825
N_{jk} Länderzeitebene	98 (18/18)	98 (18/18)	98 (18/18)	98 (18/18)	98 (18/18)	98 (18/18)

Hinweise: Alle Berechnungen sind mit gewichteten Daten durchgeführt. [a] W = Wertebereich, M = arithmetisches Mittel. Robuste Standardfehler in Klammern. *: p≤0,05, **: p≤0,01; ***: p≤0,001 (zweiseitiger Test). Quelle: ISSP 1985-2002, OECD STAN (OECD 2003), OECD "Services: Statistics on Value Added and Employment" (OECD 2001), Barro und Lee (2001); eigene Berechnungen.

Tabelle 10.2: Bildungsrenditen in der hierarchisch-linearen Regression: Meritokratiehypothese

Unter der Bedingung, dass alle Variablen den Wert Null annehmen, beträgt das durchschnittliche Einkommen in der Stichprobe umgerechnet nur etwa 230 US-Dollar.

Modell 2 erweitert dieses Modell um drei in der Literatur als einkommensrelevant bekannte Individualmerkmale: Übt die Einkommen beziehende Person eine berufliche Aufsichtsfunktion aus, ist sie Mitglied in einer Gewerkschaft und wohnt sie in einer Stadt, so gehen damit statistisch signifikante Einkommensverbesserungen einher[4]. Unter zusätzlicher Kontrolle dieser Individualmerkmale sinkt die Bildungsrendite auf etwa 4,7 Prozentpunkte ab.

Modell 3 prüft die *Wohlstandshypothese*. Hierfür wird der Kontexteffekt *Anteil der Beschäftigten im Wissenssektor* in Prozentpunkten als erklärende Variable in das Modell aufgenommen. Entgegen der in der Wohlstandshypothese formulierten Annahme gilt: Je größer der Anteil der Beschäftigten im Wissenssektor an allen Beschäftigten, desto geringer ist das durchschnittliche Einkommen. Allerdings ist der Effekt äußerst gering. Das Interzept des monatlichen Einkommens beträgt über alle Länder und Zeitpunkte gemittelt in diesem Modell 5,9 (dies entspricht etwa 365 US-Dollar). Steigt der Anteil der Beschäftigten im Wissenssektor um ein Prozentpunkt, sinkt das Interzept um .0197 Skalenpunkte. Der geschätzte Unterschied zwischen einem Land, in dem der Anteil des Wissenssektors gering ist (etwa Griechenland in jüngster Vergangenheit mit rund 16%) und einem Land, in dem der Anteil heute vergleichsweise hoch ist (GB mit rund 29%) beträgt umgerechnet nur etwa 70 US-Dollar. In den folgenden Modellen ist der Interzepteffekt statistisch nicht mehr signifikant. Die partiellen Regressionskoeffizienten der Individualmerkmale bleiben gegenüber dem vorangegangenen Modell in etwa gleich.

Modell 4 stellt eine Prüfung der *Meritokratiehypothese* dar. Zusätzlich zu dem direkten Effekt der individuellen Bildung und des Anteils der im Wissenssektor Beschäftigten auf das Einkommen enthält das Modell eine sogenannte *cross-level* Interaktion: Der *random slope* Effekt prüft, ob der Anteil der im Wissensektor beschäftigten Personen an allen Beschäftigten den Einfluss der individuellen Bildung moderiert. Entgegen der *Meritokratiehypothese* und gemäß der *Entwertungshypothese* gilt: Je größer der Anteil

---

[4] Das Geschlecht und die beruflichen Merkmale der Befragten haben recht hohe Effekte. Diese werden reduziert, wenn zusätzlich der Beruf bzw. der berufliche Status der Befragten kontrolliert wird. Auf die Aufnahme des Berufsstatus der Befragten in den Mehrebenenmodellen mit *cross-level* Interaktionen auf die Bildungsrenditen muss aber aufgrund von Multikollinearitätsproblemen verzichtet werden.

10.2 Erklärung der Länder- und Zeitunterschiede im Mehrebenenmodell

der Beschäftigten im Wissenssektor an allen Beschäftigten, desto *geringer* ist der Einfluss der individuellen Bildung auf das Einkommen. Gegenüber den vorherigen Modellen steigt der Haupteffekt der individuellen Bildung deutlich an: In einem Land, in dem keine Beschäftigten im Wissenssektor tätig sind, beträgt der Lohnzuwachs der Bildung 8,1 Prozent. In einem Land, in dem der Wissenssektor bereits knapp 30 Prozent der Gesamtbeschäftigung ausmacht, ist der Effekt der Bildung für das Einkommen um etwa einen halben Prozentpunkt geringer. Bei einer durchschnittlichen Anzahl von Schuljahren von rund 11,7 Jahren (vgl. Tabelle 7.3, Seite 137) macht dies einen Unterschied von etwa 380 konstanten US-Dollar aus.

Modell 5 erweitert das vorangegangene Modell schließlich noch um einen kontextualen Interzepteffekt des Angebots an Qualifikationen in einem Land. Die durchschnittliche Anzahl von Schuljahren in der Bevölkerung im erwerbsfähigen Alter erhöht das Einkommen statistisch signifikant (.10***). Dieser einkommenserhöhende Effekt ist in seiner Größe nicht unbeachtlich. So ist der Unterschied zwischen einem Land mit einer durchschnittlichen Bildungsdauer der Bevölkerung von rund fünf Jahren (Portugal im Jahr 2000) und einem Land mit etwa zwölf Jahren (USA, 2000) 150 US-Dollar. Wenn man allerdings die Geschwindigkeit bedenkt, mit der die durchschnittliche Anzahl von Schuljahren in der Gesamtbevölkerung tatsächlich wächst[5], so ist diese Erhöhung aus der zeitlichen Perspektive nach 1970 auch nicht überzubewerten[6]. Das Modell 5 erklärt 34,2 Prozent der Varianz auf der Individualebene und 55,3 Prozent der Kontextvarianz. Der Intraklassen-Korrelationskoffizient für dieses Modell beträgt rund 25 Prozent. Ingesamt, gewichtet am ICC, leisten die sieben Individualvariablen und zwei Kontextvariablen damit knapp 40 Prozent Varianzaufklärung.

Dass der Anteil des Wissenssektors mit hoher Wahrscheinlichkeit die Beziehung zwischen Bildung und Einkommen in den untersuchten Ländern moderiert, ist auf Basis dieser Ergebnisse nicht zu widerlegen. Es mag jedoch überraschen, dass mit dem Anteil der Beschäftigten im Wissenssektor die Bedeutung von Bildung *ab-* anstelle von *zunimmt*. Als mögliche Gründe

---

[5] Zwischen 1970 und 2000 steigt die durchschnittlichen Bildungsdauer im Mittel aller Länder um 2,3 Bildungsjahre (vgl. Abbildung A.4 auf Seite 260).

[6] Darüberhinaus wurde noch geprüft, ob über die Veränderungen in der Nachfrage nach Qualifikationen hinaus, das Angebot die Wertigkeit von Bildung für das Einkommen moderiert. Der Interaktionseffekt zwischen der kontextualen Variable *durchschnittliche Anzahl der Schuljahre* und der individuellen Bildung ist zwar (erwartungsgemäß) negativ, aber statistisch nicht signifikant. Der mit dem Ausbau des Wissenssektors sinkende Bildungseffekt bleibt in beiden Modellen mit Qualifikationsangebot erhalten. Auf eine Darstellung dieses Modells wird verzichtet.

für einen insgesamten Bedeutungsverlust von Bildung war einerseits die *Entkopplung* von Bildung und Einkommen aufgrund von Phasen massiver Transformationen der Nachfragestruktur (Wachstumsrate) und andererseits die *Entwertung* von formaler Bildung aufgrund einer Inflationierung von Bildung insgesamt oder zumindest für einen großen Teil der Qualifikationsgruppen diskutiert worden.

In einem nächsten Schritt soll zunächst der Frage nach einer Entkopplung nachgegangen werden. Im Gegensatz zu den bisher diskutierten Modellen wird anstelle des reinen Beschäftigtenanteils nun die prozentuale jährliche Wachstumsrate des Beschäftigtenanteils im Wissenssektor als erklärende Größe eingeführt[7]. Somit wird untersucht, inwieweit die Geschwindigkeit des Wandels tatsächlich einen Einfluss auf die Bedeutung von Bildung ausübt bzw. die Annahme einer Entkopplung von Bildung und Einkommen in Phasen massiver Expansion des Wissenssektors plausibel ist. Tabelle 10.3 (S. 187) gibt die Ergebnisse mit der alternativen Kontextvariable wieder. Tatsächlich zeigt sich, dass je höher die (jährliche) Wachstumsrate im Anteil der Beschäftigten im Wissenssektor, desto schwächer ist der Effekt der individuellen Bildung für das Einkommen. Auch unter Kontrolle des Angebots an Qualifikationen (Modell 5a) variiert der Effekt individueller Bildung statistisch signifikant mit der Wachstumsrate des Wissenssektors: In Phasen drastischer wirtschaftlicher Transformation, d. h. einer rasanten Expansion des Wissenssektors, stehen die hierfür benötigten Qualifikationen am Markt zumindest formal nicht zur Verfügung; Arbeitgeber sind gezwungen, geeignete Personen zu beschäftigen, auch wenn diese eine formale Qualifikation hierfür nicht nachweisen können. Bildung verliert mindestens relativ an Wert, weil andere als formale Qualifikationen für die Beschäftigung und Entlohnung an Relevanz gewinnen. In diesem Modell ist der Interzepteffekt des Wissenssektorwachstums statistisch signifikant positiv. Je größer die relative Veränderung, desto größer ist das individuelle Einkommen. Dies könnte Ausdruck eines allgemeinen wirtschaftlichen Aufschwungs sein, d. h. ein schnelles Wachstum des Wissenssektors fällt in eine allgemein günstige konjunkturelle Phase.

Die Möglichkeit einer Entkopplung von Bildung und Einkommen aufgrund einer drastischen wirtschaftlichen Transformation ist schließlich der

---

[7] Hierdurch verringert sich die Stichprobengröße um die jeweils frühesten Länderzeitpunkte auf auf 41.540 Individuen in insgesamt 64 Kontexten. Zu Vergleichszwecken sind die übrigen Modelle dieses Kapitels (vgl. die Tabellen 10.2 und 10.4) auch auf Basis dieser Stichprobengröße dem Anhang angefügt (siehe Tab. A.4, S. 264, Tab. A.7, S. 267 und Tab. A.8, S. 268). Substantiell ergeben sich die gleichen Ergebnisse.

10.2 Erklärung der Länder- und Zeitunterschiede im Mehrebenenmodell

	Leeres Interzept-modell	Model 2a	Model 4a	Model 5a
LEVEL 1: Individuen				
Geschlecht: Männlich..................		0,285***	0,285***	0,285***
		(0,005)	(0,005)	(0,005)
Berufserfahrung in Jahren..................		0,020***	0,020***	0,020***
		(0,001)	(0,001)	(0,001)
Berufserfahrung in Jahren quadriert (multipliziert mit 10)..............		-0,003***	-0,003***	-0,003***
		(0,000)	(0,000)	(0,000)
Bildung in Jahren..................		**0,045*** **	**0,049*** **	**0,049*** **
		(0,001)	(0,001)	(0,001)
Arbeitsstunden pro Woche..................		0,014***	0,014***	0,014***
		(0,000)	(0,000)	(0,000)
Aufsichtsfunktion..................		0,174***	0,173***	0,173***
		(0,005)	(0,005)	(0,005)
Gewerkschaftsmitglied..................		0,122***	0,121***	0,121***
		(0,005)	(0,005)	(0,005)
Region: Stadt..................		0,091***	0,091***	0,090***
		(0,006)	(0,006)	(0,006)
LEVEL 2: Länderzeitpunkte				
Random intercept Effekt				
% WS Wachstum p.a. [W: -0,06 - 0,09; M: 0,02][a].			2,147***	2,345***
			(0,427)	(0,427)
Random slope Effekt				
% WS Wachstum p.a.*Bildung in Jahren.............			-0,220***	-0,222***
			(0,030)	(0,030)
Random intercept Effekt				
D. Anzahl der Schuljahre [W: 2,4 - 12,3; M: 8,3][a].				0,103***
				(0,015)
Interzept...........................	7,309***	5,558***	5,516***	4,558***
	(0,081)	(0,074)	(0,075)	(0,147)
Individualvarianz σ_e^2	0,260	0,172	0,172	0,172
Länderzeitvarianz $\Sigma (\sigma_{u0}^2, \sigma_{v0}^2)$	0,101	0,079	0,081	0,043
Intraklassen-Korrelationskoeffizient ρ	0,281	0,314	0,321	0,199
R^2 Individualebene		**0,337**	**0,338**	**0,339**
R^2 Länderzeitebene		**0,225**	**0,199**	**0,581**
R^2 total		**0,306**	**0,299**	**0,407**
Deviance (-2 Log-Likelih.)	81038,9	63956,9	63884,2	63845,8
N_i Individualebene	41.540	41.540	41.540	41.540
N_{jk} Länderzeitebene	64 (15[b]/16[c])	64 (15[b]/16[c])	64 (15[b]/16[c])	64 (15[b]/16[c])

Hinweise: Alle Berechnungen sind mit gewichteten Daten durchgeführt. [a] W = Wertebereich, M = arithmetisches Mittel. [b] Ohne BEL, FIN, PRT. [c] 1987 – 2002. Robuste Standardfehler in Klammern. *: $p\leq0.05$, **: $p\leq 0.01$; ***: $p\leq0.001$ (zweiseitiger Test).

Quelle: ISSP 1985-2002, OECD STAN (OECD 2003), OECD "Services: Statistics on Value Added and Employment" (OECD 2001), Barro und Lee (2001); eigene Berechnungen.

Tabelle 10.3: Bildungsrenditen in der hierarchisch-linearen Regression: Entkopplungshypothese

Möglichkeit eines Bedeutungsverlusts von Bildung nur für eine bestimmte, aber anteilsmäßig bedeutende Qualifikationsgruppe gegenüberzustellen. Aufgrund der theoretischen Vorüberlegungen und der Ergebnisse zu der Qualifikationsstruktur des Wissensektors gilt es zu prüfen, ob Bildung insgesamt eine Abwertung erfährt, weil für die Erwerbstätigkeit im Wissenssektor hohe Bildung selbstverständlich ist und alle Qualifikationsgruppen gleichermaßen trifft, oder ob es zu einer Abwertung der Bildung nur für bestimmte Qualifikationsniveaus kommt. Es ist denkbar, dass mit dem nachweislichen Rückgang in der Nachfrage nach mittleren und niedrigen Qualifikationen im Zuge des Ausbaus der Wissensgesellschaft (vgl. Abschnitt 9.3) ein Entwertungsprozess durch eine Verdrängung höherer auf niedrigere Qualifikationen in Gang gesetzt wird, während hohe Qualifikationen im Zuge wachsender Nachfrage einen Einkommensgewinn verbuchen können.

Wenn auch eine endgültige Prüfung der jeweils zugrunde gelegten Kausalität nicht geleistet werden kann, so sollen abschließend die oben diskutierten Modelle getrennt für Personen mit und ohne einen tertiären Bildungsabschluss gerechnet und interpretiert werden[8]. Die Tabelle 10.4 (S. 189) weist die relevanten Koeffizienten getrennt für die beiden Bildungsgruppen aus[9]. Im Hinblick auf die oben formulierten Überlegungen ergeben sich folgende entscheidene Unterschiede zwischen beiden Gruppen: Während sich die Ergebnisse für die Personengruppe ohne tertiären Bildungsabschluss substantiell nicht von den Ergebnissen für alle Bildungsniveaus gemeinsam unterscheiden – der Ausbau der Wissensgesellschaft also mit einem Bedeutungsverlust von Bildung einhergeht – zeigt sich in der Gruppe der Hochqualifizierten insgesamt eine Einkommensverbesserung. Somit vergrößert sich mit steigender Beschäftigung im Wissensektor die Kluft zwischen Personen mit mittlerer und niedriger Bildung zu denjenigen mit Hochschulabschluss. Gegenüber dem Modell für beide Qualifikationsgruppen gemeinsam (.0814***), ist zunächst der Haupteffekt für die individuelle Bildung bei den Hochqualifizierten höher (.0945***) und bei den mittel und niedrig gebildeten Personen niedriger (.0661***). Mit der Erhöhung des Beschäftigtenanteils im Wissensektor um ein Prozent verringert sich dieser Bildungseffekt jedoch bei den Personen mit tertiärem Abschluss (-.0028***)

---

[8] Aufgrund von Multikollinearitätsproblemen wird der Frage nach Unterschieden in den Renditen von Bildung für verschiedene Bildungsniveaus nicht mit Hilfe von Dummyvariablen in obigen Modellen nachgegangen.

[9] Die vollständigen Tabellen analog zu Tabelle 10.3 oben sind dem Anhang zu entnehmen (siehe Tabellen A.5 und A.6, siehe Seite 265 und 266). Die übrigen Variablen weisen z. T. interessante Unterschiede zu den Modellen für beide Gruppen gemeinsam aus. Auf eine Besprechung wird jedoch verzichtet.

10.2 Erklärung der Länder- und Zeitunterschiede im Mehrebenenmodell

	Leeres Interzept-modell	Modelle 1c,d	Modelle 2c,d	Modelle 3c,d	Modelle 4c,d	Modelle 5c,d
Personen mit tertiärer Bildung						
LEVEL 1: Individuen						
Bildung in Jahren...........		0,034*** (0,001)	0,031*** (0,001)	0,031*** (0,001)	0,095*** (0,012)	0,096*** (0,012)
LEVEL 2: Länderzeitpunkte						
Random intercept Effekt				0,005 (0,009)	0,005*** (0,013)	0,051*** (0,011)
% WS Beschäftigte [W: 10,9 - 29,1; M: 19,8][a].....						
Random slope Effekt					-0,003*** (0,001)	-0,003*** (0,001)
% WS Beschäftigte*Bildung in Jahren.............						
Random intercept Effekt						0,084*** (0,012)
D. Anzahl der Schuljahre [W:2,4 - 12,3; M: 8,3][a]..						
Interzept...........	7,200*** (0,089)	5,738*** (0,071)	5,685*** (0,072)	5,575*** (0,214)	4,557*** (0,289)	3,779*** (0,276)
Individualvarianz σ_e^2	0,286	0,172	0,165	0,165	0,164	0,164
Länderzeitvarianz Σ ($\sigma_{u0}^2, \sigma_{v0}^2$)	0,143	0,075	0,077	0,074	0,075	0,044
Intraklassen-Korrelationskoeffizient ρ	0,333	0,303	0,320	0,311	0,313	0,210
R^2 Individualebene		**0,378**	**0,404**	**0,404**	**0,405**	**0,405**
R^2 Länderzeitebene		**0,432**	**0,411**	**0,435**	**0,429**	**0,667**
R^2 total		**0,394**	**0,406**	**0,414**	**0,412**	**0,460**
Deviance (-2 Log-Likelih.)	100976,0	25105,2	24394,7	24394,3	24366,4	24333,7
N_i Individualebene	16.915	16.915	16.915	16.915	16.915	16.915
N_{jk} Länderzeitebene	98 (18/18)	98 (18/18)	98 (18/18)	98 (18/18)	98 (18/18)	98 (18/18)
Personen ohne tertiäre Bildung						
LEVEL 1: Individuen						
Bildung in Jahren...........		0,041*** (0,001)	0,035*** (0,001)	0,035*** (0,001)	0,066*** (0,008)	0,068*** (0,008)
LEVEL 2: Länderzeitpunkte						
Random intercept Effekt				-0,020* (0,009)	-0,004 (0,010)	-0,001 (0,008)
% WS Beschäftigte [W: 10,9 - 29,1; M: 19,8][a].....						
Random slope Effekt					-0,001*** (0,000)	-0,002*** (0,000)
% WS Beschäftigte*Bildung in Jahren.............						
Random intercept Effekt						0,112*** (0,012)
D. Anzahl der Schuljahre [W:2,4 - 12,3; M: 8,3][a]..						
Interzept...........	7,092*** (0,086)	5,565*** (0,081)	5,542*** (0,079)	5,984*** (0,208)	5,624*** (0,226)	4,559*** (0,215)
Individualvarianz σ_e^2	0,276	0,202	0,193	0,193	0,193	0,192
Länderzeitvarianz Σ ($\sigma_{u0}^2, \sigma_{v0}^2$)	0,131	0,107	0,102	0,121	0,119	0,060
Intraklassen-Korrelationskoeffizient ρ	0,322	0,346	0,347	0,386	0,383	0,239
R^2 Individualebene		**0,267**	**0,302**	**0,302**	**0,302**	**0,303**
R^2 Länderzeitebene		**0,185**	**0,220**	**0,078**	**0,090**	**0,540**
R^2 total		**0,239**	**0,273**	**0,215**	**0,221**	**0,360**
Deviance (-2 Log-Likelih.)	65864,2	55386,9	537687,7	553763,8	53747,9	53682,7
N_i Individualebene	33.715	33.715	33.715	33.715	33.715	33.715
N_{jk} Länderzeitebene	98 (18/18)	98 (18/18)	98 (18/18)	98 (18/18)	98 (18/18)	98 (18/18)

Hinweise: Alle Berechnungen sind mit gewichteten Daten durchgeführt. [a] W = Wertebereich, M = arithmetisches Mittel. Robuste Standardfehler in Klammern. *: $p \leq 0.05$, **: $p \leq 0.01$; ***: $p \leq 0.001$ (zweiseitiger Test). Quelle: ISSP 1985-2002, OECD STAN (OECD 2003), OECD "Services: Statistics on Value Added and Employment" (OECD 2001), Barro und Lee (2001); eigene Berechnungen.

Tabelle 10.4: Bildungsrenditen in der hierarchisch-linearen Regression: Personen mit und ohne einen tertiären Bildungsabschluss

doppelt so stark, als bei Personen ohne Hochschulabschluss (-.0014***). Somit müssen Hochqualifizierte mit steigendem Wissenssektor relativ größere Wertverluste zusätzlicher Bildungsjahre hinnehmen als Personen ohne einen solchen Abschluss. Dies spricht dafür, dass im Wissenssektor eine hohe Bildung zunehmend selbstverständlich wird bzw. ein Hochschulabschluss (allein) kein Garant mehr für ein hohes Einkommen ist.

Wenn jedoch die Rendite eines Bildungsjahres somit für die Hochqualifizierten überproportional sinkt, so wirkt sich das Wachstum des Wissenssektors - im Gegensatz zur Vergleichsgruppe – für alle Hochqualifizierten stark einkommenserhöhend aus: Mit jedem Zuwachs an Beschäftigung im Wissenssektor erhöht sich das Einkommen derjenigen mit tertiärem Bildungssabschluss - unabhängig von der Anzahl der Schuljahre – statistisch signifikant. Insgesamt kommt es damit zu einer wachsenden Disparität zwischen den Einkommen von Personen mit und ohne tertiäre Bildung.

Die folgende Abbildung 10.4 (S. 191) macht die wachsende Ungleichheit der Einkommen zwischen beiden Qualifikationsgruppen deutlich. Abgebildet sind die vorhergesagten monatlichen Nettoeinkommen (in konstanten US-Dollar Paritäten, jeweils auf Basis der Modelle 4c und 4d, vgl. Seite 189 bzw. Seite 265 und 266) getrennt für beide Gruppen in unterschiedlichen Stadien wissensgesellschaftlicher Entwicklung (jeweils dem Ländermittel im Anteil der Beschäftigten im Wissenssektor 1970 (14,3%) und 2002 (23,4%)). Die geschätzten partiellen Regressionskoeffizienten wurden jeweils mit den Mittelwerten der unabhängigen Individualvariablen für beide Gruppen multipliziert[10]. Außerdem wurden die Einkommen jeweils für den Fall der gruppenspezifischen mittleren Bildungsjahre +/- eine Standardabweichung berechnet[11]. Zunächst wird der relative Einkommensverlust der Personen ohne Hochschulabschluss deutlich: Während diese, im Mittel elf Jahre im Bildungswesen verweilende Gruppe durchschnittlich rund 1500 US-Dollar verdient, wenn der Wissenssektor nur einen vergleichsweise geringen Anteil an der Gesamtwirtschaft einnimmt, so sind es in einem fortgeschritteneren Stadium seiner Expansion nur noch rund 1300 US-Dollar. Im Gegensatz dazu verbessert sich die Situation der im Mittel 16 Bildungsjahre aufweisenden Personengruppe mit tertiärer Bildung von 1734 auf 1816 US-Dollar. Insgesamt wächst damit die Ungleichheit der Einkommen zwischen den

---

[10] In der Prozedur *mixed* können die modellspezifischen deskriptiven Statistiken angefordert werden.

[11] Im Fall der Gruppen ohne tertiäre Bildung sind also die geschätzen Einkommen für die Anzahl der Bildungsjahre gleich acht, elf und 14 und im Fall der Gruppe mit tertiärer Bildung für 13, 16 und 19 Bildungsjahre berechnet.

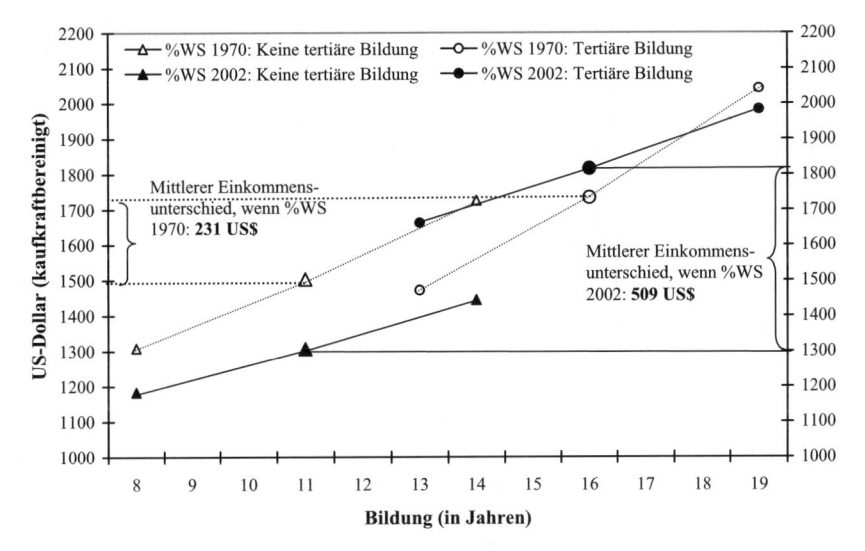

10.3 Zusammenfassung

Abbildung 10.4: Wachsende Einkommensungleichheit: Vorhergesagte Einkommen für Personen mit und ohne einen tertiären Bildungsabschluss

Hinweise: Alle Berechnungen sind mit gewichteten Daten durchgeführt.
Quelle: ISSP 1985-2002, OECD STAN (OECD 2003), OECD "Services: Statistics on Value Added and Employment" (OECD 2001), Barro und Lee (2001); eigene Berechnungen.

Bildungsgruppen an, obwohl die Renditen für die Anzahl der Schuljahre in beiden Gruppen mit dem Ausbau des Wissenssektors zurückgehen.

10.3 Zusammenfassung

Die These einer Entwicklung zur Wissensgesellschaft ist eng verbunden mit der Annahme, dass Bildung in solchen Gesellschaften für den Erfolg der Individuen am Arbeitsmarkt zunehmend wichtiger wird. Oben war diskutiert worden, inwieweit die Vorstellung einer meritokratischeren Gesellschaft tatsächlich plausibel erscheint. Abseits einer rein auf funktional-normative Gründe abhebende Argumentation ist als Erklärungsgrund für Zeit- und Länderunterschiede in der Bedeutung von Bildung für das Einkommen besonders die sektorale Verschiebung von Beschäftigung und Wertschöpfung in Richtung des Wissenssektors herausgestellt worden. Der Wert von formalen Bildungstiteln, so die Annahme, muss sich auch daran orientieren, in welcher Menge diese Qualifikationen dem Markt zur Verfügung stehen und in welchem Maße sie nachgefragt werden.

Im vorangegangenen Kapitel wurde zunächst die Entwicklung der prozentualen Lohnzuwächse für Bildung getrennt für die einzelnen Länder auf dominante Trends untersucht: In Übereinstimmung mit dem bisherigen Forschungsstand ergeben sich auch anhand der hier aufbereiten Daten systematische *Länderunterschiede* in der Bedeutung von Bildung für das persönliche Einkommen: Vergleichsweise niedrige Bildungsrenditen in den skandinavischen Ländern und überdurchschnittliche Erträge in Großbritannien und den USA. Außerdem sind die Erträge in Japan, Portugal und Frankreich überdurchschnittlich hoch. Im Hinblick auf *Unterschiede innerhalb von Ländern über die Zeit* werden grosso modo auch die Ergebnisse an anderer Stelle bestätigt: Die Renditen nehmen im Zeitraum zwischen 1985 und etwa der Mitte der 1990er Jahre in den meisten Ländern ab oder bleiben konstant. Für den Zeitraum danach ergibt sich häufiger eine Zunahme der Erträge für Bildung. Jedoch zeigt sich keine deutliche Zu- oder Abnahme der Bedeutung von Bildung über den gesamten Zeitraum in allen Ländern. Streng genommen musste die *Meritokratiehypothese* damit bereits als widerlegt betrachtet werden.

In einem weiteren Schritt wurde schließlich mit Hilfe von hierarchischen Regressionsanalysen eine simultane Zurückführung des Einkommens auf individuelle und kontextuale Bedingungen angegangen. In Ergänzung des bisherigen Forschungsstandes kann hiermit gezeigt werden, dass der Anteil der im Wissenssektor Beschäftigten die Beziehung zwischen Bildung und Einkommen statistisch signifikant moderiert: Unter Kontrolle der in ihrer Richtung und Signifikanz erwartungsgemäßen sonstigen Individualvariablen und dem Angebot an Qualifikationen in der Bevölkerung steigt entgegen der *Meritokratiehypothese* und gemäß der *Entwertungshypothese* der Einfluss der Bildung für das Einkommen mit steigendem Entwicklungsgrad der Wissensgesellschaft *nicht* an, sondern geht zurück! Die Ergebnisse mit der alternativen Kontextvariable, nämlich dem jährlichen Beschäftigungswachstum im Wissenssektor, können als Indiz dafür gewertet werden, dass in Phasen drastischer ökonomischer Transformationen sich der Zusammenhang zwischen Bildung und Einkommen abschwächt (*Entkopplunghypothese*). Die getrennten Analysen für hoch bzw. mittel und niedrig qualifizierten Personen weisen überdies darauf hin, dass trotz sinkender Renditen eines zusätzli-

10.3 Zusammenfassung

chen Bildungsjahres für beide Gruppen, Hochqualifizierte die Gewinner in der Wissensgesellschaft darstellen: Das Einkommen von Personen mit tertiärer Bildung erhöht sich mit steigendem Anteil der Beschäftigten im Wissenssektor, während Personen ohne eine solche Qualifikation Verluste im Einkommen hinnehmen müssen. Dass sich jedoch auch die hohen Einkommen immer weniger durch Bildung erklären lassen, legt den Schluss nahe, dass bei zunehmender Selbstverständlichkeit von hoher Bildung auch andere als formale Qualifikationen an Bedeutung für den Erfolg am Arbeitsmarkt gewinnen.

Die für die Qualifikationsgruppen unterschiedliche Entwicklung der Einkommen mag ein Grund dafür sein, dass die für alle gemeinsam abgebildete Entwicklung der Lohnzuwächse durch die Bildungsdauer in Jahren zu wenig einheitlichen und kaum deutlichen Trends führt. Darüber hinaus erbringen die nach Qualifikationsgruppen getrennten Analysen das Ergebnis, dass die Ungleichheit der Einkommen zwischen den Gruppen mit zunehmender Dominanz des Wissenssektors ansteigt. Damit ist anhand der Analysen auf Basis von Individualdaten bereits angedeutet, was im nun noch ausstehenden letzten Kapitel anhand von reinen Aggregatdatenanalysen untersucht werden soll: Der Zusammenhang zwischen dem Ausbau der Wissensgesellschaft und der Entwicklung der Ungleichheit in der Verteilung der Einkommen in den 19 reichsten Volkswirtschaften.

11 Wissensgesellschaft und Einkommensungleichheit in 19 OECD Ländern von 1970 bis 1999

In den vorherigen Abschnitten konnte zunächst gezeigt werden, dass in den reichen Volkswirtschaften in den letzten Dekaden ein Wandel zur Wissensgesellschaft stattfindet, dass heißt, dass der Wissenssektor ein kontinuierliches Wachstum erfährt. Außerdem erbrachten die empirischen Analysen das Ergebnis, dass dieser expandierende Wissenssektor systematisch die Beziehung zwischen Bildung und beruflicher Entlohnung moderiert. Entgegen der Erwartung der *Meritokratiehypothese* und gemäß der Überlegungen zur Entwertung von Bildung zeigt sich: Je größer der Beschäftigtenanteil im Wissenssektor, desto geringer ist der Effekt von Bildung für das Einkommen. Die getrennten Analysen für unterschiedliche Qualifikationsgruppen zeigen jedoch, dass, während die steigende Nachfrage nach Beschäftigung im Wissenssektor für alle Gruppen mit geringeren Lohnzuwächsen durch Bildung einhergeht, das Einkommen für Hochqualifizierte gegenüber den übrigen Qualifikationsgruppen zunimmt: Während somit der vergleichsweise kleine Teil am oberen Ende der Qualifikationsverteilung seine Einkommensposition verbessern kann, ist die Entwicklung zur Wissensgesellschaft für den überwiegenden Teil der mittel- und geringqualifizierten Personen mit relativen Einkommenseinbußen verbunden. Im Zuge der Entwicklung zur Wissensgesellschaft geht die Schere zwischen Beschäftigten mit und ohne tertiäre Bildung zunehmend auseinander.

Der Tatbestand einer wachsenden Einkommensungleichheit in vielen, wenn nicht allen reichen Volkswirtschaften in den letzten Dekaden, ist mittlerweile, wie in Abschnitt 4.3.1 dargestellt, mehrfach dokumentiert. Wenn nun im vorangegangenen Kapitel die durch das Wachstum des Wissenssektors veränderte Qualifikationsnachfrage als ein wichtiger Grund für die wachsende Ungleichheit bereits identifiziert werden konnte, so steht es im Folgenden noch aus, diesen Erklärungsfaktor gegen konkurrierende Hypothesen zum „great U-Turn" zu prüfen. Wie oben dargestellt, führen einige Autoren den Anstieg in der Ungleichheit auf die sich verschärfende ökonomische Globalisierung zurück: Durch wachsenden Nord-Süd-Handel, die Zunahme an Direktinvestitionen oder Migration werde die Position geringqualifizierter Beschäftigter in den reichen Volkswirtschaften derart geschwächt, dass ihr

Einkommen relativ sinke und sich die Ungleichheit damit erhöhe. Eine andere Gruppe von Arbeiten sieht insbesondere den Abbau von institutionellen Umverteilungsmechanismen, wie den Rückgang von Gewerkschaftseinflüssen oder wohlfahrtstaatlichen Transfers, als maßgebliche Ursache wachsender Ungleichheit an.

Im Folgenden soll zunächst kurz die Entwicklung der Einkommensungleichheit anhand der gewählten Datenquelle dargestellt werden. Systematische Unterschiede zwischen Ländern und innerhalb von Ländern über die Zeit werden herausgestellt. Analog zur Vorgehensweise im vorangegangenen Kapitel wird anschließend unter Zuhilfenahme von hierarchischen Regressionsverfahren versucht, die Unterschiede in den Gini-Koeffizienten in einem statistischen Modell zu erklären.

11.1 Die Entwicklung der Einkommensungleichheit

Abbildung 11.1 (siehe S. 197) zeigt die Gini-Koeffizienten für die 19 OECD Länder mit verfügbaren Messzeitpunkten. Tabelle 11.1 (S. 199) gibt die aufsteigend sortierten Ländermittelwerte und die Differenzen im Zeitverlauf wieder.

11.1 Die Entwicklung der Einkommensungleichheit

Abbildung 11.1: Gini-Koeffizienten für 19 OECD Länder, 1970 bis 1999

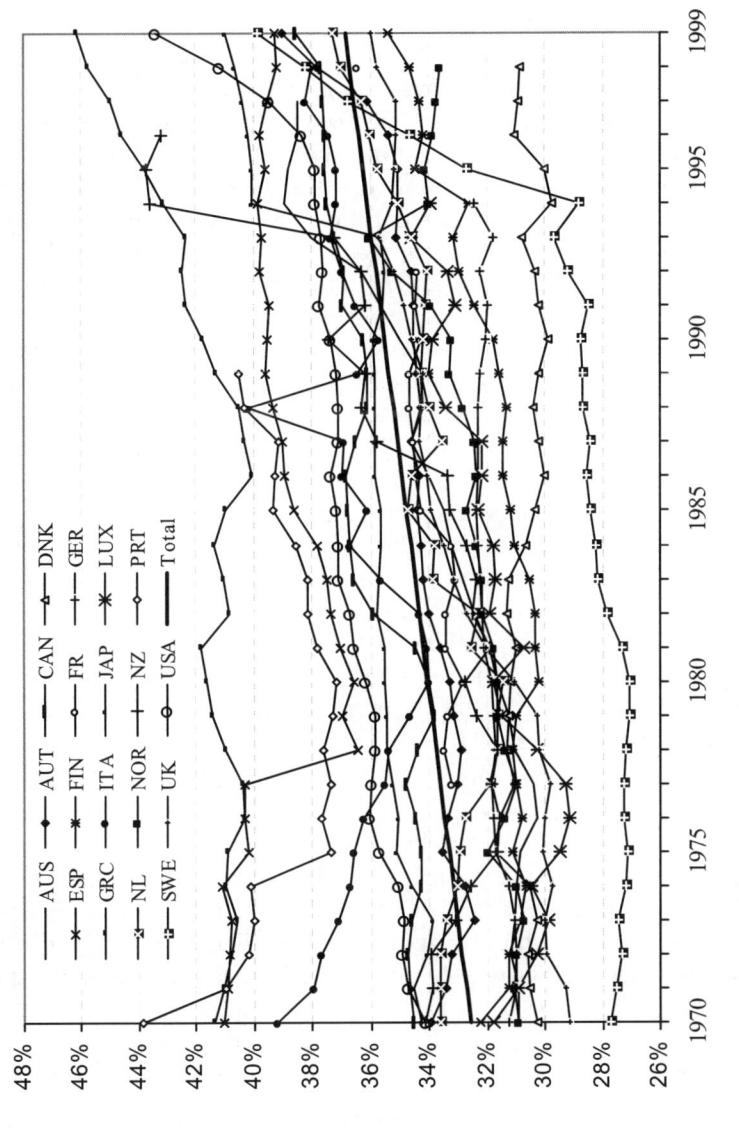

Hinweise: Total= Regressionsanalytische Vorhersage (Jahr). Quelle: University of Texas Inequality Project 2006; eigene Darstellung.

Im Hinblick auf *absolute Unterschiede* zwischen Ländern zeigt sich auch auf Basis dieser Datengrundlage, dass es bei dem Niveau der Ungleichheit innerhalb der industrialisierten Länder durchaus deutliche Unterschiede gibt: Während die Vereinigten Staaten von Amerika zusammen mit Griechenland, Portugal und Spanien die höchsten Werte des Gini-Koeffizienten aufweisen, ist die Ungleichheit in den skandinavischen Ländern im gesamten Zeitraum unterdurchschnittlich gering[1]. Über alle Zeitpunkte und Länder beträgt der Gini-Koeffizient im Mittel 34,7 (vgl. die Tabelle A.10 auf Seite 270 mit allen Koeffizienten im Anhang). Schweden bildet mit einem über alle Zeitpunkte mittleren Wert von 29,4 den Pol des am wenigsten ungleichen Landes. Mit Mittelwerten von weniger als 32 liegen auch Dänemark, Luxemburg, Deutschland und Finnland deutlich unter dem Länderdurchschnitt. Im Mittel nimmt der Gini-Koeffizient dagegen in den USA, Portugal, Spanien und Griechenland Werte größer als 37 an. Insgesamt sind die Unterschiede zwischen Ländern damit zum Teil erheblich: Der Unterschied zwischen dem am wenigsten ungleichen Land Schweden und dem am meisten ungleichen Griechenland beträgt im Mittel etwa 12,5 Punkte. Im Hinblick auf *Unterschiede* innerhalb von Ländern *über die Zeit* wird die in der Literatur als „great U-Turn" bekannte Zunahme der Ungleichheit nach den 1970er Jahren auch auf Grundlage dieser Datenbasis sichtbar (vgl. die fett gedruckte Regressionslinie[2]): Außer in den drei zugleich ungleichsten Gesellschaften (ESP, PRT, ITA) ist der Gini-Koeffizient am Ende der hier betrachteten Zeitreihe höher als zu Beginn im Jahr 1970. Im Vergleich zu den *Unterschieden zwischen Ländern* fallen die *Unterschiede innerhalb von Ländern über die Zeit* allerdings geringer aus: Im Ländermittel nimmt der Gini-Koeffizient zwischen 1970 und 1999 von 32,6 auf 36,8 um 4,2 Punkte zu.

Die Länder unterscheiden sich im Hinblick auf die Stärke und den Verlauf der Entwicklung zum Teil erheblich. In Übereinstimmung mit den Ergebnissen an anderer Stelle (vgl. Abschnitt 4.3.1) nimmt über den gesamten Zeitraum die Einkommensungleichheit besonders stark in Schweden, Neuseeland und den Vereinigten Staaten zu. Hier erhöht sich der Gini-Koeffizient um 9 Punkte und mehr. Überdurchschnittlich ist demgemäß auch die Zunahme in Australien (+7,5), dem Vereinigten Königreich (+6,8) und Japan

---

[1] Im Vergleich zu den Ergebnissen an anderer Stelle sind die Kennziffern anhand der hier gewählten Quelle für das Vereinigte Königreich allerdings nicht überdurchschnittlich hoch.

[2] Die Werte sind durch eine regressionsanalytische Vorhersage mit dem Beobachtungszeitpunkt als erklärende Variable ermittelt. Zudem deutet sich für die Länder insgesamt ein u-förmiger Verlauf über den Beobachtungszeitraum an.

Rang	Land	Mittelwert	Veränderung 1970-1999[a]
1	SWE	0,294	0,121
2	DNK	0,307	0,006
3	LUX	0,318	0,022
4	GER	0,319	0,011
5	FIN	0,319	0,032
6	NOR	0,325	0,027
7	UK	0,328	0,068
8	AUS	0,336	0,075
9	NL	0,339	0,037
10	FR	0,340	0,032
11	AUT	0,343	0,051
12	NZ	0,349	0,091
13	CAN	0,359	0,040
14	JAP	0,363	0,067
15	ITA	0,367	-0,012
16	USA	0,370	0,092
17	PRT	0,390	-0,033
18	ESP	0,392	-0,018
19	GRC	0,419	0,048
	Total	**0,347**	**0,043**

Hinweise: [a] oder sonstige verfügbare früheste und späteste Messzeitpunkte.
Quelle: University of Texas Inequality Project 2006; eigene Darstellung.

Tabelle 11.1: Mittlere Gini-Koeffizienten für 19 OECD Länder und Veränderung im Zeitverlauf, 1970 bis 1999

(+6,7). Im Hinblick auf die zeitliche Dynamik gilt auch anhand dieser Datenquelle, dass die größte Zunahme der Ungleichheit im Vereinigten Königreich, den USA, Japan und Neuseeland zwischen Ende der 1970er Jahre und Anfang der 1990er Jahre stattfindet, während die Zunahme in den übrigen Ländern tendenziell erst später beginnt.

Grosso modo entprechen die deskriptiven Ergebnisse hier somit dem gegenwärtigen Forschungsstand: Im Verlauf der letzten Dekaden scheint der jahrezehntelange Trend einer rückläufigen Ungleichheit gebrochen und das Aumaß der Unterschiede zwischen den Einkommensgruppen ist stattdessen im Steigen begriffen. Die Erklärung dieses Anstieges ist Gegenstand des nächsten Abschnitts.

11.2 Erklärung der Länder- und Zeitunterschiede im Mehrebenenmodell

Die Frage nach historischen Änderungen in der Ungleichheit der Einkommensverteilung wurde oben präzisiert als Frage danach, ob die Ungleichheit systematisch mit der sektoralen Verschiebung zum Wissenssektor variiert. In Anknüpfung der Ideen von Kuznets (1955) und Lewis (1954, 1983) im Hinblick auf die Verschiebung von einer Agrar- zu einer Industriegesellschaft kann angenommen werden, dass ein erneuter sektoraler Wandel die Ungleichheit der Einkommen durch die Mechanismen eines *Sektordualismus* und eines *Sektorbias* mitbestimmt. Demnach lässt sich der Übergang von einer durch Industrie- und Dienstleistungsbeschäftigung dominierten Wirtschaft hin zu einer Wissenswirtschaft *erstens* als ein Wandel in der *Ungleichheit zwischen Sektoren*, nämlich von einer durchschnittlich niedrigeren zu einer durchschnittlich höheren Qualifikations- und Einkommensstruktur (Sektordualismus) darstellen. *Zweitens* wird hiermit eine Bedeutungszunahme eines Sektors vollzogen, der sich durch eine höhere *interne Ungleichheit* (Sektorbias) als die übrige Wirtschaft auszeichnet.

Über die sektoralen Effekte hinaus werden, wie oben bereits nochmals kurz zusammengefasst wurde, andere wesentliche Transformationen der sozialen Strukturen in den reichen Volkswirtschaften als maßgebliche Ursachen für die Veränderungen im Ausmaß der Ungleichheit diskutiert. Anhand von multivariaten Analysen sollen die vermuteten Effekte gegen diese konkurrierenden Hypothesen geprüft werden. Es soll untersucht werden, ob unter der Kontrolle von ökonomischer Globalisierung (positiver Effekt), institutionellen Umverteilungssystemen (negativer Effekt), demographischen Faktoren (Bevölkerungswachstum, positiver Effekt), Änderungen in dem Angebot an Qualifikationen (negativer Haupteffekt, positiver quadratischer Effekt) der Übergang zur Wissensgesellschaft einen eigenständigen, ungleichheitsverstärkenden Effekt ausübt.

Tabelle 11.2 auf der Seite 202 zeigt die Ergebnisse der Zwei-Ebenen-Regression. Insgesamt stehen für 225 Messzeitpunkte Informationen zu allen in den Modellen enthaltenen Variablen zur Verfügung. Diesen 225 Messzeitpunkten sind 19 Länder eindeutig zuzuordnen. Das „leere" Modell enthält nur einen Interzeptterm. Im Durchschnitt aller im Modell enthaltenen Länderzeitpunkte beträgt der Gini-Koeffizient 35,0. Das sogenannte „leere Interzeptmodell" schätzt den Anteil der Varianz, der auf

Unterschiede innerhalb von Ländern über die Zeit zurückzuführen ist, auf 1,59. Mit einem Wert von 6,55 für die Ländervarianz resultiert ein größerer Anteil der Gesamtvarianz jedoch aus Unterschieden zwischen Ländern: Der Intraklassen-Korrelationskoeffizient, d. h. der Anteil der Gesamtvarianz, der auf Unterschiede zwischen Ländern zurückzuführen ist beträgt, 0,81. Damit verbleiben nur etwa 19 Prozent der Unterschiede im Gini-Koeffizient, die auf Änderungen des Koeffizienten über die Zeit innerhalb von Ländern zurückzuführen sind.

Aus Modell 0, welches allein die Variable für den Messzeitpunkt (in Jahren) enthält, ist nun ersichtlich, dass der Ungleichheitskoeffizient im Zeitverlauf zunimmt: Im Mittel steigt mit jedem Jahr der Gini-Koeffizient statistisch signifikant um den Wert 0,12. Aus dem Vergleich der Varianzanteile des leeren Modells mit diesem Modell 0 zeigt sich, dass die Zeit 30,8 Prozent der Unterschiede innerhalb der Länder über die Zeit „erklärt".

Modell 1 testet nun, ob die Annahme richtig ist, dass, je fortgeschrittener die Bildungsexpansion, desto geringer der die Ungleichheit reduzierende Effekt der höheren Bildungsbeteiligung und -dauer für die Einkommensungleichheit ist. Aus den Ergebnissen ist zunächst ersichtlich, dass der Zusammenhang zwischen dem Bildungsstand der Bevölkerung und der Einkommensungleichheit statistich signifikant negativ ist. Mit jedem zusätzlichen Jahr, um das sich der durchschnittliche Bildungsstand in der Bevölkerung erhöht, verringert sich der Gini-Koeffizient um 2,6 Punkte. Neben dem Haupteffekt erhöhter Bildung ist jedoch hier auch der quadratische Term der Schuljahre signifikant. Insgesamt reduziert sich also mit zunehmender Bildungsexpansion die egalisierende Wirkung einer höheren Bildungsbeteiligung und -dauer. Auf Basis der Koeffizienten im Modell 1 kehrt sich ab einer hypothetischen durchschnittlichen Bildungsdauer in der Bevölkerung von 18 Jahren der die Ungleichheit reduzierende Effekt des Qualifikationsangebots in einen positiven Effekt um. Der geschätzte Unterschied zwischen einem Land im Jahr 2000 mit einer sehr weit fortgeschrittenen Bildungsexpansion (z. B. Norwegen mit knapp zwölf Jahren) und einem Land mit einem vergleichsweise geringen Bildungsniveau, etwa Portugal mit rund fünf Jahren, beträgt fast elf Skalenpunkte.

	Leeres Interzept-modell	Model 0	Model 1	Model 2	Model 3	Model 4	Model 5	Model 6
Zeit (in Jahren) [W: 1970 - 1999; M: 1986][a]		0,12*** (0,01)	0,12*** (0,01)	0,07** (0,02)	0,05* (0,02)	0,05* (0,02)	0,06* (0,02)	0,03 (0,02)
Mittlere Anzahl d. Schuljahre [W: 2,4 - 12,3; M: 8,3][a]			-2,59** (0,82)	-3,49*** (0,84)	-3,58*** (0,87)	-3,72*** (0,75)	-3,47*** (0,85)	-3,78*** (0,81)
Mittlere Anzahl d. Schuljahre (quadriert)			0,15*** (0,05)	0,19*** (0,05)	0,20*** (0,05)	0,21*** (0,04)	0,19*** (0,05)	0,22*** (0,04)
% Wissenssektor (Beschäftigte) [W: 10,9 - 29,1; M: 19,8][a]				0,29*** (0,07)	0,30*** (0,07)	0,27*** (0,07)	0,30*** (0,07)	0,29*** (0,07)
% Sektordualismus [W: -2,3 - 0,8; M: 0,2][a]				-0,51 (0,27)	-0,51 (0,27)	-0,53* (0,26)	-0,49 (0,27)	-0,53* (0,26)
% Nat. Bevölkerungsänderung [W: -2,7 - 14,1; M: 3,9][a]					-0,08 (0,06)			-0,12* (0,06)
% Gewerkschaftsmitglieder [W: 7,4 - 85,2; M: 42,4][a]						-0,06*** (0,01)		-0,06*** (0,01)
Handel in % d. BIP (konst. Preise) [W: 10,8 - 266,9; M: 54,5][a]							-0,003 (0,01)	-0,003 (0,01)
Interzept	35,03*** (0,60)	32,76*** (0,63)	43,66*** (3,63)	43,30*** (3,62)	43,84*** (3,81)	46,98*** (3,21)	43,02*** (3,66)	47,41*** (3,53)
Zeitvarianz σ_e^2	1,59	1,10	1,08	1,00	0,08	0,95	0,99	0,92
Ländervarianz σ_{u0}^2	6,55	6,28	4,27	4,38	5,00	2,75	4,59	3,62
Intraklassen-Korrelationskoeffizient ρ	0,81	0,85	0,80	0,81	0,84	0,74	0,82	0,80
R^2 Zeitvarianz		30,8	31,6	37,2	38,4	39,8	37,4	42,2
R^2 Ländervarianz		4,0	32,0	30,3	20,3	56,2	27,0	44,8
R^2 total		9,2	31,9	31,5	23,3	52,0	28,9	44,3
Aikaike-IC	817,3	742,5	736,8	723,9	724,4	708,5	725,8	709,0
N$_i$ Messzeitpunkte	225	225	225	225	225	225	225	225
N$_j$ Länder	19	19	19	19	19	19	19	19

Hinweise: Alle Berechnungen sind mit gewichteten Daten durchgeführt. [a] W = Wertebereich, M = arithmetisches Mittel. Robuste Standardfehler in Klammern. *: p≤0,05; **: p≤ 0,01; ***: p≤0,001 (zweiseitiger Test).

Quelle: siehe Kapitel 7.1; eigene Berechnungen.

Tabelle 11.2: Einkommensungleichheit in der hierarchisch-linearen Regression: Sektordualismus- und Sektorbiashypothese

11.2 Erklärung der Länder- und Zeitunterschiede im Mehrebenenmodell

Gemeinsam erklären die beiden Terme nur zusätzliche 0,8 Prozent der Variation in der Zeit, aber nahezu 32 Prozent der Unterschiede zwischen den Ländern. Die Ergebnisse für die Modelle 2 bis 6 zeigen, dass diese kurvilineare Beziehung auch unter Kontrolle der sektoralen Entwicklung, einer Variable für die demographische Entwicklung, einer Globalisierungsvariable und einem Merkmal der institutionellen Rahmenbedingungen der Einkommensverteilung besteht bleibt. Die Ergebnisse bescheinigen damit zunächst den bereits in vielen Arbeiten dokumentierten egalisierenden Effekt eines wachsenden Bildungsstandes der Bevölkerung. Entweder aufgrund wachsender Bildungsprämien oder zunehmender Ungleichheit in der Bildungsverteilung selbst, wird dieser Zusammenhang in späteren Phasen der Bildungsexpansion zunehmend abgebremst oder kehrt sich sogar in einen positiven Zusammenhang um. Dann gilt, je fortgeschrittener die Bildungsexpansion, desto geringer wird der die Ungleichheit reduzierende Effekt der höheren Bildungsbeteiligung und -dauer für die Einkommensungleichheit. Es bleibt festzuhalten, dass Änderungen im Angebot an Qualifikationen für die Unterschiede im Ausmaß der Ungleichheit zwischen Ländern entscheidenden Einfluss haben.

Mit der Perspektive eines Wandels in Richtung Wissensgesellschaft ist jedoch, wie oben ausführlich diskutiert, nicht nur die Aufmerksamkeit für die Änderung im Angebot an Qualifikationen, sondern insbesondere auch für die Änderungen in der Nachfrage nach Qualifikationen verbunden. An dieser Stelle ist nun empirisch zu überprüfen, inwieweit der nachweislich stattfindende erneute sektorale Wandel die Unterschiede in den Gini-Koeffizienten zwischen Ländern und innerhalb von Ländern über die Zeit erklären kann. Wie oben dargestellt (vgl. Abschnitt 4.3.2), sind es vor allem zwei Mechanismen, durch die das Ausmaß an Einkommensungleichheit im Prozess sektoraler Verschiebungen beeinflusst werden kann: Erstens durch mittlere Bildungs- und Einkommensunterschiede zwischen dem neuen, expandierenden Sektor und der übrigen Wirtschaft (Sektordualismus) und zweitens durch Unterschiede im Ausmaß an Ungleichheit in der Einkommens- oder Bildungsverteilung innerhalb des wachsenden bzw. schrumpfenden Sektors (Sektorbias).

Zunächst ist an dieser Stelle zu prüfen, ob sich der Wissenssektor im Hinblick auf die beiden Merkmale tatsächlich von der übrigen Wirtschaft unterscheidet. Denn anders als in den meisten Arbeiten soll hier vorab untersucht werden, inwieweit zwischen den Sektoren systematische Einkommensunterschiede bzw. Unterschiede im Hinblick auf das Ausmaß interner Ungleichheit im betrachteten Zeitraum bestehen.

In dem vorangegangenen Kapitel 9.3 konnten bereits Indizien dafür geliefert werden, dass die Qualifikationsstruktur im Wissenssektor ungleicher ist als in der übrigen Wirtschaft: Das Verhältnis von hochqualifizierter zu niedrigqualifizierter Beschäftigung und dasjenigen zwischen „Nicht-Routine-" und „Routinebeschäftigung" ist im Wissenssektor unausgeglichener als in der übrigen Wirtschaft. Die *Polarisierungshypothese* konnte somit nicht verworfen werden. Wenn auch tatsächliche Messungen für die Einkommensungleichheit getrennt nach den hier betrachteten vier Wirtschaftssektoren nicht vorliegen, ist es aufgrund der Analyse der Qualifikationsstrukturen plausibel anzunehmen, dass der Wissenssektor durch größere interne Ungleichheit als die übrigen Sektoren gekennzeichnet ist. Im Abschnitt 10.2 konnte überdies die Gültigkeit der *Wohlstandshypothese* nicht verifiziert werden. Demnach gibt es keinen insgesamten Wohlstands- bzw. Einkommensbonus mit steigendem Ausbau des Wissenssektors. Auf der Ebene von Gesellschaften soll jedoch zusätzlich mit Aggregatdaten die *Einkommensdifferentialhypothese* geprüft und damit die Frage geklärt werden, ob zwischen dem Wissenssektor und der übrigen Wirtschaft ein signifikanter Einkommensunterschied besteht.

Die Abbildung 11.2 (S. 205) weist seperat für die vier Wirtschaftssektoren zwischen 1970 und 2002 die durch die Differenz von Bruttowertschöpfungsanteil und Beschäftigtenanteil gemessene Produktivität und damit das Durchschnittseinkommen je Sektor im Länderdurchschnitt aus. Es wird deutlich, dass die Einkommensunterschiede zwischen den Sektoren nach 1976 im Rückgang begriffen sind. Zudem ist ersichtlich, dass die wesentlichen Produktivitätsunterschiede zwischen dem Agrarsektor und den übrigen Sektoren bestanden haben. Die Unterschiede zwischen den verbleibenden drei Sektoren sind und waren damit bereits immer vergleichsweise gering. Wahrscheinlich dadurch, dass zunehmend in allen Sektoren, insbesondere aber eben auch in der Agrarwirtschaft, Hochtechnologie zum Einsatz kommt, nähern sich die Produktivitätsraten der Sektoren und damit auch die Durschnittseinkommen der Sektoren an. Das durchschnittliche Einkommen im Wissenssektor ist nach der hier gewählten Operationalisierung nicht höher als in den übrigen Sektoren. Die *Einkommensdifferentialhypothese* muss deshalb verworfen werden.

Im Anschluss an die Analyse der tatsächlichen Merkmale des Wissenssektors im Hinblick auf die Einkommens- und Ungleichheitsstruktur kann nun dazu übergegangen werden, ihre vermuteten Wirkungen auf die Einkommensungleichheit zu untersuchen. Insofern, als dass sich das durchschnittliche Einkommen nach den hier vorliegenden Ergebnissen in dem Zeitraum, für

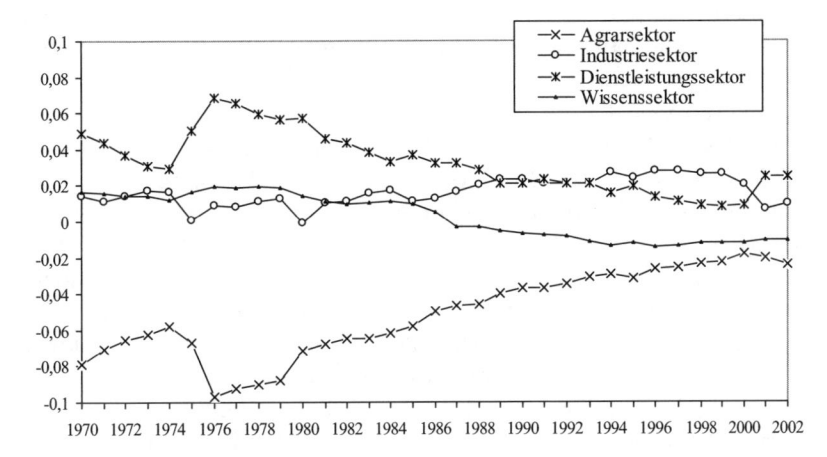

11.2 Erklärung der Länder- und Zeitunterschiede im Mehrebenenmodell 205

Abbildung 11.2: Sektordualimus: Einkommensdifferentiale zwischen Sektoren, 1970 bis 2002

den der Großteil der Messpunkte vorliegt, nicht wesentlich von den übrigen Sektoren unterscheidet, ist jedoch bereits vorab fraglich, ob sich signifikante Sektordualismuseffekte zeigen.

Model 2 ist eine Version des Modells von Kuznets zunächst ohne die Variable für den demographischen Wandel. Es zeigt sich, dass der Anteil der im Wissenssektor Beschäftigten an der Gesamtwirtschaft die Einkommensungleichheit statistisch signifikant erhöht: Wächst der Wissenssektor um ein Prozent, so erhöht sich die Ungleichheit um 0,29 Punkte. Der Unterschied zwischen einem Land ohne Erwerbstätige im Wissenssektor und einem Land, in dem der Wissenssektor 30 Prozent der Gesamtwirtschaft ausmacht, beträgt damit knapp 9 Skalenpunkte. Die Variable für den Sektordualismus (logarithmiert) ist dagegen in diesem Modell 2 statistisch nicht signifikant[3]. Auch in den übrigen Modellen übt sie allenfalls einen statistisch nur schwach

---

[3] Zu Vergleichszwecken enthält der Anhang (S.271) eine Ergebnistabelle A.11 für alle Modelle ohne die Sektordualismusvariable. Die Ergebnisse sind substantiell gleich. Gegenüber den Modellen mit Sektordualismusvariable ändern sich die Effektstärken leicht und der Anteil der erklärten Varianz auf der Länderebene ist geringer.

signifikanten Einfluss auf die Zielvariable aus. Allerdings entspricht das Vorzeichen nicht der Erwartung größerer Ungleichheit bei größeren sektoralen Einkommensunterschieden. Der negative Effekt des logarithmierten Einkommensunterschieds reflektiert möglicherweise vielmehr die Abnahme der durch Sektordualismus verursachten Ungleichheit. Das Modell reduziert die Fehlervarianz auf der Ebene der wiederholten Messungen und erklärt so zusätzliche sechs Prozent der Unterschiede innerhalb von Ländern über die Zeit. Erweitert man dieses Modell jeweils um einen Indikator zum demographischen Wandel (Modell 3), einen Indikator für die institutionellen Rahmenbedingungen (Modell 4) und ein Globalisierungsmerkmal (Modell 5), so zeigt sich, dass in allen Modellen ein statistisch signifikant positiver Effekt der Sektorbiasvariable erhalten bleibt. Somit gilt auch unter der Kontrolle der Angebotsstruktur der Qualifikationen, demographischen Faktoren, Globalisierungstrends und einer Variable, die die institutionellen Rahmenbedingungen der Nationalstaaten erfasst, dass der Ausbau der Wissensgesellschaft mit einer Erhöhung der Einkommensungleichheit verbunden ist (*Sektorbiashypothese*). Die Modelle 3 und 5 zeigen darüber hinaus, dass unter Kontrolle von Angebots- und Nachfragestruktur der Qualifikationen, die Bevölkerungswachstumsrate und die Globalisierungsvariable keine signifikanten Effekte auf die Einkommensungleichheit ausüben. Diese Ergebnisse unterstützen die in der Literatur vorgetragenen Zweifel an einer genuin durch Globalisierung oder demographische Änderungen verursachte, d. h. über Veränderungen in der Angebots- und Nachfragerelation hinaus gehende Einkommenspolarisierung. Im Gegensatz dazu ist der partielle Effekt der Gewerkschaftsdichte, wie auch schon vielfach andernorts dokumentiert, in allen Modellen statistisch signifikant negativ. Je größer der Anteil an Gewerkschaftsmitgliedern unter den Beschäftigten eines Landes, desto geringer ist die Einkommensungleichheit. Die Gewerkschaftsdichte leistet dabei einen deutlichen Erklärungsbeitrag für die Unterschiede *zwischen* Ländern, aber sie kann kaum die Unterschiede innerhalb der Länder über die Zeit erklären. Für den Anstieg der Ungleichheit, dem sogenannten „great U-turn" sind nach den Ergebnissen hier Veränderungen in der Nachfrage und im Angebot an Qualifikationen stärker verantwortlich.

11.3 Zusammenfassung

Nachdem in den vergangenen beiden Kapiteln das in der öffentlichen und z. T. wissenschaftlichen Debatte meist sehr positiv gezeichnete Bild der Wissensgesellschaft in einigen Teilen korrigiert, wenn nicht sogar revidiert

11.3 Zusammenfassung

werden musste, so zeigt sich auch im Hinblick auf die Konsequenzen des Ausbaus des Wissenssektors für die Ungleichheit in der Verteilung der Einkommen ein weniger positives Bild. Ganz offensichtlich ist es nicht so, dass fortschreitende Modernisierung zwangsläufig mit höherer Einkommensgleichheit einhergeht. Vielmehr unterstützen die oben präsentierten Ergebnisse die Annahme, dass in späteren Phasen der Expansion von Bildung und zunehmender Beschäftigung im Wissenssektor die Heterogenität der Einkommen wieder zunehmen kann.

Im Einzelnen können auf Basis der obigen Ergebnisse folgende Hypothesen nicht verworfen werden: Erstens gilt mit hoher Wahrscheinlichkeit, dass im späteren Verlauf der Bildungsexpansion der vormals negative Effekt durchschnittlicher Bildungsjahre gebremst oder sogar in einen positiven Effekt umgekehrt wird. Zweitens unterstützen die Ergebnisse die Richtigkeit der Annahme, dass der Anteil der im Wissenssektor Beschäftigten die Einkommensungleichheit signifikant erhöht. Wie die Analysen der Qualifikationsstruktur und die Analysen im vergangenen Kapitel zu den Determinanten des Einkommens vermuten lassen, liegt dies *nicht* an insgesamt steigenden Bildungsrenditen, sondern an einer insbesonders im Wissenssektor vorliegenden Polarisierung der Qualifikationsnachfrage und damit größerer interner Ungleichheit im Wissenssektor: Während diejenigen mit hoher Qualifikation von dem Wandel zur Wissensgesellschaft finanziell überproportional profitieren, werden die Einkommen von dem Großteil aller Beschäftigten zunehmend abgewertet. Insofern, als dass in den 19 Volkswirtschaften das Durchschnittseinkommen kein Unterscheidungsmerkmal für die sektorale Verteilung (mehr) ist, verwundert es nicht, dass sich für die Sektordualismusvariable keine oder nur schwach statistisch signifikante Effekte auf die Ungleichheit ergeben. Indem das Potential der Mehrebenenanalyse ausgenutzt wurde, konnten bisherige Arbeiten auch dadurch ergänzt werden, dass die zur Diskussion stehenden Variablen daraufhin untersucht werden konnten, für welche Variationsebene sie besonders erklärungskräftig sind. Besonders hervorzuheben ist dabei das inhaltliche Ergebnis, dass, während sich ein bedeutender Teil der Unterschiede zwischen den Ländern durch institutionelle Bedingungen aufklären lässt, der Anstieg der Ungleichheit seit den 1970er Jahren in der Gruppe der 19 reichen Volkswirtschaften vor allem auf die sektoralen Veränderungen zurückzuführen ist.

Teil V

Zusammenfassung und Diskussion

Im folgenden Kapitel 12 wird die Arbeit zunächst zusammengefasst. Anschließend werden die Ergebnisse der empirischen Untersuchung diskutiert (Kapitel 13). Die Bedeutung der Ergebnisse für den Forschungsstand wird aufgezeigt und es werden forschungsrelevante Konsequenzen der Arbeit abgeleitet.

12 Zusammenfassung

Thema der vorliegenden Arbeit ist die Analyse von sozialer Ungleichheit in Wissensgesellschaften im Zeit- und Ländervergleich. Das Ziel der Arbeit war es erstens, eine theoretisch wohl begründete Definition und eine empirisch anwendbare Operationalisierung der Wissensgesellschaft zu entwickeln. Hiermit sollte die These einer Entwicklung fortgeschrittener Industrie- und Dienstleistungsgesellschaften zu Wissensgesellschaften im Zeitverlauf empirisch geprüft werden. Angesichts der Popularität der These einer Wissensgesellschaft und auch in Anbetracht ihres namensgebenden Moments erschien es nahezu paradox, dass bislang kaum Wissen darüber bestand, was eine Wissensgesellschaft eigentlich ist bzw. wie sie sich im Zeitverlauf und Ländervergleich tatsächlich entwickelt. Die erste Forschungsfrage der Arbeit lautete also: *Wie lässt sich der Begriff „Wissensgesellschaft" theoretisch und empirisch sinnvoll definieren und wie entwickelt sich diese im Zeitverlauf und Ländervergleich?*

Das zweites Ziel der Arbeit war es, die sich aus dem Wandel zur Wissensgesellschaft ergebenden Konsequenzen für soziale Ungleichheit in zeit- und ländervergleichender Perspektive zu untersuchen. Dabei sollte der These einer in Wissensgesellschaften stärkeren Bedeutung von Bildung für das Einkommen einerseits, und der These einer geringeren Ungleichheit in Wissensgesellschaften andererseits, theoretisch und empirisch nachgegangen werden. Wenn die Thematik sozialer Ungleichheit ein genuin sozialwissenschaftlicher Forschungsgegenstand ist, so stand eine Analyse von Statuserreichungsprozessen und distributionalem Wandel unter expliziter Berücksichtigung des Wandels zur Wissensgesellschaft aus. Die eingangs der Arbeit formulierten Forschungsfragen nach den Konsequenzen der Entwicklung zur Wissensgesellschaft für soziale Ungleichheit wurden folgendermaßen präzisiert: Erstens, *warum hat Bildung zu manchen Zeitpunkten eine größere Bedeutung für den sozialen Zielstatus als zu anderen Zeitpunkten, d. h. wie können Zeit- und Länderunterschiede in Einkommensunterschieden durch Bildung erklärt werden?* Zweitens, *warum ist die Verteilung der Einkommen zu manchen Zeitpunkten ungleicher als zu anderen Zeitpunkten, d. h. wie können Zeit- und Länderunterschiede in der Verteilungsungleichheit erklärt werden?*

In der Arbeit wurde eine „Variablen orientierte Methode des Vergleichs"

(Ragin 1987) angegangen. Nicht das Herausarbeiten (weniger) spezifischer historischer Fälle, sondern die Überprüfung der Hypothesen in möglichst vielen Fällen von Ländern war das Ziel. Aufgrund der Datenlage und der besseren Kontrollierbarkeit relevanter Faktoren wurde die Strategie eines „most-similar system designs" (Pzerworski und Teune 1970) verfolgt. Die Prüfung der Hypothesen erfolgte für insgesamt 20 OECD Länder von 1970 bis 2002. Aus praktischen Gründen war der empirische Teil der Untersuchung als Sekundäranalyse angelegt. Vor dem Hintergrund der genannten Ziele und Forschungsfragen kann die vorliegende Arbeit wie folgt zusammenfassend beschrieben werden:

In der öffentlichen Debatte und auch seitens der prominenten Vertreter der Wissensgesellschaftssthese wird immer wieder gerne betont, dass sich die reichen Volkswirtschaften in den vergangenen Dekaden zu Wissensgesellschaften gewandelt haben. Die Literaturbesprechung hat gezeigt, dass sich das Verständnis, was genau eine Wissensgesellschaft auszeichnet und wie sie sich empirisch erfassen lässt, zwischen den Vertretern dieser Auffassung teilweise erheblich unterscheidet. Von den identifizierten drei zentralen Trends der Wissensgesellschaft – Informationstechnik, Bildungsexpansion und Wissensökonomie – wurde das Konzept der Wissensökonomie weiterverfolgt. Die industrielle Beschäftigung und Wertschöpfung steht im Zentrum der Sozialstruktur und stellt mithin die Gelegenheitsstruktur für Arbeit der Individuen dar; sie ist zentral für das Stratifikationssystem der Gesellschaft. Insofern, als dass alle drei zentralen Trends ihren Niederschlag in der industriellen und beruflichen Struktur einer Gesellschaft finden, ist das zentrale Abgrenzungsmerkmal der Wissensgesellschaft von der Industrie- und Dienstleistungsgesellschaft die ökonomische Relevanz des Wissenssektors. Die Wissensgesellschaft wurde schließlich als Gesellschaft definiert, in der der Wissenssektor den größten Anteil an der Gesamtwirtschaft einnimmt.

Die Durchsicht bisheriger Arbeiten zur Abgrenzung eines Wissenssektors machte deutlich, dass abseits einiger Ähnlichkeiten recht unterschiedliche Vorstellungen darüber bestehen, welche Industrien kennzeichnend für die Wissensgesellschaft sind. Darüber hinaus wurden die Vorleistungen im Hinblick auf die theoretische Fundierung als auch die empirische Reichweite als ungenügend beurteilt. Demgegenüber erlaubte es die *wissensfunktionale Perspektive* und die Berücksichtigung der Berufs- und Qualifikationsstruktur der Industrien, die diskutierten Konzepte zu integrieren, ihre jeweiligen Beschränkungen aufzuheben und den Wissenssektor systematisch zu definieren: als das Aggregat der Industrien, deren hauptsächliche ökonomische Funktion es ist, die Güter und Dienstleistungen im Wertschöpfungspro-

12 Zusammenfassung

zess des Wissens herzustellen. Der Wissenssektor setzt sich dann aus vier Funktionsgruppen der Wissensarbeitsteilung zusammen: *Wissensproduktion, Wissensinfrastruktur, Wissensmanagement* und *Wissensverbreitung*.

Mit der *Wachstumshypothese* (H1) wurde die Annahme formuliert, dass sich der Trend in Richtung Wissensgesellschaft auf der Ebene der wirtschaftlichen Aktivitäten als kontinuierliches Wachstum des Wissenssektors abbildet. Über die These eines Wachstums des gesamten Sektors hinaus wurden spezifische Annahmen über die Entwicklung der darin enthaltenen Subsektoren formuliert. Im Hinblick auf die relative Bedeutung der vier Bestandteile des Sektors wurde angenommen, dass die Beschäftigtenanteile aufsteigend nach Funktionsgruppen geordnet sind (H2: *Differenzierungshypothese*) und dass der Subsektor Wissensinfrastruktur ein relativ geringeres Beschäftigungswachstum verzeichnet als die übrigen Subsektoren des Wissenssektors (H3: *Hypothese differenzierten Wachstums*). Insoweit, als dies für die Analyse sozialer Ungleichheit im späteren Teil der Arbeit von Bedeutung war, wurde außerdem nach den qualifikatorischen Merkmalen des Wissenssektors gefragt. Dabei wurde die Annahme formuliert, dass die mit der sektoralen Verschiebung einhergehenden Änderung in der Qualifikationsnachfrage entweder durch ein *Upgrading* (H4) oder eine *Polarisierung* (H5) gekennzeichnet ist.

Zur Prüfung der Hypothesen über die Entwicklung der Wissensgesellschaft in zeit- und ländervergleichender Perspektive wurden die harmonisierten volkswirtschaftlichen Gesamtrechungsdaten von 19 OECD Ländern analysiert. Dabei zeigte sich, dass ein starker Trend zur Wissensgesellschaft in allen Ländern beobachtbar ist. Die *Wachstumshypothese* (H1) konnte auf Basis dieser Untersuchung daher nicht falsifiziert werden. Im Gegensatz zu den sehr breiten und unspezifischen Wissenssektorkonzepten in den bisherigen Arbeiten ist nach der in dieser Arbeit entwickelten Operationalisierung der Wissenssektor jedoch bislang in keinem der untersuchten 19 Länder der für Beschäftigung und Wertschöpfung bedeutendste Sektor.

Streng genommen kann damit von entwickelten Wissensgesellschaften bis heute nicht die Rede sein. Führt man unter den Bedingungen der Veränderungen in den 1990er Jahren den Trend über die Messreihe hinaus fort, so führt dies zu der Prognose, dass es weitere 30 Jahre dauern wird, bis die heutigen hochtechnisierten Industrie- und Dienstleistungsgesellschaften zu echten Wissensgesellschaften geworden sind.

Die Betrachtung der einzelnen Subsektoren des Wissenssektors (Wissensproduktion, -infrastruktur, -management und -verbreitung) brachte zu Tage, dass in der Mehrzahl aller Fälle von Ländern der Löwenanteil der

Beschäftigung im Wissenssektor auf die Verbreitung von Wissen, d. h. die Medien- und die Bildungsindustrien, zurückgeht. In einigen Ländern macht die Beschäftigung in diesem Subsektor in jüngster Vergangenheit bereits mehr als zehn Prozent der Gesamtbeschäftigung aus. In allen Ländern bedeutet dagegen die Wissensproduktion, wenn auch hier eng gefasst, für die Beschäftigung nur wenig. In der überwiegenden Anzahl der Fälle ist die in der *Differenzierungshypothese* (H2) formulierte Annahme, dass von der Produktion neuen Wissens bis hin zu seiner letztendlichen Verbreitung ein wachsender Beschäftigungsanteil involviert ist, richtig. Im Hinblick auf die Veränderung der Subsektoren über das Zeitfenster von mehr als drei Dekaden zeigte sich, dass die Industrien des Wissensmanagements die dynamischste Entwicklung genommen haben; in den meisten Ländern hat sich der Beschäftigungsanteil seit den 1970er Jahren bis zum Beginn des 21. Jahrhunderts verfünffacht. Insgesamt ist somit das spezifische Merkmal der Beschäftigung in den entstehenden Wissensgesellschaften stärker das Management und die Verbreitung von Wissen als die Herstellung der technischen Infrastruktur und die Wissensproduktion durch Forschung und Entwicklung. Die Annahme (H3), dass in allen Fällen der Subsektor Wissensinfrastruktur im Zeitverlauf geringer wächst als die übrigen Subsektoren (*Hypothese differenzierten Wachstums*), bestätigte sich allerdings nicht. Im deutlichen Gegensatz zur Beschäftigungssituation sind aus der Perspektive der Bruttowertschöpfung die Industrien der Wissensinfrastruktur die eindeutigen Wachstumsbranchen des Wissenssektors. Ihr Beitrag zum Bruttoinlandsprodukt ist verglichen mit den übrigen Subsektoren am größten und wächst kontinuierlich im Beobachtungszeitraum.

Bei den vielen beobachtbaren Gemeinsamkeiten in der Entwicklung der 19 OECD Länder kann jedoch von einem einzigen, für alle gleichermaßen beschreitbaren Weg zur Wissensgesellschaft nicht die Rede sein. Die sich entwickelnden Wissensgesellschaften unterscheiden sich zum Teil erheblich darin, welche Sektoren mit dem Ausbau des Wissenssektors kombiniert werden und welche Subsektoren des Wissenssektors selbst besonders ausgebaut werden. Im Anschluss an die Vorüberlegungen von Castells zu mindestens zwei wissensgesellschaftlichen Entwicklungpfaden ergeben sich auch hier Muster einer Spezialisierung entweder in Richtung auf Dienstleistungen oder den Industriesektor. Einerseits zeigt sich ein massiver Abbau industrieller Beschäftigung in Kombination mit dem Ausbau des Dienstleistungssektors und später dem Wissenssektor in den USA, dem Vereinigten Königreich und Kanada sowie in den Niederlanden und Norwegen. Die Klassifikation von Japan und Deutschland als Wissensgesellschaft mit der Prägung in-

12 Zusammenfassung

dustrieller Produktion bei Castells ist auch auf Basis der hier getroffenen Abgrenzung von Industrien und Sektoren zu beobachten. Diesem idealtypischen Entwicklungsmodell kann aufgrund der Ergebnisse hier auch Italien zugeordnet werden. Auch innerhalb des Wissenssektors deuten sich, wenn auch weniger pronounciert, einige Spezialisierungen ab. So sind in einigen Ländern die Industrien zur Herstellung der Wissensinfrastruktur besonders beschäftigungsintensiv ausgebaut (besonders in SWE und FIN), während in den Niederlanden und Luxemburg die Industrien des Wissensmanagements den größten Anteil des Wissenssektors ausmachen und beträchtliche Anteile an der Gesamtbeschäftigung des Landes haben.

Zur Prüfung der *Upgrading-* und *Polarisierungshypothese* wurden Daten (OECD 1998) herangezogen, die die Anzahl der Beschäftigten in einzelnen Industrien getrennt nach vier Qualifikationsstufen in einem ländervergleichbaren Klassifikationssystem für einen Zeitraum von 1970 bis 1996 enthalten. Eine nur nach vier Qualifikations- bzw. Berufsgruppen differenzierte Betrachtung der Beschäftigung in Sektoren erlaubt jedoch keine endgültige Prüfung der Richtigkeit einer Entwicklung in Richtung „Nicht-Routine-Beschäftigung", wie sie Autor et al. (2003; 2006) und andere vorschlagen. Nichtsdestotrotz weisen die hier meines Wissens einzigen ländervergleichenden Daten nach, dass sich der Wissenssektor von der übrigen Wirtschaft im Hinblick auf die Qualifikations- und Berufsstruktur unterscheidet. Sowohl das Verhältnis von hochqualifizierter zu niedrigqualifizierter Beschäftigung als auch dasjenige zwischen „Nicht-Routine-" und „Routinebeschäftigung" ist im Wissenssektor unausgeglichener als in der übrigen Wirtschaft. Die *Upgradinghypothese* (H4) und *Polarisierungshypothese* (H5) können somit zumindest nicht verworfen werden.

Im zweiten Teil der Arbeit waren die *Konsequenzen des Wandels zur Wissengesellschaft für soziale Ungleichheit* Gegenstand. Dabei war *erstens* die Annahme einer sich verändernden Bedeutung von erworbenen und zugeschriebenen Eigenschaften für beruflichen Erfolg diskutiert worden. Ausgangspunkt hierfür war, dass die These einer Entwicklung zur Wissensgesellschaft eng mit der Annahme verbunden ist, dass Bildung in solchen Gesellschaften für den Erfolg der Individuen am Arbeitsmarkt zunehmend wichtiger wird. Konkret wurde gefragt, warum Bildung zu manchen Zeitpunkten eine größere Bedeutung für den sozialen Zielstatus hat als zu anderen Zeitpunkten, d. h. wie Zeit- und Länderunterschiede in Einkommensunterschieden nach Bildung erklärt werden können.

Auf der Grundlage der Diskussion von mikro- und makrosoziologischen Erklärungsansätzen konnten Hypothesen zum Zusammenhang zwischen wissensgesellschaftlicher Entwicklung und dem individuellen Einkommen generiert werden: Erstens war mit Rückgriff auf die klassischen Arbeiten zur Wissensgesellschaft und den Modernisierungstheorien die Hypothese (H6) formuliert worden, dass je je größer der Anteil der Beschäftigten im Wissenssektor an der Gesamtwirtschaft, desto höher ist das *durchschnittliche* Einkommen (*Wohlstandshypothese*). Für die Frage nach einer *Moderation der Beziehung zwischen Bildung und beruflicher Belohnung durch den Wissenssektor* waren zweitens Überlegungen zum Matching zwischen Angebot und Nachfrage zielführend. Der Wandel zur Wissensgesellschaft kann dann als eine Veränderung der Gelegenheitsstruktur betrachtet werden, die die Akteure bei ihren Entscheidungen berücksichtigen. Die Unterschiede in den strukturellen Gegebenheiten der Arbeitsmärkte zwischen Ländern bzw. im Zeitverlauf sollten sich in dem Matchingprozess vor allem auf das Verhalten der Arbeitgeber auswirken. Aufgrund der Notwendigkeit, den steigenden Bedarf an komplexen und spezifischen Arbeitsaufgaben zu decken, sind die Arbeitgeber gezwungen, die Stellen zunehmend anhand von formalen Bildungstiteln zu vergeben und zu entlohnen, so dass gilt (H7): Je größer der Anteil der Beschäftigten im Wissenssektor an allen Beschäftigten, desto *höher* ist der positive Einfluss der individuellen Bildung auf das Einkommen (*Meritokratiehypothese*). Vor dem Hintergrund der Polarisierungshypothese ist jedoch auch vorstellbar, dass der durchschnittliche Wert von Bildung durchaus konstant bleibt bzw. absinkt, wenn zwar die hohen Qualifikationen an relativem Wert gewinnen, die mittleren Bildungsniveaus und mithin die Mehrheit der Bevölkerung aber einen Wertverlust ihrer Qualifikationen hinnehmen muss. Dann sollte die Alternativhypothese zu H7 gelten, dass je größer der Anteil der Beschäftigten im Wissenssektor an allen Beschäftigten, desto *geringer* ist der positive Einfluss der individuellen Bildung auf das Einkommen (*Entwertungshypothese*). Abschließend war vermutet worden, dass Arbeitgeber in expansiven Branchen darauf angewiesen sein könnten, Personen mit den geeigneten Fähigkeiten und Kenntnissen, aber ohne die formalen Berechtigungsnachweise einzustellen. Dies könnte bedeuten, dass größer die (jährliche) Wachstumsrate des Anteils der Beschäftigten im Wissenssektor an der Gesamtwirtschaft, desto geringer ist der positive Effekt der individuellen Bildung für das Einkommen (*Entkopplungshypothese* (H8)).

Zur Prüfung der Hypothesen zu den Konsequenzen der Entwicklung zur Wissensgesellschaft für die Beziehung zwischen Bildung und Einkommen wurden die repräsentativen Stichproben des International Social Survey Programme (ISSP) der Jahre 1985 bis 2002 zunächst länder- und zeitvergleichend harmonisiert. Zusammen mit den relevanten Variablen der sozialen

12 Zusammenfassung

Kontextebene (v. a. die VGR-Daten (OECD 2003) und die Daten zum Angebot an Qualifikationen (Barro und Lee 2001)) wurden diese einzelnen Querschnitte in kumulierter Form in einem gemeinsamen Datensatz zusammengeführt. Die Analyse der Daten ergab Folgendes: In Übereinstimmung mit dem bisherigen Forschungsstand ergeben sich auch anhand der hier aufbereiten Daten systematische *Länderunterschiede* in der Bedeutung von Bildung für das persönliche Einkommen: vergleichsweise niedrige Bildungsrenditen in den skandinavischen Ländern und überdurchschnittliche Erträge in Großbritannien und den USA. Außerdem sind die Erträge in Japan, Portugal und Frankreich überdurchschnittlich hoch. Im Hinblick auf *Unterschiede innerhalb von Ländern über die Zeit* werden grosso modo auch die Ergebnisse vorheriger Studien bestätigt: Die Renditen nehmen im Zeitraum zwischen 1985 und etwa der Mitte der 1990er Jahre in den meisten Ländern ab oder bleiben konstant. Für den Zeitraum danach ergibt sich häufiger eine Zunahme der Erträge für Bildung. Jedoch zeigt sich keine deutliche Zu- oder Abnahme der Bedeutung von Bildung über den gesamten Zeitraum in allen Ländern. Streng genommen musste die *Meritokratiehypothese* damit bereits als widerlegt betrachtet werden. Unter Anwendung von kreuzklassifizierten Regressionsmodellen, einem Spezialfall der Mehrebenenregression, wurde eine simultane Zurückführung des Einkommens auf individuelle und kontextuale Bedingungen angegangen. In Ergänzung des bisherigen Forschungsstandes konnte hiermit gezeigt werden, dass der Anteil der im Wissenssektor Beschäftigten die Beziehung zwischen Bildung und Einkommen statistisch signifikant moderiert: Entgegen der *Meritokratiehypothese* und gemäß der *Entwertungshypothese* steigt der Einfluss der Bildung für das Einkommen mit steigendem Entwicklungsgrad der Wissensgesellschaft *nicht* an, sondern geht zurück! Dies gilt auch unter Kontrolle der in ihrer Richtung und Signifikanz erwartungsgemäßen, sonstigen relevanten Individualvariablen und dem Angebot an Qualifikationen in der Bevölkerung. Die getrennten Analysen für hoch- bzw. mittel- und niedrigqualifizierte Personen weisen überdies darauf hin, dass trotz sinkender Renditen eines zusätzlichen Bildungsjahres für beide Gruppen, Hochqualifizierte die Gewinner in der Wissensgesellschaft darstellen: Das Einkommen von Personen mit tertiärer Bildung erhöht sich mit steigendem Anteil der Beschäftigten im Wissenssektor, während Personen ohne eine solche Qualifikation Verluste im Einkommen hinnehmen müssen. Während somit der vergleichsweise kleine Teil am oberen Ende der Qualifikationsverteilung seine Einkommensposition verbessern kann, ist die Entwicklung zur Wissensgesellschaft für den überwiegenden Teil der mittel- und geringqualifizierten Personen mit relativen Einkommenseinbußen verbunden. Dass sich jedoch auch die hohen Einkommen immer weniger durch Bildung erklären lassen, legt den Schluss nahe, dass bei zunehmender Selbstverständlichkeit von hoher Bildung auch andere als formale Qualifikationen an Bedeutung für den Erfolg am Arbeitsmarkt gewinnen. Im Zuge der Entwicklung zur Wissensgesellschaft geht die Schere zwischen Beschäftigten mit und ohne tertiäre Bildung im OECD-Raum also zunehmend auseinander. Die für die Qualifikationsgruppen unterschiedliche Entwicklung der Einkommen mag ein Grund dafür sein, dass die für alle gemeinsam abgebildete Entwicklung der Lohnzuwächse durch die Bildungsdauer in Jahren zu wenig einheitlichen Trends führt. Die Ergebnisse mit der alternativen Kontextvariable, nämlich dem jährlichen Beschäftigungswachstum im Wissenssektor, können als Indiz dafür gewertet werden, dass sich in Phasen drastischer ökonomischer Transformationen der Zusammenhang zwischen Bildung und Einkommen abschwächt, weil die nötigen formalen Qualifikationen auf dem Markt nicht vorhanden sind (*Entkopplunghypothese*).

Mit den Ergebnissen zur nach Qualifikationsgruppen unterschiedlichen Entwicklung der Einkommen war anhand der Analysen auf Basis von Individualdaten bereits angedeutet, was im letzten Teil der empirischen Untersuchung anhand von reinen Aggregatdatenanalysen untersucht wurde: Der Zusammenhang zwischen dem Ausbau der Wissensgesellschaft und der Entwicklung der Ungleichheit in der Verteilung der Einkommen in den 19 reichen Volkswirtschaften. In den frühen Arbeiten zur Wissensgesellschaft und den Modernisierungstheorien wird hierzu die Annahme formuliert, dass die auf diesem Wege erreichte effizientere Nutzung der Humanressourcen zu größerem Wachstum und Wohlstand führe; als Folgeerscheinung gilt der Ausbau wohlfahrtsstaatlicher Politiken und sozialer Sicherungssysteme. Die wachsende Effizienz des Wirtschaftssystems führe damit letztendlich dazu, dass moderne Gesellschaften geringere Ungleichheit aufweisen als weniger moderne Gesellschaften bzw. dass mit steigendem Durchschnittseinkommen die Ungleichheit quasi automatisch abnehme. Das Interesse galt also allgemeiner formuliert der Beantwortung der Frage, warum die Verteilung der Einkommen zu manchen Zeitpunkten ungleicher ist als zu anderen Zeitpunkten, d. h. wie Zeit- und Länderunterschiede in der Verteilungsungleichheit erklärt werden können.

Wenn die Ergebnisse zu den Determinanten des Einkommens bereits auf eine Zunahme der Ungleichheit mit dem Übergang in die Wissensgesellschaft deuteten und die durch das Wachstum des Wissenssektors veränderte Qualifikationsnachfrage als ein wichtiger Grund hierfür identifiziert werden konnte, so stand es im Folgenden noch aus, diesen Erklärungsfaktor gegen konkurrierende Hypothesen zum „great U-Turn" zu prüfen: Unter der Kontrolle von ökonomischer Globalisierung, institutionellen Umverteilungssystemen, demographischen Faktoren und Änderungen im Angebot an Qualifikationen sollte der Übergang zur Wissensgesellschaft einen eigenständigen ungleichheitsverstärkenden Effekt ausüben. Dieser vermutete Zusammenhang sollte entweder durch den Unterschied im durchschnittlichen Qualifikations- oder Einkommensniveau des Wissenssektors im Vergleich zur übrigen Wirtschaft hervorgerufen werden (*Sektordualismushypothese*, H10) und bzw. oder dadurch, dass der Wissensektor sich stärker als die übrigen Sektoren durch eine interne Ungleichheit auszeichnet (*Sektorbiashypothese*, H11). Vor der Prüfung der beiden sektoralen Effekten auf die Einkommensungleichheit sollte jedoch zunächst untersucht werden, ob tatsächlich ein Einkommensdifferential zwischen dem Wissenssektor und der übrigen Wirtschaft besteht (*Einkommensdifferentialhypothese*, H9).

Für die Überprüfung der Hypothesen zu den Konsequenzen der Entwicklung zur Wissensgesellschaft für die Einkommensungleichheit wurde ein Makrodatensatz auf der Grundlage verschiedener Datenquellen (v. a. die Gini-Koeffizienten des UTIP (2006), die VGR-Daten der OECD (2003) und die Daten zum Angebot an Qualifikationen von Barro und Lee (2001)) generiert und unter Zuhilfenahme von Mehrebenenverfahren analysiert. Die Ergebnisse zeigen recht eindeutig, dass fortschreitende Modernisierung nicht zwangsläufig mit höherer Einkommensgleichheit einhergeht. Vielmehr unterstützten die Ergebnisse die Annahme, dass in späteren Phasen der Expansion von Bildung und Beschäftigung im Wissensektor die Heterogenität der Einkommen wieder zunehmen kann. Die Ergebnisse unterstützen die Richtigkeit der Hypothese H11, dass der Anteil der im Wissensektor Beschäftigten Einkommensungleichheit signifikant erhöht (*Sektorbiashypothese*). Wie die Analysen der Qualifikationsstruktur und die Analysen zu den Determinanten des Einkommens vermuten lassen, liegt dies *nicht* an insgesamt steigenden Bildungsrenditen, sondern an einer insbesondere im Wissenssektor vorliegenden Polarisierung der Qualifikationsnachfrage und damit größerer interner Ungleichheit im Wissenssektor: Während diejenigen mit hohen Qualifikationen von dem Wandel zur Wissensgesellschaft finanziell profitieren, werden die Einkommen von dem Großteil aller Beschäftigten zunehmend abgewertet. Insofern, als dass in den 19 Ländern das Durchschnittseinkommen kein Unterscheidungsmerkmal für die sektorale Verteilung (mehr) ist (*Einkommensdifferentialhypothese*, H9), verwundert es nicht, dass sich entgegen H10 für die Sektordualismusvariable keine oder nur schwach statistisch signifikante Effekte auf die Ungleichheit ergeben.

In wenigen Worten zusammengefasst, erbringen die Analysen im Hinblick auf die drei zentralen Forschungsfragen der Arbeit Folgendes zu Tage: *Erstens* zeigt sich, dass die Entwicklung hin zu einer Wissensgesellschaft im Gange, aber nicht bereits abgeschlossen ist, *zweitens* wird deutlich, dass der Ausbau der Wissensgesellschaft durchschnittlich mit einem Bedeutungsverlust von Bildung aber mit Einkommensgewinnen von Hochqualifizierten einhergeht und *drittens* wird klar, dass mit der ökonomischen Bedeutung des Wissenssektors die Einkommensungleichheit zunimmt.

13 Diskussion

Die Arbeit hat das Ziel, einen Beitrag zum besseren Verständis des proklamierten Wandels moderner Gesellschaften zu Wissensgesellschaften und den Veränderungen im System sozialer Stratifikation zu leisten. Die Ergebnisse der Arbeit sind von genuin sozialwissenschaftlichem Interesse und führen zu Schlussfolgerungen für die Forschungspraxis.

Der spezifische Beitrag für die Sozialwissenschaften liegt erstens darin, dass der Wandel der Vergesellschaftungsform auf zentrale Trends verdichtet und in eine Definition der Wissensgesellschaft überführt wurde. Die Operationalisierung des Wissenssektors anhand eines internationalen Klassifikationsschemas der Industrien erlaubt es, die These einer entstehenden Wissensgesellschaft im Zeitverlauf und Ländervergleich abzubilden. Die Strategie eines „most-similar-system designs" verfolgend, wurde in dieser Arbeit die Entwicklung zur Wissensgesellschaft in den reichsten OECD Ländern abgebildet. Bereits in dem 19 Länder umfassenden Vergleich der sektoralen Strukturen über rund drei Dekaden zeigen sich zum Teil erhebliche Varianzen in der Geschwindigkeit und der Ausgestaltung des Ausbaus der Wissensgesellschaft. Die Ausweitung der Analysen auf eine größere Anzahl von Ländern würde die Möglichkeit eröffnen, stärker als hier geschehen, der Frage nach systematischen Zusammenhängen zwischen den sektoralen und institutionellen Ausgestaltungen der Wissensgesellschaft nachzugehen.

Der spezifische Beitrag für die Sozialwissenschaften liegt zweitens darin, dass der Wandel der Vergesellschaftungsform als Orientierungsproblem handelnder Akteure bei der Erzielung von Einkommen im soziologischen Erklärungsschema gefasst wird. Die Arbeit stellt sich damit der Herausforderung, Mikroebenenmodelle mit einem makrosoziologisch informierten Modell sozialen Wandels in Verbindung zu bringen. Mit der empirischen Prüfung der Hypothesen wird der gegenwärtige Forschungsstand dahingehend entscheidend erweitert, dass die strukturellen Veränderungen der Arbeitsmärkte in länder- und zeitvergleichender Perspektive als kontextuale Merkmale für die Assoziation zwischen Bildung und beruflichen Rewards explizit eingebracht werden. Wenn die Soziologie bislang stärker den Beruf als Zielposition im Stratifikationsmodell fokussiert hat, so sind Analysen zum Einkommen vor dem Hintergrund zunehmend instabiler Erwerbsbiographien als bedeutsam einzuschätzen. Es zeigt sich, dass die monetäre

Entlohnung von Bildungsanstrengungen der Individuen ganz erheblich mit kontextualen Bedingungen variiert. Die sichtbar werdende Polarisierung der Einkommen nach Bildungsgruppen bei insgesamt sinkenden Bildungsrenditen entspricht gerade nicht dem immer wieder in der öffentlichen Debatte beschworenen „gerechten" Leistungsprinzip. Vielmehr bleibt die Frage nach den Determinanten sozialer Ungleichheit, nach Chancengerechtigkeit und sozialem Zusammenhalt auch bei fortschreitender Bildungsexpansion und der veränderten Nachfrage nach Qualifikationen im Zuge des Ausbaus des Wissenssektors aus genuin soziologischer Perspektive bedeutsam.

In jedem Fall stellt die Betrachtung der Zielposition dabei aber auch nur einen Ausschnitt im Prozess von der sozialen Herkunft zur Bildung und von dort zur sozialen Zielposition dar. Um die komplexen Wechselwirkungen zwischen individuellen Entscheidungen im Lebenslauf unter Berücksichtigung kontextualer Rahmenbedingungen verstehen zu können, ist diese Arbeit sowohl im Hinblick auf die Lebensverlaufsperspektive als auch die kontextualen Bedingungen zu erweitern. Vor dem Hintergrund der Problematik mangelnder Vergleichbarkeit zwischen Ländern und Zeitpunkten ergibt sich für die Praxis der Umfrageforschung die zentrale Aufforderung, größtmögliche Anstrengungen in die In- und Outputharmonisierung der zentralen Individualvariablen Bildung, Herkunft und Einkommen zu unternehmen.

Drittens kann der bisherige Forschungsstand mit Hilfe der hier erarbeiteten Analysen dahingehend erweitert werden, dass der ungleichheitsgenerierende Effekt sektoraler Verschiebungen auf den Wandel hin zur Wissensgesellschaft verallgemeinert und in einem hierfür angemessenen „most-similar-system" Ländervergleich empirisch angegangen wurde. Statt einer Querschnittsbetrachtung von sehr unterschiedlichen Länderzeitpunkten wurde eine möglichst große Anzahl ähnlich entwickelter Länder im Zeitverlauf dahingehend untersucht, welche Faktoren eine maßgebliche Rolle für die Entwicklung der Einkommensungleichheit haben. Hierfür wurde die interne Qualifikations- und Einkommensstruktur der Sektoren zudem genauer als bisher betrachtet, bevor ihr Einfluss auf die Einkommensungleichheit in geeigneten multivariaten Analysen geprüft wurde. Besonders hervorzuheben ist dabei das inhaltliche Ergebnis, dass der Anstieg der Ungleichheit seit den 1970er Jahren in der Gruppe der 19 reichen Volkswirtschaften auf die sektoralen Veränderungen zurückzuführen ist. Darüber hinaus erbringen die Analysen das interessante Resultat, dass unter Kontrolle von angebots- und nachfrageseitigen Veränderungen die ökonomische Globalisierung keinen eigenständigen Effekt auf die Einkommensungleichheit ausübt. Demgegenüber lassen sich erhebliche Anteile der Unterschiede im Gini-Koeffizienten zwischen den Ländern durch institutionelle Rahmenbedingungen erklären. Auch wenn die Analysen durch alternative Operationalisierungen der Variablen durchaus zu verfeinern wären, ist vor diesem Hintergrund denjenigen Autoren zuzustimmen, die die Wirkungen der Globalisierung für die Ungleichheit auf die sie unmittelbar beeinflussenden Faktoren wie die Nachfrage oder das Angebot nach bestimmten Qualifikationen sowie Änderungen in den institutionellen Rahmenbedingungen rückgeführt sehen wollen.

Indem außerdem für die Analyse der Konsequenzen wissensgesellschaftlicher Entwicklung für soziale Ungleichheit hierarchisch-lineare Regressionsverfahren angewendet wurden, trägt die Arbeit auch zu einer methodisch angemessenen Fundierung der Erklärung sozialen Wandels und sozialer Ungleichheit bei. Vor dem Hintergrund der Datenlage für längsschnittliche Vergleiche stellt insbesondere der Spezialfall der kreuzklassifizierten Modelle eine sinnvolle Anwendung von statistischen Verfahren dar, die Individualvariablen simultan durch Merkmale der Kontext- und Individualebene zu erklären suchen.

Substantiell verbleibt zu den klassischen Theorien der Wissensgesellschaft und den Modernisierungstheorien Folgendes zu sagen: Die darin formulierten Thesen zum Stratifikationssystem sind schlicht als falsch zu bezeichnen. Weder ist davon auszugehen, dass Ungleichheit mit fortschreitender ökonomischer Entwicklung zwangsläufig und kontinuierlich abnimmt, noch zeichnen sich moderne Gesellschaften durch eine immer stärker werdene Bedeutung von Bildung für sozialen Erfolg oder gar eine reine meritokratische Schließung aus.

Literaturverzeichnis

Aaberge, Rolf, Anders Björklund, Markus Jäntti, Marten Palme, Peder J. Pedersen, Nina Smith und *Tom Wennemo*, 2002: Income Inequality and Income Mobility in the Scandinavian Countries Compared to the United States. Review of Income and Wealth 48 (4): 443–469.

Abraham, Martin und *Thomas Hinz* (Hg.), 2005: Arbeitsmarktsoziologie. Wiesbaden: VS Verlag für Sozialwissenschaften.

Abrahamson, Peter, 1999: The Welfare Modelling Business. Social Policy & Administration 33 (4): 394–415.

Acemoglu, Daron, 2002: Technical Change, Inequality, and The Labor Market. Journal of Economic Literature 40 (1): 7–72.

Aghion, Philippe, Eve Caroli und *Cecilia Garcia-Peñalosa*, 1999: Inequality and Economic Growth: the Perspective of the New Growth Theories. Journal of Economic Literature 37 (4): 1615–1660.

Ahrweiler, Petra, Nigel Gilbert und *Andreas Pyka*, 2006: Institutions Matter but... Science, Technology & Innovation Studies 2 (1): 3–18.

Alderson, Arthur S. und *François Nielsen*, 1999: Income Inequality, Development, and Dependence: A Reconsideration. American Sociological Review 64 (4): 606–631.

Alderson, Arthur S. und *François Nielsen*, 2002: Globalization and the Great U-Turn: Income Inequality Trends in 16 OECD Countries. American Journal of Sociology 107 (5): 1244–1299.

Allmendinger, Jutta, 1989: Educational Systems and Labor Market Outcomes. European Sociological Review 5 (3): 231–250.

Amable, Bruno, 2005: The Diversity of Modern Capitalism. Oxford: University Press.

Amin, Ash, 1994: Post-Fordism. Oxford, Cambridge: Blackwell.

Ammermüller, Andreas und *Andrea Maria Weber*, 2003: Education and Wage Inequality in Germany - A Review of the Empirical Literature. Zentrum für Europäische Wirtschaftsforschung (ZEW) Discussion Paper No. 03-29.

Andreß, Hans-Jürgen und *Martin Kronauer*, 2006: Arm - Reich. In: Lessenich und Nullmeier (2006), S. 28–52.

Apte, Uday M. und *Hiranya K. Nath*, 2004: Size, Structure and Growth of the US Information Economy. Business and Information Technologies (BIT) Working Papers 2004. Verfügbar unter http://www.anderson.ucla.edu/documents/areas/ctr/bit/ApteNath.pdf.pdf, letzter Zugriff am 15.06.2006.

Arrow, Kenneth J., 1973: The Theory of Discrimination. In: Ashenfelter und Rees (1973), S. 3–33.

Arrow, Kenneth J., Samuel Bowles und *Steven Durlauf*, 2000a: Introduction. In: Arrow et al. (2000b), S. ix–xv.

Arrow, Kenneth J., Samuel Bowles und *Steven N. Durlauf* (Hg.), 2000b: Meritocracy and Economic Inequality. Princeton: Princeton Univ. Press.

Arum, Richard und *Walter Müller* (Hg.), 2004: The Reemergence of Self-Employment. A Comparative Study of Self-Employment Dynamics and Social Inequality. Princeton: Princeton University Press.

Asheim, Bjorn T. und *Lars Coenen*, 2006: Contextualising Regional Innovation Systems in a Globalising Learning Economy: On Knowledge Bases and Institutional Frameworks. Journal of Technology Transfer 31 (1): 163–173.

Ashenfelter, Orley und *David Card* (Hg.), 1999: Handbook of Labor Economics, *Handbooks in Economics*, Band 3A. Amsterdam.

Ashenfelter, Orley, Colm Harmon und *Hessel Oosterbeek*, 1999: A Review of Estimates of the Schooling/Earnings Relationship, with Tests for Publication Bias. Labour Economics 6 (4): 453–470.

Ashenfelter, Orley und *Albert Rees* (Hg.), 1973: Discrimination in Labor Markets. Princeton: Princeton University Press.

Asplund, Rita, 2001: Public Funding and Private Returns to Education PURE. Final Report. Verfügbar unter http://www.etla.fi/PURE/FinalReport/Prepages.pdf, letzter Zugriff am 14.11.2007.

Atkinson, Anthony B., 2000: The Distribution of Personal Income: Complex Yet Over-Simplified. In: Hauser und Becker (2000), S. 56–71.

Atkinson, Anthony B., 2001: Rising Income Inequality and the Role of the Welfare State. Papier präsentiert auf der RC28 Frühjahrskonferenz, Mannheim, April 2001.

Atkinson, Anthony B., 2003: Ungleichheit, Armut und der Wohlfahrtsstaat: Eine europäische Perspektive zur Globalisierungsdiskussion. In: Müller und Scherer (2003), S. 63–82.

Atkinson, Anthony B., 2007: The Distribution of Earnings in OECD Countries. International Labour Review 146 (1-2): 41–60.

Atkinson, Anthony B. und *François Bourguignon* (Hg.), 2000: Handbook of Income Distribution. Handbooks in Economics, Band 16, Amsterdam: Elsevier.

Atkinson, Anthony B. und *Andrea Brandolini*, 2001: Promise and Pitfalls in the Use of '"Secondary"' Data-Sets: Income Inequality in OECD Countries as a Case Study. Journal of Economic Literature 39: 771–799.

Atkinson, Anthony B. und *Andrea Brandolini*, 2004: The Panel-of-Countries Approach to Explaining Income Inequality: An Interdisciplinary Research Agenda. Oxford/Mannheim, unveröffentlichtes Manuskript. Verfügbar unter http://www.nuffield.ox.ac.uk/users/atkinson/Mannheim.pdf, letzter Zugriff am 5.5.2007.

Attewell, Paul, 1990: What is Skill? Work and Occupations 17 (4): 422–448.

Autor, David H., Lawrence F. Katz und *Melissa S. Kearney*, 2006: The Polarization of the U.S. Labor Market. NBER Working Paper 11986.

Autor, David H., Frank Levy und *Richard J. Murnane*, 2003: The Skill Content of Recent Technological Change: An Empirical Exploration. Quarterly Journal of Economics 118 (4): 1279–1333.

Baker, David (Hg.), 2004: Inequality across Societies. Research in Sociology of Education, Band 14, Amsterdam: JAI.

Balzat, Markus und *Andreas Pyka*, 2005: Mapping National Innovation Systems in the OECD Area. Volkswirtschaftliche Diskussionsreihe, Beitrag Nr. 279, Universität Augsburg. Verfügbar unter http://www.wiwi.uni-augsburg.de/vwl/institut/paper/279.pdf, letzter Zugriff am 14.12.2007.

Bangemann, Martin, 1994: Europa und die globale Informationsgesellschaft - Bericht für den Europäischen Rat. Brüssel: Europäischer Rat.

Banse, Gerhard (Hg.), 2000: Towards the Information Society: the Case of Eastern European Countries. Wissenschaftsethik und Technikfolgenbeurteilung, Band 9, Berlin, Heidelberg, New York: Springer.

Barro, Robert J., 1991: Economic Growth in a Cross-Section of Countries. Quarterly Journal of Economics 106: 407–443.

Barro, Robert J., 2000: Inequality and Growth in a Panel of Countries. Journal of Economic Growth 5: 5–32.

Barro, Robert J. und *Jong-Wha Lee*, 2001: International Data on Educational Attainment: Updates and Implications. Updated Files. Center for International Development at Harvard University (CID). Research Datasets. Verfügbar unter http://www.cid.harvard.edu/ciddata/ciddata.html; letzter Zugriff am 14.12.2006.

Bassanini, Andrea und *Stefano Scarpetta*, 2001: Does Human Capital Matter for Growth in OECD Countries? Evidence from Pooled Mean-Group Estimates. OECD Economics Department Working Papers 282, OECD Publishing. Verfürbar unter http://www.sourceoecd.org/10.1787/424300244276, letzter Zugriff am 18.7.2006.

Beaudin, Maurice und *Sébastien Breau*, 2001: Employment, Skills and Knowledge Economy in Atlantic Canada. The Canadian Institute for Research on Regional Development: Collection Maritimes (ICRDR), Moncton.

Bechmann, Gotthard, 2000: Concepts of Information Society and the Social Function of Information. In: Banse (2000), S. 37–52.

Beck, Ulrich, 1986: Risikogesellschaft. Auf dem Weg in eine andere Moderne. Frankfurt am Main: Suhrkamp.

Beck, Ulrich, 1998: Was ist Globalisierung? Frankfurt am Main: Suhrkamp.

Beck, Ulrich und *Michael Brater*, 1978: Berufliche Arbeitsteilung und soziale Ungleichheit. Eine gesellschaftlich-historische Theorie der Berufe. Frankfurt am Main, New York: Campus.

Becker, Gary S., 1964: Human Capital: A Theoretical and Empirical Analysis, with Special Reference to Education. Chicago: University of Chicago Press.

Becker, Irene und *Richard Hauser*, 2000: Introduction. In: Hauser und Becker (2000), S. 1–6.

Becker, Irene und *Richard Hauser*, 2003: Anatomie der Einkommensverteilung. Berlin: edition sigma. Herausgegeben von der Hans-Böckler-Stiftung, Düsseldorf.

Bell, Daniel, 1972: Meritocracy and Equality. Public Interest 29: 29–68.

Bell, Daniel, 1973: The Coming of Post-Industrial Society. New York: Basic Books.

Bell, Daniel, 1980: The Social Framework of the Information Society. In: Forrester (1980), S. 501–549.

Bell, Daniel, 1991: Die kulturellen Widersprüche des Kapitalismus. Frankfurt am Main: Campus.

Beller, Emily und *Michael Hout*, 2006: Welfare States and Social Mobility: How Educational and Social Policy may affect Cross-National Differences in the Association between Occupational Origins and Destinations. Research in Social Stratification and

Mobility 24 (4): 353–365.

Bendix, Reinhard und *Seymour Martin Lipset* (Hg.), ????: New York.

Berg, Ivar E. (Hg.), 1981: Sociological Perspectives on Labor Markets. Quantitative Studies in Social Relations, New York: Academic Press.

Berger, Johannes, 2004: "Über den Ursprung der Ungleichheit zwischen den Menschen". Zeitschrift für Soziologie 33 (5): 354–374.

Berger, Peter A. und *Dirk Konietzka* (Hg.), 2001: Die Erwerbsgesellschaft. Neue Ungleichheiten und Unsicherheiten. Opladen: Leske + Budrich.

Berger, Peter A. und *Volker H. Schmidt* (Hg.), 2004: Welche Gleichheit, welche Ungleichheit? Wiesbaden: VS Verl. für Sozialwiss.

Bertola, Giuseppe und *Andrea Ichino*, 1995: Wage Inequality and Unemployment: United States vs. Europe. NBER Macroeconomics Annual 10: 13–54.

Birkelund, Gunn E., 2006: Welfare States and Social Inequality: Key Issues in Contemporary Cross-national Research on Social Stratification and Mobility. Research in Social Stratification and Mobility 24 (4): 333–351.

Bittlingmayer, Uwe H., 2001: "Spätkapitalismus" oder "Wissensgesellschaft"? Aus Politik und Zeitgeschichte (B 36): 15–23.

Bittlingmayer, Uwe H. und *Ullrich Bauer* (Hg.), 2006a: Die "Wissensgesellschaft". Wiesbaden: VS Verl. für Sozialwiss.

Bittlingmayer, Uwe H. und *Ulrich Bauer*, 2006b: Strukturierende Vorüberlegungen. In: Bittlingmayer und Bauer (2006a), S. 11–23.

Blau, Francine D. und *Lawrence M. Kahn*, 2002: At Home and Abroad. New York: Russell Sage Foundation.

Blau, Peter M. und *Otis Dudley Duncan*, 1967: The American Occupational Structure. New York: Jon Wiley and Sons.

Bleicher, Knut und *Jürgen Berthel* (Hg.), 2001: Auf dem Weg in die Wissensgesellschaft. Veränderte Strukturen und Kulturen. Frankfurt am Main: FAZ.

Blinder, Alan S., 2000: How Information Technology Has Affected American Productivity. Brookings Policy Brief 60: 1–8.

Blossfeld, Hans-Peter und *Karl Ulrich Mayer*, 1988: Arbeitsmarktsegmentation in der Bundesrepublik Deutschland. Eine empirische Überprüfung von Segmentationstheorien aus der Perspektive des Lebenslaufs. Kölner Zeitschrift für Soziologie und Sozialpsychologie 40 (2): 262–283.

Bluestone, Barry und *Bennett Harrison*, 1988: The Great American Job Machine: the Proliferation of Low-wage Employment in the US Economy. New York: Basic Books.

BMWA und *BMBF*, 2003: Informationsgesellschaft Deutschland 2006. Aktionsprogramm der Bundesregierung. Berlin. Bundesministerium für Wirtschaft und Arbeit.

BMWi und *BMBF*, 1999: Innovation und Arbeitsplätze in der Informationsgesellschaft des 21. Jahrhunderts. Fortschrittsbereich. Bundesministerium für Wirtschaft und Technologie und Bundeministerium für Bildung und Forschung. Verfügbar unter http://www.dl-forum.de/dateien/Aktionsprogramm_Innovation.pdf, letzter Zugriff am 4.8.2005.

Boje, Thomas P. und *Bengt Furaker*, 2003: Post-industrial Labour Markets. London/New York: Routledge.

Bonfadelli, Heinz, 2000: Medienwirkungsforschung II, *Uni-Papers*, Band 11. Konstanz:

UVK.

Bonfadelli, Heinz, 2002: The Internet and Knowledge Gaps. European Journal of Communication 17 (1): 65–84.

Bontrup, Heinz-Josef, 1998: Volkswirtschaftslehre: Grundlagen der Mikro- und Makroökonomik. München u.a.: Oldenbourg.

Bornschier, Volker, 2002: Changing Income Inequality in the Second Half of the 20th Century: Preliminary Findings and Propositions for Explanations. Journal of World-Systems Research 8 (1): 100–127.

Bornschier, Volker, 2005: Varianten des Kapitalismus in reichen Demokratien beim Übergang in das neue Gesellschaftsmodell. Band 45 von Windolf (2005), S. 331–371.

Böschen, Stefan und Ingo Schulz-Schaeffer (Hg.), 2003: Wissenschaft in der Wissensgesellschaft. Wiesbaden: Westdt. Verl.

Boudon, Raymond, 1974: Education, Opportunity, and Social Inequality: Changing Prospects in Western Society. New York: Wiley.

Bourdieu, Pierre, 1983: Ökonomisches Kapital, kulturelles Kapital. In: Kreckel (1983), S. 183–198.

Bourguignon, François und Christian Morrison, 1998: Inequality and Development: the Role of Dualism. Journal of Development Economics 57: 233–257.

Bowles, Samuel und Herbert Gintis, 2002: The Inheritance of Inequality. Journal of Economic Perspectives 16 (3): 3–30.

Bowles, Samuel, Herbert Gintis und Melissa Osborne Groves (Hg.), 2005: Unequal Chances. Family Background and Economic Success. Princeton: Princeton University Press.

Boyer, Robert, 2004a: The Future of Economic Growth. Cheltenham, Northampton: Edward Elgar.

Boyer, Robert, 2004b: New Growth Regimes, but Still Institutional Diversity. Socio-Economic Review 2 (1): 1–32.

Boyer, Robert, 2005: How and Why Capitalisms Differ. Max Planck Institute for the Study of Societies (MPIfG) Discussion Paper 04/05.

Braun, Michael, 2003: Errors in Comparative Survey Research. In: Harkness et al. (2003b), S. 137–155. Wiley Series in Survey Methodology.

Braun, Michael und Walter Müller, 1997: Measurement of Education in Comparative Research. Comparative Social Research 16: 163–201.

Braun, Michael und Uher Rolf, 2003: The ISSP and its Approach to Background Variables. In: Hoffmeyer-Zlotnik und Wolf (2003a), S. 33–47.

Brauns, Hildegard, Markus Gangl und Stefani Scherer, 2003a: Education and Unemployment Risks among Market Entrants. A Comparison of France, the United States and West Germany. In: Hoffmeyer-Zlotnik und Wolf (2003a), S. 345–365.

Brauns, Hildegard, Stefani Scherer und Susanne Steinmann, 2003b: The CASMIN Educational Classification in International Comparative Research. In: Hoffmeyer-Zlotnik und Wolf (2003a), S. 221–244.

Brauns, Hildegard, Susanne Steinmann, Annick Kieffer und Catherine Marry, 1999: Does Education Matter? France and Germany in Comparative Perspective. European Sociological Review 15 (1): 61–89.

Breen, Richard, 1994: Individual Level Models for Mobility Tables and Other Cross-

Classifications. Sociological Methodology and Research 23 (2): 147–173.

Breen, Richard, 1997: Inequality, Economic Growth and Social Mobility. British Journal of Sociology 48 (3): 429–449.

Breen, Richard (Hg.), 2004: Social mobility in Europe. Oxford: Oxford Univ. Press.

Breen, Richard und Marlis Buchmann, 2002: Institutional Variation and the Position of Young People: A Comparative Perspective. The ANNALS of the American Academy of Political and Social Science 580 (1): 288–305.

Breen, Richard und John H. Goldthorpe, 1997: Explaining Educational Differentials: Towards a Formal Rational Action Theory. Rationality and Society 9: 275–305.

Breen, Richard und John H. Goldthorpe, 2001: Class, Mobility and Merit. European Sociological Review 17 (2): 81–101.

Breen, Richard und Jan O. Jonsson, 1997: How Reliable Are Studies of Social Mobility? Research in Social Stratification and Mobility 15: 91–112.

Breen, Richard und Jan O. Jonsson, 2005: Inequality of Opportunity in Comparative Perspective. Annual Review of Sociology 31: 223–243.

Breen, Richard und Ruud Luijkx, 2004a: Conclusions. In: Breen (2004), S. 383–411.

Breen, Richard und Ruud Luijkx, 2004b: Social Mobility in Europe between 1970 and 2000. In: Breen (2004), S. 37–75.

Breen, Richard und Ruud Luijkx, 2007: Social Mobility and Education: A Comparative Analysis of Period and Cohort Trends in Britain and Germany. In: Scherer et al. (2007), S. 102–124.

Breen, Richard, Ruud Luijkx, Walter Müller und Reinhard Pollak, August 2005: Non-Persistent Inequality in Educational Attainment: Evidence from Eight European Countries. Papier präsentiert auf der RC28 Sommerkonferenz, Los Angeles, USA.

Breen, Richard und Christopher T. Whelan, 1993: From Ascription to Achievement? Origins, Education and Entry to the Labour Force in the Republic of Ireland during the Twentieth Century. Acta Sociologica 36: 3–17.

Bresnahan, Timothy F., Erik Brynjolfsson und Lorin M. Hitt, 2002: Information Technology, Workplace Organization, and the Demand for Skilled Labor: Firm-Level Evidence. Quarterly Journal of Economics 117 (1): 339–376.

Brettschneider, Frank, Katja Ahlstich, Bettina Klett und Angelika Vetter, 1994: Materialien zu Gesellschaft, Wirtschaft und Politik in den Mitgliedsstaaten der Europäischen Gemeinschaft. In: Gabriel und Brettschneider (1994), S. 445–626. 2. überarb. und erweitere Auflage.

Brose, Hanns-Georg, 1998: Proletarisierung, Polarisierung oder Upgrading der Erwerbsarbeit? Über die Spätfolgen '"erfolgreicher Fehldiagnosen"' in der Industriesoziologie. Kölner Zeitschrift für Soziologie und Sozialpsychologie 50 (Sonderheft 38): 130–163.

Brown, Phillip und Anthony Hesketh, 2004: The Mismanagement of Talent. Oxford: Oxford Univ. Press.

Brunello, Giorgio, Simona Comi und Claudio Lucifora, 2000: The College Wage Gap in 10 European Countries: Evidence from Two Cohorts. Forschungsinstitut zur Zukunft der Arbeit (IZA), Discussion Paper No. 228 .

Brynin, Malcolm, 2003: Using CASMIN: The Effect of Education on Wages in Britain and Germany. In: Hoffmeyer-Zlotnik und Wolf (2003a), S. 327–344.

Bucy, Erik P. und John E. Newhagen, 2004: Media Access. Social and Psychological

Dimensions of New Technology Use. LEA's Communication Series, Mahwah: Erlbaum.

Bundesministerium für Forschung und Technik, 1984: Computer und Bildung. Bonn: Bundesministerium für Forschung und Technik.

Burtless, Gary, 1995: International Trade and the Rise in Earnings Inequality. Journal of Economic Literature 33: 800–816.

Butz, Marcus, 2001: Lohnt sich Bildung noch? Ein Vergleich der bildungsspezifischen Nettoeinkommen 1982 und 1995. In: Berger und Konietzka (2001), S. 95–117.

Card, David, 1999: The Causal Effect of Education on Earnings. Band 3A von Ashenfelter und Card (1999), S. 1801–1863.

Carlaw, Kenneth und *Stephen Kosempel*, 2004: The Sources of Total Factor Productivity Growth: Evidence from Canadian Data. Economics of Innovation and New Technology 13 (4): 299–309.

Carnoy, Martin (Hg.), 1995: International Encyclopedia of Economics of Education. 2. Auflage, Resources in Education, Oxford, Tarrytown: Pergamon.

Carnoy, Martin, 2000: Sustaining the New Economy. Work, Family, and Community in the Information Age. New York, Cambridge, Oxford: Harvard University Press.

Castells, Manuel, 1996: The Information Age: Economy, Society and Culture. Vol. I: The Rise of the Network Society. Malden u.a.: Blackwell Publishing.

Castells, Manuel, 1997: The Information Age: Economy, Society and Culture. Volume II: The Power of Identity. Malden u.a.: Blackwell Publishing.

Castells, Manuel, 1998: The Information Age: Economy, Society and Culture. Volume III: End of Millennium. Malden u.a.: Blackwell Publishing.

Castells, Manuel, 2001: Das Informationszeitalter: Wirtschaft, Gesellschaft und Kultur. Band 1: Die Netzwerkgesellschaft. Opladen: Leske + Budrich.

Cawley, John, James Heckman und *Edward Vytlacil*, 1999: Meritocracy in America: Wages Within and Across Occupations. Industrial Relations 38 (3): 250–296.

Checchi, Daniele, 2000: Does Educational Achievement Help to Explain Income Inequality? Dipartimento di Economia Politica e Aziendale Working Paper (11).

Checchi, Daniele, 2003: Inequality in Incomes and Access to Education: A Cross-country Analysis (1960-95). Labour 17 (2): 153–201.

Cohen, Stephen und *John Zysman*, 1987: Manufacturing Matters: the Myth of Postindustrial Economy. New York: Basic Books.

Collins, Randall, 1979: The Credential Society. New York: Academic Press.

Conçeicao, Pedro und *James K. Galbraith*, 2001: Toward a New Kuznets Hypothesis: Theory and Evidence on Growth and Inequality. In: Galbraith und Berner (2001), S. 139–161.

Cooke, Philip, 2002: Knowledge Economies. London, New York: Routledge.

Cooke, Philip und *Loet Leyesdorff*, 2006: Regional Development in the Knowledge-Based Economy: The Construction of Advantages. Journal of Technology Transfer 31 (1): 5–15.

Corak, Miles Raymond (Hg.), 2004: Generational Income Mobility in North America and Europe. Cambridge: Cambridge Univ. Press.

Cornetz, Wolfgang, 1986: Theorie und Empirie des Arbeitskraftangebots. Mitteilungen aus der Arbeitsmarkt- und Berufsforschung 3: 422–436.

Cornia, Giovanni Andréa und *Julius Court*, 2001: Inequality, Growth and Poverty in the Era of Liberalization and Globalization, Policy Brief, Band 4. Helsinki: UNU-WIDER.

Cowan, Robin, Paul A. David und *Dominique Foray*, 2005: The Explicit Economics of Knowledge Codification and Tacitness. In: Dosi et al. (2005), S. 195–235.

Creshaw, Edward und *Ansari Ameen*, 1994: The Distribution of Income Across National Populations: Testing Multiple Paradigms. Social Science Research 23 (1): 1–22.

Crouch, Colin, David Finegold und *Mari Sako*, 2001 (1999): Are Skills the Answer? Oxford: University Press. Paperback ed.

Crouch, Colin und *Anthony F. Heath* (Hg.), 1992: Social Reseach and Social Reform. Oxford: Clarendon Press.

Crouch, Colin, Patrick Le Galès, Carlo Trigilia und *Helmut Voelzkow* (Hg.), 2004: Changing Governance of Local Economies: Responses of European Local Production System. Oxford: University Press.

David, Paul A. und *David Foray*, 2002: An Introduction to the Economy of the Knowledge Society. International Social Science Journal 171: 275–305.

Davis, Kingsley und *Wilbert Moore*, 1945: Some Principles of Stratification. American Sociological Review 10: 242–249.

de Gregorio, José und *Jong-Wha Lee*, 2002: Education and Income Inequality: New Evidence from Cross-Country Data. Review of Income and Wealth 48 (3): 395–416.

de la Fuente, Angel und *Antonio Ciccone*, 2002: Human Capital in a Global and Knowledge-Based Economy. European Commission. Employment and Social Affairs, verfügbar unter http://ec.europa.eu, letzter Zugriff am 2.4.2006.

de Laurentis, Carla, 2006: Digital Knowledge Exploitation: ICT, Memory Institutions and Innovation from Cultural Assets. Journal of Technology Transfer 31 (1): 77–89.

Dearden, Lorraine, Stephen Machin und *Howard Reed*, 1997: Intergenerational Mobility in Britain. Economic Journal 107: 47–64.

Degele, Nina, 2000: Informiertes Wissen. Eine Wissenssoziologie der computerisierten Gesellschaft. Frankfurt am Main, New York: Campus.

Deininger, Klaus W. und *Lyn Squire*, 1996: A New Data Set Measuring Income Inequality. World Bank Economic Review 10: 565–591.

Deiss, Richard, 2002: Information Society Statistics. European Commission, Statistics in Focus 32 (4).

DeLong, Bradford J. und *Lawrence H. Summers*, 2001: The 'New Economy' : Background, Historical Perspective, Questions, and Speculations. Economic Review Q IV: 29–59.

Denny, Kevin J., Colm Harmon und *Reamonn Lydon*, 2001: Cross Country Evidence on the Returns to Education: Patterns and Explanations. CEPR Discussion Paper (Mai).

Denny, Kevin J., Colm Harmon und *Vincent O'Sullivan*, 2004: Education, Earnings and Skills: A Multi-Country Comparison. Institute for Fiscal Studies Working Paper 08.

Dernbach, Beatrice, 1998: Publizistik im vernetzten Zeitalter. Opladen: Westdt. Verl.

Dessens, Jos A.G., Wim Jansen, Harry B. G. Ganzeboom und *Peter G.M. van der Heijden*, 2003: Patterns and Trends in Occupational Attainment of first Jobs in the Netherlands, 1930-1995: Ordinary Least Sqares Regression versus Conditional Multinomal Logistic Regression. Journal of the Royal Statistic Society A 166 (1): 63–84.

van Deth, Jan W. (Hg.), 2004: Deutschland in Europa. Wiesbaden: VS Verlag für Sozialwissenschaften.

Deutsch, Karl W., 1984: Bildung in der Informationsgesellschaft. In: Bundesministerium für Forschung und Technik (1984), S. 31–41.

Deutsch, Karl W., 1986: Einige Grundprobleme der Demokratie in der Informationsgesellschaft. In: Kaase (1986), S. 40–51.

Deutscher Bundestag, 1997: Zur Ökonomie der Informationsgesellschaft: Perspektiven-Prognosen-Visionen. Bonn: Schriftenreihe '"Enquete Kommission: Zukunft der Medien"', Nr. 2.

Deutscher Bundestag, 1998: Arbeitswelt in Bewegung: Trends, Herausforderungen, Perspektiven. Bonn: ZV Zeitungs-Verlag Service.

DIHK und *IHK*, 2006: Innovationsfaktor Wissen. München. Deutscher Industrie- und Handelskammertag und Industrie und Handelskammer für München und Oberbayern. Informationsbroschüre zum Fachkongress am 5.10.2006 in München.

DiMaggio, Paul (Hg.), 2001: The Twenty-First-Century Firm. Princeton, Oxford: Princeton University Press.

DiNardo, John E. und *David Card*, 2002: Skill-Biased Technological Change and Rising Wage Inequality: Some Problems and Puzzles. Journal of Labor Economics 20 (4): 733–783.

DiPrete, Thomas A., 2005: Labor Markets, Inequality, and Change. Work and Occupations 32 (2): 119–139.

DiPrete, Thomas A., 2007: What has Sociology to Contribute to the Study of Inequality Trends? American Behavioral Scientist 50 (5): 603–618.

DiPrete, Thomas A., Dominique Goux, Eric Maurin und *Quesnel-Vallee*, 2006: Work and Pay in Flexible and Regulated Labor Markets: A Generalized Perspective on Institutional Evolution and Inequality Trends in Europe and the U.S. Research in Social Stratification and Mobility 24 (3): 311–332.

DiPrete, Thomas A., Paul M. de Graaf, Ruud Luijkx, Michael Tåhlin und *Hans-Peter Blossfeld*, 1997: Collectivist vs. Individualist Mobility Regimes? How Welfare State and Labor Market Structure Condition the Mobility Effects of Structural Change in Four Countries. American Journal of Sociology 103 (2): 318–358.

DiPrete, Thomas A. und *David B. Grusky*, 1990a: The Multilevel Analysis of Trends with Repeated Cross-Sectional Data. Sociological Methodology 20: 337–368.

DiPrete, Thomas A. und *David B. Grusky*, 1990b: Structure and Trend in the Process of Stratification for American Men and Women. American Journal of Sociology 96 (1): 107–143.

Dobbin, Frank (Hg.), 2004: The new Economic Sociology. Princeton, Oxford: Princeton University Press.

Doeringer, Peter B. und *Michael J. Piore*, 1971: Internal Labor Markets And Manpower Analysis. Armonk: Sharpe.

Domanski, Henryk, 2005: Between State Socialism and Markets. European Societies 7 (2): 197–218.

Donges, Partick (Hg.), 1999: Globalisierung der Medien? Medienpolitik in der Informationsgesellschaft. Opladen: Westdeutscher Verlag.

Dordick, Herbert S. und *Georgette Wang*, 1993: The Information Society. A Retrospective

View. Newbury Park, London, New Delhi: Sage.

Dosi, Giovanni, David J. Teece und *Josef Chytry*, 2005: Understanding Industrial and Corporate Change. Oxford: University Press.

Dostal, Werner, 2002: Beruflichkeit in der Wissensgesellschaft. In: Wingens und Sackmann (2002), S. 177–194.

Drucker, Peter F., 1959: Landmarks of Tomorrow. New York: Harper & Row.

Drucker, Peter F., 1969: Die Zukunft bewältigen. Düsseldorf, Wien: Econ.

Drucker, Peter F., 1986: The Changed World Economy. Foreign Affairs 64: 768–791.

Drucker, Peter F., 1994: Knowledge Work and Knowledge Society. The Social Transformations of this Century. The 1994 Godkin Lecture (04.05.1994), John F. Kennedy School of Government, Harvard University.

Drucker, Peter F., 1999: Management im 21. Jahrhundert. Düsseldorf: Econ.

Duff, Alistair S., 2000: Information Society Studies. Routledge Research in Information Technology and Society, London, New York: Routledge.

Durkheim, Emile, 1977; [1893]: Über die Teilung der sozialen Arbeit. Studie über die Organisation höherer Gesellschaften. Frankfurt am Main: Suhrkamp.

Eckland, Bruce K., 1980: Education in the Meritocracy. American Journal of Education 89 (1): 76–85.

Eicher, Theo und *Cecilia Garcia-Peñalosa*, 2000: Inequality and Growth: the Dual Role of Human Capital in Development. CESifo Working Paper Series 355.

Ellul, Jaques, 1964: The Technological Society. New York: Vintage.

Engelhardt, Henriette, 2000: Modelle zur Messung und Erklärung personeller Einkommensverteilungen. In: Müller et al. (2000), S. 1066–1091.

Engler, Steffani (Hg.), 2004: Das kulturelle Kapital und die Macht der Klassenstrukturen. Bildungssoziologische Beiträge, Weinheim: Juventa-Verl.

Entorf, Horst und *Francis Kramarz*, 1998: The Impact of new Technologies on Wages: Lessons from matching Panels on Employees and on their Firms. Economics of Innovation and New Technology 6: 165–197.

Erikson, Robert und *John H. Goldthorpe*, 1985: Are American Rates of Social Mobility Exceptionally High? New Evidence on an Old Issue. European Sociological Review 1 (1): 1–22.

Erikson, Robert und *John H. Goldthorpe*, 1992: The Constant Flux: A Study of Class Mobility in Industrial Societies. Oxford: Clarendon Press.

Erikson, Robert und *John H. Goldthorpe*, 2002: Intergenerational Inequality: A Sociological Perspective. Journal of Economic Perspectives 16 (3): 31–44.

Erikson, Robert und *Jan O. Jonsson* (Hg.), 1996a: Can Education Be Equalized? The Swedish Case in Comparative Perspective. Boulder, Colorado: Westview Press.

Erikson, Robert und *Jan O. Jonsson*, 1996b: Introduction. In: Erikson und Jonsson (1996a), S. 1–63.

Erikson, Robert und *Jan O. Jonsson*, 1998: Social Origin as an Interest-bearing Asset: Family Background and Labour-market Rewards among Employees in Sweden. Acta Sociologica 41: 19–36.

Esping-Andersen, Gøsta, 2000: Two Societies, one Sociology, and no Theory. British Journal of Sociology 51 (1): 59–77.

Esping-Andersen, Gøsta, 2004a: Unequal Opportunities and the Mechanisms of Social Inheritance. In: Corak (2004), S. 289–314.

Esping-Andersen, Gøsta, 2004b: Untying the Gordian Knot of Social Inheritance. Research in Social Stratification and Mobility 21: 115–138.

Esser, Hartmut, 1999: Soziologie. Spezielle Grundlagen. Band 1: Situationslogik und Handeln. Frankfurt am Main: Campus.

Europäische Kommission, 2007a: Beschäftigung und Soziales, Wissensgesellschaft. Verfügbar unter http://ec.europa.eu/employment_social/knowledge_society/index_de.htm, letzter Zugriff am 20.9.2007.

Europäische Kommission, 2007b: EURYDICE. Das Informationsnetz zum Bildungswesen in Europa. Verfügbar unter http://www.eurydice.org, letzter Zugriff am 5.10.2007.

Europäischer Rat, 2000: Schlussfolgerungen des Vorsitzes. Europäischer Rat (Lissabon). 23. und 24. März 2000. Verfügbar unter http://www.consilium.europa.eu/ueDocs/cms_Data/docs/pressData/de/ec/00100-r1.d0.htm, letzter Zugriff am 16.11.2007.

European Commisson, 2007: Knowledge Economy Indicators: Development of Innovative and Reliable Indicator Systems (KEI). Sixth Framework Programme of the European Commission Verfügbar unter http://kei.publicstatistics.net/info.html; letzter Zugriff am 2.8.2007.

Evans, Peter und *Michael Timberlake*, 1980: Dependence, Inequality, and the Growth of the Tertiary: A Comparative Analysis of Less Developed Countries. American Sociological Review 45: 531–552.

Featherman, David L. und *Robert M. Hauser*, 1978: Opportunity and Change. New York: Academic Press.

Firebaugh, Glenn, 2003: The New Geography of Global Income Inequality. Cambridge: Harvard University Press.

Fleming, Peter, Bill Harley und *Graham Sewell*, 2004: A Little Knowledge is a Dangerous Thing: Getting below the Surface of the Growth of Knowledge Work in Australia. Work, Employment and Society 18 (4): 725–747.

Fligstein, Neil, 2000: Verursacht Globalisierung die Krise des Wohlfahrtsstaates? Berliner Journal für Soziologie 3: 349–378.

Flynn, James R., 2000: IQ Trends over Time: Intelligence, Race, and Meritocracy. In: Arrow et al. (2000b), S. 35–60.

Foray, Dominique und *David Hargreaves*, 2002: The Development of Knowledge of Different Sectors: A Model and some Hypotheses. Paper prepared for the Knowledge Management in Education and Learning Forum, Oxford. Verfügbar unter http://www.oecd.org/dataoecd/47/39/2074366.pdf, letzer Zugriff am 3.4.2007.

Forrester, Ed T. (Hg.), 1980: The Microelectronics Revolution. Oxford: Basil Blackwell.

Franz, Wolfgang, 2006: Arbeitsmarktökonomie. Berlin u.a.: Springer. 6., vollständig überarbeitete Auflage.

Frederick, Carl B. und *Robert M. Hauser*, 2005: Have We Put an End to Social Promotion? Changes in Grade Retention Rates Among Children Aged 6 to 17 From 1972 to 2003. Meetings of the American Sociological Association (Philadelphia, PA).

Freeman, Chris, 2000: Social Inequality, Technology and Economic Growth. In: Wyatt (2000), S. 149–171.

Freeman, Richard B., 1995: Demand and Supply Elasticities for Educated Labor. In: Carnoy (1995), S. 63–69.

Friedrichs, Jürgen, Robert Kecskes und *Christof Wolf*, 2002: Struktur und sozialer Wandel einer Mittelstadt. Euskirchen 1952-2002. Opladen: Leske + Budrich.

Friedrichs, Jürgen, M. Rainer Lepsius und *Karl Ulrich Mayer* (Hg.), 1998: Die Diagnosefähigkeit der Soziologie, *Kölner Zeitschrift für Soziologie und Sozialpsychologie - Sonderheft*, Band 38. Opladen: Westdt. Verl.

Fuller, Bruce und *Emily Hannum*, 2004: Introduction: Inequality across Societies. In: Baker (2004), S. 1–5.

Gabriel, Oscar W. und *Frank Brettschneider* (Hg.), 1994: Die EU-Staaten im Vergleich. Opladen: Westdeutscher Verlag. 2. überarb. und erweiterte Auflage.

Gagliani, Giorgio, 1987: Income Inequality and Economic Development. Annual Review of Sociology 13: 313–334.

Galbraith, James K., 2001: The Macroeconomics of Income Distribution. In: Galbraith und Berner (2001), S. 3–16.

Galbraith, James K. und *Maureen Berner* (Hg.), 2001: Inequality and Industrial Change. Cambridge: Cambridge Univ. Press.

Galli, Rossana und *Rolph van den Hoeven*, 2001: Is Inflation Bad for Income Inequality? ILO Employment Paper (19).

Gambetta, Diego, 1987: Were they Pushed or Did They Jump? Individual Decision Mechanisms in Education. Cambridge: Cambridge University Press.

Gangl, Markus, 2003: Returns to Education in Context: Individual Education and Transition Outcomes in European Labour Markets. In: Müller und Gangl (2003b), S. 156–185.

Gangl, Markus, 2005: Income Inequality, Permanent Incomes, and Income Dynamics. Work and Occupations 32 (2): 140–162.

Ganzeboom, Harry B. G., de Graaf, Paul und *Donald J. Treiman*, 1992a: An International Scale of Occupational Status. Social Science Research 21: 1–56.

Ganzeboom, Harry B. G., Anthony F. Heath und *Jane Roberts*, 1992b: Trends in Educational and Occupational Achievement in Britain. Papier präsentiert auf der RC28 Frühjahrskonferenz, Trento, Italien.

Ganzeboom, Harry B. G. und *Donald J. Treiman*, 2003: Three Internationally Standardised Measures for Comparative Research on Occupational Status. In: Hoffmeyer-Zlotnik und Wolf (2003a), S. 159–193.

Ganzeboom, Harry B. G. und *Donald J. Treiman*, 2007a: Ascription and Achievement in Occupational Attainment in Comparative Perspective. Paper prepared for Presentation at the Sixth Meeting of the Russell Sage Foundation/Carnegie Corporation University Working Groups on the Social Dimensions of Inequality UCLA, 25-26 January 2007. Verfügbar unter http://home.fsw.vu.nl/hbg.ganzeboom/Pdf/Ganzeboom_Treiman_UCLA2007.pdf, letzter Zugriff am 26.11.2007.

Ganzeboom, Harry B. G. und *Donald J. Treiman*, 2007b: International Stratification and Mobility File: Conversion Tools. Universität Utrecht: Department of Sociologie. Verfügbar unter http://home.fsw.vu.nl/hbg.ganzeboom/isco68/index.htm, letzter Zugriff am 28.2.2007.

Ganzeboom, Harry B. G., Donald J. Treiman und *Wout C. Ultee*, 1991: Comparative Intergenerational Stratification Research: Three Generations and Beyond. Annual Review of Sociology 17: 277–302.

Gardiner, Karen, 1997: A Survey of Income Inequality Over the Last Twenty Years - How Does the UK Compare. In: Gottschalk et al. (1997a), S. 36–59.

Gersovitz, Marc (Hg.), 1983: Selected Economic Writings of W. Arthur Lewis. New York: New York University Press.

GESIS, 2007: The International Social Survey Programme (ISSP). Gesellschaft Sozialwissenschaftlicher Infrastruktureinrichtungen. Verfügbar unter http://www.gesis.org/en/social_monitoring/issp/, letzter Zugriff am 14.11.2007.

Glatzer, Wolfgang und *Ilona Ostner* (Hg.), 1999: Deutschland im Wandel. Sozialstrukturelle Analysen. Opladen: Leske + Budrich.

Godin, Benoît, 2006: The Knowledge-Based Economy: Conceptual Framework or Buzzword? Journal of Technology Transfer 31 (1): 17–30.

Goldthorpe, John H., 1996: Problems of 'Meritocracy'. In: Erikson und Jonsson (1996a), S. 255–287.

Goldthorpe, John H., 2003: Globalisierung und soziale Klasse. In: Müller und Scherer (2003), S. 31–61.

Goldthorpe, John H. und *Michelle Jackson*, 2006: Education Based Meritocracy: the Barriers to its Realisation. Economic Change, Quality of Life & Social Cohesion (EQUALSOC) Paper. Verfügbar unter http://www.equalsoc.org/, letzter Zugriff am 2.4.2007.

Goodman, Leo A. und *Michael Hout*, 1998: Statistical Methods and Graphical Displays for Analyzing How the Association Between Two Qualitative Variables Differs Among Countries, Among Groups, or Over Time: A Modified Regression-type Approach. Sociological Methodology 28: 175–230.

Goos, Maarten und *Alan Manning*, 2004: Lousy and Lovely Jobs: the Rising Polarization of Work in Britain. Centre for Economic Performance (CEP) Discussion Papers dp0604.

Gorman, Gary G. und *Sean McCarthy*, 2006: Business Development Support and Knowledge-Based Businesses. Journal of Technology Transfer 31 (1): 131–143.

Gottschalk, Peter T., 1997a: Inequality, Income Growth, and Mobility: The Basic Facts. Journal of Economic Perspectives 11 (2): 21–40.

Gottschalk, Peter T., 1997b: Policy Changes and Growing Earnings Inequality in the US and Six Other OECD Countries. In: Gottschalk et al. (1997a), S. 12–35.

Gottschalk, Peter T., Björn A. Gustafsson und *Edward E. Palmer* (Hg.), 1997a: Changing Patterns in the Distribution of Economic Welfare. Cambridge: Cambridge Univ. Press.

Gottschalk, Peter T., Björn A. Gustafsson und *Edward E. Palmer*, 1997b: What's behind the Increase in Inequality? An introduction. In: Gottschalk et al. (1997a), S. 1–11.

Gottschalk, Peter T. und *Timothy M. Smeeding*, 1997: Cross-National Comparisons of Earnings and Income Inequality. Journal of Economic Literature 35: 633–687.

Gottschalk, Peter T. und *Timothy M. Smeeding*, 2000: Empirical Evidence on Income Inequality in Industrialized Countries. In: Atkinson und Bourguignon (2000), S. 261–307.

Graaf, Paul M. de und *Matthijs Kalmijn*, 2001: Trends in the Intergenerational Transmission of Cultural and Economic Status. Acta Sociologica 44: 51–66.

Granovetter, Mark, 1981: Towards a Sociological Theory of Income Differences. In: Berg (1981), S. 11–47.

Granovetter, Mark, 1985: Economic Action and Social Structure: The Problem of Embeddedness. American Journal of Sociology 91 (3): 481–510.

Grawe, Nathan D., 2004: Intergenerational Mobility for Whom? The Experience of High- and Low-earning Sons in International Perspective. In: Corak (2004), S. 58–89.

Greve, Bent (Hg.), 1996: Comparative Welfare Systems: the Scandinavian Model in a Period of Change. London: Macmillian Press.

Gross, Peter, 1994: Die Multioptionsgesellschaft. Frankfurt am Main: Suhrkamp.

Gustafsson, Björn A. und *Mats Johansson*, 1999: In Search of Smoking Guns: What Makes Income Inequality Vary over Time in Different Countries. American Sociological Review 64 (4): 585–605.

Hadjar, Andreas und *Rolf Becker* (Hg.), 2006: Die Bildungsexpansion. Wiesbaden: VS Verl. für Sozialwiss.

Hall, Bronwyn H. und *Francis Kramarz*, 1998: Effects of Technology and Innovation on Firm Performance, Employment, and Wages: Introduction. Economics of Innovation and New Technology 6: 3–17.

Hall, Peter A. und *Daniel W. Gingerich*, 2004: Varieties of Capitalism and Institutional Complementarites in the Macroeconomy. Max Planck Institute for the Study of Societies (MPIfG) Discussion Paper 04/5 .

Hall, Peter A. und *David Soskice*, 2001: Varieties of Capitalism: The Institutional Foundations of Comparative Advantage. Oxford: Oxford University Press.

Halsey, A. H., 1977: Towards Meritocracy? The Case of Britain. In: Karabel und Halsey (1977), S. 173–186.

Hamermesh, Daniel S. und *Jeff E. Biddle*, 1994: Beauty and the Labor Market. The American Economic Review 94 (5): 1174–1194.

Handl, Johann und *Stephanie Steinmetz*, 2007: Lessons from Social Mobility Research: Could the Index Discussion in Occupational Sex Segregation Benefit? In: Scherer et al. (2007), S. 246–274.

Hannum, Emily und *Claudia Buchmann*, 2003: The Consequences of Global Educational Expansion. Cambridge: American Academy of Arts and Sciences.

Hanushek, Eric und *Finis Welch* (Hg.), 2006: Handbook of the Economics of Education. Handbooks in Economics, Band 2, Amsterdam.

Harding, David J., Christopher Jencks, Leonard M. Lopoo und *Mayer Susan E..*, 2005: The Changing Effect of Family Background on the Incomes of American Adults. In: Bowles et al. (2005), S. 100–144.

Harkness, Janet A., Peter Ph. Mohler und *Fons J. R. van den Vijver*, 2003a: Comparative Resarch. In: Harkness et al. (2003b), S. 3–16. Wiley Series in Survey Methodology.

Harkness, Janet A., Fons J. R. van den Vijver und *Peter Ph. Mohler* (Hg.), 2003b: Cross-Cultural Survey Methods. Hoboken: John Wiley & Sons. Wiley Series in Survey Methodology.

Harmon, Colm, Ian Walker und *Westergaard-Nielsen*, 2001a: Returns to Education in Europe. Verfügbar unter www.etla.fi/PURE/FinalReport/Ch%202%20-%20returns.pdf, letzter Zugriff am 6.8.2006.

Harmon, Colm, Ian Walker und *Niels Westergaard-Nielson*, 2001b: Education and Earnings in Europe: A Cross Country Analysis of the Returns to Education. Cheltenham: Edward Elgar.

Harrison, Bennett und Barry Bluestone, 1988: The Great U-Turn: Corporate Restructuring and the Polarizing of America. New York: Basic Books.

Haskel, Jonathan E. und Matthew Slaughter, 2002: Does the Sector Bias of Skill-Biased Technical Change Explain Changing Wage Inequality? European Economic Review 46 (10): 1757–1783.

Hauser, Richard und Irene Becker, 1998: Polarisierungstendenzen der Einkommensverteilung. In: Statistisches Bundesamt (1998), S. 42–62. Band 32, Beiträge zum wissenschaftlichen Kolloquium am 13./14. November 1997 in Wiesbaden.

Hauser, Richard und Irene Becker (Hg.), 2000: The Personal Distribution of Income in an International Perspective. Berlin, New York: Springer.

Hauser, Richard M., John Robert Warren, Min-Hsiung Huang und Wendy Y. Carter, 2000: Occupational Status, Education and Social Mobility in the Meritocracy. In: Arrow et al. (2000b), S. 179–229.

Hauser, Robert M., 1978: A Structural Model of the Mobility Table. Social Forces 56 (3): 919–953.

Hauser, Robert M. und Andrew Megan, 2006: Another Look at the Stratification of Educational Transitions: The Logistic Response Model With Partial Proportionality Constraints. Sociological Methodology 36 (1): 1–26.

Heath, Anthony F., Colin Mills und Jane Roberts, 1992: Towards Meritocracy? Recent Evidence on an Old Problem. In: Crouch und Heath (1992), S. 217–244.

Heckman, James J., Lance J. Lochner und Petra E. Todd, 2003: Fifty Years of Mincer Earnings Regressions. Forschungsinstitut zur Zukunft der Arbeit (IZA) Discussion Paper (775).

Heckman, James J., Lance J. Lochner und Petra E. Todd, 2006: Earnings Functions, Rates of Return and Treatment Effects. In: Hanushek und Welch (2006), S. 307–458.

Heidenreich, Martin, 1999: Gibt es einen europäischen Weg in die Wissensgesellschaft? In: Schmidt und Trinczek (1999), S. 293–323. Sonderband 13 der "Sozialen Welt".

Heidenreich, Martin, 2003: Die Debatte um die Wissensgesellschaft. In: Böschen und Schulz-Schaeffer (2003), S. 25–54.

Hellevik, Ottar, 1997: Class Inequality and Egalitarian Reform. Acta Sociologica 40 (4): 377–397.

Hellevik, Ottar, 2002: Inequality versus Association in Educational Attainment Research: Comment on Kivinen, Ahola and Hedman. Acta Sociologica 45 (2): 151–158.

Heston, Alan, Robert Summers und Bettina Aten, 2002: Penn World Table Version 6.1, Oktober. Center for International Comparisons at the University of Pennsylvania (CICUP).

Higgins, Matthew und Jeffrey G. Williamson, 1999: Explaining Inequality the World Round: Cohort Size, Kuznets Curves, and Openness. 79. Verfügbar unter http://ideas.repec.org/p/fip/fednsr/79.html, letzter Zugriff am 5.2.2007.

Hill, P.W. und H. Goldstein, 1998: Multilevel Modeling of Educational Data with Cross-Classification and Missing Identification of Units. Journal of Educational and Behavioral Statistics 23: 117–128.

Hinz, Thomas und Martin Abraham, 2005: Theorien des Arbeitsmarktes: Ein Überblick.

In: Abraham und Hinz (2005), S. 17–68.

Hoffmann, Eivind, 2003a: International Classification of Status in Employment. In: Hoffmeyer-Zlotnik und Wolf (2003a), S. 125–136.

Hoffmann, Eivind, 2003b: International Statistical Comparisons of Occupational and Social Structures. Problems, Possibilities and the Role of ISCO-88. In: Hoffmeyer-Zlotnik und Wolf (2003a), S. 137–158.

Hoffmeyer-Zlotnik, Jürgen H. P., 2003: The Classification of Education as a Sociological Background Characteristic. In: Hoffmeyer-Zlotnik und Wolf (2003a), S. 245–256.

Hoffmeyer-Zlotnik, Jürgen H. P. und *Christof Wolf* (Hg.), 2003a: Advances in Cross-national Comparison. New York, NY: Kluwer Acad./Plenum Publ.

Hoffmeyer-Zlotnik, Jürgen H. P. und *Christof Wolf*, 2003b: Comparing Demographic and Socio-Economic Variables Across Nation. In: Hoffmeyer-Zlotnik und Wolf (2003a), S. 389–406.

Hout, Michael, 1988: More Universalism, Less Structural Mobility: The American Occupational Structure in the 1980s. American Journal of Sociology 93: 1358–1400.

Hout, Michael und *Thomas D. DiPrete*, 2006: What Have We Learned? RC28's Contributions to Knowledge about Social Stratification. Research in Social Stratification and Mobility 24: 1–20.

Hout, Michael und *Robert M. Hauser*, 1992: Symmetry and Hierarchy in Social Mobility: A Methodological Analysis of the CASMIN Model of Class Mobility. European Sociological Review 8 (3): 239–266.

Hox, Joop, 2002: Multilevel Analysis. Mahwah, New Jersey, London: LEA.

Hradil, Stefan, 2005: Warum werden die meisten entwickelten Gesellschaften wieder ungleicher? In: Windolf (2005), S. 460–483.

Hradil, Stefan und *Stefan Immerfall* (Hg.), 1997: Die westeuropäischen Gesellschaften im Vergleich. Opladen: Leske + Budrich.

Huber, Evelyne, Charles Ragin und *John D. Stephens*, 2004: Comparative Welfare States Data Set. Northwestern University, University of North Carolina, Duke University and Indiana University.

Husén, Torsten, 1974: Talent, Equality and Meritocracy. The Hague: Nijhoff.

Ishida, Hiroshi, Walter Müller und *John M. Ridge*, 1995: Class Origin, Class Destination, and Education: A Cross-National Study of Ten Industrial Nations. American Journal of Sociology 101 (1): 145–193.

ISSP, 1985-2002: Kumulierte Daten aus verschiedenen ISSP-Jahrgängen, ZA-Studien ZA1490, ZA1620, ZA1680, ZA1700, ZA1840, ZA1950, ZA2150, ZA2310, ZA2450, ZA2620, ZA2880, ZA2990, ZA3090, ZA3190, ZA3430, ZA3562, ZA3440, ZA3680, ZA3913, ZA3880, Version 1.0. Vertrieb über GESIS-ZA, http://zacat.gesis.org.

ISSP, 2007: ISSP. International Social Survey Programme. ISSP. Verfügbar unter http://www.issp.org, letzter Zugriff am 14.11.2007.

ITU, 2003: World Telecommunication Indicators Database. Geneva: International Telecommunication Union, 7. Auflage.

Jackson, Gregory und *Richard Deeg*, 2006: How Many Varieties of Capitalism? Max Planck Institute for the Study of Societies (MPIfG) Discussion Paper (06/2).

Jackson, Michelle, 2001: Meritocracy, Education and Occupational Attainment: What Do Employers Really See as a Merit? Nuffield College, Sociology Working Papers (03).

Jencks, Christopher, Marshall Smith, Henry Acland, Mary Jo Bane, David Cohen, Herbert Gintis, Barbara Heyns und *Stephan Michelson*, 1972: Inequality: A Reassessment of the Effect of Family and Schooling in America. New York: Basic Books.

Jeskanen-Sundström, Heli, 2003: An Information Society for All. Geneva. Verfügbar unter http://www.unece.org/stats/documents/ces/sem.52/2.e.pdf, letzter Zugriff am 14.11.2007.

Jessop, Bob, 2002: The Future of the Capitalist State. Cambridge, Oxford: Polity Press.

Jones, Sandra, 2004: Towards a Theory of Industrial Relations for a Knowledge Economy. Industrielle Beziehungen 11 (1, 2): 15–26.

Jonsson, Jan O., 1996: Stratification in Postindustrial Society. Are Educational Qualifications of growing Importance? In: Erikson und Jonsson (1996a), S. 113–144.

Jonsson, Jan O., 2004: Equality at a Halt? Social Mobility in Sweden, 1976-1999. In: Breen (2004), S. 225–250.

Jonsson, Jan O., 2006: Comparative Studies on Inequality of Opportunity: Recent Research and Future Directions. Swedish Institute for Social Research (SOFI), Stockholm University. Unpublished Paper, prepared for the ECSR Summer School Lecture in Prague, August 2006.

Jonsson, Jan O., David B. Grusky, Matthew DiCarlo, Reinhard Pollak und *Mary C. Brinton*, 2006: The Role of Occupational Inheritance in the Social Mobility Process. Paper presented at the RC28 meeting in Oslo, May 2005 and at the 37th World Congress of the International Institute of Sociology Stockholm, July 2005.

Juhn, Chinhui, Kevin M. Murphy und *Brooks Pierce*, 1993: Wage Inequality and the Rise in Returns to Skill. Journal of Political Economy 101 (3): 410–442.

Kaase, Max (Hg.), 1986: Politische Wissenschaft und politische Ordnung. Analysen zu Theorie und Empirie demokratischer Regierungsweise. Opladen: Westdeutscher Verlag.

Kalleberg, Arne L. und *Aage B. Sørensen*, 1979: The Sociology of Labor Markets. Annual Review of Sociology 5: 351–379.

Kanbur, Ravi, 2000: Income Distribution and Development. Band 1 von Atkinson und Bourguignon (2000), S. 791–841.

Karabel, Jerome und *A. H. Halsey* (Hg.), 1977: Power and Ideology in Education. New York: Oxford University Press.

Katz, Lawrence F. und *David H. Autor*, 1999: Changes in the Wage Structure and Earnings Inequality. Band 3A von Ashenfelter und Card (1999), S. 1463–1555.

Katz, Raul L., 1988: The Information Society. An international Perspective. London, New York: Praeger.

Kenworthy, Lane, 2000: Quantitative Indicators of Corporatism: A Survey and Assessment. Max Planck Institute for the Study of Societies (MPIfG) Discussion Paper 00 (4).

Kenworthy, Lane, 2004: Egalitarian Capitalism. New York: Russel Sage Foundation.

Kenworthy, Lane, 2006: Institutional Coherence and Macroeconomic Performance. Socio-Economic Review 4: 69–91.

Kenworthy, Lane, 2007: Inequality and Sociology. American Behavioral Scientist 50 (5): 584–602.

Kerckhoff, Alan C., 1995: Institutional Arrangements and Stratification Processes in Industrial Societies. Annual Review of Sociology 15: 323–347.

Kerckhoff, Alan C., Elizabeth Dietrich-Ezell und *J. Scott Brown*, 2002: Toward an

Improved Measure of Educational Attainment in Social Stratification Research. Social Science Research 31 (1): 99–123.

Kern, Horst, 1998: Proletarisierung, Polarisierung oder Aufwertung der Erwerbsarbeit? Band 38 von Friedrichs et al. (1998), S. 113–129.

Kerr, Clark, John T. Dunlop, Harbison, Frederick H. und Charles A. Myers, 1966: Der Mensch in der industriellen Gesellschaft. Frankfurt am Main: Europäische Verlagsanstalt.

Kingston, Paul W., 2006: How meritocratic is the United States? Research in Social Stratification and Mobility 24 (2): 111–130.

Kitschelt, Herbert, 1991: Industrial Governance Structures, Innovation Strategies, and the Case of Japan: Sectoral or Cross-National Comparative Analyis? International Organization 45 (4): 453–493.

Kitschelt, Herbert, Peter Lange, Gary Marks und John D. Stephens (Hg.), 1999: Continuity and Change in Contemporary Capitalism. Cambridge: University Press.

Kleinsteuber, Hans J., 1999: Informationsgesellschaft - Eine Gesellschaft ohne Information über sich selbst? Einige Thesen. In: Donges (1999), S. 21–38.

Knight, J.B. und R.H. Sabot, 1983: Educational Expansion and the Kuznets Effect. The American Economic Review 73 (5): 1132–1136.

Köhler, Sabine und Günter Kopsch, 1997: Die Bedeutung der internationalen Vergleichbarkeit von Statistiken über die Informationsgesellschaft. Band Wirtschaft und Statistik von Statistisches Bundesamt (1997), S. 751–757.

Kohn, Melvin L. (Hg.), 1989: Cross National Research in Sociology. Newbury Park: Sage. American Sociological Association Presidential Series.

Kondratjew, Nikolai D., 1926: Die langen Wellen der Konjunktur. Archiv für Sozialwissenschaft und Sozialpolitik 56: 573–609.

Krauze, Tadeusz und Kazimierz M. Slomczynski, 1985: How far to Meritocracy? Empirical Test of a Controversial Theory. Social Forces 63 (3): 623–642.

Kreckel, Reinhard (Hg.), 1983: Soziale Ungleichheiten. Soziale Welt, Sonderheft 2, Göttingen: Otto Schwartz.

Krohn, Wolfgang, 1997: Rekursive Lernprozesse: Experimentelle Praktiken in der Gesellschaft. Das Beispiel der Abfallwirtschaft. In: Rammert und Bechmann (1997), S. 65–89.

Krohn, Wolfgang und Johannes Weyer, 1989: Gesellschaft als Labor. Soziale Welt 40: 349–373.

Krueger, Alan B., 1993: How Computers Have Changed the Wage Structure: Evidence from Microdata, 1984-1989. The Quarterly Journal of Economics 108 (1): 33–60.

Kurz, Karin und Walter Müller, 1987: Class Mobility in the Industrial World. Annual Review of Sociology 13: 417–442.

Kuznets, Simon, 1955: Economic Growth and Income Inequality. American Economic Review 45 (1): 1–28.

Lane, Robert E., 1966: The Decline of Politics and Ideology in a Knowledgeable Society. American Sociological Review 21 (5): 649–662.

Lang, Joseph B. und Alan Agresti, 1994: Simultaneously Modeling Joint and Marginal Distributions of Multivariate Categorical Responses. Journal of the American Statistical Association 89 (426): 625–632.

Laumann, Edward O. (Hg.), 1970: Social Stratification: Research and Theory for the 1970s. Indianapolis: Bobbs Merrill.

Lee, Cheol-Sung, 2005: Income Inequality, Democracy, and Public Sector Size. American Sociological Review 70 (1): 158–181.

Lemieux, Thomas, 2006: Post-Secondary Education and Increasing Wage Inequality. NBER Working Paper 12077. Verfügbar unter www.econ.ubc.ca/lemieux/papers/educ.pdf, letzter Zugriff am 4.3.2007.

Lenski, Gerhard, 1966: Power and Privilege: A Theory of Social Stratification. New York: McGraw-Hill.

Lessenich, Stephan und *Frank Nullmeier* (Hg.), 2006: Deutschland - eine gespaltene Gesellschaft. Frankfurt am Main, New York: Campus Verlag.

Leuven, Edwin, Hessel Oosterbeek und *Hans van Ophem*, 2004: Explaining International Differences in Male Skill Wage Differentials by Differences in Demand and Supply of Skill. The Economic Journal 114: 466–486.

Lewis, William Arthur, 1954: Economic Development with unlimited Supplies of Labor. Manchester School of Economics and Social Studies 22: 139–181.

Lewis, William Arthur, 1983: Development and Distribution. In: Gersovitz (1983), S. 443–459.

Li, Hongyi, Lyn Squire und *Heng-fu Zou*, 1998: Explaining International and Intertemporal Variations in Income Inequality. The Economic Journal 108: 26–43.

Li, Hongyi, Danyang Xie und *Heng-fu Zou*, 2000: Dynamics of Income Distribution. Canadian Journal of Economics 33: 937–961.

Lindbekk, Tore, 1998: The Education Backlash Hypothesis: The Norwegian Experience 1960-1992. Acta Sociologica 27 (2-3): 151–162.

Lindert, Peter H., 2000a: Three Centuries of Inequality in Britain and America. Band 1 von Atkinson und Bourguignon (2000), S. 167–216.

Lindert, Peter H., 2000b: When Did Inequality Rise in Britain and America? Journal of Income Distribution 9: 11–25.

Linton, Ralph, 1936: The Study of Man. New York: Appleton.

Lipset, Seymour Martin und *Hans L. Zetterberg*, 1954: A Theory of Social Mobility. In: Bendix und Lipset (????).

Logan, John Allen, 1996: Opportunity and Choice in Socially Structured Labor Markets. American Journal of Sociology 102 (1): 114–160.

Lorence, Jon und *Joel Nelson*, 1993: Industrial Restructuring and Metropolitan Earnings Inequality, 1970-1980. Research in Social Stratification and Mobility 12: 145–184.

Lorenz, Wilhelm und *Joachim Wagner*, 1988: Einkommensfunktionen. WiSt - Wirtschaftswissenschaftliches Studium 17: 357–360.

Lundberg, Mattias und *Lyn Squire*, 2003: The Simultaneous Evolution of Growth and Inequality. Economic Journal 113.

Lundvall, Bengt-Åke (Hg.), 1992: National Innovation Systems: Towards a Theory of Innovation and Interactive Learning. London: Pinter.

Machlup, Fritz, 1962: The Production and Distribution of Knowledge in the United States. Princeton: Princeton University Press.

MacLean, Alair, 2006: Age Stratification at Work: Trends in Occupational Age Segregation in the United States, 1950-2000. Research in Social Stratification and Mobility 24 (3): 299–310.

Mahler, Vincent A., 2004: Economic Globalization, Domestic Politics, and Income Inequality in the Developed Countries. Comparative Political Studies 37 (9): 1025–1053.

Mare, Robert D., 2006: Response: Statistical Models of Educational Stratification: Hauser and Andrew's Models for School Transitions. Sociological Methodology 36 (1): 27–37.

Maurice, Marc, François Sellier und Jean-Jaques Silvestre, 1982: Politique d'éducation et organisation industrielle en France et en Allemagne: Essay d'analyse sociétal. Paris: Presses Universitaire de France.

Meadows, A. Jack, 1996: Review of William J. Martin, The Global Information Society. The Electronic Library 14 (3): 279–9.

Meulemann, Heiner, 1979: Klassenlage, Entscheidungsfeld und Bildungsaspirationen. Ein Versuch zur theoretischen Präzisierung und kausalen Erklärung von Zusammenhängen zwischen sozialer Struktur und individueller Lebensplanung. Zeitschrift für Soziologie 8 (4): 391–414.

Meulemann, Heiner, 1990: Studium, Beruf und der Lohn von Ausbildungszeiten. Zeitschrift für Soziologie 19 (4): 248–264.

Meulemann, Heiner, 1999: Stichwort: Lebenslauf, Biographie und Bildung. Zeitschrift für Erziehungswissenschaft 2 (3): 305–324.

Meulemann, Heiner, 2001: Bildung und Lebensplanung. Die Sozialbeziehung zwischen Elternhaus und Schule. In: Oesterdiekhoff (2001), S. 469.

Meulemann, Heiner, 2002: Perspektiven und Probleme internationaler Umfrageforschung. In: Statistisches Bundesamt (2002b), S. 13–38.

Meulemann, Heiner, 2004a: Bildung als Wettlauf der Nationen? Die Zufriedenheit mit dem Bildungswesen. In: van Deth (2004), S. 131–149.

Meulemann, Heiner, 2004b: Sozialstruktur, soziale Ungleichheit und die Bewertung der ungleichen Verteilung von Ressourcen. In: Berger und Schmidt (2004), S. 115–136.

Meulemann, Heiner, 2006: Soziologie von Anfang an. Eine Einführung in Themen, Ergebnisse und Literatur. Wiesbaden: VS Verl. für Sozialwiss. 2., überarbeitete Auflage.

Milanovic, Branko, 2006: Global Income Inequality: What it is and Why it Matters. World Bank Policy Research Working Paper 3865.

Miles, Ian, 1991: Measuring the Future. Futures 39 (9): 915–934.

Mincer, Jacob, 1958: Investment in Human Capital and Personal Income Distribution. The Journal of Political Economy 66 (4): 281–302.

Mincer, Jacob, 1974: Schooling, Experience, and Earnings. New York: Columbia University Press.

Möller, Joachim, 1998: Die Entwicklung der Lohnungleichheit in Deutschland. In: Statistisches Bundesamt (1998), S. 169–193. Band 32, Beiträge zum wissenschaftlichen Kolloquium am 13./14. November 1997 in Wiesbaden.

Moran, Timothy P., 2003: On the Theoretical and Methodological Context of Crossnational Inequality Data. International Sociology 18 (2): 351–378.

Morris, Martina und Bruce Western, 1999: Inequality in Earnings at the Close of the Twentieth Century. Annual Review of Sociology 25: 623–657.

Morrisson, Christian, 2000: Historical Perspectives on Income Distribution: The Case of

Europe. Band 1 von Atkinson und Bourguignon (2000), S. 217–260.

Mowery, David. C. und Richard R. Nelson, 1999: Sources of Industrial Leadership. Cambridge: University Press.

Müller, Ulrich, Andreas Nauck und Andreas Diekmann (Hg.), 2000: Handbuch der Demographie. Band 2. Berlin, Heidelberg: Springer.

Müller, Walter (Hg.), 1997: Soziale Ungleichheit, Reihe Sozialstrukturanalyse, Band 9. Opladen: Leske Budrich.

Müller, Walter, 1998: Erwartete und unerwartete Folgen der Bildungsexpansion. Kölner Zeitschrift für Soziologie und Sozialpsychologie Sonderheft 38: 81–112.

Müller, Walter, 1999: Wandel in der Bildungslandschaft Europas. In: Glatzer und Ostner (1999), S. 337–356.

Müller, Walter, 2003: Transitions From Education To Work: A Review. State of the Art Review for the Changequal Research Network (Economic Change, Unequal Life-Chances and Quality of Life research). Verfügbar unter http://www.mzes.uni-mannheim.de/mitarbeiter/mzes_pers_d.php?Recno=48, letzter Zugriff am 4.6.2007.

Müller, Walter, Hildegard Brauns und Susanne Steinmann, 2002: Expansion und Erträge tertiärer Bildung Deutschland, Frankreich und Vereinigten Königreich. Berliner Journal für Soziologie 12 (1): 37–62.

Müller, Walter und Markus Gangl, 2003a: The Transition from School to Work: a European Perspective. In: Müller und Gangl (2003b), S. 1–19.

Müller, Walter und Markus Gangl (Hg.), 2003b: Transitions from Education to Work in Europe. Oxford: Oxford Univ. Press.

Müller, Walter und Wolfgang Karle, 1993: Social Selection in Educational Systems in Europe. European Sociological Review 9 (1): 1–23.

Müller, Walter und Reinhard Pollak, 2004: Social Mobility in West Germany: The Long Arms of History Discovered? In: Breen (2004), S. 77–113.

Müller, Walter und Stefani Scherer (Hg.), 2003: Mehr Risiken - mehr Ungleichheit? Mannheimer Jahrbuch für europäische Sozialforschung, Band 7, Frankfurt/Main: Campus-Verl.

Müller, Walter und Yossi Shavit, 1998: The Institutional Embeddedness of the Stratification Process. In: Shavit und Müller (1998), S. 1–48.

Müller, Walter, Susanne Steinmann und Renate Ell, 1998: Education and Labour-Market Entry in Germany. In: Shavit und Müller (1998), S. 143–188.

Müller, Walter, Susanne Steinmann und Reinhart Schneider, 1997: Bildung in Europa. In: Hradil und Immerfall (1997), S. 177–245.

Müller, Walter und Maarten H. J. Wolbers, 2003: Education Attainment in the European Union: Recent Trends in Qualification Patterns. In: Müller und Gangl (2003b), S. 23–62.

Murmann, Johann Peter, 2003: Knowledge and Competitive Advantage. Cambridge: University Press.

Musterd, Sako und Roger Andersson, 2005: Housing Mix, Social Mix, and Social Opportunities. Urban Affairs Review 40 (6): 761–790.

Neal, Derek und Sherwin Rosen, 2000: Theories of the Distribution of Earnings. In: Atkinson und Bourguignon (2000), S. 379–427.

Neckel, Sighard, Kai Dröge und Irene Somm, 2004: Welche Leistung, welche Leistungsgerechtigkeit? In: Berger und Schmidt (2004), S. 137–164.

Nielsen, François, 1994: Income Inequality and Industrial Development: Dualism Revisited. American Sociological Review 59: 654–677.

Nielsen, François und Arthur S. Alderson, 1995: Income Inequality, Development, and Dualism: Results from an Unbalanced Cross-National Panel. American Sociological Review 60: 674–701.

Nollmann, Gerd, 2006: Erhöht Globalisierung die Ungleichheit der Einkommen? Kölner Zeitschrift für Soziologie und Sozialpsychologie 58 (4): 638–659.

Nordic Council of Ministers, 2002: Nordic Information Society Statistics 2002. Helsinki: Nordic Council of Ministers.

OECD, 1998: Employment by Industry and Occupation (Database). Directorate for Science, Technology and Industry, Verfügbar unter http://www.oecd.org/document/58/0,2340,en_2649_33703_1884986_1_1_1_1,00.html, letzter Zugriff am 15.3.2005.

OECD, 1999: Classifying Educational Programmes: Manual for ISCED-97 Implementation in OECD Countries. Paris: OECD.

OECD, 2001: Services. Statistics on Value Added and Employment (Database). 2001 Auflage, Paris: OECD.

OECD, 2002: Measuring the Information Economy 2002. Paris: OECD. Verfügbar unter http://www.oecd.org/dataoecd/16/14/1835738.pdf, letzter Zugriff am 11.10.2007.

OECD, 2003: Structural Analysis (STAN) Database, Edition 2003. Paris: OECD.

OECD, 2004: ICT and Economic Growth. Evidence from OECD Countries, Industries and Firms. Paris: OECD.

OECD, 2005a: New Perspectives on ICT Skills and Employment. Paris: OECD Working Party on the Information Economy. Verfügbar unter http://www.oecd.org/dataoecd/26/35/34769393.pdf, letzter Zugriff am 14.11.2007.

OECD, 2005b: OECD Science, Technology and Industry Scoreboard 2005 "'Towards a Knowledge - based Economy'". Paris: OECD. Verfügbar unter http://www.oecd.org/document/43/0,2340,en_2649_33703_35455595_1_1_1_1,00 .html, letzter Zugriff am 12.2.2007.

OECD, 2005c: Working Party on Indicators for the Information Society: Guide to Measuring the Information Economy. Paris: OECD Directorate for Science, Technology and Industry. Verfügbar unter http://www.oecd.org/dataoecd/41/12/36177203.pdf, letzter Zugriff am 2.10.2007.

OECD, 2006a: Labour Force Statistics 1985-2005, 2006 Edition. Paris: OECD.

OECD, 2006b: OECD Factbook 2006: Economic, Environmental and Social Statistics. Paris: OECD. Verfügbar unter http://puck.sourceoecd.org/ vl=6337634/cl=21/nw=1/rpsv/factbook/, letzter Zugriff am 14.11.2007.

OECD, 2006c: Online Education Database. Paris: OECD. Verfügbar unter http://www.oecd.org/document/54/0,3343,en_2649_37455_38082166_1_1_1_% ß7455,00.html, letzter Zugriff 28.11.2006.

OECD, 2006d: Purchasing Power Parities (PPPs) for OECD Countries 1980-2006. Paris: OECD Statistics Directorate. Verfügbar unter www.oecd.org/std/ppp, letzter Zugriff 12.1.2007.

OECD, 2007: Education at a Glance. Paris: OECD.

OECD und *Eurostat*, 1995: The Measurement of Scientific and Technological Activities. Manual on the Measurement of Human Resources Devoted to Science and Technology, "Canberra Manual". Paris: OECD. Verfügbar unter http://www.oecd.org/dataoecd/34/0/2096025.pdf, lezter Zugriff am 14.11.2007.

Oesterdiekhoff, Georg W. (Hg.), 2001: Lexikon der soziologischen Werke. Wiesbaden: Westdt. Verl.

Oliner, Stephen D. und *Sichel Daniel E.*, 2000: The Resurgence of Growth in the Late 1990s: Is Information Technology the Story? Journal of Economic Perspectives 14 (4): 3–22.

Palme, Joakim, 2006: Welfare States and Inequality: Institutional Designs and Distributive Outcome. Research in Social Stratification and Mobility 24 (4): 387–403.

Panuescu, Mihai und *Martin Schneider*, 2004: Wettbewerbsfähigkeit und Dynamik institutioneller Standortbedingungen: Ein empirischer Test des "'Varieties-of-Capitalism'"-Ansatzes. In: Wagner et al. (2004), S. 31–59.

Papanek, Gustav F. und *Oldrich Kyn*, 1986: The Effect on Income Distribution of Development, the Growth Rate and Economic Strategy. Journal of Development Economics 23: 55–65.

Parayil, Govindan, 2005: The Digital Divide and Increasing Returns: Contradictions of Informational Capitalism. The Information Society 21: 41–51.

Park, Jin Heum, 1994a: Returns to Schooling: A Peculiar Deviation from Linearity. Industrial Relations Section, Princeton University Working Paper 355.

Park, Jin Heum, 1994b: Returns to Schooling: A Peculiar Deviation from Linearity. Industrial Relations Section, Princeton University Working Paper 355.

Park, Jin Heum, 1996a: Measuring Education over Time. Economics Letters 60: 425–428.

Park, Kang H., 1996b: Educational Expansion and Educational Inequality on Income Distribution. Economics of Education Review 15 (1): 51–58.

Parsons, Talcott, 1951: The Social System. London: Tavistock.

Parsons, Talcott, 1954: A Revised Analytical Approach to the Theory of Social Stratification. In: Bendix und Lipset (????).

Paukert, Felix, 1973: Income Distribution at Different Levels of Development. A Survey of Evidence. International Labour Review 108 (2): 97–125.

Persaud, Avinash, 2001: The Knowledge Gap. Foreign Affairs 80 (2): 107–117.

Petrakis, P. E. und *D. Stamatakis*, 2002: Growth and Education Levels: A Comparative Analysis. Economics of Education Review 21: 513–521.

Pierson, Paul, 2000: Three Worlds of Welfare State Research. Comparative Political Studies 33 (6/7): 791–821.

Piketty, Thomas, 2000: Theories of Persistent Inequality and Intergenerational Mobility. In: Atkinson und Bourguignon (2000), S. 429–476.

Piore, Michael J. (Hg.), 1979: Unemployment and Inflation. New York: M.E. Sharpe.

Piore, Michael J. und *Charles F. Sabel*, 1985: Das Ende der Massenproduktion. Berlin: Karl Wagenbach.

Pisati, Maurizio, 1997: Mobility Regimes and Generative Mechanisms: A Comparative Analysis of Italy and the United States. European Sociological Review 13 (2): 179–198.

Pohlmeier, Winfried, 2004: Bildungsrenditen. Papier präsentiert für den BMBF-Workshop

"Investition in Humankapital", Bonn, Juni 2004 Verfügbar unter http://www.nabibb.de/uploads/arbeit/vortrag_pohlmeier.pdf, letzter Zugriff am 14.11.2007.

Poirier, Rene, 1990: The Information Economy Approach: Characteristics, Limitations and Future Prospects. The Information Society 7 (4): 245–285.

Pollmann-Schult, Matthias, 2006: Veränderung der Einkommensverteilung infolge von Höherqualifikationen. In: Hadjar und Becker (2006), S. 157–176.

Pontusson, Jonas, David Rueda und *Christopher R. Way*, 2002: Comparative Political Economy of Wage Distribution: The Role of Partisanship and Labour Market Institutions. British Journal of Political Science 32: 281–308.

Porat, Marc U., 1975: The Information Economy and the Economics of Information: A Literature Survey. Stanford, Ca.: Stanford University Press.

Porat, Marc U., 1977: The Information Economy. Definition and Measurement. U.S. Department Of Commerce: Office of Telecommunication Special Publication.

Poynter, Gavin und *Alvaro de Miranda*, 2000: Inequality, Work and Technology in the Services Sector. In: Wyatt (2000), S. 172–196.

Prandy, Ken und *Paul Lambert*, 2004: CAMSIS Project: Occupational Unit Codings and Translations. Verfügbar unter http://www.cf.ac.uk/socsi/CAMSIS/occunits/distribution.html, letzter Zugriff am 28.2.2007.

Przeworski, Adam und *Henry Teune*, 1970: The Logic of Comparative Inquiry. New York: Wiley.

Psacharopoulos, George, 1989: Time Trends of the Returns to Education: Cross-National Evidence. Economics of Education Review 8 (3): 225–231.

Psacharopoulos, George, 1994: Returns to Investment in Education: A Global Update. World Development 22 (9): 1325–1343.

Psacharopoulos, George und *Harry Anthony Patrinos*, 2002: Returns to Investment in Education: A Further Update. World Bank Policy Research Working Paper (2881).

Quah, Stella R. und *Arnaud Sales* (Hg.), 2000: The International Handbook of Sociology. London: Sage.

Rabe-Hesketh, Sophia und *Anders Skrondal*, 2005: Multilevel and Longitudinal Modeling Using Stata. College Station, Tex.: Stata Press.

Ragin, Charles C., 1987: The Comparative Method: Moving beyond Qualitative and Quantitative Strategies. Berkeley u.a.: University of California Press.

Ram, Rati, 1990: Educational Expansion and Schooling Inequality: International Evidence and Some Implications. The Review of Economics and Statistics 72 (2): 266–274.

Rammert, Werner und *Gotthard Bechmann* (Hg.), 1997: Technik und Gesellschaft. Frankfurt am Main: Campus.

Räsanen, Pekka, 2006: Information Society for All? Structural Characteristics of Internet Use in 15 European Countries. European Societies 8 (1): 59–81.

Raudenbush, Stephen W. und *Anthony S. Bryk* (Hg.), 2002: Hierarchical Linear Models. 2 Auflage, Thousand Oaks: Sage Publications. Advanced quantitative techniques in the social sciences, Vol. 1.

Raudenbush, S.W. und *W.-S. Chan*, 1993: Application of Hierarchical Linear Models to the Study Appendix of Adolescent Deviance in an Overlapping Cohort Design. Journal of Consulting and Clinical Psychology 61: 941–951.

Rawls, John, 1999 [1971]: A Theory of Justice. Oxford: Oxford Univ. Press.

Reinhold, Gerd, Siegfried Lamnek und *Helga Recker* (Hg.), 1997: Soziologie-Lexikon. 3., überarb. und erw. Auflage, München: Oldenbourg.

Rendtel, Ulrich und *Gert Wagner* (Hg.), 1991: Lebenslagen im Wandel: Zur Einkommensdynamik in Deutschland seit 1984. Frankfurt am Main, New York: Campus. Sozio-ökonomische Daten und Analysen für die Bundesrepublik Deutschland, Band 4.

Resnik, Julia, 2006: International Organizations, the "Education-Economic Growth" Black Box, and the Development of World Education Culture. Comparative Education Review 50 (2): 173–309.

Rijken, Susanne Rosalia Henrica, 1999: Educational Expansion and Status Attainment, ICS dissertation series, Band 54. Utrecht: Universiteit.

Ringen, Stein, 2006: The Truth about Class Inequality. Czech Sociological Review 42 (3): 475–491.

Robinson, John P., Paul DiMaggio und *Eszter Hargittai*, 2003: New Social Survey Perspectives on Digital Divide. IT&Society 1 (5): 1–22.

Rodrigues, Maria Joao (Hg.), 2002: The New Knowledge Economy in Europe. Cheltenham, Northampton: Edward Elgar.

Rodriguez-Pose, Andres und *Vasileios Tselios*, 2006: Education and Income Inequality in the Regions of the European Union. Verfügbar unter http://ideas.repec.org/p/wiw/wiwrsa/ersa06p370.html, letzter Zugriff am 18.7.2007.

Rohrbach, Daniela, 2007: The development of knowledge societies in 19 OECD countries between 1970 and 2002. Social Science Information 46 (4): 655–689.

Rössel, Jörg, 2004: Macht als zentrale Dimension der Sozialstrukturanalyse. In: Berger und Schmidt (2004), S. 221–239.

Rössler, Patrick und *Friedrich Krotz* (Hg.), 2005: Mythen der Mediengesellschaft. Konstanz: UVK.

Rubb, Stephen, 2003: Overeducation in the Labor Market: A Comment and Re-analysis of Meta-analysis. Economics of Education Review 22 (6): 621–629.

Ryan, Paul, 2001: The School-to-Work Transition: A Cross-National Perspective. Journal of Economic Literature 39 (1): 34–92.

Sachverständigenrat zur Begutachtung der gesamtwirtschaftlichen Entwicklung, 2004: Jahresgutachten 2004/2005. http://www.sachverstaendigenrat-wirtschaft.de/, letzter Zugriff am 12.10.2007.

Sainsbury, Diane, 2001: Welfare State Challenges and Responses: Institutional and Ideological Resilience or Restructuring? Acta Sociologica 44: 257–265.

Samuelson, Larry, 2004: Modeling Knowledge in Economic Analysis. Journal of Economic Literature 42: 367–403.

Sayer, Andrew und *Richard Walker*, 1992: The New Social Economy: Reworking the Division of Labor. Oxford: Blackwell Publishing.

Scharpf, Fritz W., 1999: The Viability of Advanced Welfare States in the International Economy: Vulnerabilities and Options. Max Planck Institute for the Study of Societies (MPIfG) Working Paper (99/9).

Schatz, Heribert und *Marianne Schatz-Bergfeld*, 1986: Macht und Medien. Perspektiven der informationstechnologischen Entwicklung. In: Kaase (1986), S. 375–386.

Schelsky, Helmut (Hg.), 1965a: Auf der Suche nach Wirklichkeit. Düsseldorf, Köln: Diederichs.

Schelsky, Helmut, 1965b: Der Mensch in der wissenschaftlich-technischen Zivilisation. In: Schelsky (1965a), S. 439–480.

Scherer, Stefani, 2003: Sprungbrett oder Falle? Die Rolle der Erwerbseintrittsposition für den weiteren Karriereverlauf in Deutschland, Italien oder Großbritannien. In: Müller und Scherer (2003), S. 137–165.

Scherer, Stefani, Reinhard Pollak, Gunnar Otte und *Markus Gangl* (Hg.), 2007: From Origin to Destination. Frankfurt am Main: Campus.

Schlag, Thomas (Hg.), 2003: "Wenn die Schere auseinander geht ...", *Hiba-Forum*, Band 25. Darmstadt: Hiba-Verl.

Schmidt, Gert und *Rainer Trinczek* (Hg.), 1999: Globalisierung. Ökonomische und soziale Herausforderungen am Ende des zwanzigsten Jahrhunderts. Baden-Baden: Nomos. Sonderband 13 der "Sozialen Welt".

Schneider, L. Silke (Hg.), 2008: The International Standard Classification of Education. An Evaluation of Content and Criterion Validity for 15 European Countries. Mannheim: MZES.

Schneider, Silke, 2006: Social Inequality in Education from a Cross-National Perspective – What Do We Know, and How Can We Explain? Papier präsentiert im Rahmen der European Consortium of Sociological Research (ECSR) Summer School *Integrating Sociological Theory and Research in Europe (ISTARE)* zu Quality and Inequality in Education: Theory, Research, and Policy, Prag, Tschechische Republik, August 2006.

Schneider, Silke, 2007: Measuring Educational Attainment in Cross-National Surveys: The Case of the European Social Survey. Papier präsentiert auf der International Sociological Association Research Committee on Social Stratification and Mobility Frühjahrskonferenz, Brno, Tschechische Republik.

Schreyer, Paul, 2002: Computer Price Indices and International Growth and Productivity Comparisons. Review of Income and Wealth 48 (1): 15–31.

Schreyer, Paul und *Wim Suyker*, 2002: Creation of the Euro Area: Implications for Economic Statistics. Statistics Brief OECD 02 (2).

Schulze, Gerhard, 1992: Die Erlebnisgesellschaft. Kultursoziologie der Gegenwart. Frankfurt am Main: Campus.

Sengenberger, Werner, 1975: Arbeitsmarktstruktur. Ansätze zu einem Modell des segmentierten Arbeitsmarkts. Forschungsberichte aus dem Institut für sozialwissenschaftliche Forschung e.V. München. Frankfurt am Main: Campus.

Senker, Peter, 2000: A Dynamic Perspective on Technology, Economic Inequality and Development. In: Wyatt (2000), S. 197–217.

Seufert, Wolfgang, 2000: The Development of the Information Sector in Germany. Vierteljahrshefte zur Wirtschaftsforschung 69 (4): 491–509.

Shalev, Michael und *Hadas Mandel*, 2004: Welfare States and Gender Wage Inequality in OECD Countries. Paper presented at the Annual Meeting of the American Sociological Association, San Francisco, August 2004 Verfügbar unter http://www.allacademic.com/meta/p110292_index.html, letzter Zugriff am 12.11.2007.

Shavit, Yossi und *Hans-Peter Blossfeld* (Hg.), 1993: Persisting Inequality. Changing Educational Attainment in Thirteen Countries. Boulder, San Fransisco, Oxford: Westview Press.

Shavit, Yossi und *Adam Gamoran*, 2004: Expansion, Differentiation and Stratification in Higher Education: A Comparative Study of 15 Countries. Paper presented at the Annual Meeting of the American Sociological Association, San Francisco .

Shavit, Yossi und Walter Müller (Hg.), 1998: From School to Work. Oxford: Clarendon Press.

Shavit, Yossi, Meir Yaish und Eyal Bar-Haim, 2007: The Persistence of Persistent Inequality. In: Scherer et al. (2007), S. 37–57.

Sieben, Inge und Paul M. de Graaf, 2001: Testing the Modernization Hypothesis and the Socialist Ideology Hypothesis: A Comparative Sibling Analysis of Educational Attainment and Occupational Status. British Journal of Sociology 52 (3): 441–467.

Singelmann, Joachim, 1978: The Transformation of Industry: from Agriculture to Service Employment. Beverly Hills: Sage.

Smeeding, Timothy M. und Andrzej Grodner, 2000: Changing Income Inequality in OECD Countries: Updated Results from the Luxembourg Income Study (LIS). In: Hauser und Becker (2000), S. 205–244.

Smelser, Neil J. und Paul B. Baltes (Hg.), 2001: International Encyclopedia of the Social & Behavioral Sciences. Amsterdam: Elsevier.

Smelser, Neil J. und Seymour Martin Lipset, 1966: Social Structure and Mobility in Economic Development. Chicago: Aldine.

Smith, James D. (Hg.), 1981: Modeling the Distribution and Intergenerational Transmission of Wealth, Studies in Income and Wealth, Band 46. Chicago, Ill.: Univ. of Chicago Press.

Solon, Gary, 2002: Cross-Country Differences in Intergenerational Earnings Mobility. Journal of Economic Perspectives 16 (3): 59–66.

Sørensen, Annemette, 2006: Welfare States, Family Inequality, and Equality of Opportunity. Research in Social Stratification and Mobility 24 (4): 367–375.

Spence, Michael A., 1973: Job Market Signaling. Quarterly Journal of Economics 87 (3): 355–374.

Spinner, Helmut F., 1998: Die Architektur der Informationsgesellschaft. Entwurf eines wissensorientierten Gesamtkonzepts. Bodenheim: Philo Verlagsgesellschaft.

Spitz, Alexandra, 2004: Are Skill Requirements in the Workplace Rising? Stylized Facts and Evidence on Skill-Biased Technological Change. ZEW Discussion Paper 04.

Spitz-Oener, Alexandra, 2006: Technical Change, Job Tasks and Rising Educational Demands: Looking Outside the Wage Structure. Journal of Labor Economics 24 (2): 235–270.

Statistisches Bundesamt (Hg.), 1997: Wirtschaft und Statistik, Band 11. Wiesbaden: Statistisches Bundesamt.

Statistisches Bundesamt (Hg.), 1998: Einkommen und Vermögen in Deutschland - Messung und Analyse. Forum der Bundesstatistik, Stuttgart, Reutlingen: Metzler Poeschel and Verlagsauslieferung SFG. Band 32, Beiträge zum wissenschaftlichen Kolloquium am 13./14. November 1997 in Wiesbaden.

Statistisches Bundesamt, 2002a: Im Blickpunkt: Informationsgesellschaft. Stuttgart: Metzler-Poeschel.

Statistisches Bundesamt (Hg.), 2002b: Spektrum Bundesstatistik. Band 20: Aspekte internationaler und interkultureller Umfragen. Stuttgart: Metzler-Poeschel.

Stehr, N., 1997: Wissensgesellschaft. In: Reinhold et al. (1997), S. 739–742.

Stehr, Nico, 1994: Arbeit, Eigentum und Wissen. Zur Theorie von Wissensgesellschaften. Frankfurt am Main: Suhrkamp.

Stehr, Nico, 2001: Moderne Wissensgesellschaften. Aus Politik und Zeitgeschichte B 36: 7–14.

Steil, Benn, David G. Victor und *Richard R. Nelson*, 2002: Technological Innovation and Economic Performance. Princeton, Oxford: Princeton University Press.

Steinbicker, Jochen, 2001a: Soziale Ungleichheit in der Informations- und Wissensgesellschaft. Berliner Journal für Soziologie 11 (4): 441–458.

Steinbicker, Jochen, 2001b: Zur Theorie der Informationsgesellschaft. Ein Vergleich der Ansätze von Peter Drucker, Daniel Bell und Manuel Castells. Opladen: Leske + Budrich.

Steiner, Viktor und *Thomas Hölzle*, 2000: The Development of Wages in Germany in the 1990s - Description and Expectations. In: Hauser und Becker (2000), S. 7–30.

Steiner, Viktor und *Charlotte Lauer*, 2000: Private Erträge von Bildungsinvestitionen in Deutschland. Zentrum für Europäische Wirtschaftsforschung (ZEW) Discussion Paper 00.

Steiner, Viktor und *Kerstin Wagner*, 1998: Has Earnings Inequality in Germany Changed in the 1980's? Zeitschrift für Wirtschafts- und Sozialwissenschaften 118 (1): 29–59.

Steinmueller, Edward W., 2002: Knowledge-Based Economies and Information and Communication Technologies. International Social Science Journal 171: 141–153.

Stock, Wolfgang, 2000: Informationswirtschaft: Management externen Wissens. München, Wien: Oldenbourg Wissenschaftsverlag.

Streeck, Wolfgang, 2004: Globalisierung: Mythos und Wirklichkeit. Max Planck Institute for the Study of Societies (MPIfG) Working Paper (04/4).

Streeck, Wolfgang und *Kathleen Thelen*, 2005: Beyond Continuity. Oxford: University Press.

Swedberg, Richard, 2003: Principles of Economic Sociology. Princeton, Oxford: Princeton University Press.

Tåhlin, Michael, 2006: Skill Change and Skill Matching in the Labor Market: A Cross-National Overview. State-of-the-art report, EQUALSOC Network. Verfügbar unter http://www.sofi.su.se/mta/docs/Skill_change_-_a_cross-national_overview.pdf, letzter Zugriff am 14.11.2007.

Teckenberg, Wolfgang, 1985: Die Erwerbsstrukturkonzeption in Humankapital- und Statuszuweisungsmodellen. Einige theoretische Alternativen. Kölner Zeitschrift für Soziologie und Sozialpsychologie 37: 431–460.

The University of Texas Inequality Project, 2006: Estimated Household Income Inequality Data Set. Austin: University of Texas. Available at http://utip.gov.utexas.edu/.

Thurow, Lester C., 1975: Generating Inequality. New York: Basic Books.

Thurow, Lester C., 1979: A Job Competition Model. In: Piore (1979), S. 17–32.

Tinbergen, Jan, 1975: Income Distribution: Analysis and Policies. Amsterdam: North Holland Publishing Co.

Tinbergen, Jan, 1978: Einkommensverteilung. Wiesbaden: Gabler.

Touet, Michael, 2001: Die Rolle von Führungskräften in wissenschaffenden Unternehmen. In: Bleicher und Berthel (2001), S. 279–297.

Tranby, Eric, 2006: Bringing the State in: A Commentary on Welfare States and Social Inequality. Research in Social Stratification and Mobility 24 (4): 405–411.

Treas, Judith, 1983: Trickle-Down or Transfers? American Sociological Review 48: 546–559.

Treiman, Donald J., 1970: Industrialization and Social Stratification. In: Laumann (1970), S. 207–234.

Treiman, Donald J. und *Harry B. G. Ganzeboom*, 1990: Cross-National Comparative Status-Attainment Research. Research in Social Stratification and Mobility 9: 105–127.

Treiman, Donald J. und *Harry B. G. Ganzeboom*, 2000: The Fourth Generation of Comparative Stratification Research. In: Quah und Sales (2000), S. 120–150.

Treiman, Donald J. und *Kam-Bor Yip*, 1989: Educational and Occupational Attainment in 21 Countries. In: Kohn (1989), S. 373–394. American Sociological Association Presidential Series.

Trewin, Dennis, 2002: Measuring a Knowledge-based Economy and Society. Canberra: Australian Bureau of Statistics.

Triplett, Jack E., 1999: The Solow Productivity Paradox: What Do Computers Do to Productivity? Canadian Journal of Economics 32 (2): 309–334.

Trostel, Philip, Ian Walker und *Paul Woolley*, 2002: Estimates of the Economic Return to Schooling for 28 countries. Labour Economics 9: 1–16.

UN, 2007: Demographic Yearbook. United Nations Statistic Division. Verfügbar unter http://unstats.un.org/unsd/demographic/products/dyb/dyb2.htm, Diverse Ausgaben, letzer Zugriff am 8.2.2007.

UN ICT Taskforce, 2005: Measuring ICT: the Global Status of ICT Indicators Partnership on Measuring ICT for Development. New York: The United Nations Information and Communication Technologies Task Force.

UNACTAD, 2003: Information and Communication Technology Development Indices. New York, Geneva: United Nations Conference on Trade and Development. Verfügbar unter http://www.unctad.org/en/docs/iteipc20031_en.pdf, letzter Zugriff am 14.06.2005.

UNACTAD, 2005: Information Economy Report 2005. New York, Geneva: United Nations Conference on Trade and Development. Verfügbar unter http://www.unctad.org/en/docs/sdteedc20051_en.pdf, letzter Zugriff am 14.11.2007.

UNECE, UNCTAD, UIS, ITU, OECD, EUROSTAT Statistical Workshop, 2003: Monitoring the Information Society: Data, Measurement and Methods. Geneva: UNECE/UNCTAD/UIS/ITU/OECD/EUROSTAT.

UNESCO, 2003a: Measuring and Monitoring the Information and Knowledge Societies: A Statistical Challenge. Paris: United Nations Educational, Scientific and Cultural Organization, Institute for Statistics. Verfügbar unter http://portal.unesco.org/ci/en/files/12851/10711588385uis.pdf/uis.pdf, letzter Zugriff am 24.3.2005.

UNESCO, 2003b: International Standard Classification of Education, ISCED 1997. In: Hoffmeyer-Zlotnik und Wolf (2003a), S. 195–220.

UNESCO, 2005a: Global Education Digest 2005: Comparing Education Statistics Across the World. Montreal: United Nations Educational, Scientific and Cultural Organization, Institute for Statistics. Verfügbar unter http://www.uis.unesco.org/TEMPLATE/pdf/ged/2006/GED2006.pdf, letzter Zugriff am 7.8.2007.

UNESCO, 2005b: Towards Knowledge Societies. UNESCO World Report. Paris: UNESCO Publishing. Verfügbar unter http://unesdoc.unesco.org/images/0014/001418/141843e.pdf, letzter Zugriff am 14.11.2007.

UNESCO, 2007: Education Systems. UNESCO. Verfügbar unter http://stats.uis.unesco.org/unesco/TableViewer/tableView.aspx?ReportId=163, letzter Zugriff am 2.11.2007.

United Nations Statistics Division, 2007: Detailed Structure and Explanatory Notes. ISIC Rev. 3. Verfügbar unter http://unstats.un.org/unsd/cr/registry/regcst.asp?Cl=2, letzter Zugriff am 8.10.2007.

UNU und WIDER, 2000: UNU/WIDER World Income Inequality Database, Version 1.0, September 2000. Helsinki, Finnland: United Nations University, World Institute for Development Economics Research. Verfügbar unter http://www.wider.unu.edu/wiid/wiid.htm, letzter Zugriff am 6.5.2007.

UNU und WIDER, 2007a: UNU/WIDER World Income Inequality Database, Version 2.0b, May 2007. Helsinki, Finnland: United Nations University, World Institute for Development Economics Research. Verfügbar unter http://www.wider.unu.edu/wiid/wiid.htm, letzter Zugriff am 6.5.2007.

UNU und WIDER, 2007b: World Income Inequality Database User Guide and Data Sources. Helsinki, Finnland: United Nations University, World Institute for Development Economics Research. Verfügbar unter http://www.wider.unu.edu/wiid/wiid.htm, letzter Zugriff am 6.5.2007.

Vallet, Louis-André, 2004: Change in Intergenerational Class Mobility in France from the 1970s to the 1990s and its Explanation: An Analysis Following the CASMIN Approach. In: Breen (2004), S. 115–148.

van den Besselaar, Peter, 1997: The Future of Employment in the Information Society: a comparative, longitudinal and multi-level Study. Journal of Information Science 23 (5): 373–392.

van den Werfhorst, Herman G., 2005: Conversions of Occupational Classifications. Universität Amsterdam: Department of Sociology. Verfügbar unter http://users.fmg.uva.nl/hvandewerfhorst/occrecode.htm, letzter Zugriff 26.9.2007.

van den Werfhorst, Herman G., 2007: Scarity and Abundance: Reconciling Trends in the Effects of Education on Social Class and Earnings in Great Britain. European Sociological Review 23 (2): 239–261.

van Dijk, Jan A.G.M., 2005: The Deepening Divide. Thousand Oaks Calif.: Sage.

Verbeke, Geert und Geert Molenberghs, 2000: Linear Mixed Models for Longitudinal Data. Springer Series in Statistics, New York: Springer.

Vester, Michael, 2004: Die Illusion der Bildungsexpansion. In: Engler (2004), S. 13–53.

Visser, Jelle, 2006: Union Membership Statistics in 24 Countries. Monthly Labor Review 01: 38–49.

Wagner, G., J. Wagner, R.V. Burkhauser, R. Hauser, D. Petzina, R.T. Riphahn und T.M. Smeeding (Hg.), 2004: Schmollers Jahrbuch. Berlin: Duncker & Humblot.

Walker, Ian, Colm Harmon und Westergaard-Nielsen (Hg.), 2001: The Returns of Education across Europe. Edward Elgar.

Walker, Ian und *Yu Zhu*, 2001: The Returns to Education: Evidence from the Labour Force Surveys. Department of Economics, University of Warwick, Research Report RR313 Verfügbar unter http://www.dfes.gov.uk/research/data/uploadfiles/rr313.pdf, letzter Zugriff am 14.11.2007.

Wallerstein, Michael, 1999: Wage-Setting Institutions and Pay Inequality in Advanced Industrial Societies. American Journal of Political Science 43 (3): 649–680.

Warhurst, Chris und *Paul Thompson*, 2006: Mapping Knowledge in Work: Proxies or Practices? Work, Employment and Society 20 (4): 787–800.

Warner, Uwe und *Jürgen H. P. Hoffmeyer-Zlotnik*, 2003: How to Measure Income. In: Hoffmeyer-Zlotnik und Wolf (2003a), S. 307–324.

Weber, Max (Hg.), 1973 [1921]: Gesammelte Aufsätze zur Wissenschaftslehre. 4 Auflage, Tübingen: Mohr.

Webster, Frank, 2004: The Information Society Reader. London, New York: Routledge.

Wehling, Peter, 2001: Jenseits des Wissens? Wissenschaftliches Nichtwissen aus soziologischer Perspektive. Zeitschrift für Soziologie 30: 465–484.

Weins, Cornelia, 2005: Die Entwicklung der Lohnungleichheit in Deutschland und den USA zwischen 1980 und 2000. In: Windolf (2005), S. 484–505.

Welham, S. J. und *R. Thompson*, 1997: Likelihood Ratio Tests for Fixed Model Terms Using Residual Maximum Likelihood. Journal of the Royal Statistical Society. Series B (Methodological) 59 (3): 701–714.

Werle, Raymund, 2000: Das "Gute" im Internet und die Civil Society als globale Informationsgesellschaft. Max Planck Institute for the Study of Societies (MPIfG) Working Paper (00/6).

Werle, Raymund, 2003: Institutionalistische Technikanalyse: Stand und Perspektiven. Max Planck Institute for the Study of Societies (MPIfG) Discussion Paper (03/8).

Werle, Raymund, 2005: Institutionelle Analyse technischer Innovationen. Kölner Zeitschrift für Soziologie und Sozialpsychologie 57 (2): 308–332.

Whelan, Christopher T. und *Richard Layte*, 2002: Late Industrialization and the Increased Merit Selection Hypothesis. European Sociological Review 18 (1): 35–50.

Wigfield, Andrea, 2001: Post-Fordism, Gender and Work. Eldershot u.a.: Ashgate.

Wilke, Jürgen und *Eva Breßler*, 2005: Europa auf dem Weg in die Informationsgesellschaft? Eine Auswertung mit Eurobarometer-Daten. In: Rössler und Krotz (2005), S. 63–91.

Williams, Frederick, 1988: Measuring the Information Society. Beverly Hills: Sage.

Williamson, Jeffrey G., 1985: Did British Capitalism Breed Inequality? Boston: Allen & Unwin.

Williamson, Jeffrey G. und *Peter H. Lindert*, 1980: American Inequality. A Macroeconomic History. New York: Academic Press.

Williamson, Jeffrey G. und *Peter H. Lindert*, 1981: Long-term Trends in American Wealth Inequality. In: Smith (1981), S. 9–94.

Williamson, Oliver E., 2000: The New Institutional Economics: Taking Stock, Looking ahead. Journal of Economic Literature 38: 595–613.

Willke, Helmut, 1998: Organisierte Wissensarbeit. Zeitschrift für Soziologie 27 (3): 161–177.

Windolf, Paul (Hg.), 2005: Finanzmarkt-Kapitalismus. Sonderheft der Kölner Zeitschrift für Soziologie und Sozialpsychologie, Wiesbaden: VS Verl. für Sozialwiss.

Wingens, Matthias, 2002: Einführung: Wissensgesellschaft - ein tragfähiger Leitbegriff der Bildungsreform? In: Wingens und Sackmann (2002), S. 9–22.

Wingens, Matthias und *Reinhold Sackmann* (Hg.), 2002: Bildung und Beruf. Bildungssoziologische Beiträge, Weinheim: Juventa-Verl.

Wolbers, Maarten H. J., 2003: Job Mismatches and their Labour-Market Effects among School-Leavers in Europe. European Sociological Review 19 (3): 249–266.

Wolbers, Maarten H. J., Paul M. de Graaf und *Wout C. Ultee*, 2001: Trends in the Occupational Returns to Educational Credentials in the Dutch Labour Market: Changes in Structures and in the Association? Acta Sociologica 44: 5–20.

Wolf, Christof und *Jürgen H. P. Hoffmeyer-Zlotnik*, 2003: Measuring Demographic and Socio-Economic Variables in Cross-National Research: An Overview. In: Hoffmeyer-Zlotnik und Wolf (2003a), S. 1–13.

Wolff, Heimfrid, 2003: Entwicklungen und Anforderungsprofile in der Dienstleistungs- und Wissensgesellschaft. Band 25 von Schlag (2003), S. 16–25.

Wölfl, Anita, 2003: Productivity Growth in Service Industries. An Aassessment of Recent Patterns and the Role of Measurement. OECD Science, Technology and Industry Working Papers 2003/7. Verfügbar unter http://www.sourceoecd.org/10.1787/086461104618, letzter Zugriff am 4.7.2006.

Wood, Adrian, 1994: North-South Trade, Employment, and Inequality. Oxford: Oxford University Press.

Wooldridge, Jeffrey M., 2003: Econometric Analysis of Cross Section and Panel Data. Massachusetts Institute of Technology: MIT Press.

World Bank, 2002: Achieving Education for All by 2015: Simulation Results for 47 Low-Income Countries. First Draft. Verfügbar unter http://info.worldbank.org/etools/docs/library/77905/HQWorkshop /smafrica/hq/pdfpapers/brunspaper.pdf, letzter Zugriff am 12.11.2007.

WSIS, 2005: WSIS Thematic Meeting on "Measuring the Information Society "Final Conclusion". Geneva: World Summit on the Information Society (WSIS). Verfügbar unter http://www.unctadxi.org/Sections/WSIS/docs/other/WSISIndicatorsMeeting Conclusions.pdf, letzter Zugriff am 14.11.2007.

Wunderlich, Gaby, 1997: Einkommensungleichheit. In: Müller (1997), S. 45–77.

Wyatt, Sally (Hg.), 2000: Technology and In/Equality. London: Routledge.

Xie, Yu, 1992: The Log-Multiplicative Layer Effekt Model for Comparing Mobility Tables. American Sociological Review 57: 380–395.

Young, Michael, 1958: The Rise of the Meritocracy 1870 - 2033. An essay on Education and Equality. London: Thames & Hudson.

A Zusätzliche Abbildungen und Tabellen

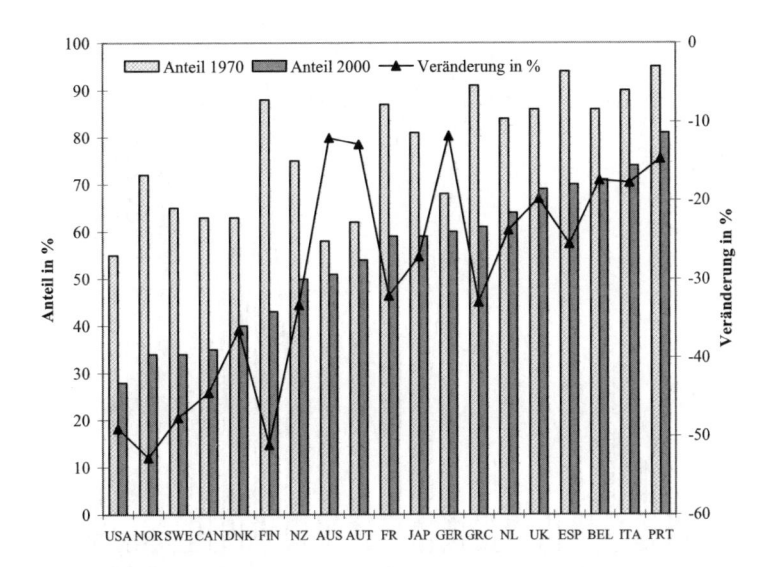

Hinweise: Höchstens primärer Abschluss = Summe "secondary partial", „primary total", „no schooling". Quelle: Barro und Lee (2001); eigene Berechnungen.

Abbildung A.1: Bevölkerung älter 23 mit höchstens einem primären Bildungsabschluss (in Prozent), OECD Länder, 1970 und 2000

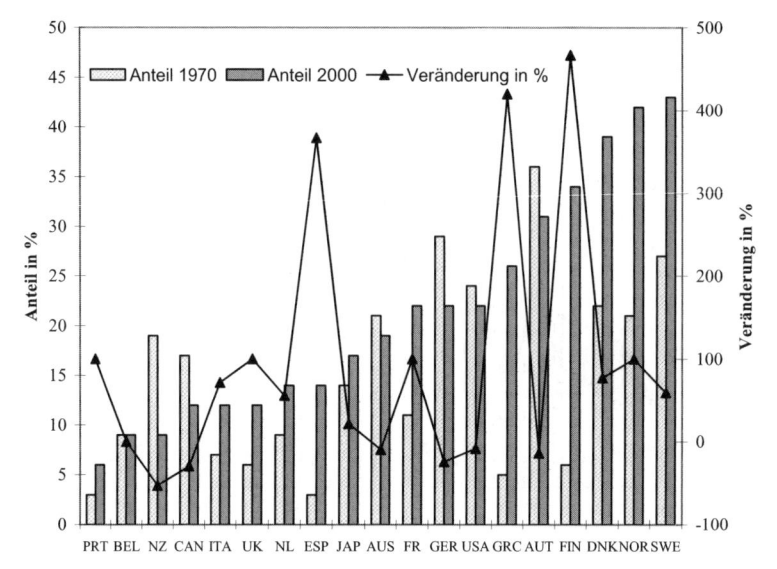

Hinweise: Sekundärer Abschluss = "secondary level completed". Quelle: Barro und Lee (2001); eigene Berechnungen.

Abbildung A.2: Bevölkerung älter 23 mit höchstens einem sekundären Bildungsabschluss (in Prozent), OECD Länder, 1970 und 2000

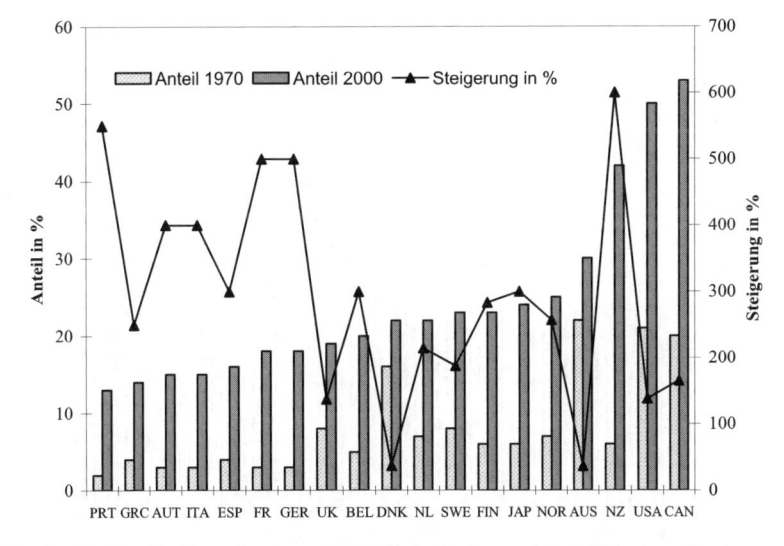

A Zusätzliche Abbildungen und Tabellen 259

Hinweise: Tertiärer Abschluss = "post-secondary total". Quelle: Barro und Lee (2001); eigene Berechnungen.

Abbildung A.3: Bevölkerung älter 23 mit einem tertiären Bildungsabschluss (in Prozent), OECD Länder, 1970 und 2000

Quelle: Barro und Lee (2001); eigene Berechnungen.

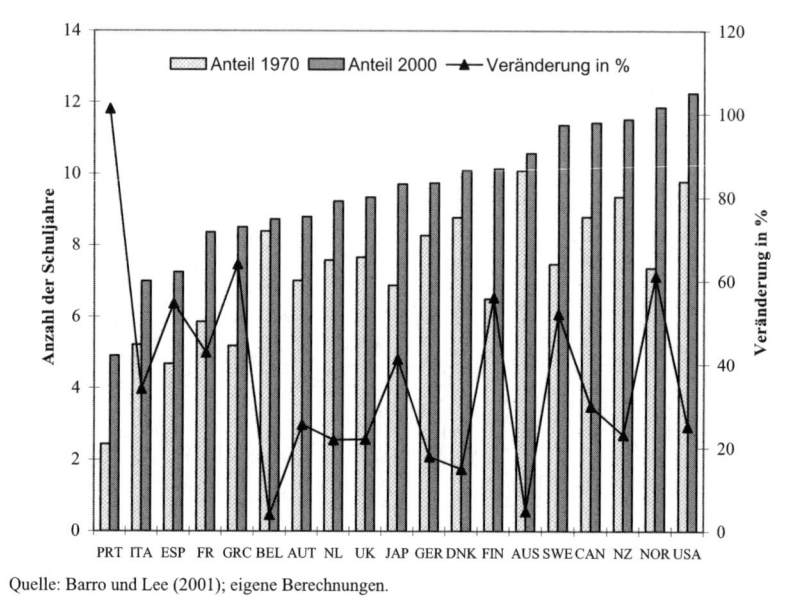

Abbildung A.4: Mittlere Anzahl der Schuljahre, Bevölkerung älter 23, OECD Länder, 1970 und 2000

A Zusätzliche Abbildungen und Tabellen

Description	ISIC Rev.3	Description	ISIC Rev.3
GRAND TOTAL	**01-99**	**AGRICULTURE, HUNTING, FORESTRY AND FISHING**	**01-05**
		...AGRICULTURE, HUNTING AND FORESTRY	01-02
		...FISHING	05
TOTAL MANUFACTURING	**15-37**	**MINING AND QUARRYING**	**10-14**
FOOD PRODUCTS, BEVERAGES AND TOBACCO	15-16	...MINING AND QUARRYING OF ENERGY PRODUCING MATERIALS	10-12
...FOOD PRODUCTS AND BEVERAGES	15	...MINING AND QUARRYING EXCEPT ENERGY PRODUCING MATERIALS	13-14
...TOBACCO PRODUCTS	16		
TEXTILES, TEXTILE PRODUCTS, LEATHER AND FOOTWEAR	17-19	**ELECTRICITY, GAS AND WATER SUPPLY**	**40-41**
...TEXTILES AND TEXTILE PRODUCTS	17+18	**CONSTRUCTION**	**45**
......TEXTILES	17		
......WEARING APPAREL, DRESSING AND DYING OF FUR	18	**WHOLESALE AND RETAIL TRADE; RESTAURANTS AND HOTELS**	**50_55**
...LEATHER, LEATHER PRODUCTS AND FOOTWEAR	19	WHOLESALE AND RETAIL TRADE; REPAIRS	50-52
WOOD AND PRODUCTS OF WOOD AND CORK	20	HOTELS AND RESTAURANTS	55
PULP, PAPER, PAPER PRODUCTS, PRINTING AND PUBLISHING	21-22		
...PULP, PAPER AND PAPER PRODUCTS	21	**TRANSPORT AND STORAGE AND COMMUNICATION**	**60-64**
...PRINTING AND PUBLISHING	22	TRANSPORT AND STORAGE	60-63
CHEMICAL, RUBBER, PLASTICS AND FUEL PRODUCTS	23-25	POST AND TELECOMMUNICATIONS	64
...COKE, REFINED PETROLEUM PRODUCTS AND NUCLEAR FUEL	23		
...CHEMICALS AND CHEMICAL PRODUCTS	24	**FINANCE, INSURANCE, REAL ESTATE AND BUSINESS SERVICES**	**65_74**
......CHEMICALS EXCLUDING PHARMACEUTICALS	24 less 2423	FINANCIAL INTERMEDIATION	65-67
......PHARMACEUTICALS	2423	...FINANCIAL INTERMEDIATION except insurance and pension funding	65
...RUBBER AND PLASTICS PRODUCTS	25	...INSURANCE AND PENSION FUNDING, except compulsory social security	66
OTHER NON-METALLIC MINERAL PRODUCTS	26	...ACTIVITIES RELATED TO FINANCIAL INTERMEDIATION	67
BASIC METALS, METAL PRODUCTS, MACHINERY AND EQUIPMENT	27-35	REAL ESTATE, RENTING AND BUSINESS ACTIVITIES	70-74
...BASIC METALS AND FABRICATED METAL PRODUCTS	27-28	...REAL ESTATE ACTIVITIES	70
......BASIC METALS	27	...RENTING AND OTHER BUSINESS ACTIVITIES	71-74
.........IRON AND STEEL	271+2731	......RENTING OF MACHINERY AND EQUIPMENT	71
.........NON-FERROUS METALS	272+2732	......COMPUTER AND RELATED ACTIVITIES	72
......FABRICATED METAL PRODUCTS, except machinery and equipment	28	......RESEARCH AND DEVELOPMENT	73
...MACHINERY AND EQUIPMENT	29-33	......OTHER BUSINESS ACTIVITIES	74
......MACHINERY AND EQUIPMENT, N.E.C.	29		
......ELECTRICAL AND OPTICAL EQUIPMENT	30-33	**COMMUNITY SOCIAL AND PERSONAL SERVICES**	**75-99**
.........OFFICE, ACCOUNTING AND COMPUTING MACHINERY	30	PUBLIC ADMIN. AND DEFENCE; COMPULSORY SOCIAL SECURITY	75
.........ELECTRICAL MACHINERY AND APPARATUS, NEC	31	EDUCATION	80
.........RADIO, TELEVISION AND COMMUNICATION EQUIPMENT	32	HEALTH AND SOCIAL WORK	85
.........MEDICAL, PRECISION AND OPTICAL INSTRUMENTS	33	OTHER COMMUNITY, SOCIAL AND PERSONAL SERVICES	90-93
...TRANSPORT EQUIPMENT	34-35	PRIVATE HOUSEHOLDS WITH EMPLOYED PERSONS	95
......MOTOR VEHICLES, TRAILERS AND SEMI-TRAILERS	34	EXTRA-TERRITORIAL ORGANIZATIONS AND BODIES	99
......OTHER TRANSPORT EQUIPMENT	35		
.........BUILDING AND REPAIRING OF SHIPS AND BOATS	351	**NON-AGRICULTURE BUSINESS SECTOR (1)**	**10-74**
.........AIRCRAFT AND SPACECRAFT	353	**TOTAL SERVICES**	**50-99**
.........RAILROAD EQUIPMENT AND TRANSPORT EQUIPMENT N.E.C.	352+359	**BUSINESS SECTOR SERVICES**	**50-74**
MANUFACTURING NEC; RECYCLING	36+37		
...FURNITURE; MANUFACTURING, N.E.C.	36		
...RECYCLING	37		

(1) Excluding "REAL ESTATE ACTIVITIES" (ISIC 70)

Hinweise: Dem Handbuch zum STAN-Datensatz entnommen (OECD 2003: 2, Tabelle 1).

Tabelle A.1: Internationales Klassifikationsschema der Industrien: International Standard Industrial Classification of all Economic Activities (ISIC) in der Revision 3

		(I) Wissens-produktion	(II) Wissens-infrastruktur	(III) Wissens-management	(IV) Wissens-verbreitung	Wissens-sektor
AUT	Vorh. % 89/99	0,10/0,13	4,68/4,70	3,43/4,61	7,68/8,81	15,9/18,3
	$b_{1(76-99)}$	,003***	,002	,119***	,113***	,236***
	R^2	,966	,015	,986	,974	,987
	Tatsächl. % 99	0,16	4,71	4,91	8,80	18,6
GER	Vorh. % 89/99	0,27/0,33	6,80/6,26	5,41/7,31	7,22/8,18	19,7/22,1
	$b_{1(70-01)}$	,006***	-,053***	,190***	,096***	,238***
	R^2	,982	,626	,896	,944	,987
	Tatsächl. % 99	0,34	5,74	8,25	7,90	22,2
DNK	Vorh. % 89/99	0,28/0,23	5,17/5,41	4,94/6,36	10,1/10,6	20,5/22,6
	$b_{1(80-02)}$	-,005***	,024***	,143***	,046***	,208***
	R^2	,618	,438	,923	,571	,928
	Tatsächl. % 99	0,23	5,54	6,36	10,6	22,7
ESP	Vorh. % 89/99	0,03/0,06	3,25/3,54	3,92/5,43	9,70/9,47	15,6/18,9
	$b_{1(95-02)}$	,003**	,029*	,151***	-,023	,324***
	R^2	,892	,737	,987	,501	,955
	Tatsächl. % 99	0,06	3,53	5,39	9,50	18,5
FIN	Vorh. % 89/99	0,42/0,55	7,05/7,84	3,40/4,96	9,11/10,5	20,0/23,8
	$b_{1(75-02)}$	,013***	,079***	,156***	,138***	,386***
	R^2	,980	,738	,980	,959	,980
	Tatsächl. % 99	0,57	8,27	5,07	10,4	24,3
FR	Vorh. % 89/99	1,20/1,22	5,18/5,47	5,94/8,54	10,7/12,3	21,9/24,7
	$b_{1(90-01)}$	,002	,029**	,260***	,161	,281***
	R^2	,112	,557	,929	,892	,965
	Tatsächl. % 99	1,24	5,42	8,61	12,4	24,9
GRC	Vorh. % 89/99	0,07/0,10	1,75/2,17	2,96/5,14	7,61/8,33	12,4/15,7
	$b_{1(95-02)}$	,003	,042***	,218***	,073***	,336***
	R^2	,455	,886	,937	,845	,967
	Tatsächl. % 99	0,12	2,13	5,17	8,27	15,7
LUX	Vorh. % 89/99	Enthalten in (III)	0,60/1,65	5,72/11,2	5,73/5,71	15,9/22,3
	$b_{1(85-02)}$		0,105***	,544***	-,002	,643***
	R^2		,970	,956	,007	,953
	Tatsächl. % 99		1,69	11,9	5,70	23,0
NL	Vorh. % 89/99	0,31/0,39	4,66/4,69	8,76/12,6	9,75/8,75	23,5/26,4
	$b_{1(87-00)}$	,008***	,003	,384***	-,100***	,295***
	R^2	,821	,003	,938	,950	,864
	Tatsächl. % 99	0,40	4,94	12,7	8,69	26,8
NOR	Vorh. % 89/99	0,41/0,45	4,94/4,99	4,47/5,93	10,3/11,3	20,1/22,6
	$b_{1(70-00)}$	,004***	,005*	,146***	,097***	,252***
	R^2	,533	,157	,956	,946	,988
	Tatsächl. % 99	0,51	5,13	6,49	10,9	23,0
SWE	Vorh. % 89/99	Enthalten in (III)	6,33/10,1	3,52/6,13	7,84/8,47	25,3/26,5
	$b_{1(93-99)}$		,372***	,261***	,057*	,113
	R^2		,933	,940	,639	,442
	Tatsächl. % 99		9,88	6,31	8,43	26,9
UK	Vorh. % 89/99	0,44/0,37	6,24/6,05	8,10/10,6	10,8/11,8	25,6/28,8
	$b_{1(80-99)}$	-,007***	-0,019	,254***	,091***	,320***
	R^2	,652	,153	,993	,822	,990
	Tatsächl. % 99	0,39	6,58	10,4	11,7	29,1

Hinweise: **: p≤ 0.01; ***: p≤0.001 (zweiseitiger Test). Quelle: STAN (OECD 2003) und OECD "Services: Statistics on Value Added and Employment" (OECD 2001), eigene Berechnungen.

Tabelle A.2: Beschäftigte in den vier Funktionsgruppen des Wissenssektors 1989 und 1999 (vorhergesagte Werte, in Prozent), durchschnittliches jährliches Wachstum, erklärte Varianz und tatsächliche Werte 1999 nach Ländern

A Zusätzliche Abbildungen und Tabellen   263

		Agrarsektor				Industriesektor				Dienstleistungssektor				Wissenssektor			
		Q1	Q2	Q3	Q4	Q1	Q2	Q3	Q4	Q1	Q2	Q3	Q4	Q1	Q2	Q3	Q4
GER	1980	0,025	0,045	0,652	0,277	0,142	0,123	0,419	0,316	0,237	0,368	0,117	0,278	0,377	0,242	0,150	0,231
	1985	0,027	0,047	0,676	0,250	0,158	0,129	0,428	0,285	0,252	0,376	0,120	0,252	0,392	0,257	0,145	0,206
	1990	0,040	0,062	0,667	0,231	0,172	0,130	0,434	0,264	0,262	0,385	0,122	0,231	0,415	0,257	0,148	0,180
FIN	1970	0,011	0,004	0,957	0,028	0,119	0,075	0,548	0,258	0,160	0,561	0,063	0,216	0,437	0,224	0,115	0,224
	1975	0,014	0,006	0,953	0,028	0,162	0,087	0,494	0,257	0,177	0,549	0,065	0,210	0,445	0,244	0,103	0,209
	1980	0,019	0,008	0,923	0,050	0,167	0,087	0,478	0,269	0,192	0,532	0,063	0,213	0,456	0,265	0,091	0,189
	1985	0,030	0,012	0,909	0,048	0,211	0,092	0,448	0,249	0,218	0,522	0,062	0,198	0,498	0,263	0,082	0,158
	1990	0,034	0,015	0,922	0,029	0,223	0,091	0,455	0,231	0,238	0,513	0,056	0,193	0,522	0,253	0,073	0,152
ITA	1981	0,012	0,011	0,578	0,399	0,096	0,074	0,531	0,299	0,192	0,563	0,058	0,187	0,567	0,135	0,132	0,166
	1991	0,026	0,010	0,703	0,260	0,137	0,077	0,524	0,262	0,202	0,544	0,059	0,195	0,558	0,155	0,103	0,184
FR	1982	0,009	0,008	0,964	0,019	0,137	0,098	0,377	0,389	0,390	0,350	0,091	0,170	0,387	0,300	0,080	0,233
	1990	0,017	0,013	0,946	0,024	0,174	0,098	0,383	0,346	0,411	0,346	0,081	0,162	0,451	0,277	0,076	0,195
UK	1981	0,026	0,042	0,576	0,356	0,152	0,143	0,413	0,291	0,257	0,525	0,087	0,131	0,445	0,377	0,103	0,075
	1984	0,021	0,047	0,586	0,345	0,189	0,130	0,404	0,277	0,281	0,518	0,078	0,123	0,491	0,352	0,091	0,067
	1986	0,041	0,053	0,574	0,332	0,203	0,127	0,400	0,269	0,287	0,523	0,067	0,123	0,496	0,356	0,080	0,068
	1988	0,033	0,047	0,593	0,327	0,190	0,128	0,422	0,260	0,311	0,501	0,072	0,116	0,495	0,363	0,082	0,059
	1991	0,046	0,052	0,596	0,307	0,216	0,122	0,412	0,250	0,324	0,499	0,067	0,110	0,516	0,351	0,078	0,055
CAN	1971	0,050	0,018	0,833	0,092	0,096	0,098	0,453	0,337	0,116	0,555	0,096	0,222	0,401	0,446	0,073	0,068
	1981	0,097	0,037	0,649	0,213	0,144	0,118	0,440	0,290	0,137	0,571	0,087	0,199	0,465	0,397	0,066	0,066
	1986	0,110	0,049	0,674	0,165	0,150	0,119	0,451	0,274	0,144	0,584	0,083	0,185	0,481	0,379	0,059	0,076
	1991	0,175	0,061	0,570	0,188	0,163	0,121	0,445	0,262	0,161	0,582	0,073	0,176	0,513	0,350	0,053	0,076
NZ	1976	0,059	0,014	0,575	0,352	0,182	0,079	0,522	0,217	0,326	0,383	0,097	0,194	0,556	0,240	0,098	0,106
	1981	0,042	0,019	0,579	0,360	0,179	0,084	0,513	0,225	0,289	0,387	0,117	0,207	0,496	0,291	0,100	0,112
	1986	0,057	0,020	0,598	0,325	0,208	0,082	0,499	0,211	0,362	0,366	0,105	0,167	0,621	0,211	0,062	0,106
	1991	0,070	0,021	0,603	0,307	0,227	0,078	0,478	0,217	0,391	0,358	0,091	0,160	0,636	0,208	0,048	0,107
	1996	0,095	0,034	0,530	0,335	0,236	0,092	0,429	0,218	0,385	0,376	0,075	0,154	0,625	0,217	0,046	0,099
AUS	1986	0,691	0,052	0,052	0,205	0,218	0,139	0,355	0,288	0,264	0,437	0,092	0,207	0,544	0,235	0,082	0,139
	1991	0,658	0,055	0,065	0,222	0,233	0,141	0,364	0,262	0,286	0,428	0,086	0,199	0,563	0,235	0,067	0,135
USA	1983	0,066	0,067	0,025	0,843	0,141	0,144	0,313	0,402	0,279	0,553	0,070	0,097	0,298	0,418	0,115	0,169
	1985	0,066	0,067	0,025	0,843	0,141	0,143	0,322	0,394	0,276	0,555	0,071	0,098	0,299	0,426	0,109	0,165
	1988	0,072	0,071	0,026	0,832	0,145	0,141	0,321	0,394	0,281	0,553	0,069	0,097	0,316	0,433	0,095	0,155
	1990	0,069	0,074	0,027	0,829	0,150	0,138	0,318	0,394	0,285	0,554	0,065	0,096	0,311	0,443	0,095	0,151
	1993	0,069	0,075	0,027	0,828	0,153	0,138	0,320	0,389	0,295	0,549	0,063	0,093	0,314	0,443	0,094	0,149
	1994	0,068	0,076	0,037	0,820	0,151	0,126	0,335	0,389	0,282	0,345	0,286	0,086	0,312	0,322	0,212	0,154
JAP	1970	0,063	0,125	0,770	0,042	0,104	0,138	0,581	0,177	0,122	0,601	0,016	0,261	0,451	0,291	0,185	0,073
	1975	0,076	0,129	0,745	0,050	0,107	0,172	0,571	0,150	0,090	0,627	0,078	0,204	0,420	0,292	0,234	0,054
	1980	0,082	0,138	0,701	0,079	0,129	0,154	0,552	0,165	0,151	0,627	0,052	0,170	0,433	0,296	0,186	0,085
	1985	0,074	0,147	0,725	0,054	0,141	0,173	0,505	0,181	0,143	0,636	0,043	0,177	0,440	0,308	0,182	0,070
	1990	0,103	0,128	0,709	0,060	0,169	0,192	0,473	0,167	0,173	0,622	0,029	0,176	0,465	0,312	0,157	0,066

Hinweise: Q1: 'White-Collar High-Skilled' (Legislators, senior officials and managers; Professionals; Technicians and associate professionals), Q2: 'White-Collar Low-Skilled' (Clerks; Service workers and shop and market sales workers), Q3: 'Blue-Collar High-Skilled' (Skilled agricultural and fishery workers; Craft and related trades workers), Q4: 'Blue-Collar Low-Skilled' (Plant and machine operators and assemblers; Elementary occupations). Quelle: OECD 1998, eigene Darstellung.

Tabelle A.3: Sektoren nach Qualifikationsgruppen in 10 OECD Ländern, 1970 bis 1995

	Leeres Interzept-modell	Model 3	Model 4	Model 5
LEVEL 1: Individuen				
Geschlecht: Männlich		0,285*** (0,005)	0,284*** (0,005)	0,285*** (0,005)
Berufserfahrung in Jahren		0,020*** (0,001)	0,021*** (0,001)	0,020*** (0,001)
Berufserfahrung in Jahren quadriert (multipliziert mit 10)		-0,003*** (0,000)	-0,003*** (0,000)	-0,003*** (0,000)
Bildung in Jahren		**0,045*** (0,001)**	**0,092*** (0,006)**	**0,093*** (0,006)**
Arbeitsstunden pro Woche		0,014*** (0,000)	0,014*** (0,000)	0,014*** (0,000)
Aufsichtsfunktion		0,173*** (0,005)	0,173*** (0,005)	0,173*** (0,005)
Gewerkschaftsmitglied		0,122*** (0,005)	0,122*** (0,005)	0,122*** (0,005)
Region: Stadt		0,092*** (0,005)	0,091*** (0,005)	0,089*** (0,005)
LEVEL 2: Länderzeitpunkte				
Random intercept Effekt				
% WS Beschäftigte [W: 10,9 - 29,1 / M: 19,8][a]		-0,022** (0,007)	0,006 (0,008)	0,014 (0,007)
Random slope Effekt				
% WS Beschäftigte*Bildung in Jahren			-0,002*** (0,000)	-0,002*** (0,000)
Random intercept Effekt				
D. Anzahl der Schuljahre [W: 2,4 - 12,3 / M: 8,3][a]				0,109*** (0,015)
Interzept	7,309*** (0,081)	6,043*** (0,185)	5,425*** (0,198)	4,221*** (0,227)
Individualvarianz σ_e^2	0,260	0,172	0,171	0,172
Länderzeitvarianz $\Sigma(\sigma_{u0}^2, \sigma_{v0}^2)$	0,101	0,103	0,100	0,052
Intraklassen-Korrelationskoeffizient ρ	0,281	0,374	0,368	0,232
R^2 Individualebene		**0,337**	**0,339**	**0,339**
R^2 Länderzeitebene		**-0,015**	**0,016**	**0,488**
R^2 total		**0,206**	**0,220**	**0,374**
Deviance (-2 Log-Likelih.)	81038,9	63949,3	63877,9	63836,4
N_i Individualebene	41.540	41.540	41.540	41.540
N_{jk} Länderzeitebene	64 (15[b]/16[c])	64 (15[b]/16[c])	64 (15[b]/16[c])	64 (15[b]/16[c])

Hinweise: Alle Berechnungen sind mit gewichteten Daten durchgeführt. [a] W = Wertebereich, M = arithmetisches Mittel. [b] Ohne BEL, FIN, PRT. [c] 1987 – 2002. Robuste Standardfehler in Klammern. *: p≤0.05, **: p≤ 0.01; ***: p≤0.001 (zweiseitiger Test). Robuste Standardfehler in Klammern. *: p≤0.05, **: p≤ 0.01; ***: p≤0.001 (zweiseitiger Test). Quelle: ISSP 1985-2002, OECD STAN (OECD 2003), OECD "Services: Statistics on Value Added and Employment" (OECD 2001), Barro und Lee (2001); eigene Berechnungen.

Tabelle A.4: Bildungsrenditen in der hierarchisch-linearen Regression: Meritokratiehypothese auf Basis der Fallauswahl bei Entkopplungshypothese

	Leeres Interzept-modell	Model 1d	Model 2d	Model 3d	Model 4d	Model 5d
LEVEL 1: Individuen						
Geschlecht:						
Männlich		0,230***	0,221***	0,221***	0,222***	0,222***
		(0,008)	(0,008)	(0,008)	(0,008)	(0,008)
Berufserfahrung in Jahren		0,031***	0,028***	0,028***	0,028***	0,028***
		(0,001)	(0,001)	(0,001)	(0,001)	(0,001)
Berufserfahrung in Jahren quadriert (multipliziert mit 10)		−0,005***	−0,004***	−0,004***	−0,004***	−0,004***
		(0,000)	(0,000)	(0,000)	(0,000)	(0,000)
Bildung in Jahren		**0,034*****	**0,031*****	**0,031*****	**0,095*****	**0,096*****
		(0,001)	(0,001)	(0,001)	(0,012)	(0,012)
Arbeitsstunden pro Woche		0,018***	0,016***	0,016***	0,016***	0,016***
		(0,000)	(0,000)	(0,000)	(0,000)	(0,000)
Aufsichtsfunktion			0,170***	0,170***	0,170***	0,170***
			(0,008)	(0,008)	(0,008)	(0,008)
Gewerkschaftsmitglied			0,076***	0,076***	0,076***	0,076***
			(0,008)	(0,008)	(0,008)	(0,008)
Region:						
Stadt			0,111***	0,111***	0,111***	0,109***
			(0,009)	(0,009)	(0,009)	(0,009)
LEVEL 2: Länderzeitpunkte						
Random Intercept Effekt						
% WS Beschäftigte [W: 10,9 -29,1; M: 19,8][a]				0,005	**0,005****	**0,051****
				(0,009)	(0,013)	(0,011)
Random slope Effekt						
% WS Beschäftigte*Bildung in Jahren					−0,003***	−0,003***
					(0,001)	(0,001)
Random Intercept Effekt						
D. Anzahl der Schuljahre [W: 2,4 - 12,3; M: 8,3][a]						**0,084****
						(0,012)
Interzept	7,200***	5,738***	5,685***	5,575***	4,557***	3,779***
	(0,089)	(0,071)	(0,072)	(0,214)	(0,289)	(0,276)
Individualvarianz σ_e^2	0,286	0,172	0,165	0,165	0,164	0,164
Länderzeitvarianz Σ ($\sigma_{u0}^2, \sigma_{u}^2$)	0,143	0,075	0,077	0,074	0,075	0,044
Intraklassen-Korrelationskoeffizient ρ	0,333					
R^2 Individualebene		0,303	0,320	0,311	0,313	0,210
R^2 Länderzeitebene		**0,378**	**0,404**	**0,404**	**0,405**	**0,405**
		0,432	**0,411**	**0,435**	**0,429**	**0,667**
R^2 total		**0,394**	**0,406**	**0,414**	**0,412**	**0,460**
Deviance (-2 Log-Likelih.)	100976,0	25105,2	24394,7	24394,3	24366,4	24333,7
N, Individualebene	16.915	16.915	16.915	16.915	16.915	16.915
N_k Länderzeitebene	98 (18/18)	98 (18/18)	98 (18/18)	98 (18/18)	98 (18/18)	98 (18/18)

Hinweise: Alle Berechnungen sind mit gewichteten Daten durchgeführt. [a] "W" = Wertebereich, M = arithmetisches Mittel. Robuste Standardfehler in Klammern.
*: p≤0,05; **: p≤ 0,01; ***: p≤0,001 (zweiseitiger Test).
Quelle: ISSP 1985-2002, OECD STAN (OECD 2003), OECD "Services: Statistics on Value Added and Employment" (OECD 2001), Barro und Lee (2001); eigene Berechnungen.

Tabelle A.5: Bildungsrenditen in der hierarchisch-linearen Regression: Personen mit tertiärer Bildung

	Leeres Interzept-modell	Model 1d	Model 2d	Model 3d	Model 4d	Model 5d
LEVEL 1: Individuen						
Geschlecht: Männlich		0,368***	0,333***	0,333***	0,333***	0,333***
		(0,006)	(0,006)	(0,006)	(0,006)	(0,006)
Berufserfahrung in Jahren		0,024***	0,020***	0,020***	0,021***	0,021***
		(0,001)	(0,001)	(0,001)	(0,001)	(0,001)
Berufserfahrung in Jahren quadriert (multipliziert mit 10)		-0,003***	-0,003***	-0,003***	-0,003***	-0,003***
		(0,000)	(0,000)	(0,000)	(0,000)	(0,000)
Bildung in Jahren		0,041***	0,035***	0,035***	0,066***	0,068***
		(0,001)	(0,001)	(0,001)	(0,008)	(0,008)
Arbeitsstunden pro Woche		0,014***	0,013***	0,013***	0,013***	0,013***
		(0,000)	(0,000)	(0,000)	(0,000)	(0,000)
Aufsichtsfunktion			0,176***	0,176***	0,175***	0,175***
			(0,006)	(0,006)	(0,006)	(0,006)
Gewerkschaftsmitglied			0,155***	0,155***	0,155***	0,155***
			(0,006)	(0,006)	(0,006)	(0,006)
Region: Stadt			0,090***	0,090***	0,090***	0,090***
			(0,006)	(0,006)	(0,006)	(0,006)
LEVEL 2: Länderzeitpunkte						
Random intercept Effekt						
% WS Beschäftigte [W: 10,9 -29,1; M: 19,8][a]				-0,020*	-0,004	-0,001
				(0,009)	(0,010)	(0,008)
Random slope Effekt						
% WS Beschäftigte*Bildung in Jahren					-0,001***	-0,002***
					(0,000)	(0,000)
Random intercept Effekt						
D. Anzahl der Schuljahre [W: 2,4 - 12,3; M: 8,3][a]						0,112***
						(0,012)
Interzept	7,092***	5,565***	5,542***	5,984***	5,624***	4,559***
	(0,086)	(0,081)	(0,079)	(0,208)	(0,226)	(0,215)
Individualvarianz σ_ε^2	0,276	0,202	0,193	0,193	0,193	0,192
Länderzeitvarianz Σ ($\sigma_{u0}^2, \sigma_{v0}^2$)	0,131	0,107	0,102	0,121	0,119	0,060
Intraklassen-Korrelationskoeffizient ρ	0,322					
R² Individualebene		0,346	0,347	0,386	0,383	0,239
R² Länderzeitebene		0,267	0,302	0,302	0,302	0,303
R² total		0,185	0,220	0,078	0,090	0,540
		0,239	0,273	0,215	0,221	0,360
Deviance (-2 Log-Likelih.)	65864,2	55386,9	53768,7,7	55376,38	53747,9	53682,7
N, Individualebene	33.715	33.715	33.715	33.715	33.715	33.715
N_{jk} Länderzeitebene	98 (18/18)	98 (18/18)	98 (18/18)	98 (18/18)	98 (18/18)	98 (18/18)

Hinweise: Alle Berechnungen sind mit gewichteten Daten durchgeführt. [a] W = Wertebereich, M = arithmetisches Mittel. Robuste Standardfehler in Klammern. *: p≤0,05, **: p≤ 0,01; ***: p≤0,001 (zweiseitiger Test).
Quelle: ISSP 1985-2002, OECD STAN (OECD 2003), OECD "Services: Statistics on Value Added and Employment" (OECD 2001), Barro und Lee (2001); eigene Berechnungen.

Tabelle A.6: Bildungsrenditen in der hierarchisch-linearen Regression: Personen ohne tertiäre Bildung

A Zusätzliche Abbildungen und Tabellen

	Leeres Interzept-modell	Modelle 1c,d	Modelle 2c,d	Modelle 3c,d	Modelle 4c,d	Modelle 5c,d
LEVEL 1: Individuen						
Bildung in Jahren		0,033*** (0,002)	0,030*** (0,001)	0,030*** (0,001)	0,090*** (0,014)	0,092*** (0,014)
LEVEL 2: Länderzeitpunkte						
% WS Beschäftigte [W: 10,9 - 29,1; M: 19,8][a]				0,008 (0,010)	0,049*** (0,014)	0,056*** (0,012)
Random slope Effekt					−0,003*** (0,001)	−0,003*** (0,001)
% WS Beschäftigte*Bildung in Jahren						
Random intercept Effekt						0,093*** (0,016)
D. Anzahl der Schuljahre [W:2,4 - 12,3; M: 8,3][a]						
Random slope Effekt						
D. Anzahl der Schuljahre*Bildung in Jahren						
Interzept	7,570*** (0,066)	5,845*** (0,073)	5,798*** (0,074)	5,625*** (0,225)	4,681*** (0,315)	3,653*** (0,327)
Individualvarianz σ_e^2	0,229	0,159	0,154	0,154	0,153	0,153
Länderzeitvarianz $\Sigma\,(\sigma_{u0}^2, \sigma_{v0}^2)$	0,065	0,066	0,068	0,063	0,065	0,034
Intraklassen-Korrelationskoeffizient ρ	0,221	0,294	0,308	0,291	0,297	0,181
R^2 Individualebene		0,364	0,388	0,389	0,389	0,389
R^2 Länderzeitebene		0,234	0,212	0,273	0,254	0,609
R^2 total		0,326	0,334	0,354	0,349	0,429
Deviance (−2 Log-Likelih.)	25731,2	20655,8	20122,6	20122,0	20103,1	20080,2
N_i Individualebene	14.132	14.132	14.132	14.132	14.132	14.132
N_{jk} Länderzeitebene	64 (15[b]/16[c])	64 (15[b]/16[c])	64 (15[b]/16[c])	64 (15[b]/16[c])	64 (15[b]/16[c])	64 (15[b]/16[c])

Hinweise: Alle Berechnungen sind mit gewichteten Daten durchgeführt. [a] W = Wertebereich, M = arithmetisches Mittel. [b] Ohne BEL, FIN, PRT. [c] 1987 – 2002. Robuste Standardfehler in Klammern. *: $p \leq 0{,}05$, **: $p \leq 0{,}01$, ***: $p \leq 0{,}001$ (zweiseitiger Test). Quelle: ISSP 1985-2002, OECD STAN (OECD 2003), OECD "Services: Statistics on Value Added and Employment" (OECD 2001), Barro und Lee (2001); eigene Berechnungen.

Tabelle A.7: Bildungsrenditen in der hierarchisch-linearen Regression: Personen mit tertiärer Bildung und Fallauswahl bei Entkopplungshypothese

	Leeres Interzept-modell	Modelle 1c,d	Modelle 2c,d	Modelle 3c,d	Modelle 4c,d	Modelle 5c,d
LEVEL 1: Individuen						
Bildung in Jahren		0,040*** (0,001)	0,035*** (0,001)	0,035*** (0,001)	0,080*** (0,009)	0,080*** (0,009)
LEVEL 2: Länderzeitpunkte						
Random intercept Effekt						
% WS Beschäftigte [W: 10,9 - 29,1; M: 19,8][a]				-0,020* (0,009)	0,004 (0,010)	0,013 (0,009)
Random slope Effekt						
% WS Beschäftigte*Bildung in Jahren					-0,002*** (0,000)	-0,002*** (0,000)
Random intercept Effekt						
D. Anzahl der Schuljahre [W:2,4 - 12,3; M: 8,3][a]						0,135*** (0,018)
Random slope Effekt						
D. Anzahl der Schuljahre*Bildung in Jahren						
Interzept	7,203*** (0,075)	5,686*** (0,077)	5,675*** (0,075)	6,093*** (0,217)	5,573*** (0,226)	4,126*** (0,266)
Individualvarianz σ_e^2	0,251	0,183	0,175	0,175	0,175	0,175
Länderzeitvarianz $\Sigma\,(\sigma_{u0}^2, \sigma_{v0}^2)$	0,087	0,082	0,076	0,095	0,093	0,048
Intraklassen-Korrelationskoeffizient ρ	0,257	0,265	0,302	0,352	0,347	0,216
R^2 Individualebene		0,270	0,301	0,302	0,302	0,303
R^2 Länderzeitebene		0,054	0,126	-0,094	-0,071	0,447
R^2 total		0,203	0,248	0,162	0,173	0,334
Deviance (-2 Log-Likelih.)	52385,5	43801,6	42626,9	42623,2	42596,7	42545,5
N_i Individualebene	27.241	27.241	27.241	27.241	27.241	27.241
N_{jk} Länderzeitebene	64 (15[b]/16[c])	64 (15[b]/16[c])	64 (15[b]/16[c])	64 (15[b]/16[c])	64 (15[b]/16[c])	64 (15[b]/16[c])

Hinweise: Alle Berechnungen sind mit gewichteten Daten durchgeführt. [a] W = Wertebereich, M = arithmetisches Mittel. [b] Ohne BEL, FIN, PRT. [c] 1987 – 2002. Robuste Standardfehler in Klammern. *: $p \leq 0,05$; **: $p \leq 0,01$; ***: $p \leq 0,001$ (zweiseitiger Test). Quelle: ISSP 1985-2002, OECD STAN (OECD 2003), OECD "Services: Statistics on Value Added and Employment" (OECD 2001), Barro und Lee (2001); eigene Berechnungen.

Tabelle A.8: Bildungsrenditen in der hierarchisch-linearen Regression: Personen ohne tertiäre Bildung und Fallauswahl bei Entkopplungshypothese

	Leeres Interzept-modell	Model 1e	Model 2e	Model 3e	Model 4e	Model 5e
LEVEL 1: Individuen						
Geschlecht:						
Männlich:		0,366***	0,333***	0,333***	0,329***	0,330***
		(0,010)	(0,010)	(0,010)	(0,010)	(0,010)
Berufserfahrung in Jahren.		0,026***	0,023***	0,023***	0,024***	0,024***
		(0,002)	(0,002)	(0,002)	(0,002)	(0,002)
Berufserfahrung in Jahren quadriert (multipliziert mit 10)		-0,004***	-0,003***	-0,003***	-0,003***	-0,003***
		(0,000)	(0,000)	(0,000)	(0,000)	(0,000)
Bildung in Jahren.		0,059***	0,052***	0,052***	0,157***	0,154***
		(0,002)	(0,002)	(0,002)	(0,010)	(0,010)
Arbeitsstunden pro Woche.		0,017***	0,016***	0,016***	0,016***	0,016***
		(0,000)	(0,000)	(0,000)	(0,000)	(0,000)
Aufsichtsfunktion.			0,195***	0,195***	0,194***	0,194***
			(0,010)	(0,010)	(0,010)	(0,095)
Gewerkschaftsmitglied			0,131***	0,131***	0,132***	0,130***
			(0,010)	(0,010)	(0,010)	(0,010)
Region:						
Stadt.			0,120***	0,120***	0,119***	0,120***
			(0,010)	(0,010)	(0,010)	(0,010)
Sozialstatus des Vaters in ISEI.		0,003***	0,003***	0,003***	0,003***	0,003***
		(0,000)	(0,000)	(0,000)	(0,000)	(0,000)
LEVEL 2: Länderzeitpunkte						
Random intercept Effekt						
% WS Beschäftigte [W: 10,9 -29,1; M: 19,8][a]				0,014	0,069***	0,082**
				(0,018)	(0,018)	(0,009)
Random slope Effekt						
% WS Beschäftigte*Bildung in Jahren					-0,005***	-0,005***
					(0,001)	(0,000)
Random intercept Effekt						
D. Anzahl der Schuljahre [W: 2,4 - 12,3; M: 8,3][a].						0,086***
						(0,000)
Interzept	7,218***	5,146***	5,132***	4,834***	3,707***	2,572***
	(0,090)	(0,083)	(0,082)	(0,387)	(0,381)	(0,261)
Individualvarianz σ_e^2	0,290	0,199	0,190	0,190	0,189	0,189
Länderzeitvarianz $\Sigma(\sigma_{u0}^2, \sigma_{u0}^2)$	0,078	0,058	0,056	0,050	0,050	0,020
Intraklassen-Korrelationskoeffizient ρ	0,213	0,225	0,227	0,207	0,210	0,097
R^2 Individualebene		**0,313**	**0,343**	**0,344**	**0,348**	**0,348**
R^2 Länderzeitebene		**0,263**	**0,287**	**0,365**	**0,360**	**0,744**
R^2 total		**0,302**	**0,332**	**0,348**	**0,351**	**0,432**
Deviance (-2 Log-Likelih.)	35785,3	29946,9	29236,9	29236,6	29117,7	29102,1
N_i Individualebene	15.566	15.566	15.566	15.566	15.566	15.566
N_k Länderzeitebene	24[b] (9/11)	24[b] (9/11)	24[b] (9/11)	24[b] (9/11)	24[b] (9/11)	24[b] (9/11)

Hinweise: Alle Berechnungen sind mit gewichteten Daten durchgeführt. [a] W = Wertebereich, M = arithmetisches Mittel. [b] AUS, AUT, CAN, GER, FR, NOR, NZ, SWE, USA; 1985, 1987-1993, 1998-2000. Robuste Standardfehler in Klammern. *: p≤0,05; **: p≤ 0,01; ***: p≤0,001 (zweiseitiger Test).
Quelle: ISSP 1985- 2002, OECD STAN (OECD 2003), OECD "Services: Statistics on Value Added and Employment" (OECD 2001), Barro und Lee (2001); eigene Berechnungen.

Tabelle A.9: Bildungsrenditen in der hierarchisch-linearen Regression: Modelle mit Beruf des Vaters

	AUS	AUT	CAN	DNK	ESP	FIN	FR	GER	GRC	ITA	JAP	LUX	NL	NOR	NZ	PRT	SWE	UK	USA	Total
1970	0,309	0,340	0,345	0,303	0,410	0,322		0,313	0,414	0,392	0,342	0,318	0,336	0,309	0,341	0,438	0,277	0,292	0,342	0,326
1971	0,309	0,334	0,346	0,305	0,409	0,312		0,310	0,411	0,379	0,345	0,309	0,336	0,310	0,339	0,410	0,275	0,293	0,347	0,327
1972	0,312	0,332	0,347	0,306	0,408	0,313		0,310	0,408	0,377	0,341	0,303	0,336	0,310	0,340	0,402	0,273	0,299	0,349	0,329
1973	0,310	0,325	0,346	0,303	0,408	0,308		0,310	0,406	0,371	0,339	0,299	0,334	0,307	0,331	0,400	0,274	0,300	0,349	0,330
1974	0,310	0,328	0,343	0,305	0,411	0,306		0,313	0,409	0,367	0,346	0,305	0,330	0,310	0,326	0,401	0,272	0,297	0,350	0,332
1975	0,309	0,335	0,343	0,317	0,402	0,311		0,317	0,409	0,365	0,351	0,295	0,330	0,320	0,316	0,374	0,271	0,301	0,357	0,333
1976	0,303	0,333	0,345	0,316	0,403	0,308		0,318	0,403	0,362	0,353	0,292	0,327	0,314	0,316	0,374	0,273	0,300	0,361	0,335
1977	0,304	0,330	0,348	0,311	0,403	0,310		0,319	0,404	0,355	0,353	0,293	0,319	0,310	0,318	0,377	0,272	0,298	0,360	0,336
1978	0,310	0,329	0,344	0,313	0,364	0,311	0,332	0,317	0,410	0,354	0,354	0,303	0,317	0,314	0,316	0,374	0,272	0,302	0,359	0,338
1979	0,313	0,332	0,338	0,312	0,370	0,310	0,335	0,318	0,414	0,347	0,354	0,315	0,316	0,317	0,324	0,373	0,271	0,303	0,358	0,339
1980	0,317	0,333	0,340	0,312	0,366	0,302	0,328	0,318	0,416	0,340	0,355	0,318	0,315	0,316	0,328	0,372	0,270	0,310	0,362	0,340
1981	0,319	0,336	0,345	0,310	0,370	0,303	0,334	0,321	0,418	0,341	0,355	0,307	0,326	0,318	0,319	0,378	0,273	0,321	0,366	0,342
1982	0,324	0,340	0,359	0,313	0,374	0,303	0,334	0,322	0,409	0,344	0,358	0,319	0,323	0,322	0,325	0,382	0,279	0,327	0,367	0,343
1983	0,328	0,342	0,366	0,312	0,375	0,306	0,331	0,322	0,410	0,357	0,357	0,317	0,339	0,322	0,323	0,382	0,282	0,331	0,371	0,345
1984	0,332	0,342	0,367	0,378	0,378	0,311	0,332	0,323	0,414	0,367	0,356	0,318	0,338	0,324	0,327	0,386	0,282	0,335	0,371	0,346
1985	0,335	0,344	0,368	0,303	0,386	0,312	0,343	0,324	0,410	0,361	0,356	0,323	0,347	0,327	0,333	0,393	0,284	0,340	0,372	0,348
1986	0,340	0,343	0,368	0,300	0,389	0,315	0,345	0,323	0,401	0,370	0,358	0,321	0,346	0,323	0,333	0,393	0,286	0,341	0,374	0,349
1987	0,346	0,346	0,365	0,302	0,390	0,315	0,345	0,323	0,403	0,369	0,359	0,322	0,335	0,324	0,358	0,391	0,284	0,343	0,371	0,351
1988	0,342	0,343	0,361	0,304	0,394	0,313	0,347	0,323	0,405	0,402	0,359	0,334	0,340	0,328	0,363	0,403	0,287	0,343	0,371	0,352
1989	0,342	0,344	0,361	0,302	0,396	0,316	0,347	0,323	0,413	0,364	0,359	0,340	0,343	0,333	0,362	0,405	0,287	0,342	0,372	0,354
1990	0,350	0,345	0,363	0,299	0,395	0,318	0,343	0,321	0,418	0,357	0,359	0,339	0,342	0,333	0,374		0,288	0,346	0,374	0,355
1991	0,357	0,345	0,369	0,302	0,395	0,324	0,345	0,320	0,423	0,365	0,356	0,331	0,342	0,340	0,362		0,285	0,349	0,378	0,357
1992	0,363	0,346	0,369	0,303	0,398	0,329	0,344	0,323	0,425	0,370	0,355	0,333	0,340	0,352	0,363		0,292	0,352	0,376	0,358
1993	0,380	0,351	0,372	0,308	0,397	0,331		0,318	0,423	0,373	0,357	0,346	0,346	0,360	0,373		0,297	0,357	0,377	0,360
1994	0,389	0,351	0,375	0,298	0,398	0,326		0,324	0,432	0,372	0,400	0,340	0,351	0,340	0,436		0,288	0,353	0,379	0,361
1995	0,388	0,351	0,375	0,300	0,396	0,345			0,438	0,372	0,400		0,358	0,342	0,437		0,327	0,352	0,379	0,363
1996	0,385	0,354	0,376	0,311	0,398	0,342			0,446	0,374	0,402		0,360	0,339	0,432		0,347	0,351	0,384	0,364
1997	0,385	0,361	0,376	0,309	0,395	0,344			0,450	0,382	0,404		0,363	0,338			0,368	0,351	0,394	0,365
1998		0,378	0,377	0,309	0,392	0,347	0,364		0,458	0,380	0,406		0,371	0,336			0,382	0,358	0,412	0,367
1999		0,390	0,386		0,393	0,354			0,462		0,410		0,373				0,398	0,360	0,434	0,368

Quelle: University of Texas Inequality Project 2006; eigene Darstellung.

Tabelle A.10: Gini-Koeffizienten für 19 OECD Länder, 1970 bis 1999

	Leeres Interzept-modell	Model 0	Model 1	Model 2	Model 3	Model 4	Model 5	Model 6
Zeit (in Jahren) [W: 1970 - 1999; M: 1986][a]		0,12*** (0,01)	0,12*** (0,01)	0,07** (0,02)	0,06* (0,02)	0,05* (0,02)	0,06* (0,02)	0,03 (0,02)
Mittlere Anzahl d. Schuljahre [W: 2,4 - 12,3; M: 8,3][a]			-2,59** (0,82)	-3,05*** (0,85)	-3,14*** (0,88)	-3,27*** (0,76)	-3,03*** (0,86)	-3,32*** (0,81)
Mittlere Anzahl d. Schuljahre (quadriert)			0,15*** (0,05)	0,17*** (0,05)	0,17*** (0,05)	0,18*** (0,04)	0,17*** (0,05)	0,19*** (0,04)
% Wissenssektor (Beschäftigte) [W: 10,9 - 29,1; M: 19,8][a]				0,27*** (0,07)	0,28*** (0,07)	0,24*** (0,07)	0,28*** (0,07)	0,26*** (0,07)
% Nat. Bevölkerungsänderung [W: -2,7 - 14,1; M: 3,9][a]					-0,08 (0,06)			-0,12 (0,06)
% Gewerkschaftsmitglieder [W: 7,4 - 85,2; M: 42,4][a]						-0,06*** (0,01)		-0,06*** (0,01)
Handel in % d. BIP (konst. Preise) [W: 10,8 - 266,9; M: 54,5][a]							0,007 (0,01)	-0,005 (0,01)
Interzept	35,03*** (0,60)	32,76*** (0,63)	43,66*** (3,63)	41,86*** (3,71)	42,43*** (3,88)	45,55*** (3,32)	41,31*** (3,79)	45,76*** (3,63)
Zeitvarianz σ_e^2	1,59	1,10	1,08	1,00	0,98	0,96	0,99	0,92
Ländervarianz σ_{u0}^2	6,55	6,28	4,27	5,08	5,75	3,20	5,58	4,27
Intraklassen-Korrelationskoeffizient ρ	0,81	0,85	0,80	0,84	0,85	0,77	0,85	0,83
R^2 Zeitvarianz		30,8	31,6	37,0	38,1	39,5	37,6	42,0
R^2 Ländervarianz		4,0	32,0	19,1	8,5	49,1	11,2	32,1
R^2 total		9,2	31,9	22,1	12,8	46,9	15,2	33,9
Aikaike-IC	817,3	742,5	736,8	711,2	709,7	694,4	710,7	690,8
N, Messzeitpunkte	225	225	225	225	225	225	225	225
N, Länder	19	19	19	19	19	19	19	19

Hinweise: Alle Berechnungen sind mit gewichteten Daten durchgeführt. [a] W = Wertebereich, M = arithmetisches Mittel. Robuste Standardfehler in Klammern. *: p≤0,05, **: p≤ 0,01; ***: p≤0,001 (zweiseitiger Test).

Quelle: siehe Kapitel 7.1; eigene Berechnungen.

Tabelle A.11: Einkommensungleichheit in der hierarchisch-linearen Regression: Modelle ohne Sektordualismus

B Länderinformationen Volkswirtschaftliche Gesamtrechnungsdaten

Die Daten für die Industriedivision 'recreational, cultural (and sporting) activities' (ISIC Rev. 3 Nr. 92) sind dem Datensatz *Services: Statistics on Value Added and Employment* (OECD 2001) entnommen. Fehlende Länderzeitpunkte wurden entweder durch andere Datenquellen ergänzt oder anhand einfacher Regressionanalysen mit Hilfe des Jahres vorhergesagt. In den Fällen, in denen keine Länderdaten vorlagen, wurden die Werte für diese Industriedivision anhand des Bruttoinlandsprodukts pro Kopf vorhergesagt. Die Korrelation für alle Länderzeitpunkte beträgt im Fall der Beschäftigungsdaten .594*** und im Fall der Bruttowertschöpfungsdaten .270***. Die Daten für alle übrigen Industriedivisionen sind dem OECD STAN-Datensatz (OECD 2003) entnommen.

Unten sind die spezifischen Informationen zu den verwendeten volkswirtschaftlichen Gesamtrechnungsdaten der Länder zusammgestellt.

Australien (AUS): *Bruttowertschöpfung* (1989-1999) in laufenden Basispreisen. Division 92: 1989-1999 OECD 2001. Divisionen in 3033 und 7174 sind nicht getrennt ausgewiesen, Division 95 ist enthalten in 9093. *Beschäftigung* (1980-1999), Anzahl der Stellen. Division 92: mit BIP geschätzt. Divisionen in 3033 und 7174 sind nicht getrennt ausgewiesen, 95 ist enthalten in 9093.

Österreich (AUT): *Bruttowertschöpfung* (1976-2002) in konstanten Basispreisen von 1995; Preisbereinigungsindizes basierend auf 'Fixed-weight Laspeyres aggregates'. Division 92: 1976-1987 mit BIP geschätzt, 1988-2002 Statistisches Bundesamt Österreich. *Beschäftigung* (1976-1999), Anzahl der Stellen. Division 92: mit BIP geschätzt.

Kanada (CAN): *Bruttowertschöpfung* (1981-2002) in konstanten Basispreisen von 1997; Preisbereinigungsindizes basierend auf 'Fixed-weight Laspeyres Aggregates'. Division 92: 1981-1999 OECD 2001, 2000-2002 mit Jahr vorhergesagte Werte. Divisionen 3033 und 7174 sind nicht getrennt ausgewiesen. *Beschäftigung* (1981-2002), Anzahl der Stellen. Division 92: 1981-1996 OECD 2001, 1997-2002 mit Jahr vorhergesagte Werte. Divisionen 3033 und 7174 sind nicht getrennt ausgewiesen, Division 95 ist enthalten in 9093.

Dänemark (DNK): *Bruttowertschöpfung* (1970-2002) in konstanten Basispreisen von 1995; Preisbereinigungsindizes basierend auf 'Fixed-weight Laspeyres Aggregates'. 2001-2002 vorläufige Daten. Division 92: 1970-1997 OECD 2001, 1998-2002 mit Jahr vorhergesagte Werte. *Beschäftigung* (1980-2002), Belegschaftsgröße; 2000-2002 vorläufige Daten. Division 92: 1980-1997 OECD 2001, 1998-1999 mit Jahr vorhergesagte Werte.

Spanien (ESP): *Bruttowertschöpfung* (1995-2000) in laufenden Basispreisen. Division 92: 1995-1997 OECD 2001, 1998-2000 mit Jahr vorhergesagte Werte. *Beschäftigung* (1985-2000), Belegschaftsgröße. 1985-1994 Divisionen in 7174 sind nicht getrennt ausgewiesen. Division 92: 1995-1997 OECD 2001, 1985-1994, 1998-2000 mit Jahr vorhergesagte Werte.

Finnland (FIN): *Bruttowertschöpfung* (1975-2002) in konstanten Basispreisen von 2000; Preisbereinigungsindizes basierend auf 'Fixed-weight Laspeyres Aggregates'. 2001-02 vorläufige Daten. Division 92: 1975-1999 OECD 2001, 1999-2001 mit Jahr vorhergesagte Werte. *Beschäftigung* (1975-2002), Belegschaftsgröße. 2001-02 vorläufige Daten. Division 92: 1975-1999 OECD 2001, 1999-2001 mit Jahr vorhergesagte Werte.

Frankreich (FR): *Bruttowertschöpfung* (1991-2001) in konstanten Basispreisen von 1995; Preisbereinigungsindizes basierend auf jährlich gewichteten Kettenindizes. Division 92: 1991-1999 OECD 2001, 2000-2001 mit Jahr vorhergesagte Werte. *Beschäftigung* (1990-2001), Belegschaftsgröße. Division 92: 1991-1999 OECD 2001, 2000-2001 mit Jahr vorhergesagte Werte.

Deutschland (GER): *Bruttowertschöpfung* (GER-W 1970-1990, GER 1991-2001) in konstanten Basispreisen von 1991; Preisbereinigungsindizes basierend auf 'Fixed-weight Laspeyres Aggregates'. Division 92: Statistisches Bundesamt Deutschland. *Beschäftigung* (GER-W 1970-1990, GER 1991-2001), Belegschaftsgröße. Division 92: Statistisches Bundesamt Deutschland.

Griechenland (GRC): *Bruttowertschöpfung* (1995-2002) in konstanten Basispreisen von 1995; Preisbereinigungsindizes basierend auf jährlich gewichteten Kettenindizes. 2000-2002 vorläufige Daten. Division 92: 1995-1999 OECD 2001, 2000-2002 mit Jahr vorhergesagte Werte. *Beschäftigung* (1995-2002), Belegschaftsgröße. 2000-2002 vorläufige Daten. Division 92: 1995-1999 OECD 2001, 2000-2002 mit Jahr vorhergesagte Werte.

Italien (ITA): *Bruttowertschöpfung* (1992-2001) in konstanten Basispreisen von 1995; Preisbereinigungsindizes basierend auf 'Fixed-weight Laspeyres Aggregates'. Division 72 enthalten in 73, Division 71 enthalten in 70. *Beschäftigung* (1992-2001), Belegschaftsgröße. Division 92: 1992-1999 OECD 2001, 2000-2001 mit Jahr vorhergesagte Werte. Division 72 enthalten in 73, Division 71 enthalten in 70.

Japan (JAP): *Bruttowertschöpfung* (1980-1995) in konstanten Basispreisen von 1995; Preisbereinigungsindizes basierend auf 'Fixed-weight Laspeyres Aggregates'. Division 92: mit BIP geschätzt. Divisionen 3033 und 7174 sind nicht getrennt ausgewiesen, Division 95 ist enthalten in 9093. *Beschäftigung* (1981-1998), Belegschaftsgröße; Division 92: mit BIP geschätzt. Divisionen 3033 und 7174 sind nicht getrennt ausgewiesen, Division 95 ist enthalten in 9093.

Luxemburg (LUX): *Bruttowertschöpfung* (1985-2002) in konstanten Basispreisen von 1995; Preisbereinigungsindizes basierend auf jährlich gewichteten Kettenindizes. Divisionen 2122 und 3033 sind nicht getrennt ausgewiesen, Division 73 ist enthalten in 74, 64 ist imputiert aus mittlerem Anteil der Division an 6064 in den übrigen Ländern*6064. Division 92: 1995-1999 OECD 2001, 1985-1994, 2000-2002 mit Jahr vorhergesagte Werte. *Beschäftigung* (1985-2002), Belegschaftsgröße; Divisionen 2122 und 3033 sind nicht getrennt ausgewiesen, Division 73 ist enthalten in 74, 64 ist imputiert aus mittlerem Anteil der Division an 6064 in den übrigen Ländern*6064. Division 92: 1995-1999 OECD 2001, 1985-1994, 2000-2002 mit Jahr vorhergesagte Werte.

Niederlande (NL): *Bruttowertschöpfung* (1987-2000) in konstanten Basispreisen von 1995; Preisbereinigungsindizes basierend auf jährlich gewichteten Kettenindizes. Division 33 ist enthalten in 32. Division 92: 1995-1999 OECD 2001, 1987-1994, 2000 mit Jahr vorhergesagte Werte. *Beschäftigung* (1987-2000), Belegschaftsgröße. Division 33 ist enthalten in 32. Division 92: 1995-1999 OECD 2001, 1987-1994, 2000 mit Jahr vorhergesagte Werte.

Norwegen (NOR): *Bruttowertschöpfung* (1970-2000) in konstanten Basispreisen von 1995, Preisbereinigungsindizes basierend auf jährlich gewichteten Kettenindizes. Division 92: 1992-1997 OECD 2001, 1970-1991, 1998-2000 mit Jahr vorhergesagte Werte. *Beschäftigung* (1970-2000), Belegschaftsgröße. Division 92: 1978-1997 OECD 2001, 1970-1977, 1998-2000 mit Jahr vorhergesagte Werte.

Neuseeland (NZ): *Bruttowertschöpfung* (1986-1998) in laufenden Basispreisen, Division 92: 1986-1995 OECD 2001, 1995-1998 mit Jahr vorhergesagte Werte. Divisionen in 2933 und 7174 sind nicht getrennt ausgewiesen, Division 95 ist enthalten in 9093. *Beschäftigung*: Daten nicht verfügbar.

Portugal (PRT): *Bruttowertschöpfung* (1980-1995) in laufenden Basispreisen. Division 92: 1980-1995 OECD 2001. Divisionen in 7174 sind nicht getrennt ausgewiesen, Division 95 ist enthalten in 9093. *Beschäftigung* (1980-1995), Anzahl der Stellen. Division 92: 1980-1995 OECD 2001. Divisionen in 7174 sind nicht getrennt ausgewiesen, Division 95 ist enthalten in 9093.

Schweden (SWE): *Bruttowertschöpfung* (1993-2001) in laufenden Basispreisen. Division 73 ist enthalten in 74. Division 92: 1993-2001 mit BIP geschätzt. *Beschäftigung* (1993-1999), Belegschaftsgröße. Division 73 ist enthalten in 74. Division 92: 1993-2001 mit BIP geschätzt.

Vereinigtes Königreich (UK): *Bruttowertschöpfung* (1986-2000) in konstanten Basispreisen von 1995; Preisbereinigungsindizes basierend auf 'Fixed-weight Laspeyres Aggregates'. Division 92: 1986-1999 OECD 2001, 2000-2001 mit Jahr vorhergesagte Werte. *Beschäftigung* (1980-2001), Anzahl der Stellen, Anzahl der abhängig Beschäftigten. Division 92: 1980-2001 mit BIP geschätzt.

Vereinigte Staaten von Amerika (USA): *Bruttowertschöpfung* (1977-2001) in konstanten Marktpreisen von 1995; Preisbereinigungsindizes basierend auf jährlich gewichteten Kettenindizes. Division 92: 1977-1986 und 2000-2001 mit Jahr vorhergesagte Werte, 1987-1999 OECD Dienstleistungsdatensatz. Divisionen in 7174 sind nicht getrennt ausgewiesen. *Beschäftigung* (1980-2000), Belegschaftsgröße. Division 92: 1980-1999 OECD Dienstleistungsdatensatz, 2000 mit Jahr vorhergesagte Wert. Divisionen in 7174 sind nicht getrennt ausgewiesen.